Kohlhammer Urban -Taschenbücher

Band 616

Alheydis Plassmann

Die Normannen

Erobern – Herrschen – Integrieren

Verlag W. Kohlhammer

Umschlagmotiv:
Die Eroberung Englands durch die Normannen 1066
(Motiv aus dem Teppich von Bayeux, Museum Bayeux)

Karten und Genealogien: Peter Palm, Berlin
Gesamtherstellung:
W. Kohlhammer Druckerei GmbH + Co. KG, Stuttgart
Printed in Germany

ISBN 978-3-17-018945-4

Inhalt

Karten

Stammtafeln

Vorwort

Die Normannen gelten zu Recht als eines der Völker, das die mittelalterliche Geschichte entscheidend geprägt hat, zum Teil mit Auswirkungen, die bis heute spürbar sind. Dabei verbindet der moderne historisch Interessierte vor allen Dingen zwei Vorstellungen mit den Normannen, zum einen die der kühnen Seefahrer und Piraten, die im Frühmittelalter die europäischen Küsten unsicher machten und bis nach Amerika und Island segelten, zum anderen die der hochmittelalterlichen Ritter, die ihre militärische Überlegenheit für viele Eroberungen nutzten, unter denen die Eroberung Englands 1066 sicher am prominentesten ist.

Wer waren die Normannen? Wie sahen sie aus? Was machte ihre Eigenart aus? Wenn man das kollektive Geschichtsbewusstsein befragt, ist die Antwort darauf recht einfach. Denkt man an die Normannen, die im 9. und frühen 10. Jahrhundert auf Beutefahrten gingen und die auch Wikinger genannt werden, dann stellt man sich große, kräftige Männer vor, die mit Pelzen bekleidet, geflochtenen, langen, im Zweifel blonden Zöpfen und den obligatorischen und völlig unhistorischen Helmen mit Hörnern auf einem Drachenschiff fahren. Denkt man an die Krieger aus der Normandie, ist das Bild etwas weniger von populären Nachahmungen verzerrt, da die bildliche Vorstellung von den Normandie-Normannen zu einem guten Teil vom berühmten Teppich von Bayeux geprägt wurde, auf dem die Normannen mit Kettenhemd und einfachem Helm mit Nasenschutz zu sehen sind. Bezeichnenderweise ist beiden Vorstellungen das kriegerische Element gemeinsam.

Will man ein mittelalterliches „Volk“ wie die Normannen hingegen heutzutage wissenschaftlich beschreiben, tut man sich damit um einiges schwerer. Zum einen ist der Begriff „Volk“ zu einem hohen Maße diskreditiert, so dass sich die modernen Historikerinnen und Historiker oftmals damit behelfen, den mittelalterlichen Begriff „gens" zu verwenden. Dies meint letztlich fast das gleiche, nämlich eine ethnische Größe, ist aber weniger mit falschen Vorstellungen überfrachtet und bietet den Vorteil, dass damit zumindest die Gedankenwelt der Zeitgenossen aufgegriffen wird. Im Begriff „gens" steckt durchaus die Vorstellung einer recht diffusen Verwandtschaft der Mitglieder der Gemeinschaft untereinander, die sich im Mittelalter oft in Traditionen über eine gemeinsame Abstammung, zum Beispiel von einem gemeinsamen Ahnherrn manifestierte. Auf der anderen Seite kann man versuchen, die zeitgenössischen Vorstellungen von einer „gens" hinter sich zu lassen, und dem Identitätsgefühl einer bestimmten Kommunität, einer „gens" nachzuspüren. Das Wir-Gefühl einer „gens" spielt dabei ein große Rolle, ist aber gerade im Fall der Normannen nicht immer leicht zu fassen. Die Beutefahrer, die im 9. Jahrhundert die Küsten unsicher machten, sind für uns nur durch die Brille der angegriffenen Zeitgenossen fassbar, die das Wir-Gefühl der Normannen nicht widerspiegeln können und in der „Verfremdung" der Normannen einheitliche Klischees verwenden, die sie als Barbaren und Heiden kennzeichnen. Als eine soziale Kommunität, die mit einem Identitätsbewusstsein ausgestattet ist, begegnen uns die Normannen erst in der Normandie, als sie sich an die umgebende fränkische christliche Welt angepasst hatten. Dies spiegelt sich in ihrem Wir-Gefühl, das mit einer Anbindung an die Trojaner und einer stilisierten Christianisierung des Gründungshelden Rollo deutlich Elemente aufweist, die von der fränkischen Umgebung übernommen wurden. Daneben war man sich der skandinavischen Herkunft durchaus bewusst – ohne dass man sich im 11. Jahrhundert schon Gedanken darüber gemacht hätte, wie viele Anteile der normannischen Bevölkerung tatsächlich skandinavisches Blut hatten – und schrieb sich in dieser Tradition Eigenschaften zu, die für die Normannen selbst, aber auch für ihre Zeitgenossen als typisch gelten konnten. Normannen galten als kriegerisch, listig und ehrgeizig. Diese fast durchweg als positiv gesehenen normannischen Eigenschaften bildeten auch in Süditalien und England den Kern der Identität, die skandinavische Herkunft allerdings verblasste gegenüber der jüngeren Heimat in der Normandie (Zur Ausdehnung der Normannen vgl. Karte 1, S. 13). Schließlich ist das normannische Wir-Gefühl

Karte 1: Die Ausdehnung der normannischen Besitzungen im 12. Jahrhundert

in Süditalien versickert und in England in einem neuen nationalen Bewusstsein untergegangen, das sich vor allem aus dem englisch-französischen Gegensatz speiste. Die Identität der Normannen war also im 9. nicht dieselbe wie im 12. Jahrhundert. Wir sprechen von durchaus unterschiedlichen sozialen Kommunitäten, die denselben Namen tragen, aber zumindest die Entwicklungslinien sind klar zu ersehen.

Schwieriger ist die Bestimmung einer normannischen Eigenart, die über die Definition des normannischen Identitätsbewusstseins und Wir-Gefühls herausgeht. In der modernen Forschung scheut man sich „objektiv" Eigenschaften Personen oder „gentes" zuzuschreiben. Man ist sich der sozialen Funktion von Abgrenzung zu Anderen für ein soziales Zusammengehörigkeitsgefühl viel zu deutlich bewusst. Der soziale Zweck von Vorurteilen über „Andere" und der Inhalt dieser Vorurteile lassen sich nur schwer voneinander trennen. Dennoch wird man konstatieren können, dass die Personen, die sich Normannen nannten, zum Teil einheitlich und in einer bestimmten Art gewirkt haben. Wenn sich aus moderner Perspektive überhaupt etwas als „typisch normannisch" beschreiben ließe, ist es der „Pragmatismus", mit dem die Normannen sich an die Strukturen und Gegebenheiten anpassten, die sie in den eroberten Gebieten vorfanden und gleichzeitig der Gestaltungswille, der es ihnen ermöglichte, Vorgefundenes zu verbessern.

Die Geschichte der Normannen lässt sich recht gut an drei Eckpunkten festmachen, die mit Eroberung, Herrschaft und Integration für jedes Land, auf das sie gewirkt haben, umschrieben werden können. Die Eroberung konnte auf einen Schlag erfolgen wie in der Normandie und am deutlichsten in England, oder ein langwieriger Prozess sein wie in Süditalien, ging aber immer auf den Willen zur Eroberung zurück. Die Herrschaftsausübung der Normannen ist von Pragmatismus geprägt, der sie in zum Teil erstaunlichem Maße auf Vorhandenes zurückgreifen ließ. Sie wirkten aber auch erneuernd und innovativ. Der Prozess der Integration wirkte schließlich ebenfalls überall und führte dazu, dass die „normannitas" als solche nicht überlebte. Das normannische Reich in Süditalien ging in einem anderen Reich auf. Die Normannen in England entfernten sich, nachdem die adligen Familien sich schon lange in normannische und englische Zweige aufgespalten hatten, nach dem Verlust der Normandie unter Johann Ohneland (1204) auch mental von ihrem ursprünglichen Herkunftsgebiet. Versuche der englischen Krone, die Normandie zurückzuerobern, scheiterten an diesem Desinteresse der englischen Großen. Während das Interesse der englischen Könige an ihren weiteren französischen Besitzungen nach wie vor ihre Politik bestimmte, wurde das Herzogtum Normandie zu einer Domäne der französischen Krone, die lediglich gewisse auch heute noch sichtbare regionale Eigenheiten aufwies, so dass die Normannen als welthistorische Größe an Bedeutung verloren und im 13. Jahrhundert endgültig in den eroberten Gebieten aufgingen.

In diesem Buch soll versucht werden, das komplexe Zusammenwirken von Identität der Normannen mit der Anpassung an und Abgrenzung von Anderen, von ihren Eroberungen mit den strukturellen Voraussetzungen und von ihrem Machtwillen mit den Integrationsprozessen darzulegen. Die Darstellung kann wegen der verschiedenen Schauplätze und notwendigerweise verschiedenen Perspektiven dabei nicht rein chronologisch erfolgen und die verschiedenen Wirkstätten der Normannen werden daher in Großkapiteln behandelt. Die folgende Graphik möge dem Leser den Überblick erleichtern.

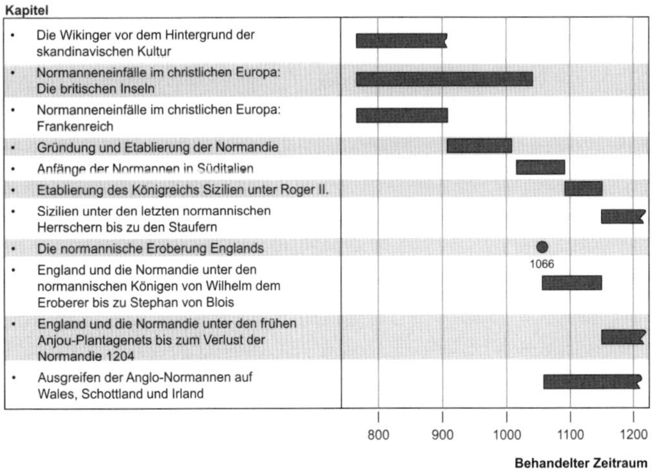

Anmerkungen und Quellenzitate sind nur in sehr seltenen Fällen gemacht worden und der Verweis erfolgt in Klammern. Die Quellen und Literatur sind im Anhang zu jedem Kapitel aufgeführt, so dass die Leser des Buches die Argumentationen nachvollziehen können und weitere Hinweise erhalten.

Dieses Buch verdankt seine Entstehung vielen Personen, die mir mit Rat und Tat zur Seite gestanden haben und mir zum Teil einfach nur die nötigen Freiräume geschaffen haben. Sie alle zu nennen, würde das Buch erheblich verlängern, aber einige sollen Platz finden. Herzlich danke ich Frau Monika Wejwar vom Kohlhammer-Verlag für das geduldige Beantworten mancher Fragen einer noch unerfahrenen Autorin, die gute Zusammenarbeit und das Lektorat. Prof. Dr. Matthias Becher brachte großes Verständnis für die vielfältigen auch neuen Verpflichtungen einer Privatdozentin auf und ermöglichte mir immer die Zeitgestaltung, die ein solches Buch erst möglich macht. Viele Freunde und Kollegen, an erster Stelle wie immer mein Mann, Dr. Marcus Heinrich, haben das Buch gelesen und wertvolle Anregungen gegeben. Meine Kinder Susanne und Konrad schließlich haben nichts getan außer „Arme Kinder auf der Flucht vor den Normannen“ zu spielen, auch dies aber ein wertvoller Hinweis auf die Wirkmächtigkeit historischer Klischees und ein Ansporn, dieses Buch zu schreiben.

1 Die Wikinger vor dem Hintergrund der skandinavischen Kultur

Voraussetzungen in Skandinavien

Die Seeräuber, die zum Ende des 8. Jahrhunderts das erste Mal in unseren Quellen auftauchen, nennen wir im Deutschen üblicherweise Wikinger oder Normannen. Sie haben ihren Ursprung in Skandinavien und der dortigen heidnischen Kultur. Wie alle frühmittelalterlichen Gesellschaften außerhalb des christlichen Horizontes ist die Kultur dieser Wikinger für uns recht schwierig zu fassen, da wir sie nur mithilfe gleichzeitiger archäologischer Funde, schriftlicher Zeugnisse aus christlicher Feder, also aus der Sicht der Opfer, oder aus späteren Schriften nach der Christianisierung Skandinaviens annäherungsweise begreifen können.

Dass diese Kultur kriegerisch geprägt war, lässt sich nicht nur an den Auseinandersetzungen mit den christlichen Völkern, den sogenannten *gentes*, belegen, sondern wird auch aus den archäologischen Funden deutlich. Die Beigaben der Wikingergräber in Skandinavien zeugen von ihrer Wertschätzung eines kriegerischen Lebens. Die Krieger bildeten die Elite der Gesellschaft und dieser Notwendigkeit zur Auseinandersetzung war alles andere untergeordnet. Soweit wir das aus späterer Überlieferung schließen können, waren die Skalden, die fahrenden Sänger der Wikinger, vor allen Dingen für die Verbreitung des Ruhmes und des Lobpreises der Taten verantwortlich. In den Gräbern und auf den wenigen erhaltenen bildlichen Steinzeugnissen spielt das Leben eines Kriegers die herausragende Rolle. Wollen wir den später in Skandinavien niedergeschriebenen Sagas Glauben schenken, war aber nicht nur die Tapferkeit als kriegerische Eigenschaft zentral für das Wertesystem, sondern gerade die Durchsetzung der eigenen Ziele. Dieser Ehrgeiz hatte mitunter auch die Verwendung „unritterlicher" oder „unfairer" Methoden zur Folge, so dass die List oder auch Hinterlist zum Sieg über den Gegner anscheinend von Anfang an eine positive Konnotation hatte. Erfolg führte zu hohem sozialem Status. Die hierarchische Gliederung innerhalb der männlich und kriegerisch dominierten Oberschicht ist alles andere als klar. Sicher haben sich einzelne besonders erfolgreiche Krieger die Gefolgschaft einer großen Zahl von Männern sichern können, aber für den Zusammenhalt einer solchen Truppe waren sie auf immer neue Gewinne, Beute und Erfolg angewiesen. Inwieweit man solche Anführer dann schon als Könige bezeichnen kann, wie wir sie aus den christlichen Reichen kennen, muss fraglich bleiben. Der Erfolg machte den Anführer, aber der Erfolg musste verstetigt werden, damit der Anführer seine herausgehobene Stellung behaupten konnte. Inwieweit ein Anführer eine solche Stellung wirklich halten und sie vielleicht über seinen eigenen Tod hinweg auf eventuelle Nachfolger oder gar leibliche Söhne vererben konnte, war in der vorchristlichen Zeit in Skandinavien oftmals nur Glückssache. Es hing unter anderem entscheidend von den Fähigkeiten und der Eignung des Nachfolgers ab, die ihm bei der Durchsetzung seiner vom Vater vererbten Ansprüche helfen konnten.

Die Sozialstruktur des frühen Skandinavien begünstigte also die Aggressivität. Die soziale Stellung eines einzelnen Anführers einer Kriegertruppe konnte mit erfolgreichen Kriegszügen gegen unmittelbare Nachbarn oder weiter entfernte Völker entscheidend gestützt und verbessert werden. Die Ausweitung des kriegerischen Radius durch Boote kam dabei durchaus zupass, da das Erlangen von Beute außerhalb der eigenen Gesellschaft das Prestige verbessern konnte und potentielle weitere Gefolgsleute nicht verschreckte. So ist es kaum verwunderlich, dass die ersten Kontakte zwischen den Wikingern und den christlichen Völkern vor allen Dingen kriegerischer Natur waren.

Über die Religion der Wikinger können wir im Grunde nicht viel mehr sagen, als dass sie das kriegerische Gesellschaftssystem wohl gestützt haben muss. Wodan resp. Odin der oberste Gott war ein Kriegsgott. Sicherlich erschöpft sich die pagane Religion nicht in der Wertschätzung des Kriegers und der Verehrung der kriegerischen Gottheiten. Selbstverständlich waren auch solche Bereiche wie Ackerbau, Viehzucht und damit Fruchtbarkeit sowie die menschliche Geschlechtlichkeit Gegenstand des heidnischen Glaubens. In den Grabbeigaben der Frauen lassen sie sich aber eher fassen, als in denen der Männer, und aufgrund der Konfrontation der Wikinger mit den christlichen schriftlichen bzw. halbschriftlichen Kulturen nehmen wir die kriegerischen Aspekte der frühen skandinavischen Gesellschaft sehr viel deutlicher wahr, als die friedlicheren der paganen Religion, die schlichtweg schlechter bezeugt sind. Letztlich wissen wir nicht genug über die frühe skandinavische Religion, um ihr eine höhere Toleranz Frauen und Andersgläubigen gegenüber zuzuschreiben als dem Christentum, wie es seit dem 19. Jahrhundert bis hin zu neuen historischen Romanen und vor allen Dingen in sogenannten Wikingerkulten immer wieder geschieht[1]. Sicher hatten pagane Religionen nicht den Alleinvertretungsanspruch monotheistischer Religionen, den wir seit Jan Assmann kulturhistorisch als die „mosaische Wasserscheide" bezeichnen können. Auf der anderen Seite sollte man die materielle Ausrichtung der Religion sowie die mögliche Gewaltbereitschaft, die sich im Extremfall auch in Menschenopfern äußern konnte, nicht unterschätzen.

Wirtschaftlich begann für Skandinavien mit den Raubfahrten des 9. Jahrhunderts die Anbindung an das lateinisch-christliche Europa und den Mittelmeerhandel der islamischen Staaten. Über die Ostsee – und dort meistens eher als friedliche Händler – banden die Wikinger weitere Regionen in den Welthandel ein. Sicher war der Anschluss an die weiter entwickelte Welt des westlichen Europa, an den dortigen Lebensstandard und die Luxusgüter des Mittelmeeres, die man im Austausch gegen Sklaven erhalten konnte, ein Ansporn, den man nicht unterschätzen sollte. Mit den Ausgrabungen der Handelsstadt Haithabu in Dänemark haben wir einzigartige Belege für die wirtschaftlich positive Seite der Wikingerraubfahrten. In Haithabu konnte beinahe alles erstanden werden, vom christlichen Goldkreuz über Pfeffer bis hin zu Sklaven und Pelzen aus Osteuropa. Ein Dreh- und Angelpunkt des Handels entstand, der unmittelbar deutlich macht, warum die Raubfahrten eine positive Handelsbilanz für die Wikinger bedeuteten.

Voraussetzung für die Seefahrt bildeten selbstverständlich die auch heute im kollektiven Gedächtnis untrennbar mit den Wikingern verbundenen Langboote, Schlangen- oder Drachenschiffe genannt, die wir noch bei der Eroberung Englands

1066 – zumindest laut dem Bildzeugnis des Teppich von Bayeux – im Einsatz sehen. Da die Schiffe Prestigeobjekte waren und daher bei der Bestattung bedeutender Personen mit ins Grab gegeben wurden, können wir ihre Bauweise gut nachvollziehen. Heutige Nachbauten der Wikingerschiffe konnten ihre Seetüchtigkeit sogar auf dem Atlantik unter Beweis stellen. Der Vorteil der Schiffe bestand nicht unbedingt in ihrer Ladekapazität, die nicht sehr groß war, sondern vor allen Dingen in ihrer Schnelligkeit, die dem gleichzeitigen und abwechselnden Einsatz von Rudern und Segeln geschuldet war. Die Planken wurden auf eine Art verbunden, die die Schiffe robust machten. Zudem bestand die Möglichkeit, dass die Schiffsbesatzung sich schnell von der Ruderbemannung in eine schlagkräftige Kampftruppe verwandeln konnte. Dies gab den wikingischen Langbooten gegenüber den schwerfälligeren frühmittelalterlichen Schiffen, die sich aus den römischen Galeeren entwickelt hatten, und die wegen ihrer Ladekapizität geschätzt wurden, Vorteile, die von den Wikingern weidlich ausgenutzt wurden. Überhaupt war gegenüber der römischen Zeit die Bedeutung der Kriegsführung zur See sehr stark zurückgegangen. Die Wikinger nutzten mit ihren neuen Modellen diese Innovationslücke zu ihren Gunsten aus. Die langen, wendigen Schiffe mit niedrigem Tiefgang waren insbesondere auf den Flüssen und in Küstennähe unschlagbar, während sie durch hohe Wellen auf offener See gefährdet waren. Die Navigationsfähigkeiten der Wikinger scheinen denen der Franken oder Angelsachsen nicht überlegen gewesen zu sein. Als einziges Navigationsinstrument ist das Lot nachweisbar, das bei nächtlichen Fahrten das Stranden verhindern konnte. Ansonsten orientierte man sich am Sonnenstand und an herausragenden Küstenformationen, die von Seefahrer zu Seefahrer tradiert wurden. Auch Seevögel konnten weiterhelfen, wenn die Küste außer Sicht geriet. Das Fahren auf offener See war sicher die Ausnahme, brachte es doch die Gefahr der Orientierungslosigkeit und des Untergehens mit sich.

Bezeichnung und Wahrnehmung

Die Bezeichnung der räuberischen Seefahrer aus Skandinavien fällt in den Quellen sehr unterschiedlich aus. Der Name Wikinger leitet sich möglicherweise von einem Verb „vigja“ (= schlagen) her, das sich in der Bedeutung einengte und „auf Raubfahrt gehen“ bedeutete, was die Beschäftigung der Seeleute am besten umschreibt. Möglicherweise ist der Begriff aber auch eine reine Herkunftsbezeichnung – Viken ist der Küstenbezirk um Oslofjord und Skagerrak in Südnorwegen. Er könnte sich auch von „wik“ (= vicus), dem lateinischen Begriff für Dorf, ableiten und würde dann Leute bedeuten, die Plätze mit mehreren Personen angreifen. Die Bezeichnung Wikinger bedeutete bald allgemein „Seeräuber“ und bezog sich dabei nie auf die Daheimgebliebenen, ist also keine ethnische, sondern eher eine „Berufsbezeichnung“. Der heute oftmals zumindest im deutschen Sprachraum synonym verwendete Name Normannen, „Nordmannen“, der die Herkunft aus dem Norden umschreibt, wird zeitgenössisch vor allem in fränkischen Quellen verwendet. Die englischen Quellen sprechen von Dani, also von Dänen, und nennen damit nur eine skandinavische Herkunftsregion. Allgemein wurden die gefürchteten Feinde von den Zeitgenossen auch als Heiden bezeichnet, was ihre fundamentale Unterschiedlichkeit hervorhob. Nur der Name Wikinger ist tatsächlich eine Selbstbezeichnung der Seefahrer, die anderen Namen sind ihnen von den christianisierten Völkern Europas gegeben worden, die unter den Raubfahrten zu leiden hatten, aber auch mit ihnen in friedlichen Kontakten standen. Die Tatsache, dass solche Sammelbezeichnungen in den christlichen Quellen existieren, verdeutlicht, dass die christlichen Reiche die Seeräuber als eine Gruppe verstanden, eine Wahrnehmung, die nicht unbedingt mit dem Selbstverständnis der Seeräuber übereingestimmt haben muss[2]. Deren Identifizierung wird am ehesten über ihren jeweiligen Anführer stattgefunden haben, der sie zu Beute, Ruhm und Abenteuern führte. Größere Stammesverbände oder gar politische Einheiten dürften gerade zu Beginn der Raubfahrten für die Identifizierung der Wikinger eine sehr viel geringere Rolle gespielt haben, als die relativ geschlossene Einheit einer Schiffsbesatzung.

Insgesamt spielen bei den christlich-wikingischen Kontakten offenbar die gedanklichen Schemata der Christen eine sehr große Rolle. Sie hat die Begegnungen im Jahrhundert der Wikingerüberfälle entscheidend geprägt und mit dafür gesorgt, dass den christlichen Reichen die Abwehr der Bedrohung aus dem Norden so schwer gefallen ist. Auf der Seite der Wikinger kann man davon ausgehen, dass es ihnen zunächst auf Beute ankam. So ist leicht zu erklären, dass sie absichtlich gerade kultische Stätten wie Klöster und Kirchen heimsuchten, um den dortigen Reichtum an Goldgeräten zu erbeuten. Gerade die kirchlichen Stätten waren aber von der Struktur der christlichen Reiche her sehr ungeschützt, da seit dem frühen Mittelalter Übergriffe auf Kirchen mit starken kirchlichen Sanktionen bedacht wurden, die als Schutz gegenüber möglichen gierigen christlichen Nachbarn im Großen und Ganzen ausreichend waren. Gegenüber den heidnischen Wikingern waren solche Drohungen selbstverständlich wirkungslos. Auch wenn unsere kirchlichen Gewährsleute der festen Überzeugung waren, dass die himmlische Strafe für die räuberischen Heiden keineswegs ausblieb und sie bei Krankheiten unter den Wikingern oder Niederlagen der Wikinger auch triumphierend Gottes Hand im Spiel sahen, dürften die Wikinger diese Einschätzung kaum geteilt haben. Die Drohung mit der Ungnade Gottes oder gar höllischen Strafen, die manchen christlichen Grafen oder Herzog zur Raison bringen mochte, prallte an den Wikingern wirkungslos ab. Erst spät reagierten die geistlichen Kommunitäten mit Befestigungen auf die Wikinger. Da viele unserer Gewährsmänner Kirchenmänner waren, fällt die Be- bzw. Verurteilung der Wikinger in den Quellen immer ähnlich aus, und gerade die Schändung und Plünderung von Kirchen und Klöstern wird den Wikingern schwer angelastet. Aus deren Sicht machte gerade der Reichtum der Klöster und Kirchen und ihre relative Schutzlosigkeit sie umso attraktiver für einen Beutezug.

Nicht nur in religiöser Hinsicht, sondern auch in Bezug auf die politische Verfasstheit der Wikinger machte die Erwartungshaltung der christlichen Welt den Umgang mit den Wikingern schwer. Die christlichen Völker, insbesondere die Franken, waren schon seit Jahrhunderten an die Organisation ihrer Reiche unter einem König gewöhnt, dessen Wort in gewissem Rahmen Gesetz war und der verbindliche Absprachen mit auswärtigen Mächten treffen konnte. Im Umgang mit den Wikingern erwarteten die Christen nun genau diese Struktur anzutreffen, zum

Teil dürfte ihnen auch schlichtweg das Vokabular gefehlt haben, um die andere Sozialstruktur angemessen zu erfassen. Sie versuchten daher häufig mit den Personen, die sie für die wikingischen Könige hielten, wie etwa einem König in Dänemark, den man für den König der Dänen hielt, oder auch mit kleineren Wikingeranführern, Absprachen zu treffen. Dass ein König nur wenig Einfluss auf die Raub- und Kriegfahrten anderer Großer in Skandinavien hatte, ja dass er diese Autorität kaum selber beansprucht hätte, geschweige denn, dass andere Große sie anerkannt hätten, wurde von den geplagten Opfern in Westeuropa nicht wahrgenommen. Sie erwarteten, dass eine Friedensabsprache mit „dem König" der Wikinger zum Rückgang der Überfälle führen würde und waren höchst erstaunt, wenn im nächsten Sommer doch wieder die charakteristischen Langschiffe am Horizont zu erblicken waren. Die einzelnen Anführer der Schiffe hörten eben nicht auf „ihren König", wollten nicht auf ihn hören und standen im Zweifel sogar in Opposition zu den Versuchen skandinavischer Herrscher, nach christlichem Vorbild so etwas wie ein allgemeingültiges Königtum zu erschaffen. Auch die im christlichen Kontext so hilfreiche Absicherung von Absprachen durch feierliche Eidesleistung auf Heiligenreliquien war bei den Wikingern verlorene Liebesmühe. So kamen diese in den christlichen Quellen bald in den Ruf, ein ausgesprochen unzuverlässiges Volk zu sein.

Die Wahrnehmung der Wikinger in den zeitgenössischen schriftlichen Quellen christlicher Provenienz ist also von Unverständnis geprägt: Unverständnis für den heidnischen Hintergrund, für die heidnische Kultur sowie für die politische Verfasstheit. Dies unterschied sich grundsätzlich von allem, was die klerikalen Schreiber gewohnt waren. Als Folge dieser Erwartungshaltung und dieser Wahrnehmungsschemata gingen die christlichen Herrscher im Umgang mit den Wikingern von falschen Voraussetzungen aus, weshalb es so lange gedauert hat, bis die Abwehr der Wikinger in Bahnen gelenkt wurde, die dauerhafte Erfolge verzeichnen konnten. Sicher musste man sich auch mit dem Gedanken vertraut machen, dass die üblichen militärischen Maßnahmen gegen die Wikinger nichts fruchteten.

Nach der Christianisierung hat man in allen Reichen Skandinaviens die wikingische Frühzeit durchaus positiv betrachtet und gerade die Hegemonialstellung Dänemarks über England unter Knut dem Großen als einen Höhepunkt der Geschichte angesehen. Saxo Grammaticus, der erste Geschichtsschreiber der Dänen, lässt seinen legendären Friedensfürsten König Frotho zur selben Zeit regieren wie den römischen Kaiser Augustus und setzt ihn so an einen heilsgeschichtlich bedeutsamen Zeitpunkt. Die kriegerischen Erfolge der Wikinger erfuhren eine positive Beurteilung, allerdings modifiziert durch die als Erlösung empfundene Hinwendung zum Christentum. In den Heldensagen lässt sich die Bewunderung der Tapferkeit ausmachen, aber die eigene christliche Heilsgewissheit wurde letztlich bevorzugt. Auch in der Normandie wurde die heidnische Vergangenheit positiv gedeutet, aber nur deshalb, weil sie auf die Bekehrung der Normannen und ihre Niederlassung in der Normandie ausgerichtet und heilsgeschichtlich zweckgerichtet verstanden wurde.

Motive für die Raubzüge

Bei den Motiven für die Raubzüge der Wikinger müssen wir zwischen dem unterscheiden, was uns die Quellen selbst nahelegen und dem, was wir darüber hinaus aus den Quellen erschließen können. Gleichzeitig muss man vorsichtig sein, tatsächliche Ergebnisse der Wikingerzüge auch als intendiertes Ziel zu verstehen, da ein Zusammenhang zwischen Motiven und Ergebnissen nicht immer gegeben sein muss.

Da die zeitgenössischen Quellen aus der Sicht der Opfer schreiben, ist es nicht verwunderlich, dass den Wikingern vor allen Dingen negative Motive wie Blutlust, Gewinnsucht und anderes unterstellt wurden. Selbstverständlich dürfte der Wunsch nach Beute ein Hauptmotiv für die Raubfahrten gewesen sein. Dennoch sollte man die Gier auf immer neue Reichtümer nicht allein in den Vordergrund rücken und dabei aus den Augen verlieren, dass die Wikinger den archäologischen Zeugnissen nach ebenfalls als Händler zur See auftraten. Viel von dem gewonnenen Profit dürfte gar nicht unbedingt auf Plünderung alleine zurückzuführen sein. Ein lukrativer Geschäftszweig war dabei der Sklavenhandel. Gerade bei der Gefangennahme christlicher Bevölkerung dürfte die Gewinnspanne besonders groß gewesen sein. Die verschleppten arbeitsfähigen Leute, die die Wikinger auf ihren Booten mitnahmen, kosteten sie quasi nur den Unterhalt bis zum Zielpunkt. Sie konnten mit großem Gewinn in den Mittelmeerraum verkauft werden. Dieser Aspekt der Verschleppung und Versklavung von Christen spielt interessanterweise bei der christlichen Wahrnehmung eine geringere Rolle als die Plünderung der Klöster und Kirchen. Wir können die Mitnahme von Personen auf die Langschiffe nur hin und wieder in den schriftlichen Quellen belegen, wenn von der Auslösung bedeutender Persönlichkeiten wie etwa Bischöfen und Äbten die Rede ist. Aber nur für solche sozial hochstehenden Personen konnte die Auslöse bezahlt werden. Die für uns namen- und gesichtslose bäuerliche Bevölkerung, die von den Wikingern verkauft wurde, ist dagegen in den Quellen kaum zu fassen.

Neben dem Handel und dem Wunsch nach Gewinn dürften auch noch andere Motive eine Rolle gespielt haben. Da wäre sicher Abenteuerlust zu nennen, die für uns in den zeitgenössischen Quellen vor allen Dingen als Blutdurst zu greifen ist. Der Beweis seiner kriegerischen Tüchtigkeit, der die Gefolgsleute enger an den erfolgreichen Anführer ihrer Flotte band, konnte in der Heimat als „soziales Kapital“ benutzt werden, um den eigenen Einfluss zu vergrößern. Die materiellen Gewinne konnten ebenfalls zur Vergrößerung des Einflusses in der Heimat genutzt werden, so dass eine Raubfahrt für den Anführer ein gewisses Risiko bedeutete, der Gewinn aber in doppelter Hinsicht ausgenutzt werden konnte. Auch von einigen „Königen“ in Skandinavien sind Raubfahrten belegt, und im Falle des Erfolgs war ein Aufstieg auf der sozialen Leiter zuhause eine reale Möglichkeit. Für andere Wikingerfahrten mag eine Rolle gespielt haben, dass die Anführer von regionalen Opponenten oder gar den sich etablierenden Königen ins Exil gedrängt wurden und die Raubfahrt die einzige Möglichkeit für den Lebensunterhalt bot, die keinen Abstieg in unkriegerische und damit weniger wertgeschätzte Tätigkeiten bedeutete.

Schließlich wird man auch die Eroberung resp. Unterwerfung als Motiv nicht unterschätzen dürfen, und dies auch schon für den Beginn der Wikingerzüge. Zumindest vergaben fränkische Könige Ländereien an der See an wikingische „Exilanten“, wie es vor allen Dingen in Friesland zu beobachten ist. Allerdings sind dies deutlich noch temporäre Niederlassungen, da die Einmischung in die Politik der Heimat für diese Exilwikinger deutlich im Vordergrund steht. In den Quellen ist die Eroberung erst für die spätere Zeit als Motiv zu fassen, und wird dann gegenüber den anderen Motiven dominant. Zumindest dauerhafter Eroberungswille, der von Region zu Region unterschiedlich stark ausgeprägt war, ist als Motiv erst für die Spätphasen der Überfälle anzunehmen.

Überlebt haben sich Erklärungen der Wikingerüberfälle als Ergebnis einer Überbevölkerung oder einer Knappheit an gutem Ackerboden, die archäologisch nicht zu verifizieren sind. Zwar werden sie als Motiv immer wieder in den Quellen genannt, aber gerade erst solchen aus der späteren Zeit, als man sich aus christianisierter Perspektive der eigenen Vergangenheit näherte. Auch eine Exilbewegung, die durch die stärkere Stellung der Könige in Skandinavien und die zunehmende Zentralisierung hervorgerufen worden wäre, ist als Massenbewegung nicht nachzuweisen, auch wenn uns einzelne Fälle von exilierten Wikingern bekannt sind. Die Entwicklung des Königtums in Skandinavien vor der Christianisierung ist dazu viel zu sehr im Dunkeln. Ähnlich strittig und letztlich nicht zu belegen ist die Frage, ob die Erbfolge eine Ausfahrt jüngerer, nicht bedachter Söhne begünstigte. Schließlich lässt sich aus den Sagas noch ablesen, dass die Raubfahrten als eine Lebensphase verstanden wurden, der die friedliche Niederlassung mit den erbeuteten Reichtümern in der Heimat folgte. Daraus lässt sich aber keine generelle Regel ableiten, oder gar die Vorstellung, dass ein junger Wikinger sich im Ausland auf einer „Kavalierstour" die Sporen verdienen musste, da die Ausfahrt nach Beute sich in allen kriegerischen Kulturen auf das Jugendalter konzentrieren dürfte und auch hier die fehlenden Quellen einen solchen Rückschluss nicht erlauben.

2 Normanneneinfälle im christlichen Europa: Die britischen Inseln (793–1035)

Die britischen Inseln waren für die Wikinger besonders leicht zu erreichen und so haben vor allem die Engländer unter den Wikingereinfällen mit am meisten und längsten gelitten. Dabei war der Erfolg der Wikinger immer auch von der politischen Situation der angegriffenen Reiche abhängig. Daher wollen wir uns zunächst mit der Situation auf den britischen Inseln vertraut machen, auf die die Wikinger bei ihren ersten Raubüberfällen stießen.

Situation in den angelsächsischen Reichen

793 überfielen die Wikinger erstmals das Kloster Lindisfarne in Nordengland. Diese erste Plünderung eines Gotteshauses wirkte für die christliche Öffentlichkeit wie ein Fanal. Alkuin, der angelsächsische Geistliche am Hof Karls des Großen, brach gegenüber König Ethelred von Northumbrien in Wehklagen aus: „Es ist jetzt 350 Jahre her, dass unsere Vorväter dieses liebliche Land bewohnen, und niemals zuvor ist solcher Schrecken in Britannien verbreitet worden, wie jetzt durch das Erscheinen eines heidnischen Volkes.“[3]

Zu diesem Zeitpunkt können wir eigentlich noch nicht von England als einem einheitlichen Königreich reden. Vielmehr gab es mehrere Reiche, die untereinander um die Hegemonialmacht stritten und sich etwa ebenso oft untereinander bekriegten wie sie sich mit ihren keltischen Nachbarn in Wales und Schottland auseinandersetzten. Um 800 können wir die Reiche Wessex, Mercia, East Anglia und Northumbria ausmachen, unter denen zu diesem Zeitpunkt noch das mittelenglische Mercia die Oberherrschaft hatte. Die Könige in Wessex, East Anglia und Northumbria waren entweder im Exil, Verwandte des mercischen Königs oder seine treuen Gefolgsleute. Dennoch war dieses System nicht sonderlich stabil. In dem Moment, in dem derjenige König starb, der die Vorherrschaft innehatte, lockerten sich die während seiner Regierungszeit mühsam geknüpften Verbindungen und die Nachbarreiche versuchten, die Einschränkung durch Tribute oder Satellitenkönige abzuschütteln. Dieses instabile und prekäre System begünstigte Einfälle von außen. Die Wikinger konnten die lokalen Rivalitäten mit der daraus resultierenden geringen Schlagkraft ausnutzen.

Da die Heere in den angelsächsischen Reichen nach Bedarf ausgehoben wurden und nur wenige sogenannte *housecearls*, also Gefolgsleute des Königs, permanent unter Waffen standen, war die militärische Abwehrkraft keinesfalls ausreichend, um mit den Blitzattacken der Wikinger an Meeresufern oder Flussläufen fertig zu werden. Das Neuartige an den Wikingerüberfällen war, dass sie keinerlei Rücksicht auf eingespielte Systeme kriegerischer Auseinandersetzungen nahmen. Sie verhielten sich gänzlich anders, als es sonst üblich war. Ein Wikingerüberfall zeichnete sich nicht vorher ab, da die Sammlung des Heeres nicht in der Nachbarschaft stattfand. Gleichzeitig konnten sich die angelsächsischen Reiche nicht zur gemeinsamen Abwehr der Bedrohung entschließen. Ein gutes Beispiel für den radikal anderen Umgang der Wikinger mit ihren Feinden bietet ein Bericht aus der angelsächsischen Chronik zum Jahr 787. Der örtliche *reve*, der Gemeindevorsteher, machte sich alleine auf, um die möglichen Gäste zu begrüßen, als ihm die Ankunft von drei Schiffen berichtet wurde. Die Wikinger hingegen wollten nicht handeln oder sich begrüßen lassen und schlugen dem unbewaffneten Mann, der keine Begleitung bei sich hatte, kurzerhand den Kopf ab. Man kann deutlich erkennen, wie hier unterschiedliche Erwartungen aufeinanderprallten und eine konstruktive Begegnung verhinderten.

Für eine derartige Bedrohung, wie sie die Wikinger darstellten, war also keines der angelsächsischen Reiche wirklich gerüstet. Ein Heeresaufgebot konnte nicht schnell zusammengestellt werden, die Könige hatten nicht genug Autorität. Die Reichtümer gerade in den Klöstern waren zudem leicht zugänglich, da sie außerhalb von Städten in der Einsamkeit lagen und die

Mönche als waffenlose Gemeinschaft keine Gegenwehr leisten konnten.

Verlauf der Raubzüge

Bei den Wikingerraubzügen (vgl. Karte 2, S. 30) unterscheidet man üblicherweise vier Phasen. In der ersten Phase bis etwa 843, dem Jahr, in dem die *Annales Bertiniani* das erste Mal von einem Winterlager berichten, fanden die Raubfahrten sporadisch in den Sommermonaten statt. Im Winter hatte man Ruhe vor den gefährlichen Räubern. Deren Attacken kamen schnell und hauptsächlich über die Wasserwege. In der zweiten Phase begannen Teile der Wikinger in der Nähe der Regionen zu überwintern, die sie für die Plünderung bevorzugten, so dass man jederzeit auf Überfälle gefasst sein musste. Auf der anderen Seite konnten solche überwinternden Heere dann auch ausgeräuchert und vernichtet werden, weil sie erstmals den zur Abwehr zusammengerufenen Heeren ausgeliefert waren. Die dritte Phase ab 865 schließlich war geprägt von den Raub- und Plünderungszügen des sogenannten „großen Heeres“, eines Zusammenschlusses mehrerer Wikingerbanden unter wechselnden, zum Teil namentlich bekannten Anführern. Das „große Heer“ agierte dabei vor allen Dingen über Land, überwinterte und richtete seine Plünderungszüge nach den momentanen politischen Gegebenheiten der christlichen Reiche. War die Situation im Frankenreich instabil, zog das Heer über Seine und Loire tief ins Land, gab es in England Anzeichen von Schwäche, setzte das Heer wieder auf die britischen Inseln über. Zunächst agierte das Heer in Britannien, wo es ihm in fünf Jahren gelang, die Königreiche Ostanglien, Northumbrien und Mercia in die Knie zu zwingen.

In dieser Phase kam es zu ersten Bündnissen und Absprachen mit den Anführern des großen Heeres, aber auch zu Schlachten, bei denen die Wikinger zum Teil schwere Niederlagen erlitten, wie 885/886 bei der Belagerung von Paris oder 878 bei der Schlacht von Edington gegen König Alfred. Erst in der anschließenden vierten Phase etwa ab 890 können wir wirklich von Ansiedelungsbewegungen sprechen. Es kam zu Friedensschlüssen,

Karte 2: Wikingerüberfälle in Westeuropa (793–865)

Lehnsverbindungen mit den Königen und Christianisierung. Die Wikinger wurden sesshaft. In diesem Moment änderte sich die Interessenlage der Wikinger fundamental, denn jetzt musste ihnen an einem friedlichen Miteinander im eigenen Siedlungsgebiet gelegen sein, so dass erst in dieser Phase der Annäherung das Wikingerproblem der westeuropäischen Reiche gelöst werden konnte.

Abwehrmaßnahmen

Die angelsächsischen Königreiche zeigten sich in den ersten Jahrzehnten der Wikingerüberfälle den Herausforderungen nicht gewachsen. Die Mobilität der feindlichen Schiffe war zu groß, so dass selbst rasch zusammengerufene Heere immer zu spät kamen, um die Überfälle abzuwehren, im Zweifel auch, um noch Strafaktionen durchzuführen. Erstaunlicherweise führte dies bei den Angegriffenen kaum zu militärischen Reformen, also weder zu einer grundlegend anderen Form der Aushebung oder der Bildung einer „Berufstruppe" noch zu einer Ausweitung des Schiffsbaus oder gar der Etablierung einer „Marine". In Anbetracht der Tatsache, dass die Angelsachsen selbst ihre Karriere mit Seeräuberei begonnen hatten, ist es erstaunlich, wie die Jahrhunderte der Sesshaftigkeit in England den Wissensstand über die Seefahrt offenbar hatten zurückgehen lassen. So reduzierte sich die Abwehr häufig auf die Anwerbung der Wikinger als Söldner, um sie gegen lästige Nachbarn einzusetzen oder auf Tributzahlung, bei denen man sich darauf verlassen musste, dass die Wikinger sich auch bei den Raubfahrten des nächsten Sommers an die Abmachungen halten würden. Der Einsatz von Wikingern gegen den Nachbarn konnte durchaus schlimme Folgen haben, wenn der Nachbar bereit war, den Wikingern einen höheren Preis zu bezahlen. Daneben hatte die Tributzahlung an eine bestimmte Wikingergruppe nicht unbedingt zur Folge, dass andere Gruppen sich an eine solche Abmachung gebunden fühlten. Insofern ist es erstaunlich, dass immer wieder auf solche Taktiken zurückgegriffen wurde. Sie schienen offenbar kurzfristig Abhilfe zu schaffen und waren wohl auch billiger als eine grundsätzliche Auseinandersetzung mit dem Problem. Eine wirklich effektive Küstenwache mit Wachtürmen, einem schlagkräftigen stehenden Heer, Leuchtfeuersignalen und Ähnlichem wäre wohl unter den frühmittelalterlichen Bedingungen auf Dauer logistisch nicht machbar und kaum finanzierbar gewesen. Dennoch ist es erstaunlich, dass die Abwehrmaßnahmen so wenig innovativ ausfielen und sich insgesamt eine Art Resignation und Hinnahme der Überfälle breitgemacht zu haben scheint. Dafür sind mehrere Gründe denkbar. Entgegen den in den kirchlichen Quellen so häufig ausgedrückten Klagen verstand die „stumme" Landbevölkerung die Wikinger vielleicht nicht unbedingt als eine Plage, die über die üblichen Unbilden des Lebens wie Überfälle durch den Nachbarn, Missernten usw. hinausging. Eine Art Handlungslähmung wurde dadurch verursacht, dass die Heidenplage das Bewusstsein für die eigenen Sünden dermaßen intensivierte, dass nur die Reue und Umkehr im christlichen Sinne als wirkmächtige Abwehrmaßnahmen verstanden wurden. Schließlich sollte man auch beachten, dass bei aller christlichen Polemik gegen die Wikinger viele christliche Große in Britannien und im Frankenreich auch die Chancen wahrnahmen, die im Ablenken dieser heidnischen Krieger auf die ungeliebten Nachbarn oder in ihrer Verwendung für Kriegsdienste lagen.

Als die wikingischen Truppen in der zweiten Phase anfingen, in der Nähe ihrer Plünderungsgebiete zu überwintern und als schließlich in der dritten Phase das große Heer durch die Reiche der Angelsachsen und das Frankenreich zog, hatte man es von christlicher Seite zumindest leichter damit, Anführer als Ansprechpartner zu finden, so dass in diesen beiden Phasen der Wikingerüberfälle sich die Tributzahlungen und Ablösungen, aber auch die Bündnisse mit den Wikingern häuften.

Ab 1012 bezeichnete man die Zahlung von Geld an die Wikinger als „heregeld", wobei „here" das fremdländische Heer der Wikinger meinte, während die angelsächsische Armee „fyrd" hieß. In der Zeit von Ethelred dem Unberatenen sollten die Zahlungen exorbitante Höhen annehmen. Dieses heregeld wurde unter Wilhelm dem Eroberer als Grundlage einer allgemeinen Besteuerung genommen, die dann als Danegeld bezeichnet wurde. Für die Zeit Ethelreds ist der Begriff nicht zeitgenössisch.

Taktikwechsel unter Alfred dem Großen

Die Tatsache, dass es in Britannien viele Königreiche gab, erleichterte den Wikingern ihre Überfälle sicherlich, weil die Abwehr nicht zentral organisiert wurde. Insofern ist es bezeichnend, dass sie wirkungsvoll erst gelang, als mit Wessex nur noch eines der angelsächsischen Königreiche übrig geblieben war. Wessex war auf der einen Seite klein genug, um den Zusammenhalt seiner Bevölkerung zu ermöglichen und auf der anderen Seite hatte das Reich einen König, der innovativ genug war, neue Energien zur Abwehr der Wikinger zu mobilisieren und wirklich neue Wege im Umgang mit ihnen zu beschreiten. Dieser König gilt als einer der ganz großen Gestalten der englischen Geschichte und man kann ihn mit Fug und Recht als den ersten „englischen" König bezeichnen.

Zu der Zeit, als um 800 die Wikingerüberfälle begannen, hätte wohl niemand vermutet, dass sich ausgerechnet das Königreich Wessex als das stabilste der angelsächsischen Reiche erweisen und dass sich die dortige Dynastie als Einzige gegen die heidnischen Gegenspieler behaupten sollte. Bis 796 war Wessex unter der Vorherrschaft von Offa von Mercia und sein König, Ecgbert, im Exil am Hof Karls des Großen. Als Ecgbert von Wessex im Jahr 802 aus dem Exil zurückkehrte, hatte er von den Franken wohl viel gelernt, aber er brauchte all' seine Energie, um seine Herrschaft zu sichern. Immerhin glückte ihm das soweit, dass ihm die Angelsächsische Chronik, die allerdings in Wessex entstand, den Titel „Bretwalda" verlieh, ihn also als Hegemon auf der britischen Insel verstand, und ihm zugute hielt, dass er das Ende des mercischen Joches herbeigeführt hätte. Ecgbert gelang es, den Spieß umzudrehen und Mercia unter westsächsichen Einfluss zu bringen, Wessex selbst auf den Süden Englands bis nach Cornwall auszudehnen und auch andere Könige zu Klientelkönigen zu machen.

Unter den Wikingereinfällen aber hatten alle angelsächsischen Reiche zu leiden und gegen 850 waren die Rivalitäten im Kampf ums Überleben obsolet geworden. Dass Wessex schon bald einen König bekommen sollte, der die Voraussetzungen für ein Königreich England und die erfolgreiche Wikingerabwehr schuf, war zu diesem Zeitpunkt keinesfalls absehbar. Alfreds Königserhebung ist relativ typisch für die von dynastischen Zufällen und noch nicht von der Primogenitur, der selbstverständlichen Erbfolge des ältesten Sohnes, geprägte Thronfolge in Wessex. Er war der vierte Sohn König Aethelwulfs, des Sohnes von Ecgbert, und ganz sicher nicht der offensichtliche Erbe. Seine ältesten Brüder Ethelbald und Ethelbert regierten von 855 bis 865, danach sein nächster Bruder Ethelred, unter dessen Herrschaft Alfred erstmals prominent in Erscheinung tritt. Im Jahr 871 wurde er selbst König, wobei seine minderjährigen Neffen, die Söhne seines Bruders, übergangen wurden.

Alfred war wohl von schwächlicher Konstitution. Sein Biograph Asser berichtet in sehr vagen Worten von einer Krankheit, die den König schwer beeinträchtigt haben muss. Es kann keinesfalls eine äußerlich sichtbare Beeinträchtigung gewesen sein, da ihn diese von der Thronfolge ausgeschlossen hätte. Es spricht vielmehr einiges dafür, dass es sich bei Alfreds Krankheit um Morbus Chron, eine Darmerkrankung, gehandelt haben könnte. Neuerdings hat Alfred Smyth die Authentizität von Asser angezweifelt und Alfreds Biographie einem walisischen Fälscher zugeschrieben. Diese Meinung hat sich in der Forschung aber nicht durchsetzen können, und auch wenn Asser – im Grunde genommen selbstverständlich – viel persönlicher und emotionaler über Alfred schreibt als andere, hoffernere Quellen der Zeit, ergeben die Quellen insgesamt doch ein stimmiges Bild von einem verantwortungsbewussten, klugen und energischen Herrscher. Auch wenn Asser als Biograph im Gegensatz zur Angelsächsischen Chronik die Krankheit Alfreds hervorhob, so verfolgte er damit den Zweck, Anklänge an das Leiden Christi zu evozieren und seinen Held in die Nähe von Heiligen zu rücken. Alfred meisterte die Widrigkeiten, die sich ihm im Laufe seiner Regierungszeit entgegenstellten, bravourös und erwies sich als der rechte Mann am rechten Ort zur rechten Zeit. Seine Maßnahmen und seine Persönlichkeit sollten jahrzehntelang auch nach seinem Tod auf die Geschicke Englands Einfluss haben.

Dabei sah es über eine lange Zeit nicht gut aus für Alfred und damit für die angelsächsischen Reiche insgesamt. Dass Alfred schließlich Erfolg haben sollte, ist nicht nur seiner Beständigkeit zu verdanken, sondern natürlich spielte ihm auch der Zufall, insbesondere sein Schlachtenglück in die Hände, das die Zeitgenossen als göttliche Hilfe verstanden.

Alfred übernahm 871 ein von Wikingerüberfällen zwar geplagtes, aber noch nicht völlig hinfälliges Königreich, sollte aber sehr bald in die Defensive geraten. Das sogenannte große Heer, das sich im Jahr 865 in Kent zusammengeschlossen hatte und durch Britannien zog, hatte schon das Wessex unterstehende Mercia gestürzt, von anderen Königreichen wie Ostanglien, Northumbrien und Kent ganz zu schweigen. Im Jahr 878 war nur noch der westsächsische König übrig und sein Reich war auf einen kleinen Bereich um Athelney reduziert, der noch nicht einmal im Herzland der westsächsischen Königsmacht lag.

Alfreds Verdienst in dieser Zeit dürfte es gewesen sein, dass er schlichtweg zu eigensinnig war, um aufzugeben. Tatsächlich führte allein die Tatsache, dass er als einziger angelsächsischer König überhaupt den massiven Angriff des „großen Heeres" überstanden hatte, dazu, dass ihm bald weit über Wessex hinaus Gefolgschaften zuwuchsen, für die er sich dann auch in gewissem Sinne verantwortlich fühlte. Nach einiger Vorbereitungszeit konnte er ein Heer, *fyrd*, einberufen, das sich nicht nur aus seiner westsächsischen Heimat rekrutierte. Mit diesem Heer setzte er alles auf eine Karte und stellte die Wikinger zur Schlacht. Zwei Faktoren brachten Alfred den Sieg: Zum einen beobachtete er die Bewegungen der Wikinger intensiv und konnte sie daher leichter lokalisieren, zum anderen ergab sich durch die Zusammensetzung des großen Heeres auch erstmals die Möglichkeit, die Wikinger in geballter Form anzugreifen. Die Anführer des großen Heeres sind nicht alle namentlich bekannt. Einer von ihnen war Guthrum.

Bei Edington trafen die Angelsachsen und die Wikinger aufeinander und das Schlachtenglück wandte sich zu Alfreds Gunsten. Jetzt war ein angelsächsischer König erstmals in der Lage, aus einer stärkeren Position heraus Verhandlungen mit den Wikingern zu führen und auch hier sollte sich Alfred als taktischer Meister erweisen, denn er versuchte einen ernsthaften Kompromiss zu schließen und die Weichen für einen dauerhaften Frieden zu stellen. Dabei erkannte er die militärische Stärke der Wikinger an und steckte gemeinsam mit Guthrum Interessensphären ab. Den Nordosten Englands, das spätere Danelag, überließ er den Wikingern, den Südwesten beanspruchte er für sein Königtum und Wessex, das jetzt aufgrund der Profilierung von Alfred gegenüber dem Feind endgültig die Vorherrschaft unter den Angelsachsen errungen hatte. Gleichzeitig versuchte Alfred mit den Wikingern eine gemeinsame Basis zu schaffen, indem er ihre Ansiedlung im Nordosten geschehen ließ und sogar förderte. Mit dem Versprechen der Nichteinmischung lud er sie ferner dazu ein, dort zu eigenen Gesellschaftsformen zu finden, die nicht mehr notwendigerweise zu Konflikten mit den Angelsachsen führen mussten. Die Ansiedlung von Wikingern bedeutete schlechtestenfalls, dass die Bedingungen für kriegerische Auseinandersetzungen zugunsten von Wessex verbessert wurden, da Racheaktionen oder gar Präventivschläge möglich wurden, und bestenfalls, dass die Raub- und Plünderungsfahrten außerhalb Englands und auf weiter entfernte Gebiete verlagert wurden. Beides ist in der Folgezeit geschehen.

Zentral für diese Anpassung der Wikinger an die westeuropäische Welt war die Christianisierung. Diese bedeutete nämlich eine Einpassung der Wikinger in das gesellschaftliche und moralische System ihrer Nachbarn und verbesserte ebenfalls die Sanktionsmöglichkeiten. Alfred selbst stand Pate bei der Taufe von Guthrum, der den Namen Aethelstan annahm und sich unter der Protektion von Alfred bis zu seinem Tod 890 zum mächtigsten Herrscher der Wikinger in Britannien aufschwang. Die Patenschaft über Guthrum ist zum einen als eine ehrende Auszeichnung des besiegten Wikingers zu verstehen, auf der anderen Seite wurde mit dieser Geste aber auch der Anspruch Alfreds auf Hegemonie zum Ausdruck gebracht. Die Taufe Guthrums hatte tatsächlich den erwünschten Erfolg, da Wessex jetzt etwas mehr als ein Jahrzehnt Ruhe vor den Wikingern hatte. Die Reste des großen Heeres, die sich nicht der Herrschaft Guthrums unterwerfen oder christianisieren lassen wollten, verließen unter ihren übrigen Anführern Britannien und setzten ins Frankenreich über, wo ihnen die instabile Situation Gelegenheit gab, ihre Plünderungszüge wieder aufzunehmen, die schließlich in der Belagerung von Paris mündeten.

Alfred nutzte die friedlichen Zeiten, um für mögliche zukünftige Angriffe vorzubauen. Er reformierte das Heer und dessen Einberufung, so dass etwa 6% der Bevölkerung dauerhaft unter Waffen standen. Die Bewaffneten rekrutierten sich aus der freien Bevölkerung. Die dauerhafte Abordnung von Kräften für die Bewachung und Bemannung von Befestigungen, die eigentlich dringend für landwirtschaftliche Aufgaben benötigt wurden, bedeutete eine starke gesellschaftliche und wirtschaftliche Belastung. Da im Frühmittelalter das Verhältnis zwischen eingesetztem Saatgut und Ernte nur etwa eins zu drei betrug und der Bedarf an menschlicher Arbeitskraft bedeutend höher war als heute, ist leicht zu erklären, weshalb diese Maßnahme nach Ruhephasen an der Wikingerfront von den Nachfolgern Alfreds ad acta gelegt wurde. Zusätzlich zur Heeresreform versuchte Alfred das Übel an der Wurzel zu packen und ließ an den größeren Flüssen Britanniens auf beiden Ufern Befestigungen bauen, die das Vordringen der Seeräuber auf den Wasserläufen verhindern sollten. Berühmtheit hat Alfreds Versuch erlangt, mit Hilfe von gestrandeten Wikingerschiffen eigene genauso seetüchtige Schiffe zu bauen. Das 19. Jahrhundert hat Alfred deshalb als den Begründer der „Royal Navy" gefeiert. Aber während sich Burgen und stehende Heereskräfte in der nächsten großen Krise, als das große Heer vom Frankenreich wieder auf die Insel kam, zumindest in den Grundzügen bewähren sollten, kamen Alfreds Schiffe nie zum Einsatz. Sie waren ohnehin nicht zahlreich genug, um für die Wikinger eine ernsthafte Herausforderung darzustellen.

Die Anstrengungen Alfreds im Bereich der Bildung und der inneren Christianisierung, also der Erhöhung des Wissens über den Glauben und der Ausrichtung der Bevölkerung auf christliche Werte, werden kaum je in den Kontext der Wikingerabwehr gestellt, sind aber zumindest nach der Vorstellung Alfreds und wohl auch der seiner Zeitgenossen durchaus als Wikingerabwehr zu sehen. Um dies zu begreifen, muss man vielleicht etwas weiter ausholen. Im 6. Jahrhundert hatte der britische Geschichtsschreiber Gildas die Landung der Angelsachsen heilsgeschichtlich interpretiert. Seine eigenen Briten verglich er mit dem Volk Israel und sah die einfallenden Germanen als gerechte Strafe Gottes für sein unbotmäßiges Volk. Im 8. Jahrhundert hatte Beda Venerabilis die Geschichte der Bekehrung der Angelsachsen aufgezeichnet und Gildas dabei entscheidend modifiziert. Ähnlich wie Gildas sah auch er den ursprünglichen Einfall der Angeln, Sachsen, Jüten und anderer Völker als Strafe Gottes für die Briten, beurteilte aber ihre Rolle als auserwähltes Volk Gottes in diesem Moment als ausgespielt. Das neue auserwählte Volk wurden die Angelsachsen, die von Beda programmatisch in ihrer Gesamtheit als „Angli", also Engländer, bezeichnet wurden, ein Name, der auf ihre heilsgeschichtliche Bestimmung zu „Angeli", also zu Engeln, hinweisen sollte. Die Berufung zum auserwählten Volk beinhaltete aber eine große Verpflichtung, denn auch dieses neu auserwählte Volk musste sich im Glauben an Gott immer wieder bewähren. Bedas Deutung war ausgesprochen einflussreich und die Tatsache, dass sich die Bezeichnung Engländer und nicht das ebenfalls verbreitete „Sachsen" durchgesetzt hat, ist ein deutlicher Hinweis darauf. Den Gebildeten zur Zeit der Wikingerüberfälle war daher eines klar: Die Raubfahrten waren eine Strafe Gottes und ein deutlicher Hinweis auf die Reformbedürftigkeit der ganzen englischen Christenheit und im Besonderen der Kirche. Die Anstrengungen zur weiteren und tieferen Vermittlung des Glaubens und zur Verbesserung der Klerikerausbildung sowie die erhöhte Aufmerksamkeit für moralische Fragen, all dies war für Alfred und seine Zeitgenossen „Wikingerabwehr", denn ein im christlichen Glauben gestärktes Volk und ein moralisch einwandfreier Klerus, der seine Sache verstand, mussten dazu führen, dass das auserwählte Volk von Gott nicht mehr gestraft würde. Auch wenn die Wirkmächtigkeit der Gebete Alfreds Zeitgenossen sehr viel selbstverständlicher vorkam als uns heutzutage, wird man dennoch konstatieren können, dass die Anstrengungen auch im Bereich der Bildung auf jeden Fall das in der Abwehr der Feinde ohnehin schon gestärkte Identitätsbewusstsein der Engländer noch steigerten. Dass Alfred zur Vermittlung der Bildungsinhalte dafür sorgte, dass mehrere wichtige Werke, nicht von ungefähr unter anderen auch die Kirchengeschichte des Beda, ins Altenglische übersetzt wurden, hat ihm bleibende Verdienste für die englischen Sprache gesichert.

Die Abwehrmaßnahmen Alfreds sollten in den Jahren 892–96 auf die Probe gestellt werden, als das „große Heer" aus dem Frankenreich zurückkehrte. Der entschlossene Widerstand des westsächsischen Königs und der offensichtliche Erfolg einiger seiner Maßnahmen, wie etwa der Burgenbau an den beiden Ufern der Flussläufe, bedeuteten ernsthafte Hindernisse für die Wikinger, die aber nicht so vollständig besiegt werden konnten, wie es Alfred sich möglicherweise erhofft hatte. Immerhin zerstreute sich 896 das große Heer. Teile des Heeres verstärkten die dänischen Siedler im Danelag, andere versuchten ihr Glück wieder mit Raubfahrten auf dem Kontinent. England sollte jedenfalls für viele Jahre von Einfällen verschont bleiben.

Entstehung des Danelag

Das Gebiet, das Alfred Guthrum überlassen hatte, sollte für viele Jahrzehnte eine Sonderrolle in der englischen Geschichte spielen und hat bis in die normannische Zeit hinein einige spezielle Charakteristika aufzuweisen. Der Name „Danelag“ oder „Danelaw“ bedeutet genau genommen die Abgrenzung eines Rechtsgebietes, also die Region, in der dänisches Recht galt. Nach dem Übereinkommen zwischen Guthrum und Alfred sollte dies auch hauptsächlich das Gebiet für die Ansiedlung der Dänen sein. Sie lebten dort nach ihrem Recht und hatten eigene Könige. Alfred von Wessex scheint damit das Faktum akzeptiert zu haben, dass die Region offenbar schon seit 875 besiedelt wurde, zumindest berichtet die Angelsächsische Chronik zu diesem Jahr von Unterwerfungsakten der lokalen Bevölkerung in Northumbria unter die Führer des großen Heeres (vgl. Karte 3, S. 40).

Die Bezeichnung Danelag ist ein deutlicher Hinweis darauf, dass die Gewohnheiten der dänischen Siedler den spezifischen Charakter der Region ausmachten. Denn obwohl die Wikinger ein Königreich in York errichteten, konnten sie es keinesfalls so stabilisieren, dass es sich mit Wessex hätte messen können. In York konnte sich keine Dynastie etablieren, das dortige Königtum war immer wieder Zankapfel zwischen verschiedenen Parteien. Da auch immer wieder neue Wikinger in die Region kamen, die versuchten, die Initiative an sich zu reißen, kam das Danelag nicht zur Ruhe. Die Ambitionen der Könige von York gingen weit über das hinaus, was machbar gewesen wäre. Viele der dänischen Könige in Nordengland fielen beim Ausgreifen etwa auf Irland und die dortige wikingische Enklave Dublin, so dass sich immer wieder Unsicherheiten bei der Thronfolge ergaben. Gleichzeitig waren die Könige von Wessex konstant darum bemüht, ihren Einfluss auf der Insel auszudehnen und betonten ihre Hegemonialstellung, die schon im Verhältnis von Guthrum und Alfred angelegt war, und bauten diese aus. Während den dänischen Königen die Dynastiebildung nicht gelang, stellten Alfreds Nachfahren in direkter Linie die Könige von Wessex und erwiesen sich in langfristigen Strategien zur Stärkung der Hegemonie als erfolgreich. Im Jahr 973 kam es zu einem Treffen in Chester, bei dem sich sechs Könige in Britannien, unter anderem ein walisischer König, der britische König von Strathclyde und

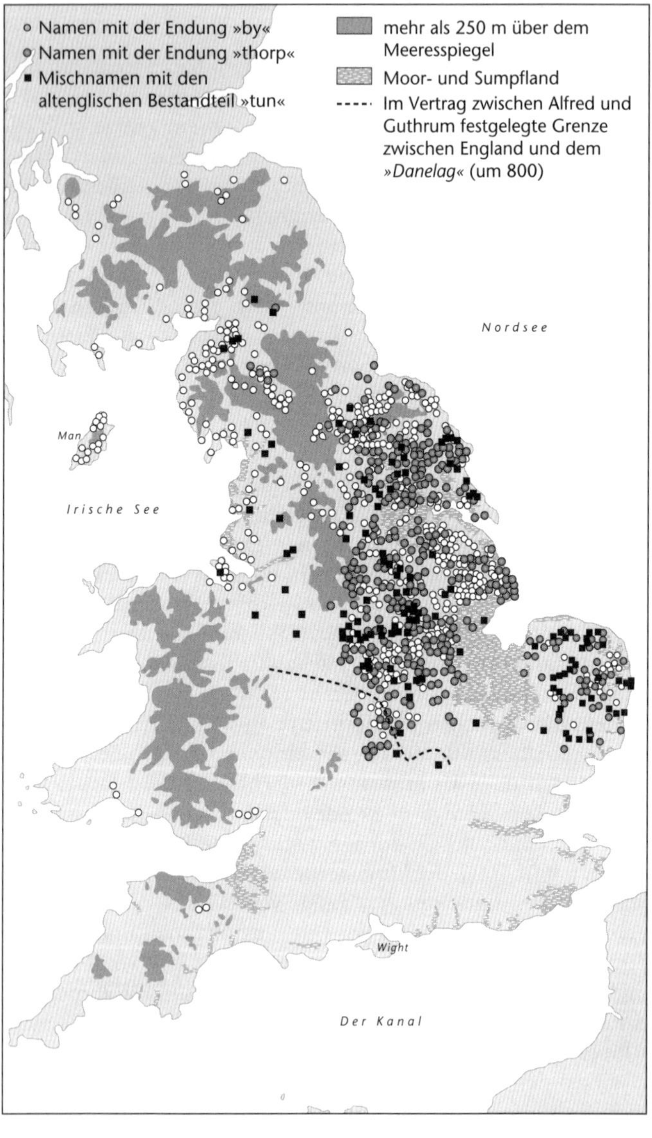

Karte 3: England und Danelag

wohl auch der schottische König in einer Zeremonie König Edgar unterwarfen. Spätere Geschichtsschreiber haben diese Unterwerfung mit einem Bild so beschrieben, dass die Stellung des englischen Königs überdeutlich hervortrat. Angeblich hatten die „Unterkönige“ Edgar auf dem Fluss Dee, der durch Chester fließt, mit einem Ruderboot befördert, in dessen Bug der Hegemon saß. Unter Edgar können wir also erstmals wirklich von einem Königreich England sprechen, von dem das Danelag einen Teil bildete, dem das überkommene eigene Recht zugestanden wurde[4].

Als einzige überlebende angelsächsische Dynastie haben die Könige von Wessex sich auch immer als Interessenvertreter der im Danelag lebenden Angelsachsen verstanden. Die Möglichkeiten, die sich durch tendenziell illoyale und prowestsächsische Untertanen im Nachbarreich ergaben, nutzten sie entsprechend. So fallen die Bemühungen der dänischen Könige im Norden Englands zur Vereinheitlichung gegenüber den Königen von Wessex stark ab. Die Heterogenität ihrer Untertanen verhinderte die Ausbildung eines Identitätsgefühls, wie es sich in Wessex fast wie von selbst ergab. Die Auseinandersetzungen innerhalb der wikingischen Gemeinschaft destabilisierten das Königtum. Hierbei mag durchaus eine Rolle gespielt haben, dass das Königtum letztlich auf der Niederlage gegen Alfred aufbaute und sich daher als Fokus einer positiven Identitätsfindung nicht wirklich anbot. Innerhalb der Wikinger scheint es eine Partei gegeben zu haben, die auf Siedlung, Stabilisierung des Reiches und friedliche Koexistenz setzte, während andere immer wieder versuchten, die alten Wikingertugenden zu beleben und auf Raubfahrt zu gehen. Einzige Klammer im Danelag bildete tatsächlich das namengebende dänische Recht, aber auch hier mussten immer wieder Ausnahmen für Angelsachsen und die Mitglieder anderer Rechtsgemeinschaften zugelassen werden.

Das Danelag entwickelte sich also nicht zu einer dauerhaften politischen Entität, sondern wurde auf lange Sicht dem ständig wachsenden Wessex einverleibt und verschmolz mit diesem zur politischen Einheit des Königreiches England.

Selbstverständlich sind diese langfristigen Entwicklungen in den Königreichen nicht schon von vornherein angelegt gewesen. Man wird kaum davon ausgehen können, dass Alfred etwa die Errichtung eines Königreiches England im Sinn hatte, als er mit Guthrum den Vertrag schloss, der das Wikingerproblem zumindest für eine gewisse Zeit lösen sollte. Vielmehr hat das nordenglische Königreich eine Reihe an bedeutenden Königen aufzuweisen. Was die Könige von Wessex im 10. Jahrhundert nach Alfred auszeichnete, war eine konstant vorhandene Befähigung zur Herrschaft, gepaart mit einem Willen zur Hegemonie, der auch in den Zeiten schwerer Rückschläge prinzipiell immer das eigene Sendungsbewusstsein im Auge behielt und so aus kleinsten Zugeständnissen im entscheidenden Moment echte Vorteile herausschlagen konnte. Eine solche Stringenz erschließt sich dem heutigen Betrachter erst aus der Rückschau. Die einzelnen westsächsischen Könige und ganz sicher Alfred selbst dürften kaum die Errichtung eines Königreiches England als Ziel vor Augen gehabt haben, auch wenn es der Durchsetzungswille der einzelnen Herrscher dies als Ergebnis hervorbrachte.

Höchst umstritten ist das Ausmaß der skandinavischen Siedlungen im Norden und Osten Englands und die sich darum rankende Forschungskontroverse ist noch lange nicht abgeschlossen. Die lange Zeit als unumstößliche Wahrheit geltende Ansicht, dass nicht nur Adlige und Krieger, sondern auch einfache Bauern in großer Zahl nach England umgesiedelt wären, ist durch Peter Sawyer angezweifelt worden, der die traditionelle Deutung vor allem der linguistischen Evidenz in Frage stellte. Die skandinavische Siedlung kann sich in archäologischen Zeugnissen niederschlagen, in Ortsbenennungen, in Dialektwörtern der fraglichen englischen Mundarten und schließlich auch in den oft beschworenenen, unterschiedlichen Rechtsgewohnheiten. Die Problematik dieser Zeugnisse jedoch ist in allen Fällen, dass sie zwar ohne Zweifel belegen, dass eine Siedlung durch Skandinavier stattgefunden hat, über die Quantität der Siedlungen aber kaum eine Aussage gemacht werden kann. Auch in anderen wikingisch besiedelten Gebieten wie etwa in Friesland ist das der Fall. Da diese Zeugnisse aber immer wieder für eine quantitative Auswertung genutzt wurden, lohnt es sich, die Aussagekraft der Quellen im Einzelnen in den Blick zu nehmen. Archäologische Zeugnisse sind primär einer Kultur zuzuordnen, und dass eine solche Kultur nicht mit einem Volk identisch sein muss, ist in der Archäologie zu einem wissenschaftlichen Grundsatz geworden, den man kaum noch erläutern muss. Findet man z.B. in einem Frauengrab eine Fibel „skandinavischen“ Stils, heißt das noch nicht, dass die dort beerdigte Frau eine Skandinavierin war. Sie kann die Fibel geschenkt bekommen haben, weil sie freundschaftliche Kontakte zu Skandinaviern hatte, sie kann sie als Beutestück erhalten haben, sie kann die Fibel von skandinavischen Vorfahren geerbt haben und sie kann sie erworben haben, weil es vielleicht gerade modisch war, sich wie die „Skandinavier" zu kleiden. Damit sind nur einige denkbare Gründe aufgezählt. Mit vielen „skandinavischen" Funden in einer archäologischen Umgebung mag vielleicht die Wahrscheinlichkeit steigen, dass eine ethnische Herkunftsaussage nicht völlig ungerechtfertigt ist, beziffern lässt sich eine solche Wahrscheinlichkeit aber keinesfalls. Auch sprachliche Zeugnisse sind ambivalent. So sind skandinavische Ortsbenennungen kein zwingender Beweis für eine vollständig skandinavische Siedlung, da etwa eine Umbenennung eines alten Ortes stattgefunden haben könnte, dessen angelsächsische Bewohner vielleicht nicht einmal völlig verdrängt gewesen sein müssen. Die als skandinavisch angesehene Endung -thorp etwa, die sich in manchem nordenglischen Ortsnamen findet, ist von den Angelsachsen selbst übernommen und benutzt worden – also im englischen Dialekt produktiv geworden –, so dass neue Orte im 10. Jahrhundert diese skandinavische Endung aufweisen, obwohl sie von Angelsachsen gegründet wurden. Ähnliches gilt für Lehnworte in den nordenglischen Dialekten. Der Prozess von Entlehnung aus anderen Sprachen hat natürlich auch etwas damit zu tun, inwieweit die Sprache, in die entlehnt wird, der anderen Sprache ausgesetzt ist. Daneben hat er aber sehr viel mit sozialen Entwicklungen und Prestige zu tun. Das hohe Prestige und die Modernität, die englischen Lehnwörtern heutzutage im Deutschen anhaftet, steht beispielsweise in keinem Verhältnis zur Zahl englischsprachiger Einwanderer in Deutschland. Türkische Lehnwörter gibt es hingegen kaum. Eine Gleichung wie die, dass fünfzig Lehnwörter etwa fünfhundert Einwanderern entsprächen, kann man eben gerade nicht aufstellen. Es bleibt noch die rechtliche Differenzierung des Danelag, die als das ausschlaggebende Argument für eine große Zahl von Einwanderern herangezogen wurde. Die rechtlichen Gewohnheiten und administrativen Strukturen im Nordosten Englands, die sich von den von Wessex beherrschten Gebieten unterschieden, werden für uns hauptsächlich erst nach 1066 in den Aufzeichnungen der von Wilhelm I. veranlassten Güteraufstellung des sogenannten *Do-*

mesday Book fassbar. Sie können ebenso Ausdruck älterer nort-humbrischer bzw. anglischer Traditionen sein, die sich eben schon vor der skandinavischen Siedlung von denen der Sachsen im Süden und Westen Englands unterschieden. Dann hätten die Skandinavier kein neues Recht mitgebracht, sondern altes übernommen. Ebenfalls kann die unterschiedliche Rechtsstruktur im Danelag unter Umständen auf verwaltungstechnische Maßnahmen der Könige von Wessex zurückgeführt werden, die in den neu unter ihre Oberherrschaft gelangten Gebieten eingriffen. Dies ist etwa bei den sogenannten *Five Boroughs* (Nottingham, Derby, Leicester, Lincoln und Stamford) der Fall, die das erste Mal zum Jahr 942 in der angelsächsischen Chronik erwähnt werden und in den Gesetzen Ethelreds des Unberatenen 997 als eigenständige Einheit auftauchen.

Aus der Perspektive der skandinavischen Siedler sind uns leider keine historischen Quellen überliefert. Die wikingischen Könige von York, über die wir manchmal nur wenig mehr als den Namen wissen, haben uns nur Münzen hinterlassen und hatten wohl keine Hofschreiber, die ihre Taten verherrlicht oder ihre Urkunden ausgestellt hätten. So haben wir nur wenig, um die archäologischen Zeugnisse ins rechte Licht zu rücken. Erstaunlicherweise wurde dieses Manko auch nicht durch die allmähliche Christianisierung der wikingischen Einwanderer behoben, die in ihren Gebieten wohl auch mit kirchlichen Institutionen zusammenarbeiteten und die Moralvorstellungen und die christlichen Herrscherideale nach und nach übernahmen. Die Hinwendung zum Christentum, das als Buchreligion üblicherweise einen erhöhten Bedarf an Schriftlichkeit und Schreibfähigkeit mit sich bringt, lässt sich anhand von einigen Herrscherbeispielen belegen. Inwieweit das Christentum aber weiter in die Tiefe drang, kann kaum beurteilt werden. Guthrum ließ sich von Alfred von Wessex im Zuge ihrer Vereinbarung aus dem Taufbecken heben. Sihtric, König von York, ließ sich kurz nach seiner Heirat mit der Schwester König Aethelstans 926 taufen, und sein Sohn Olaf tat ihm dies unter der Patenschaft König Edmunds im Jahr 943 nach. Nach Alfred scheint die Taufe unabdingbare Voraussetzung für Vereinbarungen zwischen den Wikingerführern und den Königen von Wessex gewesen zu sein, wie sie auch auf dem Kontinent als zusätzliche Absicherung für Bündnisse mit den wankelmütigen Piraten galt.

Für die Bekehrung der Bevölkerung kann man nur archäologische Quellen heranziehen, und diese sind häufig nicht eindeutig. So mag man die Darstellung des Drachenblut trinkenden Sigurd neben einer christlichen Szene als heidnisches Relikt, als Zeichen für die Persistenz der paganen Symbole oder als Zeugnis der Inkulturation, also des Ausdrucks von christlichen Inhalten mit bekannten paganen Formen deuten[5].

Letztlich bleibt festzuhalten, dass die skandinavische Siedlung im Norden und Osten Englands erhebliche Auswirkungen hatte. Inwieweit dies einer großen Anzahl von Siedlern oder einem großen sozialen Prestige einer kleinen Truppe von Elitekriegern geschuldet ist, ist eine Frage, die sich auf Grundlage der vorhandenen Quellen nicht beantworten lässt. Möglicherweise ist es auch schlicht und einfach der Tatsache zu verdanken, dass das sogenannte Danelag eben erst nach 954, dem mutmaßlichen Datum der Vertreibung des letzten Wikingerkönigs Erich Blutaxt, unter den Einfluss des zentralisierend wirkenden westsächsischen Königtums geriet.

Auswirkungen auf die angelsächsischen Reiche

Die meisten angelsächsischen Reiche überlebten die wiederholten Wikingerüberfälle nicht und die verbleibenden Reste mussten sich in den folgenden Jahrzehnten der Übermacht von Wessex beugen. Die Wikingerüberfälle im angelsächsichen Britannien hatten also ihre wahre Bedeutung nicht in der Destabilisierung der einzelnen Reiche oder gar in der Etablierung einer wikingischen Enklave, sondern vor allem darin, dass die Wikinger das Feindbild lieferten, an dem sich eine englische Identität unter der Führung von Wessex bilden konnte. Überspitzt formuliert könnte man sagen, dass erst die Wikinger England gemacht haben. Das Prestige, das Alfred durch seine erfolgreiche Abwehr gewonnen hatte, half ihm zum einen, sein eigenes Königreich zu etablieren und als Schutzmacht gegenüber anderen Angelsachsen aufzutreten. Uum anderen bedeutete es einen Prestigezuwachs für die westsächsische Dynastie der Cerdicinge, die von nun an bis zu Knut die englischen Könige stellen sollte. Die Bedeutung Alfreds in der Dynastie der Cerdicinge lässt sich schon daran deutlich machen, dass nach seinem Tod die Vater-Sohn-Folge üblich wurde, die den Rückbezug der einzelnen Könige auf Alfred erleichterte, während sich vor Alfred die Könige aus einer Abstammungsgemeinschaft rekrutierten und wir bei mindestens fünf Königen relativ sicher sein können, dass sie nicht der eigentlichen Königsfamilie entstammten.

Das nordenglische Königreich Northumbria war schon vor der Wikingerzeit unter die Hegemonie von Mercia geraten und zur Bedeutungslosigkeit verdammt. Nach Alfred entstand auf seinem Boden das wikingische Königreich von York, das nicht mehr an die Tradition Northumbrias anknüpfte. Das britische Königreich von Strathclyde ging allmählich im entstehenden Schottland auf. Südlich des Humber war das Königreich Ostanglien lange schon nicht mehr eigenständig und hatte unter den Wikingerüberfällen sehr stark gelitten. Nach dem Vertrag zwischen Guthrum und Alfred fiel es vollständig unter die Vorherrschaft der Könige von York, auch wenn die Wikinger im dortigen Gebiet kaum siedelten. Die Königreiche Kent und Sussex gerieten ähnlich wie das noch keltische Cornwall in den Sog des aufsteigenden Wessex. Auch das einst mächtige Mercia wurde unter der Vormacht von Wessex zur Grafschaft degradiert.

Die Anstrengung der Wikingerabwehr hatte also weitreichende Folgen für die Angelsachsen, da sich die Herrschaftsstrukturen in Britannien auf einen König hin verdichteten, ein englisches Identitätsgefühl entstand und die Administration und die Bildung einen bemerkenswerten Aufschwung erfuhren. Dagegen ist im Danelag eine solch positive Veränderung nicht in gleichem Maße wahrzunehmen. Wohl sind Versuche zur Festigung der königlichen Herrschaft und zur Vereinheitlichung der Untertanen gerade im rechtlichen Bereich wahrzunehmen. Die Herrscher des Danelag hatten in dieser Beziehung von ihren angelsächsischen Nachbarn gelernt, die Einbeziehung der wikingischen Siedler in das Umfeld vollzog sich durchaus nicht nur auf dem Gebiet der Christianisierung, aber eine stabile Herrschaftsbildung mit einer einzigen Dynastie ist den Herrschern von York nicht gelungen. Aus der Auseinandersetzung zwischen Angelsachsen und Wikingern haben die Angelsachsen auf lange Sicht sehr viel größeren Gewinn erzielen können.

Wiederaufleben der Überfälle im 10. Jahrhundert

Während auf dem Kontinent mit dem Rückzug des großen Heeres und der Gründung der Normandie, auf die noch eingegangen wird, die Wikingerüberfälle langsam nachließen, erlebte Britannien im 10. Jahrhundert noch einmal eine Wikingerplage, die dann allmählich durch die Eroberungsversuche der dänischen Könige, die sich inzwischen in Skandinavien als vorherrschende Dynastie durchgesetzt hatten, abgelöst wurde. Es ist nicht ganz sicher, warum in dieser letzten Phase der Überfälle allein England so unter den Wikingern zu leiden hatte. Im Ostfrankenreich scheint sich die Situation unter den Ottonen soweit stabilisiert zu haben, dass Raubfahrten den Rhein oder die Maas hinauf nicht mehr in Frage kamen. Hier beschränken sich die Konflikte der Skandinavier auf Kriegszüge gegen regionale Gewalten wie etwa die Billunger in Sachsen. Das westfränkische Königtum des 10. Jahrhunderts zeichnete sich eigentlich nicht durch besondere Stabilität aus, dennoch stellten die Wikinger, bis auf eine kurze Phase der Überfälle in den 970er Jahren im Norden des Westfrankenreiches keine echte Bedrohung dar. Möglicherweise hat die Gründung der Normandie im Westfrankenreich tatsächlich – wie sicher auch geplant – als Puffer gegen weitere Einfälle gewirkt. Anders in England, wo die wiederholten Überfälle nach den 980er Jahren zu einer zunehmenden Destabilisierung des Königreiches führten, das schließlich unter dem Ansturm des dänischen Königs zusammenbrach. Ein möglicher Grund für die zunehmenden Aktivitäten gerade des inzwischen christianisierten Königshauses in Dänemark ab den 980er Jahren mag sein, dass die Silberzufuhr aus dem Osten nachgelassen hatte und man Silber in England abschöpfen wollte. Zudem waren die dänischen Auseinandersetzungen mit den sächsischen Billungern in diesen Jahren nicht von Erfolg gekrönt. Zumindest, was das Beute machen in Klöstern betrifft, unterschieden sich die Raubzüge um 1000 von den Wikingerzügen im 9. Jahrhundert. Das Eintreiben von Tributen und später die Eroberung sind die primären Ziele der hauptsächlich dänischen Wikinger gewesen. Eine Plünderung von Klöstern war von den frisch Christianisierten kaum noch zu befürchten.

Das Wiederaufleben des Wikingerproblems steht in engem Bezug zur erfolglosen Herrschaft Ethelreds des Unberatenen ab

978. Dass die Herrschaft dieses englischen Königs aus dem Hause Alfreds ein Desaster war, ist auf mehrere Faktoren zurückzuführen. Zum einen stand der Herrschaftsantritt Ethelreds unter keinem guten Stern. Seine Gefolgsleute, die ihn auf den Thron hieven wollten, hatten seinen älteren Bruder Eduard umbringen lassen. Auch wenn Ethelred selbst als wohl noch Minderjähriger mit dieser Bluttat sicherlich nichts zu tun hatte, ist es ihm aber weder gelungen, sich völlig von der Tat zu distanzieren, noch durch außergewöhnliche Erfolge die Anfeindungen dauerhaft zu entkräften. Im Gegenteil, Eduard wurde von vielen Angelsachsen als Märtyrer verehrt und gegen Ende seiner Regierungszeit musste Ethelred den Kult sogar offiziell anerkennen. Ethelred haftete von Anfang an der Geruch eines unberechenbaren Herrschers an, und so trifft der Beiname „Unraed", den ihm erst spätere Generationen gegeben haben, die Verhältnisse recht gut. „Unraed" ist ein Wortspiel mit der Bedeutung des Namens „Ethelred", der soviel bedeutet wie der „Edle Rat", also der, der guten Rat gibt oder gut beraten ist. „Unraed" ist hingegen der, der keinen guten Rat gibt und keine guten Ratgeber hat. Dies bringt im Grunde genommen die Probleme Ethelreds recht prägnant auf den Punkt. Sicher bedeuteten die ständigen Wikingerüberfälle eine starke Belastung für seine Herrschaft, mit der auch fähigere Könige ihre Schwierigkeiten gehabt hätten. Aber Ethelreds Versagen manifestierte sich in erfolglosen Abwehrmaßnahmen, der nicht völlig unverständlichen Scheu vor militärischen Auseinandersetzungen, dem häufigen Taktikwechsel, dem Einsetzen von treulosen Beratern, die den König immer wieder im Stich ließen, und schließlich auch in einer recht großen Portion Pech, das dem König auch gute Ideen und Ansätze verhagelte.

Ein Beispiel für Ethelreds Hang zu schlechten Ratgebern ist ganz sicher der 1007 zum *Ealdorman* (später *Earl*) von Mercia ernannte Eadric Streona, der die Unzuverlässigkeit in Person gewesen zu sein scheint, und trotzdem bis zu Ethelreds Tod eine so wichtige Rolle spielte, dass an ihm offenbar kein Weg vorbei führte. Zur Abwehr der neu aufflammenden Angriffe der Wikinger griff Ethelred auf einen Plan seines Vorfahren Alfred zurück und ließ neben der Befestigung von Brücken und Burgen 1008 in einer gewaltigen Kraftanstrengung eine Flotte von etwa 150 Schiffen bauen. Nur war leider der Mann, den er mit dem

Bau der Flotte betraute, Wulfnoth, ein unzuverlässiger Zeitgenosse, der sich nach der Fertigstellung und nach einer Intrige am Königshof mit immerhin zwanzig Schiffen aus dem Staub machte, um selbst der einträglichen Seeräuberei nachzugehen. Brythric, ein weiterer Gefolgsmann des Königs und Bruder des Eadric Streona, versuchte den Flüchtigen mit achtzig Schiffen einzufangen. Ein Teil seiner Flotte zerschellte aber dann bei einem plötzlich aufgekommenen Sturm am nahegelegenen Strand, der Rest wurde von Wulfnoth verbrannt. Große Geldmittel, waren also in ein Projekt gesteckt worden, das buchstäblich zur Hälfte in den Sand gesetzt wurde und zur anderen Hälfte die Situation durch einen weiteren gefährlichen Seeräuber noch verschlimmerte.

In der Nacht vom 12. auf den 13. November 1002 versuchte Ethelred eine Radikallösung des Wikingerproblems, die ihm schon von Zeitgenossen als schwere Schuld angelastet wurde. Da die dänischen Bewohner Englands den Raubfahrern immer wieder Zuflucht und Unterstützung gewährten, befahl Ethelred in einer offenbar von langer Hand geplanten „Nacht der langen Messer", die dänischen Einwohner seines Königreiches zu ermorden. Möglicherweise bezog sich der Hinrichtungsbefehl nur auf Wikinger, die sich dem König zu militärischen Diensten verpflichtet hatten und ihre Aufgaben nicht ausgeführt hatten oder als unzuverlässig galten[6]. Gefruchtet hat diese Maßnahme nichts, sie hat dem König die entkommenen dänischen Untertanen weiter entfremdet und bewies ihnen, dass auf den englischen König kein Verlass war. Die Wikinger, die sich teilweise gegen Geld in die Dienste des englischen Königs stellten, sahen sich nicht zu größerer Loyalität verpflichtet.

Wie sein Vorfahr Alfred versuchte sich Ethelred auf dem diplomatischen Parkett und näherte sich einigen Wikingerführern an, um sie gegeneinander auszuspielen. Als 990 der Däne Sven Gabelbart und der Norweger Olaf Trygvasson gemeinsam die Insel angriffen, gelang es Ethelred, Olaf mit einer Sonderzahlung zum Rückzug zu bewegen. Im Jahr 994 wurde Olaf Trygvasson vom König ehrenvoll empfangen und aus der Taufe gehoben. Olaf erwies sich tatsächlich als treuer Gefolgsmann des Königs, konnte aber die weiteren massiven Überfälle offenbar nicht verhindern, weil es ihm nicht gelang, sich neben anderen Wikingerführern als alleiniger Gefolgsherr durchzusetzen. Später wurde Olaf der erste christliche König Norwegens.

Ethelred versuchte kurzzeitig auch die Basislager der Wikinger in der Normandie zu beseitigen. 991 schloss er einen Vertrag mit Richard I. von der Normandie ab, der normannische Hilfe für die Wikingerseeräuber auf dem Weg nach England unterbinden sollte. Gleichzeitig mit den Vorbereitungen für die Hinrichtung der Wikinger (und dies spricht dafür, dass es eher um die Bestrafung von abtrünnigen Söldnern ging) warb er beim neuen Herzog der Normandie, Richard II., um seine Tochter und heiratete Emma im Sommer 1002. Er versprach sich von der Verbindung offenbar eine Entlastung der Südküste Englands, da die Herzöge der Normandie den dänischen Seefahrern bis zu diesem Zeitpunkt immer wieder Zuflucht gewährt hatten. Zumindest in einer Hinsicht sollte sich das normannische Bündnis bewähren: Als nämlich Ethelred von den Dänen vertrieben wurde, konnten sich seine Söhne bei ihren normannischen Verwandten in Sicherheit bringen.

Im Laufe von Ethelreds Regierungszeit sollte sich die Situation immer weiter verschlechtern. Dass Ethelred und die Engländer 991 in der Schlacht von Maldon eine Niederlage erlitten, scheint sie so weit traumatisiert zu haben, dass sie zukünftig die offene Feldschlacht nach Möglichkeit vermieden und lieber Tribute zahlten, die im Laufe der Jahre zu horrenden Summen anstiegen. Die angelsächsische Chronik zum Jahr 991 berichtet von einer Zahlung von 10 000 Pfund, im Jahr 1012 betrug sie dann schon 48 000 Pfund, um schließlich 1016 noch auf 72 000 Pfund anzusteigen. Um sich diese Zahlungen, das sogenannte *gofal* (Tribut) und dann ab 1012 „*heregeld*“, leisten zu können, führte Ethelred eine allgemeine Besteuerung des Landes, die sich als solche durchaus als nützlich erwies und noch von Wilhelm dem Eroberer unter dem Namen „Danegeld“ erhoben wurde. Beliebt hat Ethelred sich mit dieser Maßnahme aber sicher nicht gemacht. Der König hatte wohl tatsächlich geplant, die Wikinger solange zu bezahlen, bis er seine eigene Abwehr auf Vordermann gebracht hatte, eine Strategie, die etwa im ostfränkischen Reich unter Heinrich I. gegen die Ungarn durchaus erfolgreich zur Anwendung gebracht worden war. Wenn es Ethelred gelungen wäre, im Jahr 1008 tatsächlich eine Flotte zu mobilisieren, und wenn er die Wikinger erfolgreich zurückgeschlagen hätte, hätte sich seine Taktik im Nachhinein gerechtfertigt. Doch sind alle seine Maßnahmen letztlich gescheitert.

Wie Alfred ging Ethelred das Wikingerproblem auch von der religiösen Seite an und zwischen dem 26. und 28. September 1009 fanden in ganz England Prozessionen statt, die die Wikingerflotte unter Thorkell abwenden sollten. Ungefähr zur gleichen Zeit ließ Ethelred Pfennige prägen, die das Lamm Gottes und die Taube als Symbol des Heiligen Geistes zeigen. So sollte der göttliche Beistand, der nach der Vernichtung der 1008 aufwendig gebauten Flotte dringend nötig schien, quasi herabgezwungen werden.

Zusammenbruch des englischen Königtums und Eroberung Englands durch Sven Gabelbart

1013 nahmen die Wikingerüberfälle noch einmal eine andere Qualität an, als sich der dänische König Sven Gabelbart an der Spitze eines Heeres aufmachte, um England zu erobern. Die Motive für diesen regelrechten Krieg sind gänzlich anders gelagert, als die für die bisherigen Überfälle. Dies hat viel mit der Entwicklung des dänischen Königtums zu tun.

Harald Blauzahn, der Vater Sven Gabelbarts, hatte die Zentralisierung und Vereinheitlichung Dänemarks vorangetrieben. Wichtiger Bestandteil dieser politischen Entwicklung war die Hinwendung zum Christentum, die Harald offenbar recht überstürzt vollzog. Er baute eine der ersten Kirchen in Dänemark, in der er dann seinen heidnischen Vater in einem Akt postumer Mission bestatten ließ. Man hat vermutet, dass er die Christianisierung so schnell vorantrieb, um den deutschen Einfluss auf die dänischen Christen, der insbesondere vom Erzbistum Hamburg-Bremen ausging und sich in früheren Zeiten etwa in der Person Anskars manifestiert hatte, zurückzudrängen und die kirchliche Freiheit Dänemarks zu garantieren. Das wird sicher nicht der alleinige Grund gewesen sein. Von einer Christianisierung konnte sich Harald, jedenfalls im Fall des Gelingens, einen positiven Effekt auf die Stellung des Königtums und eine erhöhte Autorität erhoffen, die ihm die Durchsetzung in Gesamtdänemark erleichtern sollte.

Sven Gabelbart hat in den 980er Jahren seinen Vater Harald Blauzahn gestürzt und die Forschung hat in Erwägung gezogen, dass er sich damals an die Spitze einer heidnischen Reaktion in Dänemark stellte. Anscheinend gab es jedenfalls eine Aufstandsbewegung gegen König Harald, an deren Spitze sich Sven stellte. Ob dies tatsächlich eine heidnische Reaktion war, ist durchaus strittig. Nach seiner Thronbesteigung und der Absetzung des Vaters ist Sven selber zum Christentum übergetreten. Seine Autorität ist dadurch möglicherweise untergraben worden. Sehr viel spätere Sagas deuten an, dass er sogar jahrelang entführt und in der Gewalt der Jomswikinger (nach der slawischen Stadt Jomsborg an der Oder) war. Auch wenn das Zeugnis einer solch späten Saga mit Skepsis betrachtet werden muss, und der Zeitgenosse Thietmar von Merseburg das Geschehen nur verschwommen andeutet,[7] wird am Verhalten Svens jedenfalls deutlich, dass er sich darum bemühte, außenpolitische Erfolge vorzuweisen, die seine innere Stellung stärken würden. Im Gegensatz zu den Wikingerraubzügen zu Beginn des 9. Jahrhunderts, fallen die Unternehmungen Svens eher in die Kategorie von Kriegsführung. Ob seine Unternehmungen nun durch eine verzweifelte Flucht nach vorn für den dringend nötigen Prestigegewinn im Inneren oder durch ehrgeizigen Eroberungswillen verursacht wurden, lässt sich im Einzelnen nicht beurteilen. Möglicherweise spielten beide Faktoren eine Rolle. Man könnte auch in Erwägung ziehen, dass der prekäre Anspruch auf Oberhoheit über Norwegen durch englische Ressourcen durchgesetzt werden sollte. Erste Versuche zur Eroberung Englands oder zumindest von Teilen Englands waren vielleicht schon die Fahrten Svens in den 990er Jahren. Nach 1002 spätestens gab das Ziel der Eroberung jedenfalls den dänischen Kriegszügen eine ganz andere Qualität, als sie die bisherigen Raubzüge hatten. England war unter Ethelred sicher das geeignetste Ziel für einen Krieg, bei dem der dänische König hoffen konnte, auf ganzer Linie Erfolg zu haben. Die Zeitgenossen äußerten den Verdacht, dass Sven sich an Ethelred für die Ermordung der Dänen rächen wollte. Auf jeden Fall hatte Sven damit ein Legitimationsmittel für einen Agressionskrieg in der Hand.

Als sich Sven Gabelbart im Jahr 1013 nach England begab, um nicht nur Raubzüge durchzuführen, sondern sich auch ein neues Reich zu erobern, war das englische Königtum auf dem absoluten Tiefpunkt angekommen. Der Wille seiner Großen, sich für den unzuverlässigen König einzusetzen, Heere oder gar Geld zu stellen, war auf ein Minimum reduziert. Die Kampagne von Sven Gabelbart zur Eroberung Englands nahm ihren Anfang im Danelag, wo Sven auf Unterstützung hoffen konnte und sie auch erhielt. In Auseinandersetzung mit ihm machte Ethelred einen weiteren Fehler in seiner langen Geschichte von Fehltritten, indem er versuchte, den dänischen König auf dem Gebiet des Danelag zu schlagen, anstatt die Ressourcen in seinem einheimischen und ihm vielleicht noch am ehesten wohlgesonnenen Wessex zu nutzen.

Nicht nur die Erfolge des Dänen, sondern auch die Unzufriedenheit seiner Großen zwang Ethelred in die Normandie ins Exil, wo er mit Frau und Söhnen empfangen wurde. Sein ältester Sohn Edmund Ironside blieb in England und sammelte die Reste der dem englischen König Getreuen. Edmund hatte sich bereits militärisch bewährt und war jetzt der letzte Hoffnungsträger auf englischer Seite. Das Schicksal sollte sich noch einmal scheinbar zugunsten der westsächsischen Könige wenden. Sven Gabelbart, der seine Herrschaft schnell gefestigt hatte, verstarb am 3. Februar 1014, ohne einen Nachfolger bestimmt zu haben. Seine wikingischen Gefolgsleute erhoben seinen jüngeren Sohn Knut zum Nachfolger (sein älterer Sohn Harald war in Dänemark und erbte dort die Krone). Aber die Angelsachsen besannen sich wieder auf die glorreiche Dynastie aus Alfreds Stamm und riefen Ethelred ins Land zurück. Der kam auch und versuchte, das Blatt noch einmal zu seinen Gunsten zu wenden, musste dann aber – wohl schon todkrank – das Aufstellen eines Heeres und die Organisation der Verteidigung seinem Sohn Edmund überlassen. Edmund konnte Erfolge gegen Knut verbuchen, der als noch junger, unerfahrener Anführer die Gefolgsleute seines Vaters nicht alle zum Bleiben in England überreden konnte. Da Knut seine Ansprüche allerdings nicht aufgab, kam es zunächst zu Auseinandersetzungen, die dieser am 18. Oktober 1016 in der Schlacht von Ashdon für sich entscheiden konnte. Die englische Seite verlor diese Schlacht übrigens wegen der voreiligen Flucht des schon erwähnten Eadric Streona, dem man der Angelsächsischen Chronik zufolge den Untergang des gesamten Adels Englands verdankte. Nach der Schlacht von Ashdon kam es gezwungenermaßen zu einer Einigung zwischen den beiden Königen, die eine erneute Teilung Englands in einen dänischen und einen englischen Teil vorsah. Knut einigte sich mit seinem Rivalen und schloss einen Frieden, der die Teilung des englischen Reiches in westsäschisch beeinflussten Südwesten und wikingischen Nordosten wieder aufleben ließ, nur dass Knut mit allen Gebieten nördlich der Themse einen weitaus größeren Teil erhielt als Edmund. Beide setzten sich für den Fall ihres Todes als Erben ein. Und tatsächlich starb Edmund wenige Wochen nach der Vereinbarung und Knut konnte England friedlich übernehmen.

Die Herrschaft Knuts des Großen

Aus dem Rückblick wirkt die kurze Zeit der dänischen Könige in England wie eine Episode, da sie sich auf Dauer nicht durchsetzen konnten. Man sollte jedoch bedenken, dass dies nicht unbedingt der Wahrnehmung der Zeitgenossen entsprach. Die Verbindung Englands mit Skandinavien hätte durchaus längerfristig sein können und die englische Geschichte wäre im Fall einer dauerhaften Anbindung an Skandinavien sicher anders verlaufen.

Der wohl stärkste Beweis dafür, dass die Herrschaft der westsächsischen Dynastie durch Ethelred einen tiefreichenden Prestigeverlust erfahren hatte, ist die Tatsache, dass Knut die Herrschaft über England so leicht zufiel. Er einigte sich schnell mit den angelsächsischen Großen, die er seines Vertrauens für würdig hielt, und entledigte sich geschickt eines Problemfalles, den ihm sein Vorgänger Ethelred hinterlassen hatte. Auf seinen Wunsch – aber nicht seinen Befehl hin – wurde Eadric Streona ermordet. Knut heuchelte Unzufriedenheit mit den Mördern, die seinen Willen völlig missverstanden hätten, aber scheute sich keinesfalls, die frei gewordene Position des Ealdorman von Mercia neu zu vergeben. Eadrics Unbeliebtheit und die Erleichterung, die sich nach seiner Beseitigung wohl breit machte, sorgten dafür, dass diese Tat keinen Schatten auf Knuts Regierung warf und dem neuen englischen König niemals angelastet wurde. Übrig gebliebene Prätendenten des Königshauses von Wessex ließ Knut umbringen oder vertreiben.

Relativ schnell gelang es dem neuen König, England im Inneren zu stabilisieren, indem er die Posten der Ealdormen – dann Earls – der einzelnen früheren Königreiche, nämlich Wessex,

Mercia und East Anglia mit Personen seines Vertrauens besetzte. Wessex übergab er an Godwin, den er mit seiner Verwandten Gytha verheiratete. Godwin war wohl ein Nachfahr des Wulfnoth, der sich beim Flottenbau des Ethelred so unrühmlich hervorgetan hatte. East Anglia verlieh Knut an Thorkell, der als wikingischer Söldner zeitweise für Ethelred gekämpft hatte, Mercia an Leofwine und dann dessen Sohn Leofric aus angelsächsischem Adel, Northumbria an Erik Hakonson, später an Siward. Alle erwiesen sich als dankbar und treu, so dass Knut im Gegensatz zu Ethelred verlässliche Helfer in den Grafschaften hatte.

Interessanterweise entließ Knut im Jahr 1018 schon seine Flotte, die er mit einer Zahlung von 82 500 Pfund ablöste. Wahrscheinlich befürchtete er, dass die Rastlosigkeit der nun beschäftigungslosen Wikinger ihm seinen guten Leumund bei den Engländern kosten könnte, auch wenn für diese Zahlung erneut die Engländer aufkommen mussten. Langfristig gelang es Knut, die englischen Küsten während seiner Regierungszeit von räuberischen Horden frei zu halten. Dies mag damit zusammenhängen, dass er ein kleine, schlagkräftige Flotte zurückbehielt, die er im Notfall einsetzen konnte.

Weiter versöhnte Knut die Engländer, indem er die Gesetze seiner Vorgänger in ihrer Gültigkeit bestärkte und eine Angelsächsin namens Aelfgifu zu seiner Konkubine machte. Er knüpfte auch an die Traditionen der Westsachsen an, indem er Emma, die Witwe Ethelreds aus dem normannischen Herzogshaus, zur Frau nahm. Emma scheint zum einen aus eigenem Recht einige Reichtümer besessen zu haben, die ihr Ethelred überlassen hatte und war gleichzeitig Garantin für das Stillhalten der Normandie und der dort lebenden Söhne Ethelreds, deren Ansprüche während Knuts Lebenszeit nur noch dem Namen nach bestanden. Ob Knut Aelfgifu für Emma verließ, ist ungewiss. In Anbetracht der Tatsache, dass die Angelsächsin ein wichtiges Bindeglied zu den Einheimischen war, kann man vielleicht eher davon ausgehen, dass sich die beiden Frauen miteinander arrangieren mussten.

Probleme hatte Knut also in England keine, seine anderen Besitzungen machten ihm viel mehr zu schaffen. Dänemark konnte er nach dem Tod seines älteren Bruders Harald 1019 relativ problemlos für sich beanspruchen, aber die von Dänemark schon lange beanspruchte Oberherrschaft über Norwegen drohte Knut immer wieder aus den Fingern zu gleiten und eine Unterwerfung der Schweden gelang überhaupt nicht. Er versuchte die Norweger durch seine persönliche Anwesenheit in Schach zu halten, setzte zeitweise einen Vizekönig seines Vertrauens ein und schickte schließlich seinen Sohn Svein aus der Verbindung mit Aelfgifu als König nach Norwegen. Alle diese Versuche zögerten letztlich die Entstehung eines Königreiches Norwegen nur hinaus. Sie gelang noch vor dem Tod Knuts unter Magnus, dem Sohn des in der Sage verewigten heiligen Olaf.

Knut scheint sich Zeit seines Lebens bewusst gewesen zu sein, dass seine Dynastie noch relativ jung und noch nicht so lange christianisiert war. Daher zeigte er gerade in den Bereichen der Kirchenpolitik und der Verbindung zu den anderen europäischen Herrschern den Ehrgeiz eines Emporkömmlings und den Eifer eines Neubekehrten. Seine Förderung der Kirchen und Bistümer in seinen Reichen versetzte Zeitgenossen in Erstaunen. 1027 reiste er sogar nach Rom, um die von ihm geplante Bistumsstruktur absegnen zu lassen. Da zu diesem Zeitpunkt gerade auch Konrad II. in Rom weilte, um sich zum Kaiser krönen zu lassen, nutzten beide Herrscher die Gelegenheit für zusätzlichen Prestigegewinn. Konrad konnte König Knut an seiner Kaiserkrönung teilhaben lassen und damit die Prärogative des westlichen Kaisertums zur Schau stellen, während Knut kaiserliche Zustimmung für seine Bistumspläne erbitten und sich als vollgültiges Mitglied der europäischen Königsschicht darstellen konnte. Die Verbindung zwischen Knut und Konrad II. wurde im Jahr 1036 durch eine Ehe zwischen Gunhild, Knuts Tochter, und Heinrich III., dem prospektiven Erben Konrads, besiegelt.

Man hat Knuts Herrschaft über Dänemark, Norwegen, Teile Schwedens und England im Zuge der nationalen Geschichtserklärung oft als ein skandinavisches Großreich missverstanden, dem in Wunschträumen sowohl in England als auch in Dänemark ein ungeheures Zukunftspotential zugeschrieben wurde und dem man eine Vereinheitlichung des Ost- und Nordseehandels zugetraut hat, ebenso wie eine Bewahrung alter „germanischer Freiheiten“ in England und Skandinavien. Eine solche Interpretation geht an den zeitgenössischen Quellen vorbei. Es ist zwar prinzipiell nicht undenkbar, dass diverse Reiche unter einer Herrschaft zu einem neuen Zusammengehörigkeitsgefühl finden, aber dafür reicht eine Generation im Zweifel nicht aus.

Knut verstand seine Reiche immer als einzelne Herrschaften. In seinen englischen Urkunden tritt er meistens als „Cnut rex" in Erscheinung ohne weitere Zusätze und wird manchmal auch „rex Anglorum", König der Engländer oder „rex Britanniae", König Britanniens genannt, aber in England scheint er seine anderen Königstitel nicht geführt zu haben. Er unternahm auch keine anderen Versuche, seine verschiedenen Reiche zu einigen, sei es etwa im rechtlichen Bereich, der Kirchenstruktur oder der Verwaltung. Vielmehr trennte er bei all seinen Maßnahmen die einzelnen Herrschaften peinlich genau voneinander. Dass zum Teil Vertraute und Günstlinge aus einem Reich in einem anderen Reich mit Aufgaben betraut wurden, wie etwa Thorkell, der dänische Verbündete Ethelreds und schon lange angelsächsisch assoziiert, mit der Verwaltung Dänemarks für Harthaknut, oder Aelfgifu, die in Norwegen die Regentschaft für ihren Sohn Svein führte, lag dann im Gegenteil sogar eher daran, dass Knut sich von „Unbeteiligten" offenbar bessere Leistungen versprach.

Nach Knuts Tod sollte die Personalunion zwischen Norwegen, Dänemark und England ein Ende finden. In Norwegen setzte sich Magnus der Gute durch, in Dänemark erbte Harthaknut, Knuts Sohn aus der Ehe mit Emma, und in England wurde Harold Hasenfuß, Sohn des Königs mit Aelfgifu, als König anerkannt. Nach dem Tod Harolds wurde Harthaknut auch König von England. Er holte seinen älteren Halbbruder Eduard, Sohn Ethelreds des Unberatenen, aus der Normandie an den englischen Königshof. Als Harthaknut überraschend früh starb, erhoben die englischen Großen Eduard (den Bekenner), den letzten erwachsenen männlichen Sprössling der westsächsischen Dynastie zu ihrem König.

Exkurs: Irland

Die kleinere der beiden britischen Inseln hatte am frühesten unter den Raubüberfällen zu leiden. Als zu Beginn des 9. Jahrhunderts die Gelegenheiten für Plünderungen im Frankenreich noch nicht so günstig waren, litt Irland schon unter vielen Wikingerüberfällen. Hier fingen die Seefahrer auch schon 840 an, ihre Winterquartiere aufzuschlagen. Bald hatten sie in Dublin einen festen Stützpunkt, von dem aus sie weitere etwa in Wexford, Waterford, Cork und Limerick errichteten, und damit den Grundstein der heutigen Städte legten. Die Plünderungen fanden dann von diesen Stützpunkten aus statt und es dauerte nicht lange, bis die Wikingerführer sich in das lokale Geflecht von Klein- und Kleinstkönigen eingefunden hatten, und bei den diversen Auseinandersetzungen, wechselnden Bündnissen und Kampfhandlungen eifrig mitmischten und als kampfstarke Bündnispartner auch durchaus geschätzt wurden. Ab den 850er Jahren nahmen die Übergriffe stark ab. Es ist anzunehmen, dass die Wikinger von ihren Siedlungen aus ein tributäres System errichtet hatten, das eine Plünderung überflüssig machte. Über die irische See wurde daraufhin auch die Westküste Britanniens Angriffspunkt.

In Irland wurden die Wikinger ethnisch nach ihrer Herkunft differenziert, die Finngall waren die weißen Fremden, die Norweger, die Dubhgall die schwarzen Fremden, die Dänen. Beide Gruppen lieferten sich in Irland Kämpfe, wie es uns vom Kontinent und aus England nicht überliefert ist. Diese inneren Querelen der Wikinger in Irland führten dazu, dass es den Iren schließlich im Jahr 902 gelang, die Heiden, wie es in den Annalen von Ulster heißt, endgültig zu besiegen. Die vertriebenen Wikinger siedelten in England oder Island.

914 – nach den Misserfolgen des großen Heeres in England und der Befriedung der Wikingersituation in der Normandie – kamen erneut Wikinger nach Dublin, die sich auf Ivar zurückführten, den König der Skandinavier in Irland und Britannien[8]. Sie konzentrierten sich allerdings nicht auf ihre Herrschaft in Irland, sondern versuchten, sich von Irland aus das Wikingerreich von York anzueignen, was langfristig nicht gelang. Die Bedeutung der Wikingerreiche von Dublin, Limerick und Waterford im 10. Jahrhundert sollte nicht mehr an die ihrer Vorgänger im 9. Jahrhundert heranreichen.

3 Normanneneinfälle im christlichen Europa: Frankenreich (810–911)

Wenden wir uns nun den Überfällen der Normannen auf dem Kontinent zu, die sich vor allem auf das Frankenreich und seine Nachfolgestaaten im Osten und Westen beschränkten. Im Frankenreich befuhren die Wikinger vor allen Dingen die großen Flussläufe von Elbe, Rhein, Maas, Schelde, Seine und Loire und drangen so tief ins Land ein. Ähnlich wie in England hing die Frequenz der Wikingerüberfälle sehr stark von der inneren Situation der Reiche ab und die Auswirkungen der Überfälle auf die innere Stabilität sind kaum zu überschätzen.

Situation im Frankenreich um 800

Unter Karl dem Großen hatten die fränkischen Könige den absoluten Höhepunkt ihrer Macht erreicht. Karl der Große hatte sein Reich um Sachsen, Bayern sowie das Langobardenreich beträchlich ausgedehnt und trug die Kaiserkrone gleichsam schon auf dem Kopf, als 793 die Nachricht vom ersten Überfall der Wikinger auf das Kloster Lindisfarne in Northumbria die Ohren seines Gefolgsmannes Alkuin erreichte. Mit dem Auge des erfolgreichen Generals und Heeresführers für gefährliche Gegner erkannte Karl wohl, was für ein Potential die räuberischen Seefahrer hatten. Als das Frankenreich im Jahr 810 zum ersten Mal selbst Opfer eines Plünderungszuges an der friesischen Küste wurde, reagierte Karl unmittelbar, allerdings noch recht traditionell und setzte Strafexpeditionen gegen die Dänen an.

Das Frankenreich mit einem starken stabilen Königtum sowie einer entsprechenden Reputation für militärische Erfolge bot sich für die Wikinger somit als Ziel nicht gerade an. Auf der anderen Seite konnten die Wikinger dort, wo die Franken jahrelang selbst Kriegsbeute angehäuft und in Kirchenschätze, Reliquien und andere Kostbarkeiten angelegt hatten, eine lohnende Beute erwarten. Zudem zerbrach nach dem Tod Karls die Stabilität des Frankenreiches langsam und die zunehmende Unsicherheit, die länger andauerte und so auch im Norden bekannt wurde, hatte immer häufigere Überfälle zur Folge, so dass im Frankenreich und in den Nachfolgereichen das Wechselspiel zwischen inneren Unruhen und äußerer Bedrohung besonders gut zu beobachten ist.

Nach dem Tod Karls des Großen 814 hatte Ludwig der Fromme als einziger überlebender Sohn Reich und Kaiserkrone geerbt. Etwa ein Jahrzehnt sah es auch so aus, als ob die Reichseinheit gewahrt bleiben sollte. Ludwig setzte 817 in der sogenannten *Ordinatio imperii* seinen ältesten Sohn Lothar als Haupterben ein, dem er die Kaiserkrone zudachte und dem er die beiden jüngeren Brüder Ludwig und Pippin als Könige von Teilreichen unterordnete. Es wurde nie die Probe aufs Exempel gemacht, ob diese Nachfolgeregelung eine Chance auf Realisierung gehabt hätte. Eine Kombination aus den Erwartungshaltungen der jüngeren Söhne auf volle Teilhabe am Reich und der Rücknahme der Ordinatio durch Ludwig den Frommen selbst, der seinen nachgeborenen Sohn Karl aus zweiter Ehe mit der Welfin Judith im Nachhinein noch berücksichtigen wollte, führte dazu, dass es ab den 830er Jahren über mehrere Generationen hinweg innerfamiliäre Auseinandersetzungen um die Herrschaft gab, die letztlich erst mit der Etablierung eines ost- und westfränkischen Reiches am Ende des 9. Jahrhunderts ein Ende finden sollten. Diese karolingischen Bruderkriege haben die innere Stabilität des Reiches erschüttert und die dauernde Anspannung, unter der die einzelnen Reiche im Zeichen des Ringens um Machterhalt und Machtgewinn standen, verhinderte eine effektive Bekämpfung äußerer Feinde. Die mangelnde Kompetenz oder der mangelnde Erfolg der Könige bei der Abwehr der Wikinger wirkte wiederum auf die innere Stabilität und ihre Autorität zurück, so dass sich in der zweiten Hälfte des 9. Jahrhunderts das fränkische Königtum in einer Abwärtsspirale befand, an der die Wikingerüberfälle nicht wenig Anteil hatten. Auf der anderen Seite konnten sich lokal adlige Machthaber in Konflikten mit den Wikingern bewähren.

Verlauf der Überfälle

Zunächst fanden die Überfälle nur sporadisch statt, ehe man dann schon unter der Herrschaft Ludwigs des Frommen regelmäßige Sommerbeutefahrten beobachten kann. Das Handelszentrum Dorestad in Friesland wurde von 834 an immer wieder überfallen, ohne dass die fränkischen Könige Gegenmaßnahmen ergriffen, was auch mit der nur lockeren Anbindung von Friesland ans Frankenreich zusammenhängen mag. Die Erfolge der Raubfahrten und die langsamen Reaktionen der Franken auf die Bedrohung, die diese Erwerbsmöglichkeit für die Wikinger zu einem fast risikolosen Geschäft machten, führten dann zur Bildung von Heeren, die sich unter einem oder mehreren Anführern ab 852 auch regelmäßig im Winter im Frankenreich niederließen. Höhepunkt der Wikingerbedrohung war die Belagerung von Paris, die sich zwei Jahre von 885 bis 886 hinzog und der man schon Eroberungscharakter zusprechen kann. Dass das karolingische Königtum gerade in dieser Situation versagte, bedeutete den entscheidenden Prestigeverlust, der 887 die Absetzung Kaiser Karls III. des Dicken und die Erhebung von zum Teil nichtkarolingischen Königen in den Teilreichen – im Westfrankenreich Odo von Francia, der sich bei der Abwehr der Belagerung hervorgetan hatte – als logische Folge nach sich zog. Die letzte Phase der Wikingerüberfälle schließlich war immer noch von kriegerischen Auseinandersetzungen geprägt, hatte aber ähnlich wie in Britannien als Ziel die Ansiedlung und die Inbesitznahme von Land, was schließlich in der Normandie gelingen sollte.

Abwehrmaßnahmen

Ähnlich wie in England zeichneten sich die Abwehrmaßnahmen der fränkischen Könige in den ersten Jahren der Wikingerüberfälle vor allen Dingen durch ihre Ineffektivität aus. Wie bereits angedeutet, ist dies einer unglücklichen Verkettung von Umständen zu verdanken. Zum einen passte die Taktik der militärischen Vergeltungsschläge nicht auf schnelle seefahrende Krieger, die sich dem Zugriff immer wieder entzogen und die fränkischen Könige brauchten eine Weile, ehe sie sich auf die neuartige

Kriegführung eingestellt hatten. Für die sieggewohnten Franken bedeutete es zudem eine Umstellung, dass sie auf einmal von Tätern zu Opfern wurden. Zum anderen war der Verhandlungsweg zwischen christlichen Franken und heidnischen Wikingern lange allein dadurch versperrt, dass die Franken bei ihren Verhandlungen von falschen gedanklichen Voraussetzungen ausgingen. Es ist kein Zufall, dass die Einigung zwischen Franken und Wikingern erst möglich wurde, als die innere Struktur des Wikingerheeres eine für die Franken nachvollziehbare Form bekam, weil mit einem Anführer verhandelt werden konnte. Auf der anderen Seite mussten die Wikinger dazu bereit sein, sich was ihre Lebensweise anging, unvoreingenommen in christliche Gesellschaftsstrukturen zu integrieren.

Karl der Große war zu Beginn des 8. Jahrhunderts vielleicht noch am innovativsten, was die Abwehr der Wikinger angeht. Er positionierte kleine Flotten auf der Garonne und der Loire, beauftragte in Gent und Boulogne den Bau weiterer Schiffe und renovierte einen Leuchtturm bei Boulogne. Es ist nicht sicher, ob beides so funktioniert hätte, wie Karl sich das gedacht hatte, und weder die neuen Schiffe noch der reparierte Leuchtturm sind unseres Wissens nach zur Anwendung gekommen. Allerdings unterschieden sich die von Karl neu erbauten Schiffe wahrscheinlich nicht wesentlich von den ohnehin vorhandenen Handelsschiffen und lassen sich daher im Einzelnen in unseren Quellen nicht identifizieren.

Karls Sohn Ludwig scheint vor allen Dingen auf diplomatische Lösungen der Konflikte bedacht gewesen zu sein. Schon zu seinen Lebzeiten griff man als kurzfristige Abhilfe zur Zahlung von Tributen oder Ablösesummen. Im Jahr 826 versuchte Ludwig eine langfristige friedliche Lösung, indem er einen Frieden mit dem dänischen Prätendenten Harald Klak schloss. Ludwig gab sich der irrigen Annahme hin, dass Harald sicher in der Lage war, den Überfällen seiner Landsleute Einhalt zu gebieten oder zumindest seine Rivalen um den dänischen Thron auf andere Gedanken zu bringen, vielleicht sogar Dänemark zu vereinheitlichen. Ludwig war in seiner Einsicht offenbar schon so weit fortgeschritten, dass ihm die Bedeutung einer Einbindung eines Dänenkönigs in das christliche Wertesystem und die fränkische Reichsstruktur für einen dauerhaften Frieden klar war. Der Kaiser selbst stand 826 Pate für Harald Klak und verlieh ihm auch als Sicherheit für eine eventuelle Vertreibung aus Dänemark das friesische Rüstringen, so dass er sich den Dänen religiös und gesellschaftlich-politisch verpflichtete und gleichzeitig durch die pompöse Feier der Taufe seinen eigenen Großen gegenüber die Unterordnung des fremden Königs deutlich machte. Friesland war zudem eine für Überfälle von der See aus sehr empfindliche Region und die Ansiedlung Harald Klaks ausgerechnet dort, sollte sicher einen kompetenten Seefahrer als Abwehr gegen seine eigenen Leute setzen.

Ludwig kann bei seinen Überlegungen zur Instrumentalisierung des Harald Klak kaum das Verhältnis zu seinen eigenen Großen vor dem inneren Auge gehabt haben, denn die spurten nicht so, wie Ludwig es offenbar von dem Dänen erwartete. Doch Ludwigs Rechnung ging nicht auf und schon 833/34 ließ Harald sich von Ludwigs Sohn Lothar als Stachel im Fleisch instrumentalisieren. Im Jahr 837 ließ Ludwig die friesische Küste befestigen, aber die Reaktionen der Franken auf die Überfälle erfolgten immer noch zu langsam, so dass Friesland lange auf Gedeih und Verderb den Wikingern ausgeliefert war. Harald erhielt nach Ludwigs Tod 840 im Jahr 841 die Insel Walcheren als Gegenleistung für Lothar erwiesene Dienste.

Ludwigs Söhne waren nach seinem Tod dermaßen in ihre eigenen Angelegenheiten verstrickt, dass 841 die Wikinger ungehindert die Seine bis nach Rouen hinauffahren konnten, ohne dass ihnen wirksamer Widerstand entgegengebracht worden wäre. Die Konzentration der Energien auf die innerfränkischen Streitigkeiten hatte zur Folge, dass sich unter den Söhnen Ludwigs des Frommen Abwehrmaßnahmen auf ausgetretenen Pfaden bewegten. Im Ostfrankenreich und im Mittelreich verließen sich Ludwig der Deutsche und Lothar wohl darauf, dass ihre Reiche mit den Flüssen Elbe, Rhein, Maas und der friesischen Küste als einzigen Angriffsflächen nicht bevorzugtes Beuteziel waren, und tatsächlich hatten sie nur in wenigen Jahren mit Überfällen zu tun: 845 wurde Hamburg Ziel eines Überfalls, 851 fuhren die Wikinger die Elbe herauf, 858 griffen sie Bremen an und 863 kamen sie bis nach Xanten, ehe man sich von ihnen loskaufen konnte. 850 hatte Lothar ein Abkommen mit dem Wikinger Rorik geschlossen, den er offenbar nicht loswerden konnte und daher notgedrungen zum Bündnispartner machte. Immerhin scheint diese Übergabe von Dorestad und anderen

Gebieten, von denen die *Annales Bertiniani* zu 850 berichten, dem Mittelreich und Ostreich die meiste Zeit die gewünschte Rückendeckung erkauft zu haben. Gemeinsam handelten die Brüder im Zweifel nicht, auch wenn die brüderlicher Zuwendung häufiger, wie etwa beim Vertrag von Mersen 851, in aller Öffentlichkeit beschworen wurde.

Im Westfrankenreich bewegte sich Karl der Kahle, ohnehin durch seine älteren Brüder häufig in Bedrängnis gebracht, währenddessen bei der Reaktion auf die Wikinger – und es blieb immer Reaktion – ebenfalls in eingefahrenen Bahnen: Er versuchte einzelne Anführer zur Konversion zu überreden, spielte sie gegeneinander aus, bezahlte Wikinger aus oder versuchte gelegentlich überwinternde Heere zu besiegen. Gerade die Zahlungen an die Wikinger empörten die Zeitgenossen: Hinkmar von Reims zählte voller Empörung auf, wer alles für die Bezahlung der Wikinger gerade stehen musste, unter anderem sogar die Geistlichen[9]. Ab 862 steckte Karl deutlich mehr Energie in die Abwehr, er stärkte die Oberläufe der Flüsse Seine und Loire mit Brücken, die das Fortkommen der Wikinger beeinträchtigen sollten und befestigte dortige Städte und Klöster mit Steinbauten. Gleichzeitig verbot Karl bei Todesstrafe den Waffenhandel mit den Wikingern. Die Unterläufe der Flüsse blieben damit aber der Gnade der Beutemacher ausgeliefert, so dass Rückzugsbewegungen ins relativ sicherere Hinterland gerade am Beispiel von Klosterumsiedlungen zu beobachten sind. Dennoch waren die Maßnahmen langfristig zumindest so erfolgreich, dass das „große Heer" seine Energien zunächst auf Britannien konzentrierte.

Es blieb im Westfrankenreich vor allem den regionalen Großen und Fürsten überlassen, mit der Wikingergefahr fertig zu werden und einige von ihnen bewährten sich bei dieser Aufgabe. Auf dieser Ebene können wir ebenfalls eher Reaktionen auf die Wikinger als offensive Heeresbewegungen konstatieren, denn die kleineren Herrschaftseinheiten konnten schneller reagieren und daher auch den einen oder anderen Sieg gegen die Wikinger davontragen. Besonders tat sich Odo von Paris hervor. Dem Herzog der fränkischen Kernlandschaft um die Seine-Insel gelang es, die Belagerung von Paris abzuwenden, bei der er sich persönlich auszeichnete. Der Prestigegewinn, den dies für ihn bedeutete, manifestierte sich im Jahr 888 in seiner Erhebung zum ersten nichtkarolingischen König des Westfrankenreichs. Dauerhaft abgewendet wurden die Wikingereinfälle aber erst, als man massiv auf die diplomatische Karte setzte und gleichzeitig bei den Seeräubern der Wille zur Ansiedlung gegeben war. Wikinger wurden an der Loire und an der Seine angesiedelt und man versuchte, sie in das fränkische System zu integrieren, wobei sich nur die Wikingerherrschaft um Rouen als Kernbereich für die heutige Normandie als dauerhaft erweisen sollte.

Auswirkungen auf das Frankenreich

Die Auswirkungen der Wikingerüberfälle auf das Frankenreich waren vor allen Dingen innenpolitischer Natur. Sieht man einmal von den Plünderungen ab, die für die jeweiligen Klöster sicher große Verluste bedeuteten, dürfte sich der materielle Schaden in Grenzen gehalten haben. Die Quellen suggerieren anderes, was zum einen der Perspektive von Kirchenmännern geschuldet ist, die unsere Quellen zu großen Teilen geschrieben haben und zum anderen ihrer moralisch-didaktischen Intention, mit der sie von den Überfällen berichteten. Die Kirchenmänner haben selbstverständlich den Verlust ihrer Schätze als Desaster empfunden, aber da die Wikinger zu großen Teilen nur an den materiellen Reichtümern interessiert waren, dürften sich die Schäden der Agrarwirtschaft in Grenzen gehalten haben, da diese Güter meistens nur zur Fouragierung abgeschöpft wurden. Größeren Verlust bedeutete für die einfachen Leute, dass die Wikinger junge, gesunde Menschen mitnahmen, um sie anderswo als Sklaven zu verkaufen. Das dürfte sich stärker ausgewirkt haben als der Verlust an Lebensmitteln.

Die Wikingerüberfälle wurden von den geistlichen Zeitgenossen als Strafe Gottes empfunden und die Tatsache, dass unsere Quellen so häufig auf diesen Aspekt abheben, ist zum einen sicher der Mentalität geschuldet, dass jedes Unglück im Zweifelsfall auf den Zorn Gottes zurückzuführen sei und zum anderen dem Wunsch, das Publikum moralisch zu erziehen und die Wikingerüberfälle als Mahnung für einen besseren Lebenswandel zu verstehen. Die Verzweiflung, die dieses Gefühl der Gottverlassenheit bedeutet haben muss, ist in der Auswirkung sicher um einiges höher einzuschätzen als der tatsächliche materielle Schaden, der ohnehin nicht alle Regionen betraf. Dass die Wikinger im Frankenreich fast durchgängig als „Normannen" also „Nordmänner" geführt wurden, hatte auch mit dieser Interpretation zu tun. Nach dem Propheten Jeremiah kommt die Strafe für das auserwählte Volk aus dem Norden[10] und die Wikingerüberfälle konnten so als Erfüllung eines Bibelwortes verstanden werden.

Gleichzeitig bedeuteten sie einen enormen Autoritätsverlust für die fränkischen Könige, die sich der ihnen ureigenen Aufgabe der Abwehr äußerer Feinde offenbar nicht mit ausreichendem Eifer oder Befähigung widmeten. Dazu kamen noch die innerkarolingischen Auseinandersetzungen, die bisweilen zu bürgerkriegsähnlichen Zuständen führten und den König auf dem Bereich der Friedenssicherung im Inneren schlecht aussehen ließen. Die verfallende Autorität der Könige führte dazu, dass Große diese Themen besetzten und wichtige Kernkompetenzen der Könige an sich ziehen und damit königliche Autorität usurpieren konnten, ohne dass die Könige sonderlich viele Möglichkeiten zum Einschreiten gehabt hätten. Die inneren Querelen förderten eine stete Militarisierung, von der dann aber die lokalen Machthaber in der Wikingerabwehr profitierten. Einen erfolgreichen Wikingerkämpfer wie Odo von Francia konnte man kaum für seine herausragende Rolle im Kampf um Paris bestrafen. Der Aufstieg der Fürsten und Großen gerade im Westfrankenreich zu königsgleichen Herrschern in ihren Regionen liegt in dieser Zeit der Wikingerabwehr begründet. Das westfränkische, dann französische Königtum, sollte Jahrhunderte brauchen, ehe es sich wieder eine nicht nur dem Namen nach erhöhte Position gegenüber den Fürsten des Reiches erkämpft hatte. Gegenüber diesen Verlusten im „sozialen Kapital" waren die materiellen Verluste der Könige sicher geringer. Die Beschaffung von Ablösesummen und Tributzahlungen und die Versuche, militärisch aufzurüsten, beeinträchtigen die finanziellen Mittel des Königs, aber eine solche Anspannung der Mittel wäre sicher zu tragen gewesen, wenn sie von Erfolg gekrönt gewesen wäre.

Bei aller Beeinträchtigung durch die Wikingerüberfälle sollte man jedoch nicht übersehen, dass das Leben in vielen Bereichen weiterhin seinen normalen Lauf nahm und es Regionen gab, die unter der Plage nicht zu leiden hatten. Man wird den Quellen, die von der Verwüstung ganzer Landstriche sprechen, keinen

Glauben schenken dürfen. So berichtet Dudo von St-Quentin zu Beginn des 11. Jahrhunderts etwa, dass die Region der späteren Normandie von jeglicher Bevölkerung entleert gewesen sei. Andere zeitgenössische Zeugnisse sprechen jedoch dagegen und man kann sich auch kaum vorstellen, dass die Wikinger sich bereit erklärt hätten, in einem Land zu siedeln, in dem sie keine Arbeitskräfte zur Verfügung gehabt hätten, die ihnen die Landwirtschaft abnahmen.

Exkurs: Die Normannen im Osten

Die Wikinger, die sich über die Ostsee auf Plünderungszüge in die slawischen Länder begaben, erhielten dort andere Namen. Sie hießen Waräger oder Warangen. Neben den aus dem Westen bekannten Plünderungszügen stand hier vor allem der Handel im Vordergrund. Die Route über den Dnjepr führte über das Schwarze Meer direkt nach Byzanz, der größten Stadt der Christenheit und dort bestand Bedarf an den Luxusgütern des Ostens wie etwa den Pelzen. Umgekehrt konnten über den Umschlagsplatz Byzanz Güter aus den muslimischen Ländern und aus weiter entfernten Regionen in Asien bezogen werden, so dass der Ostsee- und Slawenhandel ein überaus lukratives und attraktives Geschäft bildete.

Die Wikinger ließen sich an wichtigen Handelspunkten nieder und unterwarfen wohl die lokale Bevölkerung ihrer Herrschaft. Sie zogen aus der unmittelbaren Umgebung Tribute ein und plünderten weiter entfernte Gebiete, die sie auf den Flussläufen erreichen konnten, und fassten dabei auch schon mal die Niederlassungen anderer Wikinger ins Auge. Vor allen Dingen an den Handelsknotenpunkten Nowgorod und Kiew waren diese wikingischen Herrschaften stabil. Wohl nach einem finnischen Wort „Ruotsi" für Ruderleute aus Schweden wurden diese Herren bald „Rus" genannt. Der Kontakt mit Byzanz ab 839 bedeutete dann auch eine Annäherung an das orthodoxe Christentum, das von Vladimir dem Heiligen allerdings erst im Jahr 988 endgültig übernommen wurde. Die reiche Stadt im Osten blieb für die Rus als Handels- und Plünderungsobjekt bestimmend. Während die Fürsten von Kiew ihr tributäres System auf weite Teile Russlands, des Baltikums und sogar Finnland ausdehnen konnten, zogen sie in Auseinandersetzungen mit dem Oströmischen Reich immer den kürzeren. Im Jahr 971 schließlich schlossen sie einen Vertrag ab und verpflichteten sich, dem byzantinischen Kaiser Söldner zu stellen, die als Garde der Warangen eine gewisse Rolle in der byzantinischen Politik spielen sollten.

Dass diese Warangen ihre Loyalität vollständig den Kaisern überantwortet hatten, kann man etwa bei der Schlacht von Dyrrhachion beobachten, wo Waräger gegen süditalienische Normannen kämpften und beiden ihre ursprünglich skandinavische Herkunft nicht von Bedeutung zu sein schien. Allerdings waren zu diesem Zeitpunkt nicht mehr nur die ursprünglichen Waräger in der Truppe, sondern auch Engländer und Anglo-Dänen aus dem Danelag. Amatus von Montecassino identifiziert die Leibgarde des Kaisers gar als „Angeln" und gibt ihnen damit einen dezidiert anti-normannischen Anstrich, wenn man normannisch im Sinne von „aus dem Herzogtum Normandie" versteht.

Im Jahr 839 tauchen die Rus erstmals in den westlichen Quellen auf. Der byzantinische Kaiser Theophilus sandte mit einer Gesandtschaft an Ludwig den Frommen einige Männer, die er dem westlichen Kaiser anempfahl und ihn darum bat, ihnen den Heimweg zu ermöglichen, weil der Weg, den sie vorher genommen hatten, durch sehr wilde und raue Stammesniederlassungen geführt habe: „Mit ihnen schickte er auch einige Männer, die sich, d.h. das Volk, dem sie angehörten, Rhos nannten; ihr König, Chagan mit Namen, hatte sie, wie sie sagten, an ihn aus Freundschaft geschickt; und er bat in dem erwähnten Brief darum, dass sie durch des Kaisers Güte Erlaubnis und Unterstützung bekommen könnten, ohne Gefahr durch sein Reich heimzukehren, da sie die Straßen, auf denen sie zu ihm nach Constantinopel gekommen waren, durch barbarische und furchtbar wilde Völker geführt hatten und er nicht wollte, dass sie diese auf dem Heimweg benutzten, um sich keiner Gefahr auszusetzen."[11]

Leider ist die Quellenlage für diese frühen Herrschaften recht schlecht und kann keinesfalls das Forschungsinteresse befriedigen, das insbesondere dem Großfürstentum Kiew als Keimzelle Russlands schon immer gegolten hat. Erzählende Quellen haben wir aus der Zeit dieser Herrschaftseinrichtungen nicht. Die sogenannte Nestorchronik, die über die Gründung Nowgorods durch einen gewissen Rurik berichtet, ist erst zwei Jahrhunderte später entstanden und verzerrt die Ereignisse auf jeden Fall panegyrisch. Der Verfasser konzentrierte sich auf die Dynastie der Rurikiden und schilderte deren Herrschaftsübernahme in Nowgorod als eine friedliche Angelegenheit, die auf Einladung der lokalen Bevölkerung an Rurik zustande gekommen sei. Die archäologischen Quellen sind demgegenüber vielleicht zuverlässiger, aber sagen uns im Grunde viel mehr über die intensiven Handelsbeziehungen der Herren von Kiew und Nowgorod als über deren Herrschaftsart geschweige denn, dass sie uns wirklich etwas über den skandinavischen Anteil der „Rus" verraten. Dieses Moment ist aber das, was die Osteuropaforschung schon immer interessiert hat. Im Zuge einer Tradition der Geringschätzung für slawische „Fähigkeiten zur Staatsbildung" ist – gerade im Kontext rassistischer Erklärungsmuster schon im 18. Jahrhundert in der sogenannten Warägerfrage – die Tatsache, dass Russland quasi eine nordeuropäische Gründung wäre, immer wieder hervorgehoben worden. Leider sind auch moderne Erklärungen kaum frei von Ideologien[12]. Eine Reduzierung der Frage auf die ethnische Zugehörigkeit der ersten „Russen" greift ohnehin zu kurz. Im Zuge der Christianisierung und wenn man so will „Staatenwerdung" der slawischen Länder, die nach und nach in Europa „ankamen", ist ein bestimmtes Muster der Keimbildung von Herrschaften recht häufig zu beobachten. Der Herrscher eines lokalen Zentrums unterwirft die Nachbarkleinvölker, treibt intensiven Handel und verschafft sich mit Christianisierung, Kontakten in den Westen und dem Beginn von Schriftkultur einen Bildungsvorteil, der positiv auf seine Herrschaft zurückwirkt. Da die bahnbrechenden Entscheidungen im Zweifel vor der Christianisierung geschahen, lässt sich der Prozess nicht gut beleuchten und nur erahnen. In Polen und Böhmen ist diese „Keimbildung" unter der Ägide lokaler slawischer Familien – der Piasten und der Premysliden – geschehen, in den ostslawischen Herrschaften unter der Ägide der Rus. Der Tatsache, dass die Rus möglicherweise zu einem gewissen Prozentsatz, der ohnehin nicht zu bestimmen ist, skandinavischer Herkunft waren, ist beim Vergleich mit anderen Herrschaftsbildungen keine Bedeutung beizumessen.

Auf jeden Fall haben diese Warägergründungen im Laufe der Zeit als Kristallisationspunkte von Strukturierung und Herrschaftsbildung gewirkt, ohne dass eine Absicht dahintergestanden haben muss. Etwa zwei Jahrhunderte nach der Ankunft der ersten Waräger ist eine Verschiedenheit letztlich nicht mehr auszumachen und die Herrschaften, die das spätere Russland bilden sollten, unterschieden sich nur in wenigen Bereichen von den westslawischen Nachbarn. Man kann in diesem Zusammenhang darauf hinweisen, dass sowohl im Großfürstentum Kiew als auch in Böhmen die sogenannte Senioratsfolge als Alternative zur Vater-Sohn-Folge zeitweise praktiziert wurde. Diese beinhaltet, dass nicht der älteste Sohn oder alle Söhne eines Herrschers, sondern der jeweils älteste männliche Verwandte die Herrschaft erbt. Aus diesem Beispiel sollte man allerdings auch nicht zuviel herauslesen, da die Primogenitur – also die alleinige Nachfolge des ältesten Sohnes – sich in Westeuropa selbst auch erst im 12. Jahrhundert wirklich durchsetzte und es lange Zeit noch andere mögliche Sukzessionsfolgen gegeben hat, so dass man nicht ohne weiteres davon ausgehen kann, dass das Seniorat eine „slawische“ Nachfolgeregelung gewesen sei.

Den archäologischen Zeugnissen lassen sich weitgehend die Handelsbeziehungen entnehmen und in dem Moment, in dem die schriftliche Überlieferung einsetzt, haben wir etwa mit Vladimir I. von Kiew einen Fürsten, der intensive Beziehungen nach Skandinavien pflegte. Sein Sohn Jaroslaw I., selbst mit einer Schwedin verheiratet, bot zum Beispiel dem norwegischen König Harald Hardrada jahrelang eine Zuflucht im Exil und gab ihm seine Tochter zur Frau. Diese Verbindungen lassen sich aber besser im Kontext einer gewünschten Einbeziehung nach Europa erklären, als mit einer Prärogative für die skandinavische „Verwandtschaft“, zumal auch die polnischen Piasten Verbindungen nach Skandinavien pflegten.

4 Gründung und Etablierung der Normandie (911–1066)

Die Normannen hätten schon allein durch ihren Einfluss auf die Geschichte Englands und des fränkischen Reiches im 9. und 10. Jahrhundert Anspruch auf die Aufmerksamkeit des Historikers, aber weit reichende Wirkung auf die europäische Geschichte sollte vor allen Dingen ihre einzige herrschaftliche Gründung haben, die über das Ende der Wikingerüberfälle hinaus Bestand hatte, die Normandie. Der Name, der sich von der üblichen Benennung der Wikinger mit „Nordmannen" in den fränkischen Quellen ableitet, entstand erst im Laufe des 10. Jahrhunderts, und die Herrschaft war auch zunächst um einiges kleiner, als das Gebiet, das später die Normandie ausmachte. Auch der Titel Herzog taucht erst gegen Ende des 10. Jahrhunderts konsequent auf.

Taktikwechsel der fränkischen Herrscher?

Dass dem Wikinger Rollo 911 vom westfränkischen Herrscher Karl dem Einfältigen Land übertragen wurde, ist kein singuläres Phänomen. Schon Ludwig der Fromme und später Lothar I. hatten dem Wikinger Harald Klak Land in Friesland überlassen, um ihn als Bollwerk gegen andere Wikinger einzuspannen (siehe auch S. 62f.). Auch Karl III. hatte dem Wikinger Gottfried Ländereien in Friesland zur Verfügung gestellt. Einige Jahre nach der Einigung mit dem Wikinger Rollo, dem ein Gebiet an der Seine übertragen wurde, hatte König Robert, der Nachfolger und Rivale Karls, anderen Wikingern im Jahr 921 ein kleines Gebiet an der Loire übergeben, das sich aber als Herrschaft nicht halten konnte. Bedingung für die Übertragung der Ländereien war dabei immer die Taufe, die die Wikinger erst grundsätzlich „vertragsfähig“ machte. Bei einer solchen Bekehrung übernahm üblicherweise der König die Rolle des Taufpaten, um neben der Landübertragung auch auf religiösem Gebiet seine Prärogative deutlich zu machen und gleichzeitig mit Hilfe der Patenschaft eine künstliche Verwandtschaft zum neuen Gefolgsmann aufzubauen.

Diese „diplomatische“ Herangehensweise war letztlich der Versuch, den Umgang mit den heidnischen Seeräubern in gewohnte Bahnen zu lenken, ja vertraute Denkmuster in Anwendung zu bringen. Durch die Übertragung von Ländereien gerieten die Wikinger – jedenfalls aus Sicht der Franken – in deren soziales System, das von einem gegenseitigen Geben und Nehmen geprägt war. Der König vergab Güter und Ämter und erhielt im Gegenzug militärische Unterstützung bei Kriegszügen und die Beratung durch den ausgestatteten Großen, ein System, das sich später im Laufe des Mittelalters als Lehnssystem differenzieren sollte. Von dem mit Land ausgestatteten Wikingeranführer wurde also eine Zusammenarbeit in üblichen Bahnen erwartet, die Abwehr von möglichen Feinden wie etwa anderen Wikingern gehörte selbstverständlich dazu. Gleichzeitig gewann man mit dem Begünstigten einen alleinigen Ansprechpartner, den man für eventuelle Verfehlungen seiner Leute nach dem fränkischen Herrschaftssystem auch zur Rechenschaft ziehen konnte. Das erleichterte den Umgang mit den sonst so verschiedenen Wikingergruppen. Die damit einhergehende Christianisierung sollte sicher zusätzlich eine gemeinsame ethisch-moralische Grundlage schaffen und barg Sanktionsmöglichkeiten etwa durch Exkommunikation. Die verwandtschaftliche Anbindung durch die Taufe konnte als zusätzliches Absicherungsnetz gegen Aufstände der so in den Herrschaftsverband Aufgenommenen dienen. Man dürfte sich indes keine Illusionen darüber gemacht haben, dass dieses Wertesystem natürlich auch von den Franken nicht immer konsequent verfolgt wurde.

Wenn man so will, drängten die fränkischen Herrscher den Wikingern damit ihr Herrschaftssystem auf und erwarteten von den mit Ländern Ausgestatteten eine vollständige und bedingungslose Integration in das eigene System. Man wird bezweifeln dürfen, dass die begünstigten Wikinger das genauso sahen. Die gewonnenen Verbündeten galten jedenfalls in fränkischen

Kreisen als notorisch unzuverlässig, also wird den Zeitgenossen eine gewisse Diskrepanz zwischen Anspruch und Wirklichkeit durchaus bewusst gewesen sein. Unter diesen Bedingungen ist es vielleicht auch nicht erstaunlich, dass außer der Normandie keine der wikingischen Ansiedlungen lange überlebt hat, es ist vielmehr erstaunlich, dass die Normandie ein so erfolgreicher eigenständiger Herrschaftsverband wurde.

Man kann also nicht davon ausgehen, dass die Vergabe von Ländern an Rollo einen Taktikwechsel der fränkischen Herrscher bedeutet, vielmehr bewegte sich Karl der Einfältige in traditionellen Bahnen, als er sich den Wikinger zum Verbündeten machte. Die Tatsache, dass diese Wikingeransiedlung überlebt hat, sollte nicht zu dem Fehlschluss verleiten, dass dies von den Beteiligten auch so gedacht war.

Ebenso kann man nicht unbedingt davon ausgehen, dass die Motive der Wikinger zu Beginn des 10. Jahrhunderts einer tief greifenden Wandlung unterworfen gewesen wären. Es wurde immer wieder darauf hingewiesen, dass die Landnahme als Motiv in den zeitgenössischen Quellen nicht zu fassen ist. Die Tendenz der Wikingerheere, nahe den Plünderungsgebieten zu überwintern, die ab der Mitte des 9. Jahrhunderts zu beobachten ist, lässt sich zunächst als eine verbesserte Ausgangsbasis für die Raubfahrten erklären. Graduell konnte sich die Motivlage dann ändern, so dass eine Ansiedlung, und mit ihr Einheirat in die lokale Bevolkerung und friedliche Ackerwirtschaft in den Vordergrund traten, aber dieser Prozess entwickelte sich schleichend und sicher nicht gelenkt. Wirkliches Interesse an einer Ansiedlung der Wikinger hatten vielmehr in allererster Linie die Franken, da nur dies dauerhafteren Frieden versprach. Man wird also von einem Integrationsdruck seitens der Franken auf die Wikinger ausgehen können. Es ist also nicht so, dass die Wikinger 911 mit der Abmachung mit Karl dem Einfältigen endlich etwas gewonnen hätten, was sie schon lange erstrebten, sondern dass es den Franken – zumindest aus der Rücksicht betrachtet – endlich gelang, den Wikingern ihre Weltordnung anzudienen. Spätere Quellen wie etwa Dudo von St-Quentin, der zu Beginn des 11. Jahrhunderts schrieb, sprechen vom Landhunger der Wikinger, der sie auf ihre Raubfahrten gezwungen hätte, aber das ist eine Erklärung, die gefunden wurde, nachdem sich die Wikinger in der Normandie angesiedelt hatten. Sollte die Landnahme wirklich ein Motiv gewesen sein, müsste man sich wundern, dass es eben nicht mehr Wikingereinheiten bis dahin gebracht haben. Vielmehr ist die Landnahme, Ansiedlung und Herrschaftsbildung ein Nebeneffekt des Integrationsdrucks der Franken, denen man sich in einem langsamen Prozess anpasste. Der immer wieder gezogene Vergleich zur Ansiedlung germanischer *gentes* im spätantiken Römischen Reich hinkt daher etwas, denn dort spielte die Forderung nach Ansiedlung und Besoldung von vorneherein eine wichtige Rolle. Die Wikingerfahrten hingegen sind keine fernen Ausläufer der sogenannten Völkerwanderung. Die Wikinger, die sich „ansiedelten", taten dies, weil sie von den Winterlagern aus besser operieren konnten. Die Franken mussten ein Interesse daran haben, dass sich die Wikinger in ihren kriegerischen Aktivitäten auf andere Wikinger umlenken ließen. Fragt man also nach dem Movens, sind es die Franken, denen an einer Befriedung gelegen sein musste. Im Zuge des Zusammenwachsens von angesiedelten Wikingern und lokaler Bevölkerung musste zwangsläufig allerdings auch der Friedens- und Integrationswille der Wikinger steigen. Dieses Phänomen macht sich naturgemäß am meisten in der Normandie bemerkbar, wo die Wikingeransiedlung von Dauer sein sollte. Für den Vertrag mit Rollo gibt es also Präzedenzfälle, und schon Karl der Kahle hatte bei seinen Brückenbauten an Seine und Loire die Unterläufe dieser Flüsse den Normannen überlassen, allerdings ohne vertragliche Einigung.

Gründung des normannischen Herzogtums

Den Wikingeranführer Rollo, der als der erste Herrscher der Normandie gilt, können wir historisch nur schlecht fassen. Er ist in den Jahren vor 911 in den zeitgenössischen Quellen kaum hervorgetreten, auch wenn Dudo von St-Quentin uns eine lange Räuber- und Piratenkarriere vorgaukelt und Rollo sogar eine Beteiligung an der Belagerung von Paris und eine Freundschaft mit Guthrum-Aethelstan, dem König des dänischen England, nachsagt. Von Rollo sind keinerlei Selbstzeugnisse überliefert, vor seinem Treffen mit Karl dem Einfältigen trat er aus der Masse der wikingischen Seeräuber nicht hervor. Eine isländische

Saga über einen gewissen Göngu-Hrolfr wird als sagenhafte Verzerrung der Lebensgeschichte Rollos gedeutet. Nach dieser Quelle war er norwegischer Herkunft. In Anbetracht der Tatsache, dass Dänemark und Norwegen sich um 900 politisch noch nicht wirklich ausdifferenziert hatten und die sprachlichen Unterschiede höchstens auf dialektaler Ebene zu suchen sind, ist dies allerdings ein Detail, das erst im Nachhinein gerade im 19. Jahrhundert an Bedeutung gewann und intensiv diskutiert wurde. Trotz vieler Versuche (etwa durch David Douglas[13]) wird man sich wohl damit abfinden müssen, dass Rollos Lebenslauf nur in Ansätzen rekonstruiert werden kann und vor allen Dingen die Frage nach seiner Herkunft letztlich nicht zu beantworten ist. Dass ihm Dudo und die Saga Verbindungen ins englische Danelag nachsagen, ist angesichts der Kontakte über See nicht erstaunlich. Auch späterhin wurde den Bewohnern der nordgallischen Küste unterstellt, dass sie den Wikingern in England zur Seite stünden.

Karl der Einfältige – das lateinische simplex gibt man heutzutage vielleicht besser mit dem deutschen einfach oder bescheiden wieder – hatte im Westfrankenreich massive Durchsetzungsprobleme. Obwohl er schon 893 von einer Gruppe westfränkischer Großer zum König erhoben worden war, konnte er sich erst 898 nach dem Tod König Odos durchsetzen und musste seine Anerkennung mit großen Zugeständnissen an die robertinischen Herzoge von Francia erkaufen. Aus dieser Situation heraus versuchte Karl, seine Autorität mit Hilfe einer Berufung auf sein karolingisches Erbe zu untermauern und außerdem seine Macht im Osten, gerade im vom ostfränkischen Reich nur halbherzig beanspruchten Lothringen auszubauen. Im Zuge dieser Überlegungen musste ihm ein Wikingergefolgsmann als nützliches Werkzeug erscheinen, weil er wohl hoffte, diesen im Inneren etwa gegen die Robertiner einsetzen zu können.

Dudo von St-Quentin berichtet etwa 100 Jahre nach den Ereignissen vom offiziellen Treffen zwischen Karl dem Einfältigen und dem Wikingeranführer Rollo im Jahr 911. Zeitgenössische Quellen gibt es nicht. Die Vereinbarung, die dort getroffen wurde, nennt man „Vertrag von St-Clair-sur-Epte“ und sie gilt als der Eckstein des normannischen Herzogtums. Rollo wurde dort „das Land von der Epte bis zum Meer“ übergeben[14].

Der Bericht ist stark verzerrt. Dudo sieht in der Vereinbarung zwischen Karl und Rollo die Legitimitätsgrundlage für die Normandie, wie sie zu seiner Zeit bestand. Daher interpretiert er die Absprache zwischen Rollo und Karl als eine Lehnsvergabe und eine Einsetzung in einen herzoglichen Titel, auch wenn er konsequent genug ist, die Normandie noch als das Land zwischen der Epte und dem Meer zu bezeichnen und ihr noch nicht den späteren Namen zu geben. Das hierarchische Verhältnis wird von Dudo zugunsten des Wikingers gestaltet. Laut Dudos Bericht verweigerte Rollo den nach dem Lehnseid zu leistenden Fußkuss und ließ ihn durch einen Stellvertreter ausführen. Mit unbeugsamen Rückgrat vermied der Normanne eine Minderung seiner Würde und warf den schwachen Frankenherrscher beim Küssen der Füße auf den Rücken. Wollen wir das Treffen von St-Clair-sur-Epte aus dem Kontext der Zeit verstehen, so ergibt sich ein anderes Bild.

Zuallererst stellt sich die Frage, wie genau die Vereinbarung zwischen Rollo und Karl aussah. Wurde der Wikinger in das Grafenamt von Rouen eingesetzt und so vollständig in das fränkische System integriert oder war die Abmachung mit ihm besonderer Art? Vor 911 ist noch im Jahr 905 in einer Urkunde Karls des Einfältigen ein gewisser Odilo belegt, den man als Grafen von Rouen angesehen hat, der allerdings 911 nicht mehr gelebt haben muss. Der Zeitgenosse Flodoard von Reims spricht im Jahr 925 nicht von Rollo, aber von den „*Nordmanni de Rodome foedus*", also von den Normannen der vertraglichen Bindung von Rouen. Dies würde dafür sprechen, dass Karls Interesse hauptsächlich in Rollo als einem kriegerischen Verbündeten lag. Ein möglicher Einsatz des Verbündeten nicht nur gegen andere Wikinger, sondern auch gegen seine inneren Feinde war dabei sicher nicht ausgeschlossen. Insofern unterscheidet sich Karls Interesse an einem Bündnis mit den Wikingern von dem seiner Vorgänger, da er aus Notwendigkeit nicht nur die äußere Abwehr wünschte. Am wahrscheinlichsten ist also, dass Karl der Einfältige eine Abmachung mit Rollo traf, die man nicht in den Rahmen einer Lehnsvergabe pressen sollte, welche damals ohnehin noch nicht völlig ausdifferenziert war. Karl wollte Rollo als Krieger in allen möglichen Lebenslagen zur Seite haben und ihm nicht primär einen Teil seines Reiches überlassen. Eine Einsetzung in das Grafenamt von Rouen scheint daher eher nicht erfolgt zu sein. Rollo auf der anderen Seite wollte sich wohl ein Auskommen schaffen, dass es ihm vielleicht ermöglichen konnte, ein Erbe für einen möglichen Sohn anzuwirtschaften. Ob Rollo zum Zeitpunkt des Vertrages von St-Clair-sur-Epte schon einen Sohn hatte, ist nicht ganz klar. Der späteren Überlieferung nach machte Rollo seinen Sohn Wilhelm Langschwert schon 927 zum Mitherrscher, was vielleicht dafür spräche, dass er zu dem Zeitpunkt schon erwachsen war. Dann hätte er 911 schon geboren sein können.

Wie auch immer die Vereinbarung zwischen Karl und Rollo ursprünglich aussah, auf jeden Fall haben die neuen Herren von Rouen sehr bald die Grafengewalt ausgeübt, so dass Rouen und seine Umgebung in Kürze fest in der Hand der Neuankömmlinge war. Späterer, und daher unsicherer, Überlieferung nach soll schon Rollo einige Kirchen in Rouen beschenkt haben, eine Handlung, die bezweckt hätte, seine neu gewonnene Frömmigkeit zu beweisen und seinen Anspruch über die entsprechenden Ländereien zu untermauern.

Man wird also wohl dem Abkommen zwischen Rollo und Karl am ehesten gerecht, wenn man es als ein Bündnis zur militärischen Unterstützung betrachtet, das für den Wikingerführer ausbaufähig war. Die Taufe Rollos war selbstverständlich Grundvoraussetzung für die Einigung, ohne sie hatte es schon lange keine Vereinbarungen mit Wikingern mehr gegeben. Es entspricht hingegen nicht den Tatsachen, dass Karl Rollo auch noch seine Tochter zur Frau gegeben habe. Entweder hat Dudo hier schmückendes Beiwerk geschaffen, das seiner Ansicht nach zu einem guten Vertrag dazugehörte, oder es liegt eine Verzerrung der Heirat des Wikingerführers Gottfried mit der Karolingerin Gisela vor, die laut Regino von Prüm von Karl III. 882 anlässlich der Belehnung Gottfrieds mit Friesland ausgehandelt worden war.

Nur in der Rückschau gewinnt der Vertrag von St-Clair-sur-Epte aus dem Jahr 911 die enorme Bedeutung als Gründungsakt der Normandie. Als solche ist die Vereinbarung zwischen König und Wikingerführer nicht ungewöhnlich und es stellt sich die Frage, wie es nun kam, dass den Fürsten von Rouen die Perpetuierung dieser Abmachung gelang.

Krisen in der zweiten und dritten Generation

927 oder 932 folgte Wilhelm I. Langschwert auf Rollo. Sofern wir dem fernen Echo von Dudo glauben können, hat seine straffe Politik im Inneren Widerstand hervorgerufen und eine Art antifränkischen Aufstand verursacht, da man offenbar die fränkischen Berater des normannischen Fürsten nicht gerne sah. Folgen wir Dudo, dann war Wilhelm Langschwert der Versuchung erlegen, sich allzusehr seiner fränkischen Umgebung anzupassen, was seinen Großen missfiel. Ihm wurde vorgeworfen, dass er die Sitten der von Dudo so genannten Daci, also der Normannen, vernachlässige und sich nur von Franken beraten lasse. Es ist nicht klar, ob Dudo hier vielleicht nur seinem Auftraggeber, dem Herzog Richard II. den Hinweis geben wollte, dass er auf normannische Besonderheiten und ihre besondere Identität achten solle, oder ob Wilhelm Langschwert im schwierigen Integrationsprozess der Normannen tatsächlich in die Gefahr geraten war, zu viel zu tun und damit seine eigenen Leute zurückzuweisen. Zeitgenössischen Quellen wie den Annalen des Flodoard können wir entnehmen, dass Wilhelm wirklich überaus eifrig in der westfränkischen Politik mitmischte, auch wenn Dudos Bericht über ein Abkommen zwischen Ludwig IV. vom Westfrankenreich und Otto dem Großen vom Ostfrankenreich, das quasi im Alleingang von Wilhelm Langschwert initiiert worden sei, sicher übertrieben ist. Es scheint auch, als habe Ludwig IV. einen recht zuverlässigen Verbündeten in Wilhelm gehabt.

Dudo berichtet, dass Rollo sich alt gefühlt habe und schon vor seinem Tod, der sich auf 932 datieren lässt, seinem Sohn die Regierungsgeschäfte überantwortet habe. Daran seien die Großen der dann so genannten Normandie beteiligt gewesen. Offenbar hatte Wilhelm Langschwert fest vor, sein Herrschaftsgebiet zu erweitern und im Kreis der westfränkischen Großen Aufnahme zu finden. Flodoard berichtet, dass den Normannen schon 927 die Gebiete um Le Mans und Bayeux zugestanden worden seien. Die Grafschaft Maine sollte lange Zeit ein Zankapfel zwischen den Normannen und ihren Nachbarn sein, während die Gegend um Bayeux, also die sogenannte Hochnormandie, schon bald fest in normannischer Hand war. Jedenfalls hat Wilhelm seinen Sohn laut Dudo nach Bayeux geschickt, damit er die *dacisca lingua*[15] erlerne, also die skandinavische Sprache und er hätte seinen Sohn kaum dorthin gesandt, wenn er dort gefährdet gewesen wäre. Außerdem beanspruchte Wilhelm Langschwert die Oberherrschaft über die Bretagne.

Nach der Niederwerfung des antifränkischen Aufstandes des Riulf im Jahr 933/34 bemühte sich Wilhelm um eine Konsolidierung im Inneren und eine kirchliche Struktur. In der lokalen Überlieferung des Kloster Jumièges wird berichtet, dass Wilhelm eines Tages auf der Jagd das zerfallene Kloster bemerkt habe und daraufhin den wenigen dort noch ansässigen Mönchen Besserung versprochen und das Kloster bald zu neuer Blüte gebracht habe. Diese Sühneleistung für die wikingische Zerstörung des Klosters war Wilhelm aber noch nicht genug. Er soll angeblich gewünscht haben, selber Mönch zu werden und ins Kloster von Jumièges einzutreten. Wollen wir Dudo glauben, konnten ihn die normannischen Großen nur mit Mühe von diesem Plan abbringen. Der Wunsch Wilhelms nach dem Mönchtum ist eher eine Fiktion der dortigen Mönche, die damit ihr hohes Patronat unterstreichen wollten, als nachweisbare Tatsache. Die Heiligkeit Wilhelm Langschwerts wurde von Dudo noch weiter ausgebaut, indem er seine Christomimese, die Nachahmung des Herrn, erfand und seinen Tod als Martyrium stilisierte. Wilhelm Langschwerts Ermordung im Jahr 942 bescherte der normannischen Herzogsfamilie so einen Hausheiligen. Dass Wilhelm sich jedoch kirchenpolitisch stark engagierte, ist zeitgenössisch nicht nur durch den Wiederaufbau von Jumièges belegt, sondern auch durch andere Kirchenschenkungen, so dass man insgesamt für die Regierungszeit von Wilhelm I. von einer Anpassung an fränkische Verhältnisse sprechen kann. Vielleicht hätte das Herrschaftsgebiet der ehemaligen Wikinger schon unter der Herrschaft dieses ersten wikingisch-westfränkischen Fürsten zu einer Einheit heranwachsen können, aber die Ermordung Wilhelm Langschwerts führte zu einem herben Rückschlag der Vereinheitlichungs- und Etablierungsbestrebungen der Fürsten von Rouen. Die Wikingerherrschaft an der Seine hätte in den Jahren nach Wilhelms Tod beinahe dasselbe Schicksal ereilt wie alle anderen Wikingerniederlassungen vorher.

Wilhelm Langschwerts Bemühungen, sich in den Kreis der westfränkischen Großen einzufügen, fanden durch seinen Tod ein jähes Ende. Möglicherweise wurde sein Einfluss als zu groß eingeschätzt, er wäre also zu erfolgreich gewesen, so dass man sich bemühte, ihn auf Dauer beiseite zu schaffen. Im Jahr 942 traf sich Arnulf I. von Flandern mit dem Fürsten von Rouen zu einer Unterredung auf einer Insel im Fluß Somme (in der Nähe von Picquigny). Dort wurde Wilhelm von einigen Männern des Grafen ermordet und der Höhenflug der Normannen fand ein vorläufiges Ende. Gerade die Ermordung macht aber deutlich, dass die Integration eben noch nicht völlig gelungen war[16]. Man findet nämlich ohne weiteres Parallelen in der Behandlung von anderen Wikingerfürsten wie etwa dem mit Friesland belehnten Gottfried oder auch schon dem dänischen Lehnsmann Ludwigs des Frommen, Harald Klak. Doch gerade unter Gleichgestellten wie den fränkischen Fürsten war die hinterhältige Ermordung kein Mittel der Politik. Im Umgang mit „Barbaren" schien sie aber vielleicht noch gerechtfertigt. Jedenfalls wurde der listige Graf von Flandern von Ludwig IV., dessen treuer Verbündeter Wilhelm Langschwert gewesen war, in keiner Weise bestraft, vielmehr versuchte der westfränkische König, das einst Rollo gegebene Land wieder direkt der Krone zu unterstellen. Dies ist zum einen der verzweifelten Situation des westfränkischen Königs geschuldet, der sich bemühen musste, wenigstens in einer Region seines Reiches festeren Fuß zu fassen, auf der anderen Seite sieht man daran, dass der Vertrag mit Rollo zumindest von königlicher Seite aus nicht als bindend für die nächsten Generationen verstanden wurde.

Jedenfalls war die noch junge Wikingerherrschaft nach dem Tod von Wilhelm Langschwert ausgesprochen gefährdet. Richard, der einzige Sohn Wilhelms, der von ihm wohl auch schon vor seiner Ermordung als Erbe vorgesehen worden war, war minderjährig. Bis er sich durchgesetzt hatte, war das Überleben der Fürsten von Rouen in den nächsten Jahren immer eine Frage des Zufalls. In der geschwächten Position, in der sich Richard nach der Ermordung seines Vaters befand, war seine einzige Chance das Gegeneinander Ausspielen der verschiedenen Rivalen um die Macht in der Normandie. Dies ist ihm bzw. seinen Beratern allem Anschein nach geglückt. Ambitionen auf die Herrschaft über Rouen hatten Graf Arnulf von Flandern, der robertinische Herzog von Francia, Hugo Magnus, und der westfränkische König Ludwig IV. Letzterer scheint zunächst die Oberhand gewonnen zu haben, da es ihm gelang, sich der Person

Richards zu bemächtigen. Allem Anschein nach wurde er in Laon unter strenger Bewachung gehalten, ehe ihm mit Hilfe seines Erziehers die Flucht gelang, was von Dudo in den schönsten Farben ausgemalt wird. Der engste Berater von Richard, laut Dudo ein gewisser Bernhard Dacigena, dessen skandinavische Herkunft also hervorgehoben wird, lavierte von diesem Moment an geschickt zwischen den Rivalen um die Macht. Es gelang ihm offenbar, den König und Hugo Magnus vollständig zu entzweien und für seinen Teil ein Bündnis mit dem aufstrebenden Robertiner zu schließen. Es kam 945 zur Schlacht, bei der Ludwig IV. in Gefangenschaft geriet. Obwohl wir über diese Schlacht nur wenig wissen, hatte sie doch entscheidende Auswirkungen auf die westfränkisch-französische Geschichte. Der Versuch der karolingischen Könige, die Macht der Robertiner einzudämmen und sich noch einmal eine eigene zuverlässige Machtbasis in der Normandie zu schaffen, scheiterte. Das karolingische Königtum sollte sich von diesem Schlag nicht mehr wirklich erholen. Die robertinischen Herzöge von Francia etablierten sich als mächtigste westfränkische Fürsten und der Fortbestand der Normandie als eine von der Krone unabhängige Herrschaft war vorerst gesichert.

Etablierung unter Richard I. und Richard II.

In der Auseinandersetzung während Richards Minderjährigkeit behauptete sich der Fürst von Rouen als unabhängig vom Königtum, auch wenn er den Schutz durch den mächtigen Hugo Magnus vielleicht durch eine Lehnsbindung an ihn und nicht mehr an den König bezahlen musste. Doch erst im weiteren Verlauf der Herrschaft von Richard I. sollte sich das Fürstentum herausbilden, das man dann als Normandie bezeichnet hat. Dies hat nicht nur damit zu tun, dass sich Richard offenbar weiterer Übergriffsversuche durch Lothar, den Sohn Ludwigs IV. erwehren musste, sondern auch damit, dass in den 960er Jahren eine weitere Ansiedlungswelle von Wikingern in der Hochnormandie ankam, die Richard I. unter seine Autorität zwingen musste, wenn er seinen Anspruch auf das gesamte Gebiet der Normandie durchsetzen wollte. Die neuen skandinavischen

Siedler, die man auch durch Ortsnamen und den einen oder anderen archäologischen Fund nachweisen kann, unterstanden der Herrschaft eines gewissen Harald, dem Dudo gar einen Königstitel gab. Die spätere normannische Überlieferung, wie etwa Wilhelm von Jumièges, identifizierten diesen Harald mit dem 986 von seinem Sohn vertriebenen dänischen König Harald Blauzahn, der aber aus chronologischen Gründen nicht wirklich in Betracht kommt. Der Königstitel ergibt sich wohl eher aus der Anführerstellung des Wikingers. Diese neuen Wikinger waren noch Heiden und es musste dem Fürsten von Rouen nun daran gelegen sein, sie seiner Herrschaft zu unterwerfen und sie in das System des inzwischen recht durchgängig christianisierten Fürstentums einzufügen. Will man Dudo von St-Quentin glauben, ging Richard I. seine Sache recht geschickt an, indem er die neuen Wikinger erst ein wenig rauben und plündern ließ, um sich dann gegenüber seinen Herren, dem Herzog von Francia und dem westfränkischen König, als Vermittler anzubieten. Man darf vielleicht vermuten, dass Richard bereits vor diesem Angebot mit den Wikingern verhandelt hatte und ihnen im Grunde genommen ein ähnliches Versprechen machte wie das, das einst sein Großvater Rollo bekommen hatte. Er bot ihnen Land und Schutz im Gegenzug zu ihrer Loyalität. Wenn wir den Namen von Richards zweiter Frau oder vielleicht auch Zweitfrau Gunnor richtig in einen skandinavischen Kontext stellen, ist denkbar, dass auch sie, die laut Dudo aus einer einflussreichen Familie stammte, Unterpfand einer solchen Einigung gewesen ist. Dudo berichtet von einer mitreißenden Bekehrungsrede, die der junge Herzog den wilden Räubern gehalten und die diese so gerührt habe, dass sie sich sofort zur Taufe, zur Siedlung und zum inneren Frieden verpflichteten. Dies ist eine panegyrische Überhöhung, aber man wird zugestehen müssen, dass es nur im Interesse des Fürsten von Rouen liegen konnte, sich die neuen Wikingerverbände untertan zu machen, wobei Heirat und Christianisierung bewährte und probate Mittel der Integration waren. Erst dieses Glanzstück von Richards Herrschaft hat die Normandie als eine Einheit entstehen lassen. Der bereits Wilhelm I. Langschwert zugesagte Anspruch auf die Hochnormandie war erst jetzt verwirklicht worden. So ist es nicht erstaunlich, dass der Begriff Normandie ab den 960er Jahren als Begriff für die Region und den Herrschaftskomplex immer häufiger verwendet wurde, während gleichzeitig die Benennung nach Rouen zurückgeht. Der Titel *dux Normannorum* – also Herzog der Normannen – setzte sich durch, gerade als der benachbarte Herzog von Francia ab 987 in der Person Hugo Capets zum westfränkisch-französischen König aufstieg und damit gegen eine solche Usurpation des Herzogstitels in seiner Nachbarschaft nicht mehr einschreiten musste. Die Fürsten von Rouen sind nie als Herzöge der Normandie eingesetzt worden, vielmehr bildete sich von 911 bis 965 eine eigenständige Herrschaft unter der Prärogative der wikingerstämmigen Fürsten von Rouen, die nach der Herkunft ihrer Fürsten Normandie genannt wurde und zum Herzogtum wurde. Der von Dudo propagierten offiziellen historischen Theorie nach war dieses Herzogtum so, wie es war, ursprünglich vom westfränkischen König Karl dem Einfältigen verliehen worden und hatte schon immer die Einheit gebildet, zu der es eigentlich erst unter Richard I. fand.

Sein Sohn Richard II. konnte die Errungenschaften seines Vaters festigen, und es gelang ihm in seiner fast dreißigjährigen Herrschaft (998–1026) die Rolle des Bewahrers fast perfekt auszufüllen, gleichzeitig das Fundament der Herrschaft zu stärken und sich endgültig im Kreis der westfränkisch-französischen Fürsten zu etablieren. Richard II. holte mehrere Kirchenreformer, unter anderen den eifrigen Wilhelm von Dijon, ins Land und gab ihnen den Auftrag, die normannischen Klöster zu reformieren. Dass diese dabei näher an den Herzog gebunden wurden, war ein positiver Nebeneffekt, der dem nüchternen Realpolitiker sicher entgegenkam. Aus seiner Herrschaft ist uns die nennenswerte Anzahl von 50 Urkunden überliefert, auch wenn es vielleicht etwas weit ginge, zu glauben, dass er eine feststehende Kanzlei hatte. Mit den Kirchenmännern seiner Umgebung arbeitete er eng zusammen und schuf eine Tradition der kirchlichen Unterstützung für den Herzog, die über das hinausging, was man in anderen Fürstentümern antreffen konnte. Daneben scheint Richard auch die Bildung und die Kultur nicht vernachlässigt zu haben. Großzügig entlohnte er den ersten Geschichtsschreiber der Normandie, Dudo von St-Quentin, dem noch Richard I. den Auftrag für sein Werk gegeben hatte. An seinem Hof waren Sänger aus Skandinavien zu Gast. Seine Schwester Emma verheiratete er mit dem englischen König Ethelred, woran die bedeutende Stellung der Normandie am englischen Kanal deutlich wird. Ebenfalls gelang es ihm, die Bretagne in seinen Einflusskreis zu ziehen. Das Kloster Mont St-Michel an der Grenze zur Bretagne wurde nun dem normannischen Bereich zugerechnet[17]. Nennenswerte Aufstände hat es unter Richards Herrschaft nicht gegeben. Der Herzog war im Inneren anerkannt und nach außen hatte er sich Verbündete geschaffen.

Kontinuität oder Wandel?

Wenn man bedenkt, wie unwahrscheinlich eigentlich das Überleben der Fürsten von Rouen war, wenn man sich das Schicksal anderer Wikingerkommunitäten ansieht, stellt sich die Frage, welche Faktoren das Überleben der Normandie gesichert haben. In diesem Zusammenhang hat man immer wieder gefragt, inwieweit Rollo und seine Nachfolger eine Herrschaft aufgebaut haben, die entscheidend von ihrer skandinavischen Herkunft geprägt war oder inwieweit sie geschickt vorhandene Strukturen genutzt haben. Haben wir mit Kontinuität zum fränkischen Neustrien zu rechnen oder eher mit tiefgreifendem Wandel?[18]

Die Zahl der wikingischen Siedler in der Normandie auf der einen und die Zahl der „überlebenden" Franken auf der anderen Seite hat bei diesen Überlegungen natürlich immer eine Rolle gespielt. Ein mögliches Aussagekriterium dafür ist der Erhaltungsgrad der skandinavischen Sprache. Geht man nach dem Verhältnis zwischen skandinavischen Ortsnamen und alten Ortsnamen gallischer oder römischer Prägung aus, dann muss man für die Normandie einen deutlich geringeren Anteil skandinavischer Siedler konstatieren als beispielsweise für das englische Danelag. Lehnwörter skandinavischer Herkunft sind im normannischen Dialekt kaum anzutreffen und beschränken sich auf Wörter für die Seefahrt. Es ist allerdings darauf hingewiesen worden, dass das Dänische, das die Siedler sprachen, mit dem Englischen näher verwandt war und insofern dort eine Entlehnung schlichtweg leichter fiel als im romanischsprachigen Kontext in Gallien. Skandinavische Personennamen sind noch bis ins 11. Jahrhundert nachzuweisen, aber was die Namenmode anging, gingen die Fürsten von Rouen mit gutem Beispiel voran und wählten für die fränkische Umgebung kompatible Namen. Auch dies muss nicht heißen, dass die skandinavische Sprache schon völlig untergegangen war, sondern zeigt eher das hohe Prestige der fränkischen Umgebung.

Die Zeitgenossen haben sich über die Sprachkenntnisse der Wikinger in der Normandie nicht ausgelassen. Der später schreibende Dudo nennt durchaus gegensätzliche Beispiele. Auf der einen Seite berichtet er, dass bei einem Treffen des westfränkischen Königs Ludwig IV. mit dem ostfränkischen König Otto I. die Normannen Wilhelm Langschwerts allein die Witze der sächsischen Gefolgsleute Ottos verstanden und entsprechend darauf reagierten. Auf der anderen Seite erzählt er, dass der junge Richard I. die Sprache seiner Väter in Bayeux lernen musste, weil sie in Rouen nicht mehr von vielen gesprochen wurde. Diese Zeugnisse haben aber einen geringen Wert, da sie in der Erzählung Dudos bestimmte Zwecke erfüllen. Mit dem Bericht über das Treffen zwischen Ludwig und Otto verfolgte Dudo nämlich den Zweck, Wilhelm als großartigen Friedensvermittler darzustellen und diese Aufgabe wird durch das gegenseitige Verständnis der Beleidigungen auf sächsischer und normannischer Seite dann im richtigen Spannungsmoment gerade noch ein wenig schwieriger gemacht. Dass Dudo den jungen Richard die skandinavische Sprache lernen lässt, bereitet von der Komposition der Erzählung her genau auf den Höhepunkt der Bekehrungsrede Richards an die heidnischen Seeräuber der Hochnormandie vor, die in der Vorstellung der Zeitgenossen die Friedenszeit unter Richard I. in einem einigen Fürstentum einläutete. Dass noch 1021 ein skandinavischer Skalde am Hof der normannischen Herzöge sang, ist als Beweis vielleicht aufschlussreicher als Dudos Erzählungen, obwohl man natürlich füglich bezweifeln kann, ob die Tatsache, dass so einem fahrenden Sänger zugehört wurde, auch bedeutet, dass man ihn verstand oder seine Sprache aktiv noch sprach.

Ähnlich wie im Danelag wird man für die Normandie konstatieren müssen, dass eine Aussage über den Anteil der wikingischen Siedler kaum möglich ist. Tendenziell sprechen auch die archäologischen Zeugnisse eher für eine geringere Anzahl als im Danelag, aber man kann eben auf der anderen Seite schon unter Wilhelm Langschwert einen recht hohen Integrationswillen voraussetzen, der vielleicht schneller zum Untergang der skandinavischen Sprache und anderer skandinavischer Sitten geführt hat. Auf keinen Fall kann man dem Zeugnis Dudos Glauben schenken, dass die Normandie zum Zeitpunkt ihrer Übergabe an Rollo durch die dauernden Überfälle völlig entvölkert gewesen sei. Ein Übergewicht der fränkisch-gallischen Einwohner gegenüber den Siedlern ist viel wahrscheinlicher.

Was die skandinavischen Bräuche angeht, hat sich die Forschung auch manchmal nicht von einem Wunschdenken lösen können, das skandinavische Wurzeln an vielen Stellen gesucht hat. So berichtet etwa Dudo, dass Rollo das ihm übergebene Land mit „Los und Seil" unter seine Gefolgsleute aufgeteilt hat[19]. Man hat dies als einen alten skandinavischen Brauch missverstanden, obwohl Dudo hier auf Psalm 77,54 und andere Bibelstellen (z.B. Deut 1,38) anspielt, in denen davon die Rede ist, dass das gelobte Land mit „Los und Seil" unter die Kinder Israels verteilt worden sei. Die Parallelisierung zum Volk Israel passt auch viel besser in Dudos Konzept als die Bewahrung alter skandinavischer Rechtstraditionen. Auch die Erzählung Roberts von Torigny, dass Rollo einen Goldreif in einen Baum gehängt habe, den er ein Jahr später an derselben Stelle wiedergefunden habe, weil niemand gewagt hatte, ihn zu stehlen, ist nicht die Schilderung eines skandinavischen Brauchs für die Untermauerung der gerichtsherrlichen Autorität, sondern Topos des Friedensherrschers, in dessen Reich kein Unrecht geschieht. Solche und ähnliche Erzählungen über nicht geraubtes Gold tauchen in Erzählungen über besonders herausragende Herrscher in ganz Europa immer wieder auf. Auch die Sitte, den Großen bei der Bestimmung des Erben ein Mitspracherecht einzuräumen, war bei einer Nachfolgeregelung durchaus üblich und nicht altes skandinavisches Gefolgschaftsrecht.

Explizit erwähnt Dudo nur eine skandinavische Sitte, nämlich die Eheschließung *danico more*, also eine Eheschließung nach dänischer Art, jeweils für eine Ehefrau Rollos und Wilhelm Langschwerts. Es ist aber fraglich, ob auch dies vielleicht nur eine Verbrämung einer Konkubinatsbeziehung ist, so dass weder Wilhelm noch Richard I. in den Geruch kamen, Bastarde zu sein. Ganz sicher ist damit nicht eine Eheschließung geringerer Verbindlichkeit gemeint, die man früher unter den Begriff „Friedelehe“ fasste, aber inzwischen als Forschungskonstrukt entlarvt hat.

Ähnlich wie im Danelag ist der einzige Bereich, bei dem sich Abweichungen zur fränkischen Umgebung wirklich festmachen lassen, der Bereich des Rechts. Die normannischen „Coutumes“, also das dortige Gewohnheitsrecht, das erst im Laufe der Französischen Revolution an das französische Recht angepasst wurde, unterschied sich von dem der Umgebung beträchtlich. Doch da die Überlieferung erst etwa im 11. Jahrhundert einsetzt, stellt sich auch hier die Frage, ob die Unterschiede tatsächlich skandinavischem Recht geschuldet sind oder nicht vielmehr doch ihre Wurzeln in der Eigenart der Entstehung der Normandie haben. Das würde bedeuteten, dass das normannische Recht keine skandinavischen Wurzeln hat, dass seine Eigenart sich aber aus der besonderen Entstehungssituation der Normandie erklärt.

Bestimmte Eigenarten des normannischen Herzogtums wie etwa die straff auf den Herzog ausgerichtete Administration, die Einheitlichkeit der kirchlichen Struktur, der relativ hohe Standard kirchlicher Bildung und nicht zuletzt die außerordentlichen Erfolge der normannischen Ritter hat man immer wieder auf die skandinavischen Wurzeln zurückgeführt. Dabei lassen sich viele dieser Phänomene besser erklären, wenn man annimmt, dass die normannischen Herzöge sich bemühten, ihre fränkischen Nachbarn besonders gut nachzuahmen. Entscheidend für die Entwicklung der Normandie zu einem der bedeutendsten französischen Fürstentümer sind nicht ihre skandinavischen Wurzeln, sondern ihr eiserner Wille, den fränkischen Nachbarn auf keinem Gebiet nachzustehen, weder auf dem der herzoglichen Macht noch auf dem der Kirchenreform, die in der Normandie besonders gefördert wurde. Die Normannen schwankten in den ersten Generationen zwischen der Furcht, den Franken nicht ähnlich genug zu sein, und der Furcht, ihre eigene Identität völlig zu verlieren[20]. So lässt es sich recht gut erklären, dass wir auf der einen Seite immer wieder Bemühungen erkennen können, die Nachbarn nachzuahmen, sich in das Bündnissystem einzufügen, oder sich dem französischen König zu unterwerfen und auf der anderen Seite die eigene Eigenart zu betonen sowie den umgebenden Franken einen Willen zur Vernichtung der Normandie bzw. der Herrschaft der normannischen Herzöge zu unterstellen. Das Verhältnis zu den Nachbarn war von dieser Spannung geprägt. So kann man es vielleicht auf den Punkt bringen, dass sich wirklich skandinavische Eigenarten in der Normandie nur in Ansätzen finden lassen, dass aber die Entstehungsgeschichte der Normandie ohne die skandinavischen Siedler und ihre Anführer und deren Willen, ein in die Umgebung passendes Fürstentum zu errichten, nicht denkbar gewesen wäre. Die Eigenart der Normandie macht also gerade der Anpassungswille ihrer Herzöge aus. Gleichzeitig waren die Berufung auf die wikingische Herkunft und der Stolz auf die kriegerischen Taten der Vorfahren wichtige Brennpunkte der Identität, mit denen sich die Normannen von ihrer Umgebung abgrenzten. Nicht die Tatsache, dass sie irgendwie besonders gewesen wären, lässt die Normannen in ihrer Umgebung herausstechen, sondern ihre Vorstellung, etwas Besonderes zu sein. Dies spornte sie offenbar immer wieder zu neuen Taten an, die dann wiederum verstärkend auf das Identitätsgefühl wirkten. Die Verwurzelung in der Normandie bei gleichzeitigem Bewusstsein der skandinavischen Herkunft war Grundlage für ein neues Identitätsgefühl. Im modernen Sprachgebrauch trägt man dieser Tatsache zuweilen Rechnung, indem man zwischen Wikingern vor 911 und Normannen nach 911 differenziert, eine Unterscheidung, die im englischen und französischen Sprachumfeld sehr viel konsequenter und eindeutiger gemacht wird. Der Sprache der Quellen entspricht diese Unterscheidung nicht, da sowohl die Raubfahrer des 9. und 10. Jahrhunderts als auch die Bewohner des Herzogtums Normandie in den Quellen die Bezeichnung „Normannen" tragen und zumindest die Normannen der Normandie – und auch später in Italien und England – selbst ein Gefühl der Kontinuität zu ihrer Vorgeschichte besaßen.

Krise in der Minderjährigkeit Wilhelms des Bastard

Ihre zweite große Krise musste die Normandie zur Zeit der Minderjährigkeit Wilhelms des Bastards bestehen. Nach dem Tod von Richard II. 1026 folgten seine beiden Söhne Richard III., der schon nach einem Jahr starb, und dann dessen jüngerer Bruder Robert, dem spätere Chronisten wegen seiner rigorosen

Kirchenpolitik den Beinamen „der Teufel" gegeben haben. Zeitgenössischen Gerüchten zufolge soll Robert den Tod seines älteren Bruders veranlasst haben, eine feste Handhabe haben wir allerdings nicht. Robert hatte offenbar massiv mit dem Problem jüngerer aufstrebender Adelssöhne und Immigranten in der Normandie zu kämpfen, die er großzügig aus herzoglichen Gütern belehnte, um sich ihrer Loyalität zu versichern. Die Ämter der „vicomtes", herzogliche Beauftragte, wurden zunehmend erblich und der Verfügungsgewalt des Herzogs entzogen und gerieten unter den Einfluss der großen normannischen Fürstenhäuser. Viele von den Familien, die damals an Bedeutung zunahmen, finden wir 1066 an der Seite Wilhelms des Bastards, als er sich zum großen Abenteuer der Eroberung Englands aufmachte. Unter der Regierung Roberts entwickelte sich die Normandie zu einer, wie man modern sagt, „konsensual" ausgerichteten Herrschaft. Der Herzog konnte mit seinen Großen regieren, aber kaum ohne sie. Seine Prärogative bedeutete keinesfalls eine uneingeschränkte Suprematie. Aus diesem Grund vergriff Robert sich auch an Kirchengut und setzte sich mit Bischof Hugo von Bayeux und Erzbischof Robert von Rouen, den beiden mächtigsten Kirchenmännern der Normandie, auseinander, was seine zeitweilige Exkommunikation zur Folge hatte. Robert schwenkte nach seiner Versöhnung mit der Kirche auf die Politik seines Vaters um und arbeitete mit Kirchen- und Klosterreformern zusammen, gründete dabei erstmals herzogliche Klöster in der sogenannten Niedernormandie und konnte sich die Oberhoheit über den umstrittenen Mont St-Michel sichern. Seine angelsächsischen Vettern, Eduard und Alfred, die Söhne Ethelreds des Unberatenen, lud er häufig zu sich an den Hof. Eine Quelle berichtet gar, er habe versucht, für seine Vettern eine Flotte nach England zu schicken. Da dies bei Wilhelm von Jumièges nach 1066 überliefert ist,[21] ist der Bericht eher unglaubwürdig, zumal Wilhelm berichtet, die Flotte sei dann in der Bretagne eingesetzt worden, wo Robert ohnehin einen Kriegszug veranstaltete. Mit dem französischen König Heinrich I. stand er auf gutem Fuße und konnte ihm 1033 aus einer Krise helfen. Robert hatte seine Herrschaft nach außen und innen einigermaßen gesichert, als er sich 1035 entschloss, eine Pilgerfahrt ins Heilige Land zu machen. Er war sich seiner Stellung offenbar so sicher, dass er seinen damals erst siebenjährigen Sohn Wilhelm, der einer unehelichen Verbindung entstammte und deshalb den Beinamen „der Bastard" erhielt, als Erben einsetzte und dafür auch die Zustimmung seines königlichen Lehnsherrn, der sich ihm offenbar verpflichtet fühlte, und seiner Großen erhielt. Den unehelichen Sohn seines Bruders Richard III. hatte Robert noch kurz entschlossen in einem Kloster untergebracht, so dass er mit seiner Nachfolgeregelung jedenfalls nicht das Prinzip der Sohnesfolge eines unehelichen Sohnes im Falle mangelnder ehelicher Erben verfolgte. Wenn Robert tatsächlich wohlbehalten wieder aus dem Heiligen Land zurückgekehrt wäre, hätte die Sukzession wohl nicht zur Debatte gestanden, aber sein plötzlicher Tod durch Krankheit schon auf der Rückreise löste eine tiefe Nachfolgekrise aus, die bis zu Wilhelms Volljährigkeit und noch darüberhinaus andauern sollte.

Dabei hatte Robert durchaus für seinen minderjährigen Sohn vorgesorgt. Erzbischof Robert von Rouen, ein Sohn Richards II., bot sich nach Roberts Aussöhnung mit der Kirche als graue Eminenz hinter dem Herzogsthron an und bis zu seinem Tod 1037 scheint Wilhelms Nachfolge noch nicht ernsthaft in Gefahr gewesen zu sein. Nach 1037 verschlechterte sich seine Situation aber drastisch. Seine beiden Vormünder Graf Gilbert von Brionne, der Mann seiner Tante väterlicherseits, und Herzog Alain von der Bretagne wurden in den frühen 1040er Jahren ermordet. Dann scheinen zwei Großonkel von Wilhelm, Graf Wilhelm von Arques und Erzbischof Malger von Rouen, das, was von der Herzogsherrschaft übriggeblieben war, zusammengehalten zu haben. Wilhelm scheint von ihren Bemühungen nicht sehr beeindruckt gewesen zu sein. Nachdem er sich 1047 durchgesetzt hatte, ließ er sie aus ihren Ämtern vertreiben und Wilhelm von Poitiers, der Biograph des Herzogs, hat dafür gesorgt, dass diese Tat des Herzogs gerechtfertigt wurde, indem er den Ruf der Großonkel schädigte. Wilhelm von Poitiers berichtet auch, dass der kleine Wilhelm in ständiger Lebensgefahr schwebte, so dass der Bruder seiner Mutter ihn zeitweilig über Nacht bei armen Leuten versteckte. Das mag spätere Ausschmückung sein, aber tatsächlich kann man an Urkunden und anderen Quellen ein enges Verhältnis des späteren Eroberers zur Familie seiner Mutter ablesen, auch zu seinem Stiefvater Graf Herluin von Conteville. Belegt ist jedenfalls, dass der Truchsess des jungen Herzogs ermordet wurde, während der Junge nebenan schlief. Das tiefe Misstrauen, das sich später an Wilhelm beobachten lässt, mag in diesen unruhigen Jugendjahren seine Wurzel haben. Über seine Erziehung wissen wir nur wenig, ein gewisser Mönch Ralph ist einmal in seiner Umgebung als Erzieher genannt, aber es darf füglich bezweifelt werden, dass Wilhelm je das Lesen geschweige denn das Schreiben lernte. Von wem er seine militärische Ausbildung erhielt, wissen wir auch nicht. Sein ganzes Gebaren auch in späterer Zeit lässt eher auf einen hoch intelligenten Autodidakten schließen, der eine schnelle Auffassungsgabe mit Wendigkeit kombinierte und dadurch eine hohe Kompetenz und Innovationsfähigkeit entwickelte, die sich zum Teil außerhalb der eingefahrenen Bahnen der Zeit bewegte.

Schließlich erhob Guy von Brionne, ein Sohn einer Tochter Richards II., Anspruch auf den Herzogsthron und konnte offenbar die meisten normannischen Großen, insbesondere die Einwohner Rouens und die westliche Normandie auf seine Seite ziehen. Wilhelm hatte nur noch wenige Gefolgsleute und wandte sich in seiner Not an den französischen König. Heinrich I. half dem knapp 20jährigen Wilhelm aus mehreren Gründen. Zum einen scheint er sich den normannischen Herzögen verpflichtet gefühlt zu haben, da ihm Herzog Robert bei seiner Herrschaftskrise 1033 zur Seite gestanden hatte. Zum anderen hatte er mit dem mächtigen Grafen Gottfried Martell von Anjou im Norden Frankreichs einen sehr umtriebigen und gefährlichen Vasallen, den er mit dem traditionellen kapetingisch-normannischen Bündnis wohl in die Schranken weisen wollte. Jedenfalls stellte er sich mit einigen Truppen Wilhelm zur Verfügung und 1047 kam es mit der Schlacht von Val-ès-Dunes zum Wendepunkt für Wilhelms Karriere. Die Berichte über die Schlacht sind spärlich. Äußerst knapp scheint Wilhelm den Sieg davongetragen und sich damit als rechtmäßiger Herzog durchgesetzt zu haben. Mit der Schlacht von Val-ès-Dunes waren nicht alle Probleme Wilhelms aus der Welt geschafft, aber er sollte nie wieder an einen solchen Tiefpunkt gelangen.

Stärkung der Herrschaft unter Wilhelm dem Bastard

Als weithin sichtbares Zeichen seiner gefestigten Herrschaft suchte er das Bündnis mit Flandern und nahm gegen anhaltenden kirchlichen Widerstand Mathilde von Flandern zur Frau, die nach damaligem Kirchenrecht für eine Ehe zu nah verwandt mit Wilhelm war. Diese Verbindung nach Flandern bedeutete in gewisser Weise einen Bruch mit dem bisher in der Geschichte der Normandie oft zu Tage getretenen Antagonismus der beiden wichtigen Fürstentümer an der Nordsee. Man denke etwa an den Überlebenskampf, den Richard I. gegen Graf Arnulf I. von Flandern geführt hatte. Die Ehe mit Mathilde scheint für den noch jungen Herzog ein erstaunlicher Erfolg gewesen zu sein. Anekdotenhaft wird noch zwei Jahrhunderte später in der Chronik von Tours berichtet, dass Mathilde sich zunächst geweigert habe, den „Bastard" zu heiraten, es sich dann aber noch einmal anders überlegte, als Wilhelm sich eines Tages alleine durch alle ihre Ritter hindurchkämpfte, um sie für die Beleidigung mit einer Ohrfeige zu strafen. Jemand, der so viel Mut hätte, meinte Mathilde offenbar, müsste es im Leben noch weit bringen. Soweit wir sehen können, belastete dieser angebliche gewalttätige Anfang ihrer Ehe, in dem man eher flämische Bedenken gegen eine Mesalliance anekdotenhaft überspitzt erkennen kann, das Verhältnis der beiden nicht. Mathilde galt als einflussreiche Frau, die in der Politik ihres Mannes etwas zu sagen hatte und gerade in der Förderung von Klöstern und Kirchen zogen Beide an einem Strang. Wilhelm scheint – ganz im Gegensatz zu diversen seiner Nachfahren – seine Ehe überaus ernst genommen zu haben, denn wir haben in keiner Quelle auch nur die leiseste Andeutung einer Affäre oder gar eines unehelichen Kindes. Abgesehen von der zu nahen Verwandtschaft der Eheleute, für die sich Mathilde und Wilhelm schließlich von Leo IX. einen päpstlichen Dispens geben ließen, fiel kein Schatten auf die vorbildhafte Ehe, die von allen Kirchenleuten der Zeit über den grünen Klee gelobt wird. Möglicherweise hatte Wilhelm die Beschimpfung als „Bastard" doch so getroffen, dass er seinen Kindern dieses Geschick ersparen wollte. Schon der Zeitgenosse Wilhelm von Jumièges berichtete, Wilhelm habe bei der Eroberung von

Alençon, die Männer, die ihn mit deutlichen Hinweisen auf seine Abkunft von Gerbern verspottet hatten, mit drastischen Maßnahmen abgestraft.

Im Anschluss an seinen Sieg über Guy von Brionne nahm Wilhelm die Zügel seiner Herrschaft fest in die Hand. Besonders augenfällig wird dies an der Verkündung eines allgemeinen Gottesfriedens für das Herzogtum. Diese in Südfrankreich aufgekommene Sitte, die von der Kirche vorangetrieben wurde, sollte das gewalttätige Fehdewesens des Adels eindämmen und wurde im Norden Frankreichs zum wirksamen Herrschaftsinstrument. Mit der Verkündigung des Friedens tat der Herzog zum einen eine gottgefällige Tat, die ihm die Unterstützung hochrangiger Kirchenleute sicherte und unterstrich zum anderen seinen Anspruch auf die Kompetenz, über Krieg und Frieden zu entscheiden. Im Süden Frankreichs waren die Gottesfrieden oft Einigungen des Adels und der Kirchenleute untereinander gewesen, während Wilhelm sie unter Rückgriff auf Maßnahmen seines Großvaters Richard II. – und damit unterschied er sich nicht von seinen unmittelbaren Nachbarn – zu einem Herzogsfrieden umschmiedete.

Sein neues Bündnis mit Flandern, das durch die Heirat gefestigt wurde, bedeutete eine Schwächung des Bandes zum kapetingischen König, von dem sich Wilhelm in den folgenden Jahren immer mehr entfremdete, auch weil er sich mit einem weiteren Nachbarn, dem mächtigen Grafen Gottfried Martell von Anjou, zusammentat. Der Umschwung gegen den kapetingischen König, ohne dessen Hilfe bei Val-ès-Dunes Wilhelm verloren gewesen wäre, vollzog sich in den frühen 1050er Jahren und führte vielleicht zum Auswechseln des herzoglichen Beraterstabes. 1053/54 kam es bereits zu militärischen Auseinandersetzungen zwischen Heinrich I. und Wilhelm, die Wilhelm für sich entscheiden konnte. Als Heinrich I. 1060 starb und nur einen minderjährigen Sohn Philipp zurückließ, für den ausgerechnet Wilhelms flämischer Schwiegervater die Vormundschaft übernahm, hatte Wilhelm jahrelang freie Hand.

Wilhelms Herrschaft über sein Herzogtum nach 1047 scheint, wenn wir dem späteren Geschichtsschreiber Ordericus Vitalis glauben wollen, der hier vielleicht näher an der Wahrheit liegt, als der zeitgenössische, aber panegyrische Wilhelm von Poitiers, zwar im Ganzen überaus erfolgreich gewesen zu sein, wies aber doch hin und wieder willkürliche und tyrannische Züge auf. Seinem Halbbruder Robert verlieh er die Grafschaft Mortain (diese Grafschaft sollte übrigens häufig in der Herzogs- und dann später Königsfamilie verliehen werden), nachdem er dessen Vorgänger unter fadenscheinigen Vorwänden enteignet hatte. Am Sturz seiner beiden Vormünder Graf Wilhelm von Arques und Erzbischof Malger von Rouen in den frühen 1050er Jahren ist vielleicht nicht so sehr deren Verderbtheit Ursache, die Wilhelm von Poitiers herausgearbeitet hat. Er ist eher der Tatsache geschuldet, dass Wilhelm der Bastard sich mit Ratgebern und Freunden seines Alters umgab, die ihn in seinem waghalsigen Konfrontationskurs mit dem französischen König bestärkten, während die Besonnenheit seiner beiden Großonkel nicht mehr gefragt war und sie wohl auch mit dem Rückgang ihres Einflusses nicht zufrieden waren.

Neben diesen Einzelfällen kann man der Normandie unter der Herrschaft Wilhelms aber eine erstaunliche Blütezeit bescheinigen, die den von Wilhelm von Poitiers überhöhten inneren Frieden als eine Grundgegebenheit der Zeit wahrscheinlich macht. Es wurden viele Klöster gegründet und die Kathedralkirchen in Bayeux und Coutances erneuert. Das Kloster Le Bec, das vom Herzog großzügig unterstützt wurde, entwickelte sich zu einem bildungspolitischen Zentrum, das entscheidend von Lanfranc, einem der ersten großen Scholastiker, geprägt wurde. Der renommierte Theologe kam aus der Lombardei und zog sich nach einer spirituellen Krise in das zu der Zeit noch verfallene Kloster zurück, das später auch geistige Heimat des heiligen Anselm werden sollte. Diese kirchliche Blüte wurde von Wilhelm nach Kräften gefördert, der Zeit seines Lebens als Freund und Förderer der Kirchen gelten sollte. Damit gelang es dem Herzog nicht nur, die weltlich ausgerichteten Kirchenfürsten, die er mit der Vergabe von Gütern an sich band, sondern auch die mehr auf ihre seelsorgerischen und kirchlichen Aufgaben konzentrierten geistlichen Herren auf seine Seite zu bringen. Es ist Wilhelm bemerkenswert gut gelungen, als Förderer der Kirche zu gelten. Dabei blieb ihm keinesfalls der Geruch eines Frömmlers anhaften, der für sein Prestige bei den ganz auf kriegerische Tüchtigkeit fixierten weltlichen Fürsten schlecht gewesen wäre. Lanfranc wurde zu einem seiner wichtigsten Berater und Wilhelm machte ihn später zum Erzbischof von Canterbury.

Überhaupt gelang es Wilhelm in sehr hohem Maße eine loyale Truppe von jungen Adligen an sich zu ziehen, die ihm bei seinen Eroberungen in den nächsten Jahren zur Seite standen und vom Herzog dafür großzügig entlohnt wurden. Bis zu einem gewissen Grad war eine solche verschworene Truppe naturgemäß auf Expansion hin ausgerichtet. Der Herzog musste ein Interesse daran haben, die Belohnung für seine Getreuen nicht aus der eigenen Kasse bezahlen zu müssen und der Zusammenhalt des Herzogs und seines Gefolges konnte sich daher am besten in Kriegssituationen bewähren. Hier treffen wir auf einen Grundcharakterzug normannischer und nicht nur herzoglicher Politik der nächsten zweihundert Jahre, den man als „raubtierhaft" bezeichnet hat. Schon Ordericus Vitalis, der wohl als Erster eine normannische Identität klar umrissen hat, bietet uns ein durchaus ambivalentes Bild der Normannen: „Die Normannen sind ein wildes Volk und wenn sie nicht von einem strengen Herrscher in Zaum gehalten werden, tun sie schnell Unrecht. In allen Gemeinschaften, in denen sie sind, streben sie danach zu herrschen und werden durch ihren Ehrgeiz oftmals Feinde der Wahrheit und der Treue"[22]. Jedes feudale System wird durch erfolgreiche Expansion im Inneren gestützt, weil die Verteilung der neu erworbenen Ländereien die Gefolgsleute zufriedenstellt, ohne dass die knappen Ressourcen des Herrschers beschnitten werden müssten, der selber wiederum durch erfolgreiche Kriegszüge sein Grundkapital aufstocken kann. Dennoch findet sich unter den Zeitgenossen Wilhelms kaum jemand, der dieses System so perfekt für sein eigenes Machtstreben instrumentalisiert hat wie er. Dabei wollte und konnte er die Änderungen, die in der Zeit seines Vaters und in seiner Minderjährigkeit zuungunsten des Herzogs vollzogen worden waren, keinesfalls rückgängig machen. Wilhelm versuchte nicht, die Aristokratie in der Normandie auszuhebeln und die herzoglichen Güter wieder an sich zu ziehen. Im Gegenteil versammelte er besonders die reichsten und mächtigsten Fürsten der Normandie an seinem Hof und machte sie zu Verbündeten.

Unter den engsten Freunden Wilhelms, die am großzügigsten entlohnt wurden und die wir auch später in England mit ausgedehnten Ländereien antreffen, sind neben seiner unmittelbaren Verwandtschaft vor allem Wilhelm FitzOsbern und Roger von Montgomery zu nennen, die trotz der Tatsache, dass Rogers

Bruder Wilhelm FitzOsberns Vater erschlagen hatte, mit dem Herzog in den kommenden Jahren wie Pech und Schwefel zusammenhielten. Dies ist ein bemerkenswerter Hinweis auf die integrierende Kraft der Persönlichkeit des Herzogs. Montgomery wurde die Führung von Kriegen im Namen des Herzogs erlaubt, als er den Anspruch seiner Frau auf Ländereien der Belleme durchzusetzen versuchte. Diese Kriege lagen im Interesse des Herzogs und Wilhelm der Bastard erwies sich hier als ein taktischer Pragmatiker, der den Ehrgeiz seiner Gefolgsleute erfolgreich zu seinen eigenen Gunsten einsetzte und aus dem Antagonismus zwischen Herzog und mächtigen Fürsten mit geringfügigen Änderungen der Grundkonstellationen eine für beide vorteilhafte Situation herbeiführte.

Es gelang Wilhelm, die Burgenhoheit des Herzogs fest zu etablieren. Keine Befestigung durfte ohne seine Zustimmung gebaut werden und er selbst konnte jederzeit die Burg eines Vasallen für seine eigenen Zwecke beschlagnahmen. Schon die Durchsetzung dieses Gesetzes musste die Wahrscheinlichkeit für Widerstand oder gar Aufstände sehr reduzieren. Handelsprivilegien und der Einzug von Abgaben wurden vom Herzog genutzt, um die eigenen Einnahmen zu erhöhen, indem er vom wachsenden Handel und der Entstehung und Vergrößerung der Städte profitierte.

Beispiel dafür ist die Stadt Caen, die von Wilhelm zum zweiten großen Mittelpunkt des Herzogtums neben Rouen ausgebaut wurde. Er errichtete dort eine Festung und er und seine Frau Mathilde stifteten ein Mönchs- und ein Nonnenkloster, das sie großzügig ausstatteten, und nach der Eroberung Englands mit Reichtümern überhäuften. Im romanischen Stil gebaut, sind die großen Steinkirchen nach wie vor eindrucksvolle Zeugnisse der herzoglichen Macht, die auf diese Art gerade im Westen der Normandie, der Wilhelm so große Schwierigkeiten gemacht hatte, sinnfällig demonstriert wurde. Aber die religiöse Motivation des Herzogspaares sollte darüber nicht außer Acht gelassen werden. Mathilde und Wilhelm bestimmten beide in ihren jeweiligen Kirchen begraben zu werden. Diese Stiftung einer Memoria in einer anderen Stadt als der bisherigen Herzogsstadt zeigt, dass Wilhelm seinen Aufstieg durchaus als Epoche machend verstand und sich so absichtlich von seinen Vorfahren absetzte. Schon vor 1066 war Wilhelms Autorität im Herzogtum beispiellos. Viele Kompetenzen, die anderswo nicht zwangsläufig Sache des Fürsten waren, hatte Wilhelm an sich gezogen. Natürlich ist es übertrieben, wenn die Angelsächsische Chronik behauptet, dass unter Wilhelm alles nach seinem Willen lief [23], aber es ist doch nicht weit von der Wahrheit entfernt.

Die Normandie als französisches Fürstentum

Es ist kaum zu leugnen, dass die Voraussetzungen, die Wilhelm in seinem Herzogtum geschaffen hatte, entscheidend dafür waren, dass 1066 England nicht nur erobert werden konnte, sondern tatsächlich auf Dauer in normannischer Hand bleiben sollte. Aus diesem Grund hat sich gerade die englischsprachige Forschung intensiv mit der Macht des Herzogs in der Normandie beschäftigt und versucht, die spezifischen Eigenheiten festzumachen, die die Herrschaft in England erleichtern und das Konstrukt des anglonormannischen Königtums ermöglichen sollten. Aus diesem Grund ist die Frage danach, inwieweit die Normandie im Verbund des westfränkisch-französischen Regnums eine Besonderheit darstellt, ausgesprochen schwierig zu beantworten.

Im Vergleich mit gleichzeitigen und benachbarten Fürstentümern muss man daher zunächst Gemeinsamkeiten konstatieren. Die herausragende Stellung, die der normannische Herzog in seinem Fürstentum hatte, ist nicht ohne Parallele. Andere starke Fürsten etwa wie Wilhelm V. von Aquitanien, Gottfried Martell von Anjou oder auch Balduin V. von Flandern waren in ihrem jeweiligen Fürstentum große Autoritäten und hatten den eigenen Adel fest im Griff. Auch die Besetzung von kirchlichen Ämtern – seien es Bischöfe oder Äbte – durch den Fürsten ist außerhalb der Krondomäne Sache des jeweiligen Fürsten gewesen und Wilhelms Herrschaft unterscheidet sich auch dort nicht von der seiner Zeitgenossen. Die Bemühungen um weit gehende Emanzipation vom französischen König ist ein Charakteristikum aller französischen Fürstentümer im 11. Jahrhundert. Auf diesen drei Bereichen ist die Normandie also ein typisches Fürstentum der Zeit.

Wollen wir den normannischen Eigenarten auf die Spur kommen, müssen diese etwas tiefer liegen. Was war das Geheimnis ihres Erfolges? Wie kommt es, dass normannische Abenteurer in Süditalien erfolgreich waren? Wie kommt es, dass die Eroberung Englands von der Normandie aus gelang, während die dänischen Versuche der Eroberung scheiterten? Wenn die Normandie im Grunde genommen nichts weiter war als ein besonders mustergültiges Beispiel eines französischen Fürstentums, wie ist dann zu erklären, dass nicht alle Fürstentümer der Zeit, die zum Teil auch größere Ressourcen vorzuweisen hatten, im 11. und 12. Jahrhundert einen expansiven Drang bekamen?

Mit dieser Frage haben sich schon die Zeitgenossen beschäftigt, insbesondere Ordericus Vitalis, dem von Ralph H.C. Davis bescheinigt wurde, das Bewusstsein einer normannischen Besonderheit, einen „normannischen Mythos“ nachgerade erst ins Leben gerufen zu haben. Ordericus findet eine recht naheliegende Antwort, indem er behauptet, dass die Erfolgsgeschichte der Normannen an bestimmten normannischen Eigenschaften läge, die ihnen anderen Völkern gegenüber einen Vorteil verschafften. Die Normannen zeichneten sich durch Tapferkeit, List und Ehrgeiz aus und diese Eigenschaften hätten ihnen bei ihren Eroberungen den Weg geebnet. Nebenbei wird von Ordericus natürlich auch der göttliche Ratschluss für die historische Entwicklung als Erklärung herangezogen, aber das ist mehr eine nachgeschobene Erklärung, die für einen Kirchenmann selbstverständlich nicht fehlen darf. Die moderne Forschung ist solchen Charakterzuschreibungen oder nationalen Eigenheiten gegenüber zu Recht skeptisch. Als tapfer wurden damals ohnehin fast alle Völker beschrieben, die man positiv schildern wollte, und gerade die Tapferkeit als behauptete Grundeigenschaft für das eigene Volk steht bei allen an erster Stelle. Will man den jeweiligen Eigenzuschreibungen der Zeit Glauben schenken, gab es im damaligen Europa kein Volk, das nicht tapfer gewesen wäre, und dementsprechend auch bei anderen Völkern dafür gerühmt worden wäre. Im Nachhinein lässt sich natürlich immer behaupten, dass die siegreiche Partei auch die tapferere war. Aber beim Ausgang einer Schlacht wie etwa der von Hastings, war nicht allein die Tapferkeit ausschlaggebend, sondern es hing viel von taktischem Geschick ab und noch viel mehr war der Ausgang von Schlachten ein Kind des Zufalls. Ist die Zuschreibung der Tapferkeit, die Ordericus so prägnant formuliert, vielleicht einfach ein Reflex der besseren Ausbildung und Ausrüstung der

Normannen? Den Normannen wird die Perfektionierung der berittenen Kriegsführung zugeschrieben. Der normannische Krieger zu Pferde gilt als der Epigone des Rittertums und tatsächlich wird man konstatieren können, dass der normannische Adel ein starkes Gewicht auf die solide Ausbildung seiner Söhne legte. In der Normandie fanden die im Zuge des 11. Jahrhunderts verfeinerten Kampfmethoden ganz besonderen Anklang und wurden frühzeitig in das Ausbildungsprogramm aufgenommen: „Als die Jahre vergingen, wurden die Kinder [die Söhne Tankreds von Hauteville] zu Jungen. Und dann erreichte einer nach dem anderen die Jugend und sie widmeten sich der kriegerischen Übung, Pferden und Waffen und lernten sich zu verteidigen und gegen Feinde zu kämpfen“[24]. Liegt der Schwerpunkt der Ausbildung des Rittertums von der kulturellen Seite her hauptsächlich im Süden Frankreichs, wo uns die Troubadoure begegnen, hat der Norden Frankreichs und eben insbesondere die Normandie entscheidenden Anteil an der Ausbildung des Ritters als einer kriegerischen Elite. Der Ritter musste eine Lehrlingszeit durchlaufen und konnte anschließend Fähigkeiten aufweisen, die ihm gegenüber ungelernten freien Bauern entscheidende Vorteile brachten. Nicht von ungefähr fand das erste belegte Turnier, ein Kampfspiel, auf dem zwei Parteien gegeneinander kämpften und eine Schlacht simulierten, auf nordfranzösischem Boden statt. Die Spezialisierung des berittenen Kampfes führte auch zu einer besseren Ausstattung, die in der Herstellung teurer wurde und schon allein deshalb nur noch von den aristokratischen Eliten bezahlt werden konnte. Dass bei dieser Entwicklung des Rittertums die Normandie eine Vorreiterrolle spielte, wird heute von der Forschung kaum noch bezweifelt, aber die Frage, ob sich das Interesse an der Kriegführung und der Wunsch nach einer ausführlichen Ausbildung auf die wikingische Herkunft zurückführen lässt, ist nicht zu beantworten. Die Tapferkeit galt eben schon zu Zeiten von Richard I. als eine typisch normannische Eigenschaft und die Bemühungen der Normannen, dass das auch so blieb, lassen sich vielleicht am besten verstehen, wenn man darin eine Art „self-fulfilling prophecy“ sieht. Ein normannischer Adliger musste eben tapfer und kriegerisch geschickt sein und aus dem Grund sorgte auch sein Vater dafür, dass er das sein konnte, indem er ihm die entsprechende Ausbildung angedeihen ließ. Je erfolgreicher die Normannen waren, desto größer wurde natürlich auch der Zwang, den Ruf, den man gewonnen hatte, auch zu verteidigen, so dass sich eine verstärkende Spirale ergab, die dazu führte, dass man den Normannen jeden Sieg zutraute. Beispielsweise in Deutschland brach auf die Nachricht hin, dass Wilhelm der Bastard einen Kriegszug nach Deutschland unternehmen würde, so etwas wie eine Panik aus[25].

Eine weitere Eigenschaft, die die Normannen für sich beanspruchten, war der Ehrgeiz. Ebenso wie die Tapferkeit konnte dieser ein wenig aus der Erfolgsgeschichte der Normannen rückgeschlossen werden, denn man konnte wohl kaum davon ausgehen, dass die normannischen Herzöge ihre Herrschaft so expansiv ausgeweitet hätten, noch dass Abkömmlinge von den Normannen in Süditalien ein ganzes Reich erobert hätten, ohne dass Ehrgeiz im Spiel gewesen wäre. Auch dies unterscheidet die Normannen nicht unbedingt von ihren nahen Zeitgenossen. Den Kreuzfahrern beispielsweise, die sich 1096 auf den Weg in unbekannte Länder machten, dürfte Ehrgeiz ebenfalls kaum abzusprechen sein. Das einzige, was man den Normannen vielleicht bescheinigen kann, ist dass sie den Ehrgeiz recht offensiv nach außen zur Schau gestellt und ihn als positive Eigenschaft gesehen haben, während das Streben nach weltlichen Gütern in den Augen vieler Kirchenleute selbstverständlich ein fehlgeleitetes Ziel war, weil es vom wirklich wichtigen Erwerb des Himmelreiches ablenkte. Also unterschieden sich die Normannen nicht so sehr dadurch, dass sie ehrgeizig waren, sondern vielmehr dadurch, dass sie offen zu dem Ehrgeiz standen und ihn positiv beurteilten. Dies bedeutet eine Wertschätzung der säkularen Welt, die bei der Entwicklung des Rittertums zu einer höfischen Kultur, die außerhalb der geistlichen stand, auch eine Rolle spielte. Der normannische Ehrgeiz mag daher eine Facette in der allmählichen Wertschätzung der Tapferkeit und des Ruhmes sein, wie er sich in der ritterlichen Welt verbreitete und erstmals schriftlich niedergelegt wurde, als die ersten Rittererzählungen entstanden. So waren die Normannen hier auch eher Vorläufer und Trendsetter eines allgemeinen Umschwungs als dass sie aus der allgemeinen europäischen Entwicklung wirklich herausfielen. Ähnlich wie für die Tapferkeit gilt natürlich auch für den Ehrgeiz, dass die normannische Erfolgsgeschichte die jeweils nachfolgende Generation unter Druck setzte. Dies wird etwa deutlich, wenn sich Ordericus Vitalis über den Hof Wilhelms II. Rufus beklagt, an dem die Tapferkeit lange nicht mehr so viel gegolten habe wie noch unter Wilhelm I. und sich weibische Eigenarten verbreitet hätten, wie das Tragen von langen offenen Haaren bei Männern oder von unbequemen modischen Schuhen. Auch dies dürfte ein Grund sein, dass immer wieder neue Generationen von Normannen sich aufmachten, um neue Gebiete zu erwerben und damit dem Ehrgeiz zu frönen. Dass dabei gleichzeitig das eigene Seelenheil nicht völlig vernachlässigt wurde und man große Schenkungen an Kirchen und Klöstern machte, muss sich nicht widersprechen, da die Großzügigkeit gerade den Kirchen gegenüber den eigenen Ruhm ebenso erhöhen konnte und gleichzeitig das Himmelreich in die Überlegungen mit einbezogen wurde.

Die dritte normannische Eigenschaft, die Ordericus schließlich nennt, ist die Listigkeit. Als Schlüssel zum Erfolg ist sie natürlich dann wichtig, wenn die Tapferkeit nicht weiterhilft und schon Dudo von Saint-Quentin betonte des öfteren, wie die List als letzter Ausweg das Geschick der Normannen zum Positiven wendete. Nun ist es vielleicht etwas seltener, dass sich ein Volk die Eigenschaft der List zuschreibt, aber auch dies ist keine spezifisch normannische Eigenart. Die Sachsen unter Otto dem Großen etwa waren ebenso stolz auf diverse Listen und solange es zum eigenen Wohl geschah, war List ohnehin positiv belegt. Wollte ein Geschichtsschreiber einen Herrscher ganz besonders hervorheben, gab er sicher noch eine Anekdote zum Besten, die ihn klüger darstellte als seine Feinde. Wenn die Normannen also von sich behaupteten, dass sie listig waren, waren sie damit nicht alleine, wenn es auch immerhin nicht eine so universale Eigenschaft war, wie die Tapferkeit. Man könnte höchstens einwenden, dass die normannische List auch aggressiv betrieben wurde, was möglicherweise auf die wikingische Zeit zurückweisen könnte, während die List bei anderen Völkern zumindest positiv verstanden oft allein als defensives Mittel angewandt wurde. Die Meistererzählung der normannischen List findet sich bei Dudo von Saint-Quentin: Der Wikinger Hasting verstellt sich, weil er eine Stadt erobern will, und bittet – obwohl Heide – auf dem „Sterbebett“ um ein christliches Begräbnis in der Stadt. Beim „Leichenzug“ springt er plötzlich von seiner Bahre auf und kann die Stadt erobern. Diese bei Dudo überlieferte Geschichte zeigt recht gut den aggressiven Beigeschmack der List, auch wenn sich Hasting bei Dudo der Lächerlichkeit preisgibt, weil er eigentlich Rom erobern wollte und doch nur ein kleines italienisches Städtchen namens Luna unterwarf. Trotzdem ist es bezeichnend, dass die normannische List das erste Mal in einem Eroberungskontext auftaucht und die Anekdote ist von vielen normannischen Geschichtsschreibern nacherzählt worden. Dass die List in Verteidigung der Integrität der Normandie, wie von Dudo später für die Zeit Richards I. berichtet, auf jeden Fall bewundernswert und geboten ist, fällt nicht aus dem üblichen Rahmen für die Zuschreibung einer solchen Eigenschaft.

Da also die Normandie sich letztlich nicht in Vielem von anderen französischen Fürstentümern der Zeit unterscheidet, müssen wir das normannische Erfolgsrezept wohl tatsächlich darin suchen, wie sie sich selber sahen. Natürlich gab es Gebiete auf denen der normannische Herzog eine einzigartige Stellung hatte. Die Administration etwa war aber noch nicht so weit fortgeschritten wie in Südeuropa, wo etwa in Italien die Schriftlichkeit nie soweit zurückgegangen war, wie in anderen Ländern des Westens. Auch die Kultur war im Süden Frankreichs schon ausgeprägter, sowohl auf dem weltlichen höfischen Gebiet, als auch auf dem Gebiet des Kirchenbaus und zum Teil auch der Kirchenreform. Für diese Dinge holten sich die Herzöge der Normandie „ausländische" Experten ins Land. Aber die normannischen Herzöge verstanden das Kunststück, all diese Dinge zu einem Ganzen zu verweben, das als solches einzigartig war. Die Verknüpfung von Ehrgeiz und militärischer Tüchtigkeit mit der für eine erfolgreiche Herrschaft damals notwendigen Indienstnahme der Kirche und ihres administrativen Knowhows ist nirgendwo so gut gelungen wie in der Normandie. Die südlichen französischen Fürstentümer galten im Kreis der weltlichen Kultur als vorbildlich, aber ihnen gelang es oftmals nicht wirklich, gut mit der Kirche zusammenzuarbeiten. Die Gottesfriedensbewegung, die die alltägliche Brutalität und die Fehdeführung eindämmen sollte, hat ihren Ursprung nicht umsonst im Süden Frankreichs im kirchlichen Umfeld. Dort also waren Fürsten und Kirche eher auf Konfrontationskurs. Der französische König auf der anderen Seite verstand es durchaus, die in seiner Domäne gelegenen Bischöfe zur Zusammenarbeit zu bewegen und diese wurde auch in Zeiten von königlichen Eskapaden wie etwa dem offenen Ehebruch Philipps I. Ende des 11. Jahrhunderts nie völlig aufgekündigt. Aber lange Zeit hatten die französischen Könige im weltlichen Bereich keine Vorreiterrolle. Die deutsche Forschung hat für die erste Hälfte des 11. Jahrhunderts im römisch-deutschen Reich eine beispielhafte Zusammenarbeit von König und Kirche sehen wollen, aber man muss sich angesichts der Heftigkeit, mit der im letzten Drittel des 11. Jahrhunderts der sogenannte Investiturstreit ausgetragen wurde, wohl auch fragen, ob die Kaiser den Bogen nicht überspannt hatten. Bis auf Robert den Teufel hatten die normannischen Herzöge des 11. Jahrhunderts und dann auch noch Heinrich I. ein ausgesprochen gutes Verhältnis zur Kirche und konnten oftmals charakterlich völlig unterschiedliche Kirchenleute zur Mitarbeit an der Herrschaft bewegen. Das Geheimnis, wenn man es denn so nennen will, scheint gewesen zu sein, dass beide Seiten ihre je eigenen Aufgaben wahrnahmen und von der anderen Seite keine Handlungen erwarteten, die über den jeweiligen Zuständigkeitsbereich hinausgingen. Als Wilhelm der Bastard England erobert hatte, war es die Aufgabe Lanfrancs, die englische Kirche zu reformieren und sie normannischen Standards anzupassen, Wilhelms Aufgabe war es, die weltliche Herrschaft zu sichern. Lanfranc erhob dann wohl hin und wieder die Stimme, wenn er meinte dass Wilhelm zu harsch vorginge, aber als Papst Gregor VII. ihn dazu bringen wollte, sich stärker in die Politik einzumischen, gab ihm der Erzbischof von Canterbury eine abschlagige Antwort: „Die mündliche Botschaft, die Euer Legat mitgeteilt hat, habe ich so gut ich konnte, dem König ans Herz gelegt. Ich habe ihn beraten, aber konnte ihn nicht überzeugen. Die Gründe, warum er Euren Wünschen nicht in allem nachkommen kann, wird er Euch selbst mitteilen."[26].

Es ist diese Verbindung von militärischen Ressourcen mit taktischem Geschick, von pragmatischem Blick auf das, was machbar ist, mit hochfliegendem Ehrgeiz von Indienstnahme der Kirche mit ihren ganz anderen kulturellen und administrativen Fähigkeiten bei gleichzeitiger Anerkennung genuin kirchlicher Aufgabenfelder, die verbunden mit etwas, das man wohl nur mit Glück korrekt benennen kann, die Erfolgsgeschichte Wilhelms des Bastards und der Normannen ermöglicht hat. Im Einzelnen sind dies alles Fähigkeiten und Möglichkeiten, die auch andere Herrscher und zum Teil im höheren Maße bieten konnten, aber nirgendwo fügten sie sich so zusammen wie in der Normandie.

5 Anfänge der Normannen in Süditalien (ca. 1015–1112)

Der normannische Ehrgeiz machte sich nicht nur im Herzogshaus bemerkbar, sondern auch insgesamt beim normannischen Adel. Die ehrgeizigen Freunde Wilhelms des Eroberers, Wilhelm FitzOsbern und Roger von Montgomery sind uns schon begegnet. Sie erweiterten an den Grenzen der Normandie ihren eigenen Herrschaftsbereich und damit auch das Einflussgebiet des Herzogs. Unter Wilhelm dem Bastard konnten die Ambitionen in Abstimmung mit dem Herzog befriedigt werden. Unter seinem Vater Robert, als die Herzogsherrschaft ihre Krise durchlebte, war die Verbindung zwischen Adel und Herzog sehr viel lockerer, so dass einige normannische Adlige ihr Glück in der Ferne suchten und sich unabhängig von ihrem Lehnsherrn bewegten. Der Zug der Normannen nach Süditalien und ihre dortige Reichsgründung war im Gegensatz zur Eroberung Englands kein „offizielles" normannisches Unternehmen, sondern einige Abenteurer ergriffen Gelegenheiten beim Schopf und stiegen die Karriereleiter steil herauf, ohne dass dies geplant gewesen wäre. Bei den Normannen in Süditalien spielt daher der Faktor Zufall eine erheblich größere Rolle als bei der Eroberung Englands, da er sich in Süditalien an mehreren Scheidewegen bemerkbar machte.

Situation in Süditalien

Das Schicksal Süditaliens war seit der langobardischen Invasion in Norditalien von dem des Nordens getrennt. Als der byzantinische Kaiser Justinian in einem langjährigen Krieg die Goten in Italien besiegte und das Reich der Westgoten in den Untergang trieb, war die italienische Halbinsel zunächst vollständig unter oströmische Herrschaft geraten. Der Norden fiel dann ab 565 an die Langobarden, und von diesem Zeitpunkt an sollte sich das Geschick Süditaliens erheblich von dem des Nordens unterscheiden. Das Langobardenreich wurde 774 von Karl dem Großen erobert und über ihn dem römisch-deutschen Reich vererbt. Der Papst und mit ihm der beginnende Kirchenstaat nabelte sich von Byzanz ab und begab sich in die Schutzherrschaft der Franken. Der Süden war einzig als byzantinischer Besitz zurückgeblieben und war für den Kaiser in Ostrom zwar eine wichtige Flanke, aber nicht im Zentrum des Interesses. Gerade als das oströmische Reich zunehmend unter den Druck der expansionswilligen Araber geriet, bestand kaum Gelegenheit in dieser weit entfernten Besitzung nach dem Rechten zu sehen. Die Verwaltung Süditaliens war byzantinisch und man kann wohl auch von einem Zugehörigkeitsgefühl ausgehen, aber die dortigen Machthaber waren zum großen Teil selbstgenügsam. Die Landschaften Apulien, Kalabrien und Sizilien wurden zu einer Verwaltungseinheit Sikilia zusammengefasst. Daneben mischten noch die langobardischen Fürstentümer Benevent, Capua und Salerno und die größtenteils unabhängigen Städte Neapel, Amalfi und Geata mit.

Andererseits vergaßen die westlichen Kaiser nie, dass Italien an sich in seiner Gänze zum Imperium gehört hätte und es gab über die Jahrhunderte immer wieder Bestrebungen, Süditalien den italienischen Besitzungen des römisch-deutschen Kaisers anzuschließen. Prominentester Versuch dürfte das Ausgreifen Ottos II. sein, der allerdings im Jahr 981 in der Schlacht bei Cotrone kläglich scheiterte. Süditalien und insbesondere Sizilien, schon im römischen Reich Kornkammer, waren als Besitztümer überaus attraktiv, da dort viel fruchtbares Land war. So ist es auch nicht verwunderlich, dass Süditalien und Sizilien über das Mittelmeer hinweg ins Blickfeld islamischer Eroberer gerieten. Gerade die Insel Sizilien weckte wie auch die Balearen arabische Begehrlichkeiten und im Laufe des 9. Jahrhunderts geriet Sizilien in mühsamen kleinen Eroberungen in muslimische Hand. Zur Abwehr taten sich der west- und der oströmische Kaiser sogar zusammen, es gelang ihnen aber nicht, die byzantinische Herrschaft in Sizilien wieder aufzurichten und der süditalienische Verbund aus Apulien, Kalabrien und Sizilien war zunächst einmal gestört.

Karte 4: Italien

Die muslimischen Kleinherrscher in Sizilien orientierten sich an der schiitischen Dynastie der Fatimiden in Ägypten und unterstanden nominell den dortigen Herrschern. Trotzdem war das Verhältnis zu Ägypten nur ein recht lockeres. Über die arabische Herrschaft in Sizilien wissen wir erstaunlich wenig, da die meisten Dokumente der Zeit nicht auf uns gekommen sind und wir zuweilen auf Rückschlüsse aus der Normannenzeit angewiesen sind. Auch Ortsnamen helfen uns wenig und über das Ausmaß arabischer Besiedlung auf der Insel lässt sich wenig sagen. Der Schwerpunkt lag wohl in Palermo, und der Einfluss arabischer Kultur ist den Kunsthistorikern bei der Betrachtung sizilischer Kirchen völlig offensichtlich. Das griechisch-byzantinische Element ging nicht vollständig unter, so dass die zwei Jahrhunderte arabischer Herrschaft in Sizilien die Anbindung an die griechisch-oströmische Kultur nicht völlig haben verschwinden lassen.

Apulien und Kalabrien gerieten nicht unter die Herrschaft der Araber, hatten aber immer wieder unter Überfällen zu leiden. Weder der weströmische noch der oströmische Kaiser konnte sich als Abwehrinstanz im Süden Italiens etablieren und die dortigen lokalen Machthaber und Stadtverwaltungen begaben sich auf die Suche nach Hilfe und sprachen Söldner an, denen man großzügige Versprechungen machte. Dabei bestand der Krieg durchaus nicht nur aus der Abwehr der muslimischen Überfälle, sondern man bekämpfte sich auch eifrig gegenseitig. Die humanen Ressourcen für diese Politik fand man in der weit entfernten Normandie. Umgekehrt ergriffen die Abenteurer aus dem Norden die Gelegenheit in Süditalien beim Schopfe und etablierten sich dort als Kämpfer gegen den andersgläubigen Islam und nutzten die lokalen Rivalitäten, um sich eigene Stellungen aufzubauen (vgl. Karte 4, S. 106).

Normannische Abenteurer auf dem Weg in den Süden

Dem Bedarf in Süditalien nach fähigen Kämpfern entsprach in der Normandie offenbar ein Überangebot an ehrgeizigen Rittern. Zum einen dürfte die Atmosphäre in der Normandie, die auf kriegerische Leistung ausgerichtet war, günstig gewesen sein, um junge Männer zum Entschluss zu einem profitablen Krieg in der Ferne zu animieren. Zum anderen können wir zumindest teilweise belegen, dass sich vor allen Dingen jüngere Söhne, die nach dem normannischen Erbrecht, bei dem ein Sohn erbte, keinerlei Erwartungen hegen konnten, auf den Weg machten. Zudem war die Situation unter Herzog Robert der Abwanderung offenbar zuträglich, da Herzog und Adel noch nicht zu der Zusammenarbeit gefunden hatten, die für die Herrschaft Wilhelms des Bastard charakteristisch war. Die Spannung, die sich aus Adelsüberhang, innenpolitischen Konflikten, unausgestatteten jüngeren Söhnen und Abenteuerlust ergab, ist im Laufe des 11. Jahrhunderts überall in Westeuropa zu beobachten. Sie entlud sich gegen Ende des Jahrhunderts größtenteils in den Kreuzzügen, aber die Wege der normannischen Adligen in den Süden kann man als einen Vorläufer dieser Entwicklung deuten. Nur die ersten Normannen kamen ursprünglich als Pilger nach Süditalien, tauschten dort aber das Pilgergewand schnell gegen die Rüstung aus, als sie gegen die Byzantiner angeworben wurden. Schon die nächsten Abenteurer machten sich dann allein mit dem Ziel der Kriegführung auf den Weg.

Dass diese normannischen Abenteurer nun ausgerechnet in Süditalien landeten, war keine zwangsläufige Entwicklung. Im Zuge der Entwicklung des Rittertums war der Kampf gegen einen heidnischen Gegner vielleicht nicht unbedingt ein Hauptmotiv, aber doch ein positiver Nebeneffekt, da die Ausübung von Gewalt in einem solchen Fall geradezu geboten war. Was für einen Ritter im Falle eines innerchristlichen Konfliktes die Exkommunikation bedeuten konnte, führte bei einem Kampf gegen Heiden zur Anhäufung von Schätzen im Paradies. Die Aussicht, einen legitimen Krieg führen zu können, mag den Ehrgeiz des einen oder anderen angestachelt haben, ohne dass man religiösen Fanatismus als ausschlaggebendes Motiv wirklich ausmachen könnte. Weltlichere Motive dürften im Vordergrund gestanden haben. Für jüngere Söhne, die von vorneherein nicht für den geistlichen Stand vorgesehen waren, konnte der Erwerb von Besitzungen oder auch einer gesicherten Söldnerstellung mit Status eine Verbesserung gegenüber einer Unterordnung unter den erbenden älteren Bruder bedeuten. Für diejenigen, die beim Verlassen der Normandie in die Fußstapfen anderer „Auswanderer" traten, mochten die Nachrichten über deren Erfolge und die dortigen Möglichkeiten selbstverständlich ausschlaggebend sein.

Gleichzeitig ist festzuhalten, dass es solche Möglichkeiten natürlich nicht nur in Süditalien gab. Die byzantinischen Kaiser waren immer auf der Suche nach Söldnern und die Wikinger, die sich in den slawischen Ländern niedergelassen hatten, die bereits erwähnten Waräger, bildeten eine Zeitlang einen wichtigen Bestandteil der kaiserlichen Truppen. Auch in Spanien bestand theoretisch die Möglichkeit, gegen muslimische Heiden zu kämpfen und gleichzeitig Land zu gewinnen. Die Reconquista, die im 11. Jahrhundert erste Höhepunkte erreichte, die man mit dem legendären El Cid verbindet, bot theoretisch auch die Möglichkeit neues Land zu erobern.

Waren aber einmal normannische Kämpfer in Süditalien angekommen und hatten sich bewährt, war es auf der einen Seite fast zwangsläufig, dass die dortigen Machthaber versuchten, weitere Kämpfer anzuheuern und auf der anderen Seite weitere normannische Kämpfer sich auf den Weg in den Süden machten, wo sie ihr Glück machen konnten.

Der Zug der Normannen aus dem Herzogtum nach Süden war eine Entwicklung, die in keiner Weise von den Herzögen gesteuert wurde. Sie war weder offizielles Unternehmen des Herzogs noch gab es einen gemeinsamen Beschluss des normannischen Adels, sich auf ein solches Wagnis einzulassen. Vielmehr wurde durch dieses Ventil der Druck im Inneren des Herzogtums – sei es der Druck des Adels auf den Herzog, sei es der gesellschaftliche Druck von überzähligen Söhnen – abgelassen, ohne dass dies als Ziel den Beteiligten klar gewesen wäre. Dementsprechend gab es keinen Anführer der Normannen im Süden, sondern die dortigen Kämpfer organisierten sich selbst und derjenige konnte sich als Anführer etablieren, der Erfolg, Geld und Mut aufzuweisen hatte. Für einen geschickten ehrgeizigen Krieger war eine solche Ausgangssituation sogar um einiges besser als sich bei einer gemeinsamen Aktion dem Herzog unterzuordnen. Insofern ist es nicht verwunderlich, dass wir gerade in den Reihen der süditalienischen normannischen Söldner viele ehrgeizige Persönlichkeiten antreffen, denen sich einzigartige Möglichkeiten auftaten.

Der Auftakt der normannischen Abenteuer im Süden war allerdings kein guter. Die apulischen Langobarden zettelten einen von Papst Benedikt VIII. unterstützten Aufstand gegen Byzanz an und wurden zusammen mit ihren normannischen Verbündeten 1018 bei Cannae vernichtend geschlagen. Die übriggebliebenen Söldner traten in langobardische Dienste und 1030 treffen wir einen ihrer Anführer, Rainulf Drengot, als ersten Normannen mit Besitz an, als er vom Herzog von Neapel mit der Grafschaft Aversa belehnt wurde.

Die Hauteville

Die Familie Hauteville, die sich dann in Süditalien besonders hervortun sollte, stammte nun ausgerechnet nicht aus dem Hochadel, sondern, sofern man ihn zu dieser Zeit überhaupt schon genau definieren kann, aus dem Ritterstand, also aus dem niederen Adel. Tankred von Hauteville hatte allein fünf Söhne aus seiner ersten Ehe und sieben aus seiner zweiten. Der kleine Besitz reichte offenbar nur für einen Sohn aus, jedenfalls übertrug Tankred 1035 den Besitz seinem vierten Sohn, eine ungewöhnlich Maßnahme. Die beiden ältesten Söhne, Wilhelm und Drogo, entschlossen sich, ihr Glück in der Ferne zu suchen. Ihnen folgten im nächsten Jahrzehnt mindestens vier weitere Söhne nach, die vom Beispiel ihrer Brüder angespornt wurden. Sicher ist es kein Zufall, dass die Hauteville-Brüder die Normandie ausgerechnet in der Zeit verließen, als mit der Minderjährigkeit Wilhelms des Bastard eine unsichere Zeit herangebrochen war, die für den niederen Adel offenbar mehr Gefährdung als Chance bedeutete. Es gab in der Normandie keine Peripherie, die man zur Ausweitung der eigenen Besitztümer nutzen konnte.

Wilhelm und Drogo verdingten sich zunächst in byzantinischen Diensten und nahmen 1038 an dem letzten Versuch der Byzantiner teil, Sizilien wieder zu einem Teil des oströmischen Reiches zu machen. Danach wechselten die beiden die Seiten zusammen mit Arduin, dem byzantinischen Ortskommandanten von Melfi, das sie Rainulf Drengot von Aversa, einem weiteren normannischen Abenteurer unterstellt hatten. 1041/42 setzten sich die apulischen Aufständischen zusammen mit ihren normannischen Helfern gegen Byzanz durch und dies bedeutete langfristig gesehen das Ende der byzantinischen Herrschaft in Süditalien. Die militärischen Erfolge sicherten zunächst die Anführerstellung der Hauteville, die inzwischen durch weitere Brüder verstärkt, kleine Güter in Apulien gewannen. Erstmals wurde die erkämpfte Stellung anerkannt, als die apulischen Besitzungen dem jüngeren Drogo 1047 durch den römisch-deutschen Kaiser Heinrich III. bestätigt wurden. Die neue normannische Führungsschicht scheint sich bei der ihr unterstehenden Bevölkerung nicht beliebt gemacht zu haben, so dass ihre Existenz oft nur am seidenen Faden hing. Die Apulier sehnten sich zum Teil nach ihren alten Herren, und die Byzantiner versuchten die normannischen Herrschaften in Apulien zu unterwandern. Ein gewisser Argyros agierte als fünfte Kolonne der Byzantiner und zettelte eine Verschwörung an, der 1051 der zweite Hauteville-Sohn Drogo zum Opfer fallen sollte. Mit Humfred übernahm erneut ein Hauteville die Führung der Normannen, der sich bitter an den Verschwörern rächte.

Der Aufbau der normannischen Herrschaften im Süden wurde von anderen italienischen Gewalten und nicht nur von den Byzantinern mit ausgesprochenem Misstrauen betrachtet. Die ehrgeizigen Normannen versuchten auf Benevent auszugreifen und riefen damit das Papsttum und den Kaiser auf den Plan. Der damalige Papst Leo IX., einer der ersten Päpste, die sich aktiv und nicht nur auf Anfrage zu Angelegenheiten außerhalb Roms äußerten, verurteilte die normannischen Grausamkeiten und sagte den Beneventanern, die seinen Schutz unter seiner Lehnsherrschaft erflehten, seine Hilfe zu. Sicherlich mag dabei auch eine Rolle gespielt haben, dass Leo damit die Besitzungen des Papstes hätte vergrößern können, aber die Ermahnungen der Normannen fallen schon in die Zeit vor dem beneventanischen Angebot. Byzanz war in dem Fall ein natürlicher Verbündeter des Papstes und gemeinsam wollten der oströmische Kaiser und der Papst, Süditalien von normannischem Einfluss befreien. Leo IX. versuchte auch den römisch-deutschen Kaiser Heinrich III. dazu zu bewegen, im Süden seine Interessen zu wahren, aber Heinrich schützte für sich selbst eine zu hohe Arbeitsbelastung vor und sandte dem Papst eine recht kümmerliche Truppe. Da die Vereinigung zwischen byzantinischen und päpstlichen Truppen nicht gelang, wurde Leo IX. 1053 bei Civitate von den normannischen Truppen vernichtend geschlagen und geriet neun Monate in ihre Gewalt. Schon vor der Schlacht sollen die Normannen angeboten haben, ihre Besitzungen vom Papst zu Lehen zu nehmen[27], aber es ist fraglich, inwieweit dieser Bericht von der späteren tatsächlichen Lehnsnahme beeinflusst ist. Mit der Abwehr des päpstlich-byzantinischen Bündnisses hatten sich die Normannen in Apulien endgültig festgesetzt, und Benevent geriet zu großen Teilen bis auf eine päpstliche Enklave unter ihren Einfluss.

Für das normannische Selbstbewusstsein hat der Sieg von Civitate wohl Erstaunliches bewirkt. Ging es den Normannen vorher um die Etablierung kleiner Herrschaften und ihre Behauptung als einzelne Gewalt im vielfältigen süditalienischen Machtgefüge, scheinen sie sich nach Civitate höhere Ziele gesteckt zu haben. Sie machten sich nun daran, sich den ganzen italienischen Süden nach und nach zu unterwerfen. Die normannischen Anführer agierten dabei nicht immer im Konsens, sondern behinderten sich durchaus gegenseitig. Viele Einzelne versuchten, sich zum Hegemon aufzuschwingen.

Robert Guiscard

Als Robert Guiscard, der berühmteste der Hauteville-Söhne, etwa 1046 nach Apulien kam, traf er schon auf eine kleine etablierte Herrschaft und versuchte seinen Bruder Drogo zur Übergabe eines kleinen Machtbereichs zu überreden. Drogo, der dem Jüngeren offenbar misstrauisch gegenüberstand, ließ sich darauf ein, Robert mit der Burg Scribla zu belehnen, von der seine Karriere ihren Anfang nahm.

Robert war der älteste der Hauteville-Söhne aus der zweiten Ehe des Vaters und er ist der bekannteste der süditalienischen kriegerischen Anführer. Sein Beiname wird von Wilhelm von Apulien erklärt als eine Bezeichnung für „listig“ und er vergleicht ihn mit dem antiken Odysseus. Tatsächlich ist die wendige Schläue eine Eigenschaft, die man Robert auch noch nach mehreren hundert Jahren ohne Zögern bescheinigen kann, aber man kann sich bei der Betrachtung seiner Karriere auch des Gefühls nicht erwehren, dass der Normanne kaum wusste, wohin mit seinem brennenden Ehrgeiz. Er steckte sich immer neue

Ziele, wobei es ihm nicht gelang, seinen ehrgeizigsten Zielen Dauer zu verschaffen.

Scribla lag an der Grenze zum byzantinischen Kalabrien und die ersten Jahre hielt sich Robert Guiscard mit Plünderungen, die vielleicht nicht immer auf byzantinischem Gebiet stattfanden, und einem kleinen Haufen von vielleicht sechzig Mann über Wasser. 1050 konnte Robert seine Stellung verbessern, indem er ein – zunächst von seinem Bruder wohl aus Furcht vor dem Ehrgeiz des Jüngeren abgelehntes – Heiratsprojekt in die Wege leitete. Er heiratete die Tochter Girards von Buonalbergo, eines bereits etablierten Normannen an der Grenze zu Benevent, der sich zu seinem Lehnsmann machte und ihm zweihundert Ritter zur Verfügung stellte, die Robert gut zu nutzen wusste, um seinen Einfluss zu vergrößern und sich durch Raubzüge, nicht nur auf byzantinisches Gebiet, zu bereichern.

1053 war Robert innerhalb der normannischen Anführer immerhin schon so bedeutend, dass er bei der Schlacht von Civitate ein Drittel der dortigen Truppen befehligte. Als er sich so bewährt hatte, war seine Stellung innerhalb der Normannitas des Südens recht prominent und er sollte sich bald daran machen, dies skrupellos auszunutzen. Von seinem Stützpunkt an der apulisch-kalabrischen Grenze aus machte er sich daran, seine Besitzungen auszuweiten. Die Städte Kalabriens wurden eine nach der anderen in die Knie gezwungen, kaum je durch wirkliche Eroberung, sondern eher durch Zermürbung, sei es, indem Robert die Versorgungslage durch Erntevernichtung und Plünderungszüge verschlechterte, sei es, indem er eine Stadt durch Aushungern zum Aufgeben zwang. An sich handelte Robert in Kalabrien im Auftrag seines älteren Bruders Humfred, aber es gelang ihm schon bald, Rivalen um das Land auszuschalten und auch die Autorität seines Bruder weitestgehend einzuschränken. Als Humfred 1057 starb, hinterließ er seinem jüngeren Bruder – mehr oder weniger widerwillig – die Anführerschaft über die apulischen Normannen. Anscheinend hatten sich die Normannen Süditaliens schon an die Hauteville als kampfbewährte Heerführer gewöhnt und Robert Guiscard war zwar nicht der älteste Hauteville, aber sicher der mit dem größten Renommee, das für die nach wie vor durch Rom und Byzanz bedrohten Normannen entscheidendes Gewicht hatte.

Mit dieser Unterstützung im Rücken unterwarf er nach und nach Kalabrien seiner Herrschaft, teilweise behindert durch seinen jüngeren Bruder Roger, dem er offenbar nicht genug freie Hand ließ und der sich deshalb zeitweise gegen ihn empörte. Als sie letztlich zusammenarbeiteten, gelang ihnen die vollständige Unterwerfung Kalabriens, dessen letzte Stadt Reggio an der Meerenge von Messina 1060 in Robert Guiscards Hand fiel.

Papst Nikolaus II. vollzog 1059 eine vollständige Umkehr der bisherigen päpstlichen Politik und entschloss sich, die Eroberungen der Normannen anzuerkennen. Er belehnte Robert Guiscard mit den Herzogtümern Apulien, Kalabrien und – im Vorgriff auf eine noch nicht einmal begonnene Eroberung – Sizilien. Der Normanne Richard von Capua erhielt das Fürstentum Kampanien. Die päpstliche Anerkennung verankerte die faktische Herrschaft der Normannen im Gefüge der europäischen Reiche. Die Gründe für den Umschwung der päpstlichen Politik sind vielfältig. Zum einen hatte sich das Verhältnis der Päpste und der oströmischen Kaiser nach dem morgenländischen Schisma von 1054, als die päpstlichen Legaten in Konstantinopel den dortigen Patriarchen bannten, enorm verschlechtert und zum anderen musste sich der Papst, dem durch die Minderjährigkeit Heinrichs IV. nördlich der Alpen die kaiserliche Schutzmacht fehlte, irgendwie mit den landhungrigen Normannen arrangieren. Zusätzlich hatte Nikolaus II. einen Gegenpapst (Benedikt X.) abzuwehren, wobei er nicht auf die Hilfe des römisch-deutschen Königs zählen konnte. Ein Bündnis mit den Normannen bedeutete für Nikolaus II. wahrscheinlich den Teufel mit dem Beelzebub auszutreiben, aber zusätzlich konnte mit der Lehnsherrschaft über den Süden Italiens eine alte Forderung der konstantinischen Fälschung, nämlich die päpstliche Oberhoheit über Italien der Verwirklichung näher gebracht werden. Zudem bedeutete das Bündnis mit den Normannen ein Einfallstor für die von Nikolaus II. vorangetriebene Kirchenreform. Bei seinem Besuch im Herrschaftsbereich der Hauteville hielt er in Melfi ein Konzil ab, auf dem den Priestern, die gerade dem Einfluss der östlichen Kirche entzogen worden waren, der Zölibat und das Verbot von Simonie, dem Ämterkauf, eingeschärft wurden. Dass der Papst mit den Normannen auch einen Bündnispartner zum Schutz suchte, wird am Lehnseid Robert Guiscards deutlich, der nicht nur versprach, alle Kirchen in seinem Herrschaftsbereich dem

Papst zu unterstellen, sondern auch zusagte, im Fall des Falles für eine ordnungsgemäße Papstwahl zu sorgen.

Die neue herausgehobene Stellung veranlasste Robert, sich auf dem Heiratsmarkt erneut umzutun. Er entließ seine erste Frau Alberada wegen einer angeblich unkanonischen Ehe und heiratete wohl 1058 Sichelgaita, die Tochter des langobardischen Gisulf von Salerno, und erkaufte sich damit die Loyalität der alten Eliten in den langobardischen Besitzungen Süditaliens.

Robert Guiscard selbst und mit ihm vielleicht seine Gefolgsleute scheinen Wert darauf gelegt zu haben, dass ihm der Titel als Herzog in Süditalien auch aufgrund des Eroberungsrechtes zukam. Bei der Eroberung Reggios ließ er sich von seinen Männern als Herzog ausrufen und feiern und tatsächlich bedeutete erst der Fall dieser letzten kalabrischen Stadt die faktische Inbesitznahme der beiden süditalienischen Herzogtümer. Spätere Normannenherrscher haben immer Wert auf ihre Unabhängigkeit vom Papsttum gelegt und so ist es wohl nicht von der Hand zu weisen, dass Robert Guiscard die Gründung seiner Herrschaft auf Eroberung und auf Erhebung durch das Heer betont wissen wollte. Mit der Vereinigung Apuliens und Kalabriens in der Hand Robert Guiscards war ein großer Teil der byzantinischen Einheit der Sikilia in einer Hand. Die Belehnung durch den Papst bedeutete für Robert Guiscard und Richard von Capua eine herausgehobene Stellung, die sie nicht nur legitimierte, sondern ihnen auch einen Statusvorsprung vor den normannischen Rivalen gab. Die süditalienische Zersplitterung in kleinere Herrschaften war damit von den normannischen Eroberern in eine neue, jetzt auch politische, Einheit überführt worden.

Graf Roger und die Gründung Siziliens

Der jüngste der Hauteville, Roger, ist der, dem langfristig am meisten Erfolg beschieden war. In den Methoden unterschied er sich nicht wesentlich von seinem älteren Bruder Robert, er scheint aber bei allen Ambitionen einen Blick für das Machbare und Mögliche gehabt zu haben, der ihm bei der Verwirklichung seiner Ziele dienlich war[28]. Er konzentrierte sich auf die Eroberung Siziliens, von der er sich vielleicht auch eine größere Unabhängigkeit von seinem dominanten Bruder erhoffte. Dennoch war ihm die Unterstützung Roberts sicher, der damit die Kontrolle über die Eroberungen des jüngeren Bruders behalten wollte. Gleichzeitig wurden die Brüder von den Reichtümern Siziliens gelockt. Der als positiv eingeschätzte Kampf gegen die Ungläubigen wird als Motiv auch eine Rolle gespielt haben: „Er (Roger) überlegte sich, dass er auf zwei Arten Gewinn davon (von der Eroberung Siziliens) haben könnte, also sowohl für seine Seele als auch für seinen Körper. Wenn er zum einen das Land für die göttliche Verehrung zurückfordern könnte, das den falschen Idolen diente und zum anderen – sozusagen in weltlicher Hinsicht – sich die Früchte und Einkommen des Landes sichern könnte, das von einem Volk besetzt wurde, das Gott zuwider war, und sie in den Dienst Gottes stellen könnte“[29]. Das Pathos, das die Brüder schließlich gemeinsam zur Anwendung brachten, um zum Kampf gegen die Muslime aufzurufen, nimmt die Kreuzzugspolemik späterer Jahrzehnte vorweg.

1061 führten die Hauteville einen Kriegszug nach Sizilien. Schon im Mai 1061 gelang die Einnahme Messinas mit einer List, die dem Beinamen Roberts alle Ehre machte. Er täuschte eine Überfahrt an der schmalsten Stelle der Meerenge von Messina bei Tag vor, während ein guter Teil der Truppe unter seinem Bruder Roger bei Nacht schon weiter südlich an einer breiteren Stelle übergesetzt hatte und den Sarazenen in den Rücken fallen konnte, die wohl wenig Gegenwehr leisteten. Weiter nahmen die Normannen die Schlüsselfestung Rometta ein, scheiterten aber im Inneren Siziliens am gut verteidigten Enna, so dass als Ergebnis 1061 nur ein Vorposten blieb, den Roger als Ausgangspunkt für Plünderungszüge nutzte, während Robert Guiscard wieder auf das Festland zurückkehrte. Roger wollte eine Verwandte Wilhelms des Bastard heiraten und bat für ihre Ausstattung den älteren Bruder um einen Teil Kalabriens. Roger suchte nicht wie Robert Guiscard unter den einheimischen Großen nach einer Braut, vielleicht, weil er hoffte mit einer Braut von außerhalb seinem Bruder nicht als Konkurrent ins Auge zu fallen. Aber Roger wurde abgewiesen, und es kam zu einer Auseinandersetzung, die in Kalabrien ausgefochten wurde. Roger bekam kurzzeitig seinen Bruder in die Hand und rang ihm Versprechen ab, an die dieser sich wieder auf freiem Fuß aber nicht erinnern wollte. Erst als die normannische Herrschaft in Kalabrien gefährdet schien, einigte sich Guiscard mit seinem jüngeren Bruder.

Roger konzentrierte sich wieder auf Sizilien und suchte die Unterstützung des Papsttums, die ihm gewährt wurde, indem für den Kampf mit den Heiden die Vergebung aller Sünden in Aussicht gestellt wurde. Dem aufstrebenden Normannen wurde als Zeichen der päpstlichen Gunst ein geweihtes Banner gesandt. Möglicherweise wollte Roger damit nicht nur die propagandistische Aufwertung seines Krieges erreichen, sondern auch eine eigene Anknüpfung an das Papsttum, die vielleicht in einer eigenen Belehnung hätte münden können. Die Reichtümer Siziliens und die Verknüpfung mit einem heiligen Krieg riefen auch noch andere Kräfte auf den Plan, die Pisaner und Genuesen, die Palermo von der See aus angriffen. Roger hat das Bündnis mit seinem Bruder, so sehr es auch unter Anspannungen litt, höher bewertet und eine Zusammenarbeit mit den Seemächten nicht versucht, vielleicht auch, weil er ihre Konkurrenz fürchtete.

1064 begannen die Brüder ihren zweiten sizilischen Feldzug, bei dem sie Palermo nicht einnehmen konnten. Sie beschränkten sich aufs Plündern und Robert konzentrierte danach seine Energie auf die vollständige Vereinnahmung Apuliens. Als letzte byzantinische Bastion auf dem Festland fiel Bari 1071 nach langer Belagerung und unter tatkräftiger Mithilfe Rogers in die Hände Robert Guiscards. Vor Bari hatte Roger erstmals eine normannische Flotte zum Sieg geführt und die gewonnenen Erfahrungen konnten die Brüder dann bei der Eroberung Palermos nutzen.

Direkt nach der Eroberung Baris war der Ehrgeiz der Hauteville-Brüder erst recht angestachelt. Die Bedingungen für eine Eroberung Siziliens waren mit der vor Bari bewährten Flotte, dem Hochgefühl nach dem mühsam erkämpften Sieg, der weiteren Zersplitterung der muslimischen Herrschaften auf der Insel und mit den durch einige religiöse Eiferer verstärkten Truppen besser als noch 1064, auch wenn diese Faktoren nicht wirklich erklären können, weshalb das Unternehmen gegen die Großstadt, die Palermo damals war, erfolgreich sein konnte. Immerhin gelang es den Brüdern diesmal, Palermo vom Land und der See einzuschließen, so dass die Versorgung abgeschnitten wurde. Schließlich konnte die Stadt – wohl im Januar 1072 – durch eine List genommen werden. Nachdem ein Sturm auf die gut befestigte Altstadt im Westen gescheitert war, führte Roger einen weiteren Scheinangriff auf die Altstadt aus, während Robert sich im Osten in das neuere Viertel einschlich und ein Stadttor, die später so genannte Porta Vittoria, öffnen konnte. Als dieser Teil der Stadt in normannischer Hand war, gab der Rest unter der Bedingung auf, am muslimischen Glauben festhalten zu dürfen. Bis in die Zeit Rogers II. wurde dieses Versprechen der allerdings immer weiter schrumpfenden muslimischen Bevölkerung gegenüber gehalten. Robert hat seinen jüngeren Bruder fürstlich entlohnt und ihm etwa die Hälfte Siziliens zu Lehen gegeben.

Sizilien und das Papsttum

Der Papst hatte die Normannenfürsten in Süditalien legitimiert und musste nun mit dem ehrgeizigen Gast fertig werden, den er sich ins Haus geladen hatte. Die immer landgierigen Normannen griffen auf das Herzogtum Benevent aus, was der Papst wegen seiner Oberhoheit über dieses Gebiet an sich nicht dulden konnte. Der auch auf anderen Gebieten ohnehin streitbare Gregor VII. versuchte, den Normannen ein Zugeständnis abzuringen, sich in Benevent nicht einzumischen. Als dies nicht gelang, exkommunizierte er 1074 Robert Guiscard, verbündete sich mit dem Normannen Richard von Capua und dem langobardischen Gisulf von Salerno, konnte aber kein schlagkräftiges Heer gegen die Normannen zusammenstellen. Dennoch ließ Gregor VII. lange nicht von seinen antinormannischen Plänen ab. Auch die Auseinandersetzung mit dem römisch-deutschen König, die bald bis zur gegenseitigen Absetzung eskalierte, hielt den Apostelfürsten nicht davon ab, die Normannen immer wieder zumindest mit seinen geistlichen Waffen zu bekämpfen, zumal sich die Hauteville mit der Belagerung Salernos wieder in päpstliches Interessengebiet vorwagten und mit der Eroberung endgültig Süditalien in ihren Besitz überführten. Noch 1078 exkommunizierte Gregor VII. alle Normannen, die Benevent angriffen. Er verbündete sich mit Jordan von Capua, dem Sohn Richards von Capua, und brachte Robert Guiscard in Bedrängnis.

Erst als sich die deutschen Angelegenheiten für den rührigen Papst immer weiter verschlechterten, näherten sich Robert

Guiscard und der Papst gezwungenermaßen einander an, da Gregor einen Schutzherrn gegen den wahrscheinlich bald auf Rom vorrückenden König Heinrich IV. brauchte. Im Juni 1080 erteilte Gregor VII. Robert die Absolution und dieser leistete ihm den Vasalleneid, genau in dem Monat, als Heinrich IV. mit Wibert von Ravenna einen Gegenpapst erhob. Robert machte Gregor dieselben Zugeständnisse wie damals Nikolaus II., aber Gregor musste ihn als Herrscher in Salerno und Amalfi akzeptieren. Die beschönigende Tolerierungsklausel[30] kann nicht darüber hinwegtäuschen, dass Gregor in seiner Notlage zu Zugeständnissen gezwungen war, die bei einer früheren Einigung vielleicht nicht notwendig gewesen wären.

Von diesem Zeitpunkt an hielt das Bündnis zwischen Robert Guiscard und dem Papst. Im Jahr 1084, als Heinrich IV. in Rom stand, rekurrierte Gregor VII. auf das Bündnis und rief den Normannen zu Hilfe. Doch bevor Robert Guiscard zu Hilfe kommen konnte, hatte Heinrich IV. Rom erobert und sich von seinem Gegenpapst zum Kaiser krönen lassen. Robert Guiscard rückte trotzdem vor und sein Ruf scheint zu der Zeit schon so gewaltig gewesen zu sein, dass das deutsche Heer die ewige Stadt Hals über Kopf verließ, nachdem der Guiscard durch Boten seine Ankunft angekündigt hatte. Der Papst wurde befreit, musste aber feststellen, dass die Normannen ein schwieriger Partner waren, denn sie plünderten die Stadt, wüteten gegen die Bevölkerung und legten Brände. Anschließend konnte Gregor, der sie gerufen hatte, nicht mehr in Rom bleiben, sondern musste mit den Normannen abziehen und nach Salerno ins Exil gehen, wo der Abt von Montecassino für seinen Lebensunterhalt sorgte.

Sizilien und Byzanz

Mit der vollständigen Unterwerfung Süditaliens und der Vereinheitlichung unter seiner Oberherrschaft war Robert Guiscard aber offenbar noch nicht zufrieden. Er hatte seine Tochter mit dem Sohn Michaels VII. Dukas verlobt und als der byzantinische Kaiser von Nikephoros III. gestürzt wurde, nutzte Robert Guiscard das als Entschuldigung, um seinen Ehrgeiz – wie die byzantinische Geschichtsschreiberin Anna Komnena meint – bis auf die Kaiserkrone des oströmischen Reiches auszudehnen[31]. Der problematische Krieg gegen Mitchristen wurde von Robert Guiscard propagandistisch „listig“ vorbereitet. Er tat sich mit einem Betrüger zusammen, der den Kaiser Michael wohl recht überzeugend verkörperte, und ließ den angeblichen Kaiser in seinen Fürstentümern herumführen, wohl auch um vielleicht noch vorhandene Sympathien für die byzantinische Sache zu nutzen. Gregor VII. sanktionierte den Feldzug Robert Guiscards, indem er bei den Bischöfen Apuliens und Kalabriens um Unterstützung für die Sache Roberts bat.

Robert Guiscard ließ sich dann auch nicht mehr von seinem Feldzug abbringen, als der Usurpator Nikephoros durch Alexios Komnenos, den Onkel Annas, abgelöst wurde. Robert Guiscard zog mit einer Flotte, sein Sohn Bohemund von Tarent über den Landweg zum Balkan bis vor Dyrrhachion. Bohemunds Zug scheint ereignislos gewesen zu sein, während Robert durch einen Sturm schwere Verluste erlitt, sich aber auch davon nicht beirren ließ.

Als die Normannen Dyrrhachion belagerten, suchte Kaiser Alexios Verbündete und fand sie in den Venezianern, denen vielleicht der Machtzuwachs des Normannen eine Bedrohung ihrer vorherrschenden Seehandelsstellung an der Adria-Küste schien. Die venezianische Flotte konnte die normannische unter Führung Bohemunds besiegen und gar den Weg zum Hafen von Dyrrhachion freimachen, so dass die Normannen von ihrem Nachschub abgeschnitten waren und die neu gewonnenen Verbündeten an der illyrischen Küste in ihrer Loyalität schwankten. Robert Guiscard war dennoch zum Äußersten entschlossen und ließ sogar die restlichen eigenen Schiffe versenken, um die Kampfbereitschaft seiner Truppen zu stärken. Als Kaiser Alexios kam, um die Belagerung der Stadt aufzubrechen, kam es am 18. Oktober des Jahres 1081 zur Schlacht. Der Kaiser hatte die Normannen einschließen wollen, aber Robert Guiscard scheint den Plan geahnt zu haben. Jedenfalls verließ er in der Nacht auf den 18. Oktober seine Stellung auf der kleinen Landmasse zu Füßen der Stadt und setzte über die nahegelegene Lagune, deren Brücke er abbrechen ließ. Beinahe wäre ihm dieses Ausweichmanöver zum Verhängnis geworden, als die Elitetruppe der Kaisers, die Waräger, die normannischen Truppen an die Lagune drängten und diese die Brücke nicht mehr benutzen konnten.

Robert ist es gelungen, seine Truppen in dieser prekären Situation noch einmal zu sammeln und als er die Waräger zurückgeschlagen hatte, konnte er die normannische Reiterei einsetzen, die dann wohl schlachtentscheidend zu seinen Gunsten gewirkt hat.

Obwohl Guiscard im Februar 1082 Dyrrhachion einnehmen konnte – man könnte fast sagen, wie üblich mit einer List – war sein Balkanfeldzug letztlich nicht von Erfolg gekrönt. Der Komnene in Konstantinopel mobilisierte die letzten Reserven, verkaufte kostbare liturgische Geräte und heuerte Söldner an, die dann im entscheidenden Moment die Normannen von byzantinischem Gebiet vertreiben konnten, als Robert nicht mehr selbst auf dem Balkan weilte. Gleichzeitig hatte sich Alexios mit dem römisch-deutschen König Heinrich IV. verbündet und gemeinsam gelang es ihnen, in Apulien und Kalabrien Unzufriedenheit zu schüren und die Neffen Robert Guiscards zum Aufstand zu bewegen. Als dann auch noch Papst Gregor VII. um Hilfe gegen Heinrich bat, scheint Robert Guiscard die Situation als so brenzlig betrachtet zu haben, dass er seinem Sohn Bohemund den Balkan überließ und selbst nach Italien zurückkehrte.

Bohemund konnte die normannischen Eroberungen auf dem Balkan nicht halten und als Robert Guiscard 1084 nach der Befreiung Papst Gregors VII. einen zweiten Feldzug auf den Balkan unternahm, musste er wieder von vorne beginnen. Ohne Nachschub und Sold und ohne die Anwesenheit seines charismatischen Vaters hatte Bohemund seine Truppen über die Runden bringen müssen und scheiterte, als seine Truppenführer – wohl von den Byzantinern dazu angestiftet – den ausstehenden Sold einforderten und in Massen zu Alexios überliefen. Robert Guiscard sammelte Truppen für einen neuen Feldzug und bei Korfu kam es zur Auseinandersetzung um die Vorherrschaft auf dem Balkan. Die Venezianer standen wieder auf Seiten der Byzantiner, aber diesmal gelang es dem normannischen Herzog, nach zwei Niederlagen in der dritten Seeschlacht den Sieg zu erringen und damit seine Herrschaft über Adria-Küste und Straße von Otranto wieder zu errichten. Beim Überwintern breitete sich im Normannenlager allerdings eine Seuche aus, bei der es sich wahrscheinlich um Typhus handelte. Diese fügte nicht nur den Normannen hohe Verluste zu, sondern beraubte sie auch ihres Anführers. Die hochfliegenden Pläne Robert Guiscards endeten im Krankenbett, als er im Sommer 1085 – wahrscheinlich am 17. Juli – mitten bei der Belagerung einer Stadt auf der griechischen Insel Kephallonia starb. Mit seinem Tod musste der Traum von der Gewinnung des Balkans und einer Vormachtstellung im Mittelmeer aufgegeben werden. War das Unterfangen schon unter einem solchen Anführer problematisch und schwierig gewesen, wurde es jetzt vollständig unrealisierbar. Der Wunsch der Söhne Robert Guiscards, sich nach seinem Tod ihr Erbe zu sichern, kann nicht alleine als Erklärung dafür herhalten, dass die Normannen hastig, ja geradezu kopflos in die süditalienische Heimat aufbrachen. Ohne den charismatischen Haudegen glaubte man wohl keine Aussicht auf Erfolg mehr zu haben und die verheerenden Rückschläge, die das normannische Heer während der Abwesenheit Guiscards in Italien 1084 einzustecken hatte, lassen diese Einschätzung richtig erscheinen.

Bohemund von Tarent und der erste Kreuzzug

Der älteste Sohn Robert Guiscards aus seiner Ehe mit Alberada, Bohemund, war nach der Annulierung der Ehe und der neuen Ehe mit Sichelgaita von der unmittelbaren Erbfolge ausgeschlossen, was jedoch sein Verhältnis zum Vater nicht getrübt zu haben scheint. Zu Lebzeiten Guiscards erwies sich Bohemund als tüchtiger Helfer auf den Kriegszügen gegen Byzanz, auch wenn es ihm in Abwesenheit des Vaters nicht gelang, die normannischen Eroberungen zu halten. Nach dem Tod seines Vaters setzte er sich gegen seinen jüngeren Halbbruder Roger Borsa in zwei Aufständen durch, so dass ihm zumindest ein Teil des Erbes zukam. Er wurde Fürst von Tarent, scheint damit aber auf Dauer nicht zufrieden gewesen zu sein und schloss sich 1096 dem ersten Kreuzzug an. Hier stieg er bald zu einem der wichtigsten Anführer auf und erwies sich bei der Eroberung von Antiochia als Sohn seines listigen Vaters. Während die Kreuzfahrer zusammen Antiochia belagerten, gelang Bohemund eine heimliche Absprache mit dem Kommandanten der Festung. Ehe er seine Mitkämpfer darüber aufklärte, rang er ihnen das Versprechen ab, ihm ein zu bildendes Fürstentum Antiochia zu überlassen. Nach der Eroberung Antiochias versuchte Bohemund seine Herrschaft dort zu festigen und zog zunächst nicht weiter nach Jerusalem. Er weigerte sich trotz einem entsprechenden Eid, dem byzantinischen Kaiser die ehemals byzantinischen Besitzungen zurückzuerstatten und machte sich daran, mit seinen Truppen weiter in muslimisches Gebiet vorzudringen, um sein Gebiet zu arrondieren. Erst 1100 vollzog er sein Gelübde, nach Jerusalem zu pilgern.

Im selben Jahr geriet er in Gefangenschaft und wurde erst 1103 wieder freigekauft. Er kehrte nach Italien zurück, um die für einen neuen Kreuzzug bereiten Männer von einer Expedition gegen Byzanz zu überzeugen. Sein im Westen gesteigertes Ansehen manifestiert sich in der Heirat mit Konstanze, der Tochter des französischen Königs Philipp I. Wie schon 1084/85 zeigte sich Bohemund den Ressourcen des byzantinischen Kaisers nicht gewachsen und musste sich 1108 dem Kaiser unterwerfen und die byzantinische Oberhoheit anerkennen. Er sollte nicht mehr ins heilige Land zurückkehren und starb 1111 in Süditalien.

Man wird kaum erwarten, dass Bohemund in den wenigen Jahren seiner Herrschaft in Antiochia wirklich prägend auf das Fürstentum gewirkt hat. Sein Wille für die Strukturierung eines angemessen mächtigen Reiches war aber durchaus vorhanden und fand seinen Ausdruck – wie bei anderen Kreuzfahrerstaaten auch – in der Übertragung des Lehnssystems auf die dafür gar nicht ausgerichtete orientalische Gesellschaft, und vor allem aber in der Verabschiedung der Assisen von Antiochia, die den Versuch darstellten, normannisches Recht, wie es Robert Guiscard in Süditalien eingeführt hatte, auch zur Grundlage des rechtlichen Zusammenlebens im Osten zu machen. In dieser Hinsicht unterscheidet sich also das Fürstentum Antiochia von den anderen Kreuzfahrerstaaten, aber ähnlich wie sie war es ein Fremdkörper im Orient, der sich auf Dauer nur hätte halten können, wenn die wenigen christlichen Kreuzfahrer, die eine dünne Oberschicht stellten, immer wieder aus dem Westen aufgefrischt worden wären. Die Minderjährigkeit Bohemunds II. und die weibliche Erbfolge auf Konstanze nach dem frühen Tod Bohemunds II. wirkten sich negativ auf die Stabilität von Antiochia aus, das zudem nicht nur von den Muslimen, sondern auch von Byzanz bedrängt wurde. Bohemund III., Sohn der Konstanze, verband sich mit der Tochter des byzantinischen Kaisers Manuel Komnenos und wurde gezwungen, ein griechisches Patriarchat in Antiochia wiederzubeleben. Zwischen Armenien und Byzanz, die die Substanz des Fürstentums immer weiter angriffen, war das Fürstentum dem Ausgriff von Sultan Baibars auf die Reste der Kreuzfahrerstaaten nicht gewachsen und fiel 1268 in muslimische Hand.

Bis auf die Assisen von Antiochia zeigt dieser östlichste normannische Herrschaftsbereich kaum normannische Züge. Dies wird auch damit zusammenhängen, dass Bohemund von Tarent von vorneherein für seine Lehnsmänner auf Kreuzfahrer jeglicher Provenienz zurückgriff und im muslimischen Umfeld ein Unterschied zwischen Italo-Normannen, Franzosen und anderen Kreuzfahrernationen kaum ins Gewicht fiel. Der Rekurs auf die normannische Tapferkeit und Listigkeit, der im süditalienischen Kontext offenbar Kräfte mobilisieren konnte, war im orientalischen Kontext nicht wichtig. Hier zählte nur der Zusammenhalt der westlichen Christen, die sich gegen Byzanz und die muslimische Umgebung stellten. Die Probleme, die man im Fürstentum Antiochia zu bewältigen hatte, sind daher denen in den anderen Kreuzfahrerstaaten ähnlich und es lässt sich weder eine spezifisch normannische Art erkennen, die Probleme zu bewältigen, noch auch nur der Ansatz eines Identitätsbewusstseins, das sich von dem der Umgebung unterschieden hätte.

Die Normannen in Süditalien bis zu Roger II.

Robert Guiscard hinterließ seine Herrschaft seinem Sohn Roger Borsa, der seinem Vater bei weitem nicht ebenbürtig gewesen zu sein scheint. Seinen Beinamen „Borsa“ bekam er angeblich vom Vater, der sich über seine Eigenheit lustig machen wollte, in den Geldtaschen die Münzen zu zählen. Als Verdienst wird man ihm vielleicht nur anrechnen können, dass es ihm immerhin gelang, den Dukat seines Vaters einigermaßen zusammenzuhalten. Hierbei konnte er auf dessen Vorarbeiten zurückgreifen. Über der furchteinflößenden militärischen Karriere des energiegeladenen Robert vergisst man häufig, dass er sich auch um die Konsolidierung des Gewonnenen Gedanken machte und es durchaus verstand, seine Stellung als Herzog gegenüber dem Adel in Kalabrien und Apulien zu festigen. Er griff zwischen seinen Kriegszügen immer wieder regulierend ein, um die herzogliche

Autorität mit den Mitteln des Lehnssystems und des Rechts auszubauen. Neben der gesicherten Herrschaft hinterließ Robert seinem Sohn eine schwere Hypothek. Der Guiscard hatte seinen älteren Sohn Bohemund aus seiner ersten Ehe mit Alberada zugunsten des von Sichelgaita geborenen Roger Borsa in der Erbfolge hintangestellt und ihm nur eine kleine Herrschaft in Tarent zugedacht. Bohemund sollte seinem jüngeren Halbbruder Roger Borsa immer wieder Ärger machen und seine Herrschaft gefährden, so dass an eine weitere Ausdehnung der normannischen Herrschaft nicht zu denken war. Roger Borsa bekam erst ein wenig Ruhe, als Bohemund sein Glück anderswo suchte und sich am ersten Kreuzzug beteiligte.

Neben dem aufrührerischen Bohemund hatte Roger Borsa vor allen Dingen mit dem noch relativ frisch integrierten Salerno und den letzten normannischen Fürsten von Capua, die nicht aus dem Haus Hauteville stammten, alle Hände voll zu tun. Immerhin lässt sich an seiner Kirchenpolitik ermessen, dass er den Anspruch darauf, wie sein Vater das gesamte Herzogtum im Griff zu haben, nie aufgab, da die Kirchenschenkungen sich auf das gesamte Herzogtum verteilen. Im Jahr 1111 starb Roger Borsa und hinterließ das innerlich zerrissene Herzogtum seinem Sohn Wilhelm, der mit ähnlichen Schwierigkeiten zu kämpfen hatte und auch keine Ruhmesblätter beschreiben konnte.

Graf Roger von Sizilien hingegen scheint sich in seinen letzten Jahren, bis er im Jahre 1101 hochbetagt starb, mit sehr viel größerem Erfolg auf seine Grafschaft und die Konsolidierung der normannischen Herrschaft in Sizilien konzentriert zu haben. Er machte seinem Neffen keine Probleme und handelte streng im Rahmen seines Lehnsverhältnisses zum Herzog von Apulien und Kalabrien, obwohl er sich seine Unterstützung für den Neffen immer wieder mit kleineren Besitzungen auf dem Festland entlohnen ließ, die für seinen Nachschub in Sizilien wichtig waren. Er bemühte sich um die vollständige Unterwerfung der Insel und gleichzeitig um eine pragmatische Toleranz gegenüber den Muslimen. Als Beispiel für den Umgang Rogers mit den Feinden, die er zu seinen Untertanen machen wollte, ist die Behandlung des Ibn Hamud, Emir von Enna, zu nennen. Frau und Kinder des Emirs hatte Roger bei der Eroberung Agrigents in seine Gewalt bekommen und er ließ den Emir eine Weile über deren Schicksal im Ungewissen. Als er Anfang 1087 mit dem Emir verhandelte, vereinbarten sie, dass der Emir ohne Gesichtsverlust kapitulieren könne. Ibn Hamud verließ ein paar Tage später mit seinen Truppen das befestigte Enna und wurde in einem Engpass von einer Übermacht von Normannen umzingelt, so dass er ehrenvoll aufgeben konnte, um ein Blutvergießen zu vermeiden. Ibn Hamud trat zum Christentum über, wurde mit Frau und Kindern wiedervereinigt und erhielt eine kleine Besitzung in Kalabrien.

Erstaunlicherweise oder – jedenfalls für seine Zeitgenossen – auch tadelnswert unternahm Roger ansonsten keine Bekehrungsversuche. Er rekrutierte eine sarazenische Elitetruppe, die den sizilischen Herrschern in den kommenden Jahrhunderten immer treu zur Seite stehen sollte. Bekehrungen innerhalb dieser Gruppe wurden geradezu ungern gesehen. Die unterschiedliche Religionszugehörigkeit bedeutete für den Herrscher einen strukturellen Vorteil. Zum einen waren die Muslime für die Ausübung ihres Glaubens an das Wohlwollen des Herrschers gebunden und daraus ergab sich eine erhöhte Loyalität, die im Zweifel gegen christliche Gegner und sei es sogar den Papst, eingesetzt werden konnte, ohne dass man Abweichler oder Deserteure befürchten musste. Zum anderen gab die unterschiedliche Religion den Angehörigen der Truppe sicher ein Elitebewusstsein, das für die Truppe nur förderlich sein konnte, weil es den Ehrgeiz anstachelte und sie von der Umgebung abhob. Die religiöse Toleranz hatte hier also durchaus pragmatische Gründe, aber trotzdem hatte die geübte Toleranz zur Folge, dass ein Herrscher wie Roger sicher wesentlich mehr über den Islam wusste als andere Zeitgenossen und zum anderen konnte der tägliche Umgang mit der anderen Religion ja auf Dauer auch nicht ohne Einfluss auf die Geisteshaltung des Herrschers bleiben. Roger ließ in den Gebieten Siziliens, die überwiegend muslimisch besiedelt waren, nach und nach in der Administration muslimische Beauftragte zu. Das arabische Wort Emir, mit dem sich diese „Beamten“ des Königs schmückten, wurde zum lateinischen „ammiratus“ verballhornt und ist die Grundlage für das Wort „Admiral“.

Auch den griechisch-orthodoxen Christen gegenüber ließ Graf Roger Toleranz walten. In seinen kalabrischen Gebieten bemühte er sich um eine Relatinisierung der Christen, ließ aber zu, dass orthodoxe Mönche nach Sizilien auswanderten und dort relativ unabhängig ihre Liturgie praktizieren konnten. In Sizilien hatte Roger von Anfang an eine herausragende Stellung. Dort gab es aufgrund der Eroberung des Landes allein durch den Hauteville keine großen Vasallen, die seine Machtstellung untergraben konnten. Roger war in Sizilien im Gegensatz zu Roger Borsa in Apulien und Kalabrien unangefochtener Herrscher. Insbesondere konnte Roger eine Vereinbarung mit dem Papst treffen, die ihm zu großen Teilen die Kirchenhoheit sicherte. Er handelte bei der Einsetzung von Bischöfen schlicht im Namen des Papstes, der ihn in den allermeisten Fällen gewähren ließ, so dass sich in Sizilien das Paradox einer fast uneingeschränkten Herrschaft des weltlichen Grafen über die Kirchen seines Gebietes ergab, die vom Reformpapst, einem Verteidiger der kirchlichen Unabhängigkeit, sanktioniert und erlaubt wurde. 1098 ging Urban II. sogar so weit, Graf Roger zuzugestehen, dass er keinen päpstlichen Legaten ohne seine Erlaubnis in sein Herrschaftsgebiet entsenden würde. Darüber hinaus gewährte er Roger Vollmachten eines päpstlichen Legaten und ließ zu, dass der Graf die Bischöfe auswählen konnte, die an einem Konzil teilnehmen sollten. Ähnliche Zugeständnisse wurden später Heinrich I. von England gemacht, insofern steht Roger in Europa mit solchen Vorrechten nicht allein, aber es ist doch bemerkenswert, wie nahe der Graf von Sizilien damit schon an eine königsgleiche Stellung kam. Ein möglicher Hinweis darauf, dass Roger selbst seine Stellung auch höher als die eines Grafen einschätzte, findet sich auf einer arabischen Münze, auf der Roger den Titel „Imam“ und „Malik“ trägt. „Malik“ findet sich als Titel auch für Herzog Robert Guiscard und man könnte es vielleicht als „souveräner Herr“ übersetzen. In arabischen Urkunden nannte Roger sich „Sultan“, aber auch die Übertragung dieses Begriffes in das westeuropäische System ist natürlich unsicher. Dass spätere Dokumente Roger „magnus comes“ nannten, hängt eher damit zusammen, dass man ihn mit dem Adjektiv „magnus“, das auch älter bedeuten kann, von seinem gleichnamigen Sohn unterscheiden konnte.

Graf Roger bekam den Sohn, der ihm nachfolgen sollte, erst im Alter von 64 Jahren. Roger II. wurde 1095 geboren und war beim Tode Graf Rogers 1101 erst fünf Jahre alt. Sein älterer Bruder Simon starb 1105 und so führte die Gräfin Adelaide aus Ligurien bis 1112 die Regentschaft. Obwohl sie Graf Roger nach heutigen Maßstäben recht jung geheiratet hatte, erwies sie sich als ausgesprochen kompetent und konnte ihrem Sohn eine gesicherte Herrschaft überlassen. Allmählich verlagerte sich die Hauptstadt der sizilischen Herrschaft nach Palermo, der größten und reichsten Stadt Siziliens, auch ein Anzeichen dafür, dass sich das Verhältnis zu den muslimischen Untertanen, die dort besonders zahlreich vertreten waren, entspannt hatte.

6 Etablierung des Königreichs Sizilien unter Roger II. (1112–1154)

Das normannisch-sizilische Reich im Verbund der europäischen Reiche

Als Roger II. 1112 die Volljährigkeit erreichte, war die Grafschaft Sizilien schon zu einem der mächtigsten Fürstentümer Europas geworden. Dass schon Graf Roger als ein gewichtiger Bündnispartner anerkannt wurde, kann man daran erkennen, dass eine seiner Töchter König Koloman von Ungarn heiratete, eine andere Konrad, den allerdings in Rebellion zu seinem Vater befindlichen Sohn des römisch-deutschen Kaisers Heinrich IV. Eine weitere sollte König Philipp I. von Frankreich heiraten, der sie allerdings nach Einstreichen der Mitgift wieder zurückschickte. Die Verbindung einer vierten Tochter mit Raimund von Toulouse ist eher die Ebene, auf der man die Heiratsverbindungen mit dem Grafen von Sizilien wirklich suchte, aber allein die Tatsache, dass große Fürstenhäuser sich auf einer Stufe mit dem sizilischen Grafen, dem jüngsten Sohn eines kleinen normannischen Ritters sahen, unterstreicht schon die Bedeutung der sizilischen Herrschaft. Graf Rogers Witwe Adelaide war in zweiter Ehe mit Balduin von Jerusalem verheiratet, der ihrer reichen Mitgift dringend bedurfte, sie dann aber wieder fallen ließ, ein Ereignis, das ihr Sohn Roger II. den Bewohnern des Königreiches Jerusalem nie vergeben haben soll.

Das Verhältnis zum römisch-deutschen Reich war von Spannungen geprägt. Die sizilischen Herrscher neigten dazu, die Aufständischen und die Fürstenopposition im römisch-deutschen Reich zu stützen. Das erste Beispiel dürfte Konrad sein, der Sohn Heinrichs IV. Dann führten die Normannen gegen Kaiser Lothar von Supplingenburg den Gegenkönig Konrad III. ins Feld und gegen Konrad III. dann wiederum Welf VI., wohl immer in dem Bestreben, eine Einmischung des Reiches in Süditalien oder gar eine Verwirklichung der Ansprüche des Reiches auf ganz Italien zu verhindern und einzudämmen. Auf der anderen Seite suchten die Normannen in dieser Zeit zeitweise ein Bündnis mit den Päpsten, weil gemeinsamer Antagonismus zum Reich sie zu Partnern machen konnte. Die normannischen Fürsten kamen den Päpsten in bedrängten Situationen zu Hilfe und die Päpste ließen dafür den normannischen Herrschern in Kirchenangelegenheiten überraschend freie Hand und forcierten ihre Lehnsbindung nicht übermäßig. Üblicherweise war der Frontenverlauf dabei Kaiser und Gegenpapst auf der einen Seite und sizilischer Graf/Normannenfürst und rechtmäßiger Papst auf der anderen Seite. Das konnte je nach Interessenlage allerdings auch einmal anders ausfallen. Lothar von Supplingenburg unterstützte Papst Innozenz II., während Roger II. sich mit dem Gegenpapst Anaklet zusammentat. Wie die Bündnislinien verliefen, hing sehr davon ab, ob der römisch-deutsche Kaiser, wie im Falle Lothars, seiner traditionellen Rolle als Schutzmacht des Papstes nachkam. Tat er es nicht, bestand für die Normannen im Süden die Möglichkeit, diese politische Lücke zu nutzen.

Die zentrale Stellung im Mittelmeer veranlasste die normannischen Herrscher Süditaliens, nach dem Tod Robert Guiscards nach außen hin keine aggressive Politik mehr zu führen. Das Verhältnis zu Byzanz war immer vom Groll der byzantinischen Kaiser über den Verlust ihrer Besitzungen geprägt, zu bewaffneten Auseinandersetzungen kam es aber nicht mehr. Bei den Kreuzzügen hielten sich die normannischen Herrscher vornehm zurück, sieht man von Bohemund von Tarent ab. Sicher wollten sie sich die muslimischen Untertanen nicht entfremden, auf der anderen Seite scheinen sie aber auch in durchaus pragmatischer Weitsicht die Kreuzzugsunternehmen für wenig aussichtsreich gehalten zu haben. Ihre Untertanen hinderten sie natürlich nicht an einer Teilnahme und betätigten sich auch als Gastgeber für Kreuzfahrer. Auf der anderen Seite hatten sie stets Handelsinteressen mit im Auge, die ein möglichst gutes Verhältnis zu den muslimischen Anrainerstaaten des Mittelmeeres angeraten sein ließen. Nur einmal im Jahr 1123 wagte Roger II. wohl noch im jugendlichen Leichtsinn von seinen nunmehr 26 Jahren einen Vorstoß nach Nordafrika. Die folgende Niederlage gegen die

Araber scheint Roger mit einem Achselzucken abgetan zu haben. Die christlichen Quellen berichten nicht davon, nur aus arabischen Quellen wissen wir von diesem abenteuerlichen Ausflug des Grafen von Sizilien.

Festigung der Herrschaft im Inneren, Einigung Süditaliens

Im Jahre 1111 starben Roger Borsa und Bohemund von Tarent. Sie hinterließen minderjährige Kinder und von diesem Zeitpunkt an ging es mit den beiden Herzogtümern Apulien und Kalabrien, die Robert Guiscard erobert und die Roger Borsa mehr schlecht als recht zusammengehalten hatte, rapide bergab. Normannische Vasallen, unter anderem der Fürst von Capua, riefen Kaiser Heinrich V. auf den Plan, dem sie ihre Lehnstreue anboten, wohl um gleich zwei Instanzen, nämlich den Herzog und über ihm den Papst, umgehen zu können und einen weit entfernten und damit möglichst uninteressierten Lehnsherrn zu haben. Dem Kaiser war aber die Einigung mit dem Papst und die Sicherung seines Investiturrechtes wichtiger und im Vertrag von Ponte Mammolo 1111 verzichtete Heinrich V. auf Süditalien. Wilhelm, der Herzog von Apulien, Enkel des Guiscard, geriet in immer stärkere Abhängigkeit von seinem tüchtigeren älteren Verwandten in Sizilien. Roger II. verhielt sich seinem Lehnsherrn gegenüber ähnlich wie es schon sein Vater getan hatte. Er sagte dem Verwandten jedesmal eifrig Hilfe zu, die er sich aber immer großzügig entlohnen ließ, so dass 1122 in Sizilien und Kalabrien keine Gebiete mehr übrig waren, die unmittelbar Herzog Wilhelm unterstanden hätten.

Verhielt sich Roger II. dem Sohn Roger Borsas gegenüber wie ein vorbildlicher Lehnsmann und treuer Verwandter, kann man dasselbe nicht von seinem Verhältnis zu Bohemund II., dem Sohn Bohemunds von Tarent, behaupten. Roger begann sich dessen Erbe anzueignen, wobei ihn die Minderjährigkeit Bohemunds und die Schwäche Herzog Wilhelms begünstigten. Als Wilhelm 1127 noch recht jung starb, ergriff Roger die Gelegenheit beim Schopfe. An sich wären Apulien, Kalabrien und Sizilien nach Lehnrecht an den Papst zurückgefallen, aber Roger II.

reagierte schnell und behauptete kühn, Wilhelm habe ihm versprochen, ihn im Falle seines söhnelosen Todes zum Erben einzusetzen[32]. Dabei scheint er tüchtig Propaganda für das Geschlecht der Hauteville gemacht zu haben, denen allein man den inneren Frieden anvertrauen könne. Spätere Geschichtsschreiber haben die angebliche Designation dann als felsenfeste Wahrheit in ihre Chroniken aufgenommen[33]. Die zeitnächste Quelle, Falco von Benevent, berichtet aber lediglich, dass Roger Salerno und Benevent von seinem Anspruch überzeugt habe und ihnen im Gegenzug für ihre Anerkennung weitreichende Freiheiten zugestanden habe.

Der Papst sah die direkte Erbfolge Rogers, die ihm seine Einflußmöglichkeiten als Lehnsherr beschnitt, jedenfalls nicht als zwingend an. Da er nach dem Wormser Konkordat von 1122 keinen Schutzherrn mehr gegen den Kaiser benötigte, sah sich Honorius in einer besseren Verhandlungsposition als seine Vorgänger es den Normannen gegenüber je gewesen waren. Zudem konnte er sich darauf berufen, dass Roger selbst als Verwandter des ursprünglich belehnten Guiscard keinen Anspruch mehr haben könnte, da er sich schon gegen die Kirche vergangen hatte. Denn 1121 hatte Roger Calixt II. unter Zwang dazu veranlasst, die seinem Vater persönlich gemachten Zugeständnisse über das Entsenden von Legaten und die Legatentätigkeit des Grafen von Sizilien zu bestätigen. Papst Honorius II. begab sich nach Benevent und exkommunizierte den Grafen von Sizilien. Er verbündete sich mit Gegnern Rogers, unter anderem dem Grafen Robert II. von Capua, den er mit seiner Herrschaft belehnte. Damit sollte wohl der Papst wieder als eigentlicher Lehnsherr im Süden etabliert werden, ohne einen Umweg über den Herzog von Apulien und Kalabrien. Roger wollte sich aber das beanspruchte Erbe nicht aus der Hand nehmen lassen und bereitete im Jahr 1128 einen Kriegszug gegen Papst Honorius vor. Da Roger selbst ein stehendes Heer hatte, brachte er mit einer Hinhaltetaktik seine Gegner schwer in Bedrängnis, deren Lehnsleute nach 40 Tagen einen Anspruch auf Entlassung hatten. Der Papst sandte daher Verhandlungspartner an Roger, und als die päpstlichen Verbündeten davon erfuhren, löste sich das Heer, das Roger entgegenstand, auf. Am 22. August 1128 wurde Roger vom Papst mit dem Herzogtum von Apulien, Kalabrien und Sizilien belehnt. Allein das Fürstentum Capua und die Stadt

Benevent sollten von Roger unangetastet bleiben, aber 1130 unterwarf sich auch Robert von Capua und nur Benevent blieb in einer prekären Unabhängigkeit unter dem Schutz des Papstes.

Der Erfolg Rogers bei der Einigung Süditaliens unter seiner Herrschaft wurde von Zeitgenossen als heilsgeschichtlich angelegt begriffen. Alexander von Telese berichtet – natürlich erst nachdem Roger seine Erfolgsgeschichte geschrieben hatte – dass ein Geistlicher in einer Vision die glorreiche Zukunft des Grafen von Sizilien gesehen habe[34]. Interessanterweise leitete Roger aus der Herrschaft über Süditalien relativ selbstverständlich einen Anspruch auf eine Königskrone ab. Möglicherweise war er in seinem erhöhten Herrschaftsanspruch durch griechisch-byzantinische Erzieher geprägt worden, die dem jungen Grafen das Gefühl vermittelten, zu Höherem berufen zu sein. Bei seinen Erfolgen dürfte Roger sein taktisches Geschick zu Seite gestanden haben, ebenso wie seine Fähigkeit, Loyalität zu gewinnen und Schwächen der Gegner auszunutzen. Aber ähnlich wie bei dem eine Generation älteren Wilhelm dem Bastard in der Normandie, dürften Beharrungskraft, Intelligenz, Geschick und soziale Fertigkeiten als Erklärung allein nicht ausreichen. Man muss dem Hauteville zugestehen, dass er ein ausgesprochener Glückspilz war, dem alles zum Guten auszuschlagen schien.

Bündnis mit dem Papsttum

Bei seinem Versuch, seine Errungenschaften mit einer Königskrone noch fester zusammenzubinden und seine Stellung zu erhöhen, kam Roger eine Auseinandersetzung zwischen den Reformgruppen in Rom zustatten. Im Februar 1130 gab es eine Doppelwahl und es standen sich einmal mehr Papst und Gegenpapst gegenüber. Im Moment der Wahl war ja durchaus nicht immer schon entschieden, welche Person sich im Nachhinein als der Gegenpapst herausstellen sollte, und gerade im Fall von Innozenz II. und Anaklet II. war dies nicht ein so eindeutiger Fall wie etwa bei Gregor VII. und Clemens III. alias Wibert von Ravenna. Roger traf (Gegenpapst) Anaklet II. zwischen Benevent und Salerno und leistete ihm den Lehnseid, womit er ihn als Papst anerkannte. Im Gegenzug verlangte er die Königskrönung.

Im Umfeld des Herzogs wurde dies mit der quasi königsgleichen Macht des Herzogs begründet, ein Argument, das bei Titelerhöhungen im Mittelalter häufig herangezogen wurde. Wenn jemand die Macht eines Königs habe, müsse er auch König werden, ist eine gängige Argumentationslinie und Roger war nicht der einzige Fall. Da man einen vorherigen König nicht aus dem Hut zaubern konnte, behauptete man schlicht und einfach, Sizilien sei vor urdenklichen Zeiten einmal Königtum gewesen[35]. Roger ließ dies Diktum von seinen Großen bestätigen und sich zum König akklamieren. Es ist unklar, ob dieser Hoftag vor oder nach der Privilegierung durch Anaklet II. stattfand, also ob Roger sich eine Art Königserhebung von unten vor einer Krönung durch den Papst wünschte. Im Grunde sähe es ihm ähnlich, sich ein solches zusätzliches Hintertürchen offenzuhalten, damit die Legitimität seiner Krone nicht allein auf der Autorität des umstrittenen Papstes ruhte. Schließlich war die Mitwirkung der Großen zumindest pro forma in vielen europäischen Reichen gang und gäbe und im römisch-deutschen Reich war sie als Wahl sogar konstitutiv für das Königtum.

Roger zwang Anaklet II. zu den größtmöglichen Zugeständnissen. Er wurde nicht nur zum König erhoben, sondern hatte freie Auswahl bei der Bestimmung seines Erben und bei der Bestimmung des Coronators, also des Erzbischofs, der die Salbung und Krönung vornahm. Das ebenfalls normannische Capua wurde nun endgültig dem süditalienischen Machtkomplex zugesellt und die Beneventaner wurden auf Hilfe im Kriegsfall verpflichtet. So hatte Roger die prekäre Situation des Papstes weidlich ausgenutzt und er pflegte seine Verbindungen zur Familie der Pierleoni, aus der Anaklet stammte, in den nächsten Jahren. Aber die neu errungene Stellung musste in dem Moment in Frage gestellt werden, als Innozenz II. in weiten Kreisen Europas Anerkennung fand. Als wichtigster Parteigänger des Papstes Innozenz II. muss wohl Bernhard von Clairvaux gelten, der für ihn als rechtmäßigen Papst die Werbetrommel rührte und damit den Wind zu seinen Gunsten drehte. Im Oktober 1130 erkannte der römisch-deutsche Kaiser Lothar von Supplingenburg Innozenz II. als rechtmäßigen Papst an und versprach ihm Waffenhilfe in Rom. Erst danach, an Weihnachten 1130 und sicher nicht im Sinne Innozenz', wurde die von Anaklet zugesagte Krönung an Roger wohl durch den Bischof von Palermo vollzogen.

Mit der Königskrone hatte Roger aber noch nicht alle Schwierigkeiten überwunden. Weiterhin schlug ihm auf dem Festland Widerstand entgegen. Insbesondere der Fürst von Capua und sein Verwandter Rainulf von Alife bekriegten den neuen König. Der römisch-deutsche König Lothar III. war für Roger auf dessem ersten Italienzug 1133 kein Problem. Er hatte sich zwar auf die Seite Innozenz II. gestellt, der ihn zum Kaiser krönte, aber sein Heer war zu klein, um sinnvoll in Süditalien eingreifen zu können. So konnte Roger Rainulf von Alife bezwingen und Benevent ein Treuversprechen abringen.

Einen großen Rückschlag erlitt er dann im Jahr 1135, als er schwer erkrankte und sogar Gefolgsleute in seiner unmittelbaren Umgebung von seinem baldigen Tod überzeugt waren. Dies rief die Aufständischen, insbesondere Robert von Capua, dem Roger die Lehen entzogen hatte, aber auch den eigentlich mit Roger ausgesöhnten Rainulf von Alife, auf den Plan. Roger belagerte die Aufständischen vergeblich in Neapel.

1137 hatte sich die Stellung des Gegenpapstes Anaklet entscheidend verschlechtert und Innozenz II. und Kaiser Lothar führten einen gemeinsamen Feldzug gegen den Hauteville. Sie eroberten Salerno und setzten in Apulien Rainulf von Alife als Herzog ein, wohl in der Hoffnung, Roger verdrängen zu können. Papst und Kaiser waren sich aber nicht einig, wem die Lehnsoberhoheit über Italien gebührte. Bei der Ausstattung mit der Fahne, die symbolisch für die Übergabe des Lehens stand, legten daher beide Hand an. Roger verhielt sich den gesamten Feldzug über meist abwartend und verließ sich vielleicht darauf, dass es zu Spannungen zwischen seinen Gegnern kommen würde und dass sich der lange Feldzug totlaufen würde. Tatsächlich waren sich die Gegner Rogers über diverse Dinge nicht einig, insbesondere die Pisaner, die die Flotte stellten, waren mit der schonenden Behandlung Salernos, das keine Plünderungsbeute abwarf, nicht zufrieden und einigten sich separat mit König Roger.

Als Kaiser Lothar wieder abgezogen war, kam Roger von der Insel Sizilien wieder aufs Festland und nahm Rache an seinen Gegnern. Die Legitimation der Königskrone geriet in Gefahr, als Anaklet starb und Innozenz II. sich weigerte, die Belehnung und Krönung, die sein Gegner vollzogen hatte, anzuerkennen. Als die diplomatischen Mittel versagten, zog Roger wieder in den Krieg. Dann kam ihm ein erneuter Todesfall zu Hilfe, als sein hartnäckiger Gegner Rainulf im April 1139 starb. Der Widerstand in Süditalien brach zusammen. Innozenz II. versuchte noch das Fürstentum Capua als Puffer zwischen Sizilien und dem Patrimonium Petri zu erhalten, aber als er bei der Schlacht von San Germano in eine Falle geriet und gefangen genommen wurde, hatte er keine Möglichkeit mehr, Roger sein Ansinnen zu verweigern. Am 25. Juli 1139 belehnte auch der rechtmäßige Papst Roger mit Sizilien und zwei seiner Söhne erhielten Capua und Apulien, wohl wie von Roger geplant als Untervasallen. Damit Innozenz II. das Gesicht wahren konnte, tat man in der Belehnungsurkunde so, als habe schon sein und Anaklets Vorgänger Honorius II. Roger belehnt und zum König gemacht.

Die rebellische Stadt Troia in Apulien ergab sich Roger und hoffte auf milde Behandlung, die der Stadt auch zuteil wurde, als sie den Leichnam Rainulfs von Alife herausgab. Dieser wurde von Roger einem Strafgericht unterworfen, das er an dem lebenden Feind nicht hatte vollziehen können. Das abscheuliche Ritual – der Leichnam Rainulfs wurde an einem Seil durch die Straßen gezerrt und anschließend außerhalb der Stadt in einem See versenkt – sollte ganz offenbar zukünftige Rebellionen, insbesondere den mehrfachen Verrat gegenüber dem Lehnsherrn, vermeiden helfen. Als letzte Enklave der Rebellen fiel Bari. Auch diese Stadt wurde vergleichsweise milde behandelt, nachdem die Anführer der Rebellion eine exemplarisch grausame Strafe erlitten hatten.

Die Taktik Rogers bei der Einigung seines Reiches erinnert durchaus an die Handlungen Wilhelms des Eroberers im frisch eroberten England. Nur mehrfache Rebellen mussten mit harten Strafen rechnen; bei einmaliger Rebellion war Roger durchaus zu Kompromissen bereit und Städte, die sich als loyal erwiesen hatten, bekamen von ihm Vergünstigungen, die sich positiv auf den Handel auswirken konnten und damit letztlich auch dem Geldsäckel des Königs zugute kamen. Die Zeitgenossen werteten gerade aus der Entfernung die Befriedung Süditaliens positiv und verteidigten Roger gegen den Vorwurf, ein Tyrann gewesen zu sein: „Manche allerdings sagen, er handle so mehr aus Rechtsgefühl als aus tyrannischen Gelüsten, und behaupten, er liebe den Frieden mehr als alle anderen Fürsten, und nur zu dessen Bewahrung halte er die Aufrührer mit solcher Strenge in den Schranken. Andere dagegen sind der Meinung, er suche den Frieden zu erhalten mehr aus Gier nach dem Gelde, von dem er weit mehr besaß, als selbst alle abendländischen Könige, denn aus Liebe zum Recht," so Otto von Freising. „Und wenn es auch teilweise so aussah, als hätte er manche zu streng behandelt, vermute ich, dass er aus Notwendigkeit dazu gezwungen wurde", urteilt Hugo Falcandus[36]. Der innere Friede schlug sich bald auch in der Förderung von Klöstern und Kirchenbauten nieder, bei der sich Roger hervortat. Die steinernen prächtigen Gotteshäuser hatten natürlich den Zweck, Gottes Ruhm zu mehren, waren aber auch weithin sichtbares Zeichen von Prosperität und innerem Frieden, die dem König und seiner erfolgreichen Dynastie angerechnet werden konnten.

Die Struktur im Inneren richtete Roger ganz auf seine Person und die Dynastie der Hauteville aus, indem er die süditalienischen Fürstentümer Bari, Capua und an erster Stelle Apulien bestehen ließ, sie aber an seine Söhne verlehnte. Sein Titel „König von Sizilien, des Herzogtums Apulien und des Fürstentums Capua" (*rex Sicilie, ducatus Apulie et principatus Capue*), den er ab 1140 führte, macht seinen Anspruch auf die Einheit seines Reiches deutlich.

Tatsächlich musste Roger von 1139 an nicht mehr mit inneren Schwierigkeiten kämpfen und er widmete seine Energien dem Herrschaftsausbau. Offenbar verstand er die militärische Sicherung Siziliens und insbesondere des Mittelmeerhandels eher offensiv, denn Roger mischte sich in der gesamten Mittelmeerpolitik ein. Er erhob Anspruch auf das Fürstentum Antiochia, das einst Bohemund von Tarent erobert hatte, er eroberte die nordafrikanischen Küstenstädte Tripolis, Mahdia, Susa und Sfax und stellte sich auf guten Fuß mit dem Kalifen von Ägypten. Dass Roger seine Fühler über das ganze Mittelmeer ausstreckte, wurde ihm von seinen Zeitgenossen als unbedingter Machtwille ausgelegt[37] oder als Rache gegenüber dem Königreich Jerusalem, das einst seine Mutter beleidigt hatte. Moderne Forscher wie etwa Hubert Houben sehen darin eher Maßnahmen zur Stabilisierung des Königreiches und zur Verteidigung der Handelsrouten. Hier liegt wohl eine Gemengelage unterschiedlicher Motive vor. Eine expansive Tradition war ja in der Familie der Hauteville durchaus gegeben, ebenso wie eine antibyzantinische Stoßrichtung, und wenn man Rogers Karriere mit der des Guiscard vergleicht, wird man feststellen, dass auch sein Onkel schon mit dem Sichern allein nie zufrieden gewesen war. Allerdings dürfte man Roger eher als Robert Guiscard unterstellen, dass er in diesen Dingen pragmatisch vorging und den Blick für das Machbare nie aus den Augen verlor. Möglicherweise neigt man aber auch dazu, aus dem modernem Blickwinkel heraus das tatsächlich Erreichte mit dem, was die Herrscher intendierten, gleichzusetzen. Da schneidet Robert Guiscard, der mitten auf dem Feldzug gegen Byzanz einer Krankheit erlag, schlechter ab als sein Neffe, der am Ende seines Lebens auf ein gesichertes Königreich zurückblicken konnte und zusätzlich einige äußere Eroberungen aufzuweisen hatte, die erst seine Nachfolger verspielten. Da die weltpolitischen Ambitionen Robert Guiscards ihm nur von seinen Gegnern unterstellt wurden, wie dies im Übrigen teilweise auch für Roger zu belegen ist, muss man vorsichtig damit sein, beiden unterschiedliche Intentionen zu bescheinigen, nur weil die Ergebnisse ihrer Politik anders ausgefallen sind.

Die beiden unmittelbaren Nachfolger von Innozenz II. haben Roger sein Lehen nicht bestätigt. Bei beiden blieben die Verhandlungen stecken, da die Päpste die Gelegenheit nutzen wollten, die Unabhängigkeit Capuas wiederherzustellen und die Kirchenhoheit des Königs zu beschneiden. Mit Eugen III. konnte Roger sich immerhin 1150 über die Erhebung Palermos zum Erzbistum und einige neu eingesetzte Bischöfe einigen, aber eine erneute Investitur fand nicht statt.

Roger zog daraus Konsequenzen, indem er alle Welt an die faktischen Machtverhältnisse erinnerte. Ostern 1151 erhob er seinen einzigen überlebenden Sohn Wilhelm zum Mitkönig und ließ ihn vom Erzbischof von Palermo salben. Er selbst soll seinem Sohn die Krone aufgesetzt haben und machte damit die unabhängige Stellung des Königreiches Sizilien augenfällig deutlich.

Mit der königlichen Stellung des Normannen hatten sich Papst und Kaiser allerdings lange noch nicht abgefunden. Friedrich I. Barbarossa einigte sich 1153 in Konstanz mit Papst Eugen III. und sicherte zu, ohne päpstliches Einverständnis keinen Frieden mit dem sizilischen König zu schließen. Solange Papst und westlicher Kaiser sich so verbündet hatten, war für eine Anbindung des Papsttums an den sizilischen König kein Platz, aber die Gelegenheit zu einer Erneuerung der Bindung an das Papsttum und diesmal an den richtigen Papst sollte sich beim nächsten Schisma wieder ergeben.

Vom Parvenü zum fortschrittlichsten Reich

Das Königreich Sizilien galt im Kreis der europäischen Reiche als Parvenü und sowohl der westliche als auch der östliche Kaiser sollten Roger noch jahrelang als ein Ärgernis empfinden, dem man zumindest in der Rhetorik immer wieder ein Ende machen wollte. Beiden Kaisern gelang es allerdings nicht, ihre Differenzen zu überbrücken und sich zu diesem gemeinsamen Ziel zu verbünden. Die Ansprüche beider Kaiser auf Süditalien veranlassten Roger dazu, Verbündete und Freunde in allererster Linie nicht bei den Kaisern zu suchen.

Nach dem Tod seiner ersten Frau knüpfte er deshalb Verbindungen nach Frankreich und suchte eine Braut für seinen ältesten Sohn Roger unter der weiteren Verwandtschaft der normannischen Könige Englands, eines Geschlechtes, das auch erst seit zwei Generationen zu Königen aufgestiegen war. Theobald IV. von Blois, ein Sohn der Adela, Tochter Wilhelms des Eroberers, sagte dem sizilischen König seine Tochter als Braut für seinen Erben zu. Als zwischenzeitliche Verhandlungen mit Byzanz über eine Eheschließung erfolglos blieben, griff Roger auf die Zusage Theobalds zurück. Die Ehe zwischen Herzog Roger und Elisabeth blieb indes kinderlos.

Roger selbst suchte sich noch zwei weitere Gemahlinnen aus Frankreich, als von den fünf Söhnen aus seiner ersten Ehe nur noch einer am Leben war. Mit Sibylle, einer Tochter Herzog Odos II. von Burgund, vermählte er sich 1149. Als sie schon 1150 starb, vermählte er sich ein weiteres Mal mit Beatrix, einer Lothringerin, die ihm posthum die Tochter Konstanze gebar. Deren Erbansprüche sollten in den 1180er Jahren eine große Rolle spielen. Auffälligerweise suchte Roger sich seine Gemahlinnen zwar aus dem Hochadel, aber nicht aus Königshäusern, wohl in pragmatischer Einsicht, dass eine solche Verbindung nur für seine Nachkommen möglich wäre, die schon als Erben eines Königs geboren waren. Den einheimischen Adel ließ er bei der

Brautsuche außen vor, vielleicht in bewusster Absetzung des Königs von seiner Umgebung.

In Anbetracht von Bündnisangeboten des byzantinischen Kaisers an Konrad III. nahm Roger Kontakt mit deutschen Fürsten auf, die zu Opposition gegen den römisch-deutschen König angestachelt werden konnten. Laut Historia Welforum und anderen deutschen Quellen setzte Roger seinen nicht unbeträchtlichen Reichtum ein, um Welf VI. zum Widerstand gegen Konrad zu überreden. Der zweite Kreuzzug tat dann ein Übriges, um Roger als wichtigen Verbündeten interessant werden zu lassen und gleichzeitig den westlichen und den östlichen Kaiser weiter voneinander zu entfernen.

Roger bemühte sich sehr, sein Reich auf vielen Gebieten zu vereinheitlichen und auf das Königtum der Hauteville zuzuschneiden. Er verkündete 1140 die sogenannten Assisen von Ariano, eine auf ihn zugeschnittene Gesetzgebung, die in seinem gesamten Königreich gelten sollte. Die lokalen und gentilen Gewohnheitsrechte ließ er klugerweise bestehen und trug damit der ethnischen Vielfalt seines Reiches Rechnung. Nur im Falle eines Widerspruches sollte die königliche Gesetzgebung den Vorrang haben. Man könnte diesen Grundsatz modern mit „Bundesrecht bricht Landesrecht“ umschreiben, wobei die Gewohnheitsrechte natürlich nicht immer territorial abgegrenzt waren. Die Assisen geben insgesamt ein recht flickenteppichartiges Bild ab, da die Bestimmungen zum Teil sehr in die Einzelheiten gehen und zum Teil nur vage Rechtsnormen benennen. Dabei wurde in Europa wohl erstmals konkret und nicht nur in philosophisch-gelehrter Auseinandersetzung wie an den neugegründeten Rechtschulen im Norden Italiens auf römisches Recht zurückgegriffen. Insbesondere bei der Bestimmung über das Majestätsverbrechen gegen den König wird dieser römische Einfluss deutlich. Diese Zuspitzung auf die fast sakrale Person des Königs war der Schlussstein, der das Königreich zusammenhielt. Die Anmaßung von königlichen Vorrechten wie dem Münzschlagen galt als Majestätsverbrechen. Königliche Beamte standen unter besonderem Schutz, wurden aber auch im Falle eines Missbrauchs ihres Amtes besonders hart bis zur Todesstrafe gerichtet.

Fortschrittlich scheint uns die Schuldunfähigkeit Minderjähriger oder geistig Behinderter sowie die Einführung mildernder Umstände für den im römischen Recht noch mit dem Tode bestraften Ehebruch, bei dem die Frau nun „nur noch“ das Abschneiden der Nase zu fürchten hatte. Rogers Gesetzgebung reichte in ihrem Umgang mit dem bisherigen Recht, das eher als Anregung denn als festgefügter Codex verstanden wurde, über die anderer europäischer Reiche weit hinaus, in denen häufig allein Gewohnheitsrecht gesammelt und höchstens leicht modifiziert niedergelegt wurde. Sicher war dies der besonderen Situation des sizilischen Reiches geschuldet, in dem so unterschiedliche Rechtstraditionen zusammenkamen und irgendwie verklammert werden mussten, ohne dass es zur Privilegierung einzelner ethnischer Verbände kam.

Berühmt ist das sizilische Reich auch für die Ausweitung der Verwaltung, die man in der modernen Forschung gegenüber anderen Reichen als fortschrittlich ansieht. Bei aller Bewunderung für den neuartigen Status und die Kompetenz und Verantwortung der königlichen „Beamten“ sollte man aber nicht übersehen, dass die Möglichkeiten und die Effizienz des sizilischen Apparates keinesfalls an die eines modernen Beamtenapparates heranreichten. Zeitgenössische Beobachter von außen empfanden allerdings den Grad, in dem die Untertanen des Königreiches unter „Beobachtung“ standen, als beängstigend. Im süditalienischen Reich verschmolzen hierbei in einem keineswegs geradlinigen Prozess drei Traditionen, die an sich schon in der Verwaltung Vorreiter waren, nämlich die sarazenische, die byzantinische und auch die normannische Tradition. Die Bezeichnungen für die Beamten zeigen deutlich die verschiedene Herkunft der Ämter, der *amiratus*, später Admiral, stammt vom arabischen Emir, der *protonotarius* aus der byzantinischen Provinzialverwaltung, der *logothet* aus der byzantinischen Zentralverwaltung und der *camerarius* und der *vicecomes* aus der Normandie. Die Einnahmen des Königs wurden verwaltungstechnisch durch Hörigenlisten und Landregister, in denen Änderungen durch Schenkungen und Ähnliches notiert wurden, optimiert und berechenbar. Mit einem *catalogus baronum*, einem Register der kriegspflichtigen Großen, baute Roger für den Kriegsfall vor. Eine Münzreform, die allerdings auch eine Verschlechterung der am häufigsten gebrauchten Münzen bedeutete, sollte den Raum des sizilischen Königreichs wirtschaftlich einigen.

7 Sizilien unter den letzten normannischen Herrschern bis zu den Staufern (1154–1189)

Wilhelm I. der Böse

Wilhelm I. war der einzige Sohn Rogers, der ihn überlebte. Als vierter Sohn war er nicht auf die Aufgabe der Regierung vorbereitet worden, und wenn wir den Quellen glauben wollen, war er nicht so vielfältig begabt wie sein Vater, zeichnete sich aber vor allem durch große Tapferkeit aus. Sein Beiname „der Böse" ist nicht zeitgenössisch und er erhielt ihn erst zweihundert Jahre später. Bei seinem Regierungsantritt übernahm er zum großen Teil die Vertrauten seines Vaters und tauschte nur den *amiratus amiratorum*, also den Emir der Emire, den Hauptverwalter des Reiches, aus. Während der ersten zehn Jahre von Wilhelms Regierung führte daher Maio von Bari mehr oder weniger die Regierungsgeschäfte, allerdings muss man Wilhelm I., wenn man ihm auch selber keine administrativen Fähigkeiten zuschreiben will, doch immerhin zugestehen, dass er den richtigen Mann für diesen Posten aussuchte, der sich an Stelle des Königs mit strengen Maßnahmen unbeliebt machen konnte.

Als Wilhelm I. nach Rogers Tod den Thron übernahm, hatte es eine Weile den Anschein, als ob ihm die Schwierigkeiten über den Kopf wachsen würden. Sämtliche Gegner des süditalienischen Normannenreiches schienen die Gelegenheit zu nutzen, um gegen den König vorzugehen. Papst Hadrian IV. wollte die Position des Normannenkönigs sicher schwächen und die Zugeständnisse, die das Papsttum einst Roger hatte machen müssen, zurückschrauben. Daher stellte er sich auf den Standpunkt, dass die Mitkönigserhebung Wilhelms I. nicht als gültig anzusehen sei, da sie ohne Zustimmung des Papstes erfolgt sei. Gleichzeitig hatte der römisch-deutsche König Friedrich I. Barbarossa dem Papst im Konstanzer Vertrag einen Kriegszug gegen den Normannenkönig versprochen. Beide streckten nun Fühler zu Oppositionellen im sizilischen Reich aus, der Papst auch zum byzantinischen Kaiser. Diese Konstellation hätte für die Dynastie der Hauteville das Ende bedeuten können, als Wilhelm I. dann Anfang 1155 noch so schwer erkrankte, dass man ihn gerüchteweise sogar für tot hielt. Gerettet wurde er nur durch den Umstand, dass sich die deutschen Fürsten 1155 nach der Kaiserkrönung Barbarossas weigerten, von Rom aus weiter in den Süden Italiens zu ziehen. Wilhelm I. einigte sich mit den Venezianern, die traditionell eigentlich eher byzantinische Sympathien hatten, und es gelang ihm, die Aufstände in Süditalien vollständig niederzuwerfen. Der alte Robert von Capua wurde in Palermo gefangengesetzt, Robert von Basunvilla, der Verbündete der Deutschen, ins Exil geschickt. Das von den Byzantinern eroberte Brindisi wurde von Wilhelm zurückerobert. Die dort anwesenden Griechen gerieten in Gefangenschaft, die renitenten Aufständischen wurden hart bestraft.

Papst Hadrian IV. stand daraufhin allein und einigte sich mit dem normannischen König. Er musste das Königtum Wilhelms anerkennen und ihm die Rechte des sizilischen Königs in vollem Umfang zugestehen. Dieser sogenannte Vertrag von Benevent aus dem Jahre 1156 ging sogar über das hinaus, was Roger II. einst erreicht hatte. Wilhelm I. wurden Gebiete nördlich der Abruzzen zugeschlagen, um die seine älteren Brüder im Auftrag Rogers II. noch gekämpft hatten. Der jährliche Tribut, den Wilhelm I. an seinen päpstlichen Lehnsherrn zu leisten hatte, ging aber nicht über das hinaus, was schon Roger gezahlt hatte. In kirchlichen Angelegenheiten festigte der Papst zumindest für das süditalienische Festland seine Position als oberster Schlichter und konnte jederzeit Legaten entsenden. In Sizilien selbst aber blieb der König quasi alleiniger Kirchenherr mit der Befugnis, das Legatenamt selbst auszuüben und bei Kirchenwahlen ein Veto einzulegen. Mochte Hadrian zunächst noch den Vertrag von Benevent bedauert haben, zu dem er sich in großer Bedrängnis bereit erklärt hatte, bedeutete dieser doch grundsätzlich eine Wende in der päpstlichen Politik, die für die Zeitgenossen natürlich nicht sofort absehbar war. Für das Papsttum bedeutete es die endgültige Abkehr vom westlichen Kaiser als einer Schutzmacht und eine stärkere Frontstellung gegen ihn als Konkurrenten um die Hegemonie in Europa. Der sizilische König wurde dahingegen zum festen und zuverlässigen Bündnispartner des Papstes, so dass sich die Konstellation Papst – sizilischer König contra Kaiser und gegebenenfalls Gegenpapst für die nächsten Jahrzehnte festigte und zu einer Grundgegebenheit europäischer Politik wurde. Die lombardischen Städte, die unter den Ambitionen Barbarossas zu leiden hatten, boten sich in der neuen Konstellation für Wilhelm I. und den Papst als Verbündete an und gemeinsam vereinbarte man, keine einzelnen Friedensschlüsse mit dem Kaiser abzuschließen. Diese geschlossene Formation sollte bis zum Frieden von Venedig 1177 standhalten, als sämtliche Gegner des Kaisers auf die eine oder andere Weise und in gegenseitigem Einvernehmen mit ihm zu Übereinkünften kamen.

Die Konzentration auf die neue Rolle in Italien bedeutete aber, dass die von Roger II. eroberten nordafrikanischen Besitzungen, als sie in Gefahr gerieten, von Palermo aus nicht effektiv unterstützt wurden. Wilhelm I. bzw. sein erster Emir Maio von Bari nahmen den Verlust der nordafrikanischen Exklaven offenbar in Kauf, um sich auf Italien konzentrieren zu können. 1160 fiel Mahdia, das freien Abzug erhandeln konnte, in die Hände der Almohaden und die übriggebliebene christliche Bevölkerung wanderte nach Sizilien aus.

Eine erneute Krise musste Wilhelm I. dann überwinden, als sein Kanzler Maio von Bari von einem unzufriedenen Adligen ermordet wurde. Dieser war Teil einer Verschwörergruppe auf dem Festland, die mit der mangelnden Einbeziehung des Adels in die Regierung des Königreiches nicht einverstanden war. Anscheinend sah Wilhelm I. ein, dass er sich mit den Verschwörern verständigen musste, und überführte postum seinen Kanzler der Bestechung und Amtsanmaßung und gab damit den Verschwörern den Anschein von Rettern in letzter Minute. Dennoch scheint Matthäus Bonnellus, der sich durch den Mord an Maio beliebt gemacht hatte, eingesehen zu haben, dass er die Regierung konsequent stürzen müsse, und machte Anstalten, auch Wilhelm I. aus dem Verkehr zu ziehen. Er wurde gefangengenommen und die Verschwörer versuchten, einen anderen Hauteville auf den Thron zu setzen. In Frage kam dafür der neunjährige Sohn Wilhelms I. Roger und ein unehelicher Sohn König Rogers II., Simon, der bisher von seinem Halbbruder in Palermo unter strenger Bewachung gefangen gehalten worden war. Die Verschwörer konnten sich aber nicht einigen und beraubten sich damit ihres Überraschungsvorteils. Angesichts der Unentschlossenheit der Verschwörer konnten dann Wilhelms Anhänger wieder an Boden gewinnen. Die Geistlichkeit erwies sich als Rettung für den bedrängten König, denn mehrere Bischöfe riefen die Bevölkerung von Palermo auf, dem gesalbten König zu helfen. Vor dem Ansturm des Volkes gerieten die Verschwörer in Angst und warfen sich ihrem Gefangenen zu Füßen, um ihn um Verzeihung zu bitten. Wilhelm I. konnte mit einer Ansprache an das Volk die Situation deeskalieren, die Verschwörer erhielten freien Abzug und Wilhelm gelobte öffentlich ein guter Herrscher sein zu wollen. Den Beweis dafür trat er gleich an, indem er einige Zölle aufhob. Dennoch musste Wilhelm I. einen herben Verlust hinnehmen, da sein ältester Sohn Roger in den Unruhen durch einen verirrten Pfeilschuss tödlich verwundet worden war.

Die Situation war nach wie vor von Spannungen geprägt und als die Verschwörer sich auf der Burg Caccamo verschanzten, ließ sich Wilhelm auf Verhandlungen mit ihnen ein und zeigte sich barmherzig. Sobald er jedoch wieder die Oberhand gewonnen hatte, bestrafte er alle Verschwörer, derer er habhaft werden konnte. Er warf den Aufstand auf dem Festland ebenso effektiv und schnell nieder, wie er das 1155 getan hatte, und 1162 hatte er seine Herrschaft wieder gefestigt. Er ersetzte seinen ermordeten Kanzler Maio von Bari durch den Notar Matthäus von Ajello, Richard, den erwählten Bischof von Syrakus und seinen Hofeunuchen Peter, wohl in der Absicht nicht wieder eine einzige Zielscheibe für Unzufriedene zu schaffen. Alle drei waren auf ihre Art sehr fähig – Matthäus etwa rekonstruierte aus dem Gedächtnis die Liste der Lehen und Abgaben des Königreiches, die beim Aufstand verbrannt worden war – und sie scheinen sich gut ergänzt zu haben. Aus der Zeit der Unruhen blieb ein Misstrauen der verschiedenen Religionsgruppen gegeneinander zurück, dem Wilhelm I. keine Abhilfe schuf oder schaffen konnte. Der muslimische Anteil an der Bevölkerung des Reiches ging zurück, sei es durch Auswanderung oder Konversion. 1166 starb Wilhelm I., der die Herrschaft seines Vaters erhalten hatte, an der Ruhr. Er bewährte sich militärisch in Krisensituationen, fällt aber nicht als ein besonders innovativer oder auch nur interessierter Herrscher ins Auge. Hugo Falcandus, der den König allerdings bei jeder sich bietenden Gelegenheit schlecht machte, berichtet, er habe seinen Regierungsbeauftragten ausdrücklich den Befehl gegeben, ihm nichts zu berichten, was seinen Seelenfrieden hätte stören können: „Da er sich vor jedem Ereignis fürchtete, das seine Freude an seiner Untätigkeit unterbrechen könnte, hatte er seinen Beamten Befehl gegeben, ihm keine Nachrichten zu überbringen, die Trauer oder Unruhe verursachen könnten, und übergab sich ganz dem Vergnügen“[38]. Möglicherweise hatte der König aber auch nur eine recht einseitige Begabung und seine Klugheit bestand darin, die Verwaltung und das tägliche Regierungsgeschäft Personen seines Vertrauens zu überlassen, die auf diesen Gebieten größere Fähigkeiten mitbrachten als er. Aus dem Desaster um Maio von Bari scheint er auch gelernt zu haben und sein Vertrauen nicht mehr nur einer Person gegeben zu haben. Auch Delegieren will gelernt sein, und zumindest kann man Wilhelm nicht den Vorwurf machen, dass er das Erbe seines Vaters verspielt habe. Am Ende seiner Regierung stand das Königreich vielmehr auf wesentlich festeren Füßen als noch zu Rogers Zeiten, zumindest, was die Bündnisse nach außen und insbesondere die Allianz mit dem Papsttum anging. Die von Roger übernommene Administration führte Wilhelm weiter und setzte sich ansonsten gegen den stets zum Aufstand bereiten normannischen Hochadel gerade auf dem Festland durch. Er hinterließ seinem Sohn Wilhelm II., der mit zwölf Jahren auf den Thron kam, fähige Assistenten und einen wieder gefestigten Thron.

Wilhelm II. der Gute

Königin Margarete übernahm zunächst die Regentschaft für ihren kleinen Sohn. Sie scheint vor allen Dingen auf eine Abgrenzung zur Herrschaft ihres Mannes bedacht gewesen zu sein. Zunächst verkündete sie eine allgemeine Amnestie, öffnete die Gefängnisse, gab beschlagnahmte Güter wieder heraus und befreite die Städte, die Wilhelm I. wegen ihrer Aufstände Bußgelder hatten bezahlen müssen, von diesen Abgaben. Sie wählte den schon im Dienst des Vaters bewährten Eunuchen Peter, einen konvertierten Muslim, aus, um für ihren Sohn die Regierungsgeschäfte zu führen, bat aber auch in der Normandie bei ihrem Verwandten Erzbischof Rotrou von Rouen um Hilfe, der ihr einen vertrauten Helfer zur Seite stellen sollte, vor allen Dingen aber wohl jemanden, der nicht in die lokalen sizilischen Geschäfte verwickelt war und dessen Stellung in Palermo vollständig von der Gunst der Königin und ihres Sohnes abhinge. Die Hilfe hatte Margarete auch dringend nötig, denn Peter machte sich eines Nachts mit einem Teil des königlichen Schatzes aus dem Staub, wohl auch weil er von vielen geplanten Anschlägen auf seine Person erfahren hatte. Hugo Falcandus berichtet von einer Atmosphäre des Misstrauens gegen den Kanzler: „Er (Peter) wurde durch die verschiedenen widersprechenden Gerüchte verunsichert und fürchtete sich so sehr, dass er glaubte, dass er sich dem Zugriff des Grafen (Gilbert von Gravina) nur durch nächtliche Flucht entziehen könne.“[39] Die Verdächtigungen gegen Peter scheinen nach diesem Bericht dessen Flucht erst veranlasst zu haben. Der Graf Richard von Molise, den Margarete dann an ihre Seite berief, war zwar ein geschätzter und ehrenwerter Ritter, aber nicht gerade ein geschickter Staatsmann. Dazu kamen noch zwei Verwandte der Margarete, ihre Vettern Gilbert von Gravina und Rodrigo resp. wie er sich dann nannte, Heinrich, die übermäßige Forderungen nach Geld, Land und Herrschaftsbeteiligung stellten. So kam der Regentin ein weiterer Verwandter wie gerufen. Stephan du Perche war eigentlich auf dem Weg ins Heilige Land, ließ sich aber von Margarete überreden, in Palermo zu bleiben und das Amt des Kanzlers auszufüllen. Er hatte laut Hugo Falcandus den festen Willen, die Regentschaft tatkräftig in die Hand zu nehmen, räumte unter den königlichen Beamten auf, säuberte den Stand der Notare, der Richter und anderer Beauftragter von Bestechlichkeit und ging Reformen an. Wie die Kanzler vor ihm beteiligte er den Adel nach Möglichkeit nicht an den Regierungsgeschäften und umgab sich mit Vertrauten aus seiner französischen Heimat. Diese benahmen sich offenbar ihrer sizilischen Umgebung gegenüber hochmütig und machten sich unbeliebt. So erfreuten sich die Maßnahmen des Kanzlers kaum der Zustimmung und zu seiner Diskreditierung und der der Königin wurde das Gerücht ausgestreut, dass sie einander mehr als verwandtschaftlich zugetan seien. Der Ehebruchsvorwurf war gegen enge Ratgeber beliebt, deren großer Einfluss verhinderte, dass andere Personen das Ohr des Königs erreichen konnten. Auch Matthäus von Ajello und Richard, erwählter Bischof von Syracus, die sich aufgrund ihrer um die Krone erworbenen Verdienste, selber Hoffnung auf das Kanzleramt gemacht hatten, stellten sich schließlich gegen den neuen Kanzler. Im kurzen Abstand musste Stephan du Perche mit zwei Verschwörungen fertig werden. Der dritte Versuch der Verschwörer zur Entfernung des Kanzlers schließlich war erfolgreich und Stephan du Perche musste Sizilien verlassen und machte sich, wie er ursprünglich geplant hatte, auf den Weg ins Heilige Land. Mit seinem Sturz war auch der Einfluss der Königin Margarete auf seinem Nullpunkt angekommen. Von diesem Zeitpunkt an hatte die Mutter Wilhelms II. kein Gewicht mehr in der Politik.

1171 übernahm Wilhelm II. selbst die Regierung Siziliens. Da unter der kundigen Kanzlerschaft des Matthäus von Ajello die inneren Schwierigkeiten nachließen und dem Königreich eine lange Zeit des inneren Friedens vergönnt war, hat Wilhelm später den Beinamen „der Gute“ erhalten. Am wichtigsten war es zunächst für den jungen König eine geeignete Braut zu finden, und es spricht sehr für das gestiegene Ansehen des sizilischen Königs, dass der byzantinische Kaiser in Verhandlungen mit Wilhelm trat und ihm eine Tochter anbot. Aus uns nicht bekannten Gründen platzte die Verbindung und Wilhelm heiratete erst 1177 die dritte Tochter Heinrichs II. von England, Johanna, wodurch zwischen den beiden „normannischen“ Königreichen, die auch auf anderen Ebenen in Kontakt standen, ein festes Bündnis geschlossen wurde.

Auch mit dem römisch-deutschen Kaiser kam es 1177 beim Frieden von Venedig endlich zu einer Einigung. Friedrich Barbarossa hatte sich nach jahrelangen Kämpfen gegen die oberitalienischen Städte endlich geschlagen gegeben und versuchte sich jetzt auf dem Felde der Diplomatie. In Venedig erkannte er nach fast zwanzig Jahren Schisma Alexander III. als Papst an und schloss einen Waffenstillstand mit den Lombarden sowie einen Frieden mit dem sizilischen König Wilhelm II. Als letzte Instanz hatte auch der westliche Kaiser das faktisch seit 50 Jahren bestehende Königreich anerkannt. Auch in diesem Fall begünstigten die Umstände den Friedensnimbus Wilhelms II.

Barbarossa bewegte sich auf dem für ihn ungewohnten Parkett der Diplomatie mit erstaunlicher Gewandtheit. 1183 schloss er einen Vertrag mit dem Lombardenbund, in dem er den norditalienischen Städten alle Freiheiten zugestand, solange sie nur seine Oberhoheit anerkannten. Am Papst vorbei streckte er die Fühler nach Sizilien aus und schlug eine Eheverbindung seines Erben Heinrich VI. mit der nachgeborenen Tochter Rogers II., Konstanze, vor. Da Wilhelm II. selber noch keine Kinder hatte, war das Eheprojekt aus sizilischer Sicht durchaus riskant. Konstanze war die einzige überlebende legitime Hauteville und ihr Mann musste, sollte Wilhelm ohne Kinder sterben, einen starken Erbanspruch erheben können. Obwohl Wilhelm erst 30 und seine Frau erst 18 Jahre alt war, bedachten er und seine Berater solche Eventualitäten sicherlich, aber ihm schien entweder die Möglichkeit seines eigenen Todes zu weit entfernt oder er maß dem Bündnis mit dem westlichen Kaiser eine höhere Bedeutung bei. Wie sein Urgroßonkel Robert Guiscard hatte er nämlich Byzanz – laut den Zeitgenossen hatte er die Kränkung der geplatzten Heirat mit der byzantinischen Prinzessin nie verwunden – auf die Liste der zu besiegenden Feinde gesetzt und dabei konnte ihm der westliche Kaiser nur von Nutzen sein. Eine Rolle mag bei seinen Überlegungen auch gespielt haben, dass die Aussicht auf ein Bündnis mit dem westlichen Kaiser dem sizilischen König endgültig auf eine Stufe mit den anderen Reichen des Abendlandes setzte. Die Legitimität des normannischen Königtums war von Roger II. gegen zwei Kaiser und zwei Päpste erstritten worden und es mochte seinem Enkel eine innere Genugtuung sein, dass fünfzig Jahre nach der Krönung Rogers die Anerkennung auch durch die letzte höhere Autorität der westlichen Christenheit nicht mehr in Frage stand und in der Ehe besiegelt wurde[40].

Unter Wilhelm II. lässt sich insgesamt eine starke Hinwendung des Reiches auf den lateinischen Westen hin feststellen. Der Einfluss der Muslime oder der konvertierten Muslime in der Verwaltung des Reiches ging immer weiter zurück und unter Wilhelm II. überstieg die Zahl lateinischer Urkunden die griechischer Urkunden bei weitem. In der Politik richtete sich Wilhelm II. ganz am Papst aus, als dessen standhaften Helfer er sich sah. In einer Krisensituation während der Verhandlungen Alexanders III. mit Friedrich I. Barbarossa in Venedig boten die sizilischen Gesandten dem Papst ihre Galeeren zur Flucht an[41]. Wilhelms antibyzantinische Haltung muss man auch im gesamteuropäischen Kontext sehen, in dem den Byzantinern immer mehr Misstrauen entgegengebracht wurde. Wilhelm II. wollte sich offenbar auch als Vorkämpfer der Kreuzzugsbewegung profilieren und beabsichtigte bei der Verschiffung der Kreuzfahrer zum dritten Kreuzzug, den westeuropäischen Königen, unter anderem seinem Schwager Richard Löwenherz von England, von entscheidender Hilfe zu sein.

Sein großartigstes Denkmal hat sich der König in der Abtei von Monreale gesetzt, die als der Höhepunkt der normannisch-sizilischen Kunst gelten kann. Wie bei allen kirchlichen Prachtbauten, die von weltlichen Herrschern gestiftet wurden, spielten für den König mehrere Motive eine Rolle. Ganz sicher sollten wir dem Herrscher die von seinen Zeitgenossen bescheinigte Frömmigkeit abnehmen, aber auf der anderen Seite ergab sich eine Gelegenheit zur Prachtentfaltung, die ganz auf den Herrscher zurückstrahlen konnte. In der Abtei befindet sich ein Mosaik, auf dem Christus Wilhelm II. die Krone aufsetzt. Damit wird die sakrale Legitimation des Königtums hervorgehoben, das sich nach Wilhelms II. Vorstellung eben nicht nur auf bloßer Eroberung und Bewahrung, sondern auch auf Gottes Willen gründete.

Nachfolgekrise und Tankred de Hauteville

Als Wilhelm II. 1189 tatsächlich kinderlos starb, stürzte das Reich in eine tiefe Krise, von der es sich eigentlich erst mit dem Ende der Minderjährigkeit Friedrichs II., des Sohnes Heinrichs VI. und der Konstanze, 1208/9 wirklich erholen sollte. Nach Wilhelms Tod gab es drei mögliche Nachfolger: Tankred von Lecce, den unehelichen Sohn Herzog Rogers, des ersten, früh verstorbenen Sohnes Rogers II., Graf Roger von Andria, ebenfalls Sprössling einer Seitenlinie der Hauteville, der von Drogo, dem älteren Bruder des Guiscard abstammte, und Heinrich VI., der als Ehemann der Konstanze und als römischer Kaiser Anspruch auf die Herrschaft erhob. Keiner scheint sich den Großen des Reiches unmittelbar als Nachfolger empfohlen zu haben. Tankred von Lecce hatte sich zwar militärisch in der Regierungszeit Wilhelms II. mehrfach bewährt und konnte mit zwei Söhnen auch für die Zukunft der Dynastie stehen, aber er scheint nicht in allen Teilen des Reiches Rückhalt gefunden zu haben. Roger von Andria konnte nur als entfernter Verwandter gelten und Heinrich VI. schließlich scheint als Deutscher und damit Vertreter eines Reiches, das schließlich von Anbeginn der normannischen Herrschaften in Süditalien diesen feindlich gegenüberstand, ein gehöriges Maß an Xenophobie hervorgerufen zu haben. In dieser Krisensituation zeigt sich auch, dass die inneren regionalen und religiösen Spannungen im Reich nach wie vor groß waren und die Klammer durch das Königtum eigentlich notwendig zum Überleben war. In einem Brief unbekannter Herkunft an den Schatzmeister der Kirche zu Palermo machte sich der unbekannte Autor Gedanken über die zukünftige Entwicklung des Reiches. Dabei favorisierte er die Erhebung eines Königs ohne äußere Einmischung, um vor allen Dingen den Anspruch der Deutschen abzuwehren. Gleichzeitig äußerte er sich skeptisch, ob die Bewohner des Reiches in der Lage sein würden, an einem Strang zu ziehen. Insbesondere den Apuliern traute er keine Treue zu. Auch hielt er eine konzertierte Aktion von Christen und Muslimen für unwahrscheinlich, da letztere, wahrscheinlich aus Furcht vor Verfolgung durch die Christen, auf jeden Fall eine andere Stellung beziehen würden[42].

In dieser angespannten Situation grenzte es an ein Wunder, dass sich Tankred von Lecce überhaupt als König etablieren konnte. Er ließ seinen Widersacher Roger von Andria gefangen setzen und versuchte – soweit sich das in den wenigen Jahren seiner Regierung feststellen lässt – an die Politik seiner Vorgänger anzuknüpfen. Seine Stellung auf Sizilien selbst scheint gefestigter gewesen zu sein als auf dem Festland, wo er mit Rebellen zu kämpfen hatte, die aber auch nicht alle zur Kooperation mit Heinrich VI. bereit waren. Dieser war nicht direkt nach der von ihm so verstandenen Usurpation des Tankred tätig geworden. Zunächst hatte er im römisch-deutschen Reich für eine glatte Nachfolge zu sorgen, als die Nachricht vom Tod seines Vaters Friedrichs I. Barbarossa auf dem Kreuzzug nach Deutschland kam. Dank seiner schon jahrelang etablierten Stellung als Mitkönig war dies nicht weiter problematisch. Danach sorgte Heinrich dafür, dass er mit der Kaiserkrone, die er zu Lebzeiten seines Vaters nicht hatte erringen können, die notwendige zusätzliche Legitimierung für seine sizilischen Pläne erhielt. Er sammelte seine Truppen und wollte sein Recht auf die sizilische Krone mit Waffengewalt durchsetzen. Tankred setzte ihm heftigen Widerstand entgegen und hätte sich vielleicht auch dann halten können, wenn ihn nicht zusätzlich noch eine Seuche im kaiserlichen Heer aller Sorgen entledigt hätte. Bei der Belagerung Neapels breitete sich die Malaria aus, der auch Heinrich selbst zum Opfer zu fallen schien. Mit sehr viel weniger Gefolgsleuten als vorher, verlassen von manchen der weniger zuverlässigen seiner Fürsten und selbst bis auf den Tod erkrankt, musste Heinrich sich zurückziehen und Tankred das Feld überlassen. Als dann noch Konstanze in Gefangenschaft geriet und in Salerno in Haft gehalten wurde, schien sich das Blatt endgültig zugunsten Tankreds gewendet zu haben und er machte sich an die Sicherung seiner Herrschaft. Im Sommer 1192 ließ er seinen ältesten Sohn in Palermo zum Mitkönig krönen und zementierte damit seinen Anspruch.

Unio regni ad imperium

Heinrich VI. aber hatte seine sizilischen Pläne keinesfalls aufgegeben. Er schaltete den Papst ein, um moralischen Druck auf die Entführer seiner Frau auszuüben, die im Frühjahr 1192 Konstanze aus der Haft entlassen mussten. Sein dann vordringlichstes Problem war die Beschaffung von Geld, um neue Truppen für die Auseinandersetzung mit Tankred ausheben zu können. Da kam Heinrich der Zufall zu Hilfe. Sein österreichischer Vetter Leopold hatte den englischen König Richard Löwenherz, gegen den er persönlichen Groll hegte, auf dem Rückweg vom Kreuzzug gefangen genommen. Er überließ ihn Heinrich, der von den Engländern das exorbitante Lösegeld von 100 000 Mark forderte. An sich war diese Gefangennahme ein Unding, da ein Kreuzfahrer nicht nur auf dem Hinweg ins Heilige Land von den Nachstellungen seiner christlichen Brüder geschützt sein sollte, und sie wurde von päpstlicher Seite auch stark kritisiert. Aber in der politischen Konstellation im Westen Europas konnten zu viele Personen von Richards Gefangenschaft profitieren: der französische König Philipp II. August konnte die Zeit von Richards Abwesenheit nutzen, um in den kontinentalen Besitzungen des englischen Königs Unruhe zu schüren und eine stärkere Bindung an die französische Krone zu schaffen. Die innerenglischen Gegner Richards, allen voran sein jüngerer Bruder Johann, konnten die eigene Machtstellung in seiner Abwesenheit ebenfalls besser ausbauen.

Der neue Reichtum Heinrichs VI. nach der Auslösung des englischen Königs bedeutete für Tankred und die Partei eines unabhängigen Sizilien einen schweren Rückschlag. Es sah für Heinrich dann noch besser aus, als Tankreds ältester Sohn und Mitkönig Roger starb. Aber den endgültigen Schlag erhielt die normannische Sache dann mit dem Tod Tankreds selber, der nur einen unmündigen Sohn zurückließ, für den man offenbar keine Unterstützung mobilisieren konnte. Als Heinrich VI. 1194 zum zweiten Mal nach Süditalien zog, fiel ihm das Königreich fast in den Schoß und er wurde am Weihnachtsfest in der Kirche zu Palermo gekrönt. Er nahm einige sizilische Große als Geiseln und Garanten für das gute Benehmen seiner neuen Untertanen und versuchte sofort, die sizilische Administration in die Hände von deutschen Getreuen zu spielen.

Heinrichs Anspruch auf Sizilien gründete sich dabei in erster Linie auf seinen Kaisertitel, weshalb man die Übernahme auch als *Unio regni ad imperium* bezeichnete. Der Erbanspruch von Konstanze wurde von Heinrich nicht so deutlich ausgespielt wie dieses kaiserliche Recht. Das mag damit zusammenhängen, dass er auf jeden Fall eine Legitimation haben wollte, die seine Person als König stützte. Dies erleichterte ihm natürlich auch, die Herrschaft tatsächlich auch selber zu übernehmen und nicht nur in Vertretung seiner Frau zu agieren. Heinrich machte sich in seinem neuen Reich nicht beliebt. Die Strafen für die Aufständischen galten vielen als zu streng, und die Deutschen in den hohen Ämtern waren als Ausländer verschrien. Ähnlich wie schon die Franzosen des Kanzlers Stephan du Perche scheinen die neuen Herren auch nicht gerade diplomatisch aufgetreten zu sein. Der Beiname *Mucca in Cervallo* („Mück im Hirn") für den deutschen Getreuen Konrad von Lützelhardt spricht nicht gerade dafür, dass man in seiner italienischen Umgebung der Meinung war, dass dieser Mann sich besonders vernünftig verhielte. Abgesehen vom Austausch der Vertrauten griff Heinrich nicht in das innere Gefüge des normannischen Reiches ein, so dass sich viele Traditionen halten konnten. Er hätte auch gar nicht viel Zeit gehabt, das Herrschaftssystem völlig anders auszurichten, da er schon 1197 starb. Die zurückgebliebene Konstanze versuchte offenbar – ob aus rein taktischen Gründen oder ob sie tatsächlich eine Abneigung gegen ihren Mann oder auch nur die Politik ihres Mannes verspürte, sei dahingestellt – den deutschen Einfluss wieder einzudämmen. Sie enteignete Markward von Annweiler, den Getreuen ihres Mannes, und berief sich auf ihr eigenes Recht der Herrschaft. Ihr gesamtes Streben ging offenbar dahin, ihrem Sohn Roger resp. Friedrich II. die Herrschaft über Sizilien zu bewahren. Kurz bevor sie selber nur ein Jahr nach ihrem Mann starb, überantwortete sie Papst Innocenz III. die Sorge für ihren minderjährigen Sohn und rekurrierte damit auf die jahrzehntelange gute Zusammenarbeit und das Bündnis, das sowohl für die Normannen als auch für die Päpste immer wieder politische Rettung bedeutet hatte. Tatsächlich war ihr immerhin soviel Erfolg beschieden, dass Friedrich II. als Volljähriger – nach einer unruhigen Zeit in seiner Minderjährigkeit – dann tatsächlich die Zügel Siziliens vollständig in die Hände nehmen konnte und er als Enkel Rogers II. als sein würdiger Nachfolger galt. Das Reich, das dann nicht mehr normannisch war, führte er zu einem letzten Höhepunkt an Ansehen und Macht.

Normannisches Reich?

Als Wilhelm II. starb, waren die Normannen schon seit über einhundertfünfzig Jahren in Süditalien. Es bietet sich daher an, zu fragen, wie es nach so langer Zeit um die normannische Identität bestellt war. Als die Normannen sich von der Normandie im Norden Frankreichs nach Süditalien aufmachten, hatten sie sicher das Bewusstsein einer normannischen Identität, wie sie sich im Herzogtum ausgebildet hatte. Wie oben dargelegt, beinhaltete diese Identität neben den als normannisch empfundenen Eigenschaften von Tapferkeit, List und Ehrgeiz eine starke Bindung an den Herzog und an die territoriale Einheit des Herzogtums. In Süditalien musste die normannische Identität daher eine andere Ausprägung finden, schon allein deshalb, weil die Eroberung Süditaliens keine konzertierte Aktion war, die mit dem normannischen Herzog zu tun gehabt hätte. Auffällig ist dabei, dass sich bestimmte Identitätsmuster in Süditalien erhielten, und die normannische Identität zunächst auch recht dominant war. Die Abenteurer, die im Süden ihr Glück suchten, waren nämlich keinesfalls nur aus dem Herzogtum Normandie. Wir können auch Franzosen aus anderen Grafschaften und Herzogtümern dort fassen sowie auch die benachbarten Flamen und Bretonen. Trotzdem wurde im Süden eine solche Differenzierung kaum noch vollzogen, sondern die ehrgeizigen Neuankömmlinge galten allesamt als Normannen oder manchmal auch wie etwa in arabischen Quellen als „Franken“, wurden aber immer als eine relativ einheitliche Gruppe aufgefasst. Die Eigenschaften, die sich die Normannen selbst zuschrieben, konnten sie in Süditalien zu Genüge ausleben, und da in der Situation einer Eroberung die Tapferen, Listigen und Ehrgeizigen die größten Chancen auf Erfolg hatten, ist es nicht verwunderlich, dass die *normannitas* mit diesen Eigenschaften auch im Süden eine außergewöhnlich feste Bindung erfuhr. Ähnlich wie im expansiven Herzogtum Normandie mussten sich auch in Süditalien die Eigenschaften perpetuieren und identitätsstiftenden Charakter annehmen. Die Bindung an das Herzogtum der Normandie wurde natürlich lockerer, aber der Hinweis auf die französische Heimat der Normannen fehlt selten. Noch einer der Grafen, die sich Roger II. widersetzten, behauptete kurzerhand, als er zum Dienst für seinen Lehnsherrn gerufen wurde, er müsse seine Heimat in der Normandie aufsuchen. Hugo Falcandus, der um 1170 schrieb, ist die normannische Abstammung Rogers Erklärung für die Bevorzugung der Nordfranzosen am sizilischen Königshof: „Weil er (Roger) selber von den Normannen abstammte und wusste, dass das französische Volk alle anderen im Kriegsruhm übertraf, bevorzugte und ehrte er ganz besonders diejenigen, die von nördlich der Alpen kamen“[43].

Die verschiedenen ethnischen Gruppen im sizilischen Reich heirateten untereinander und man hat das lange als Hinweis darauf genommen, dass die Differenzierungen langsam weniger wichtig wurden. Allerdings kann man feststellen, dass sich auch zur Zeit Rogers noch adlige Familien auf ihre jeweiligen normannischen oder auch auf ihre langobardischen Vorfahren beriefen, je nachdem ob sie das Alter ihres Herrschaftsanspruches von langobardischer Seite oder das Eroberungsrecht von normannischer Seite mehr betonen wollten[44]. Ethnische Zugehörigkeit, die ja zum Teil eine Selbstzuschreibung ist, konnte eben aus legitimatorischen Gründen je nach Situation besonders betont werden. Heiraten zwischen den Gruppen bedeuten nicht, dass sich die Nachfahren dann nicht für eine der beiden Seiten entscheiden konnten. Die neuere mediävistische Forschung hat für die hochmittelalterlichen Familien und deren Genealogien herausgearbeitet, dass die Einordnung in eine bestimmte Familie immer auch eine Frage des Eigenbewusstseins und unter Umständen auch der Abwehr rechtlicher Ansprüche von Nebenlinien war[45]. Insofern ist es bezeichnend, dass im Kontext der Memoria an die Vorfahren ethnische Bezeichnungen – sei es Langobarden, sei es Normannen – immer wieder auftauchen.

In ihren charismatischen Anführergestalten wie etwa Robert Guiscard hatten die Normannen in Süditalien einen Ersatz für die integrierende Kraft des Herzogs in Nordfrankreich gefunden. Diese Bindung schien zunächst einmal sehr persönlicher Natur zu sein und beschränkte sich nicht auf die Familie der Hauteville, sondern kam jedem zu, der sich im Krieg bewährte. Robert Guiscard als quasi ideale Verkörperung der *normannitas*, konnte sicher auch aus dem Grund fast bedingungslos auf die Loyalität seiner Leute rekurrieren. Aber auch andere normannische Herrscher wie etwa die Fürsten von Capua dürften versucht haben, innerhalb ihres Territoriums entsprechend integrierend zu wirken, und auch bei ihnen können wir die Betonung typisch normannischer Eigenschaften ausmachen. Dass das Prestige der Familie der Hauteville, das vor allen Dingen auf Robert Guiscard zurückging, durch seinen unfähigen Sohn und seinen ebenso mäßig begabten Enkel kaum angetastet wurde, lag sicher an seinem jüngeren Bruder Roger, der offenbar das Charisma der Familie soweit erhalten konnte, dass dessen eigener Sohn Roger II. wiederum bei seinem Coup zur Gewinnung ganz Süditaliens ganz selbstverständlich auf die Hauteville als traditionelle und bewährte Herrscherfamilie verweisen konnte. Dass andere normannische Herrscher das vielleicht nicht so gesehen haben, kann man an den zahlreichen Rebellionen in Rogers II. Anfangszeit festmachen. Auf Dauer konnte sich der neue König durchsetzen und seine Familie als die mit der meisten Durchsetzungskraft ausgestattete und als die einzig vorherbestimmten Herrscher über den Süden Italiens etablieren. Erst mit Roger II. waren die Hauteville tatsächlich zu einer Dynastie geworden, die integrierend auf das Identitätsbewusstsein ihrer Untertanen wirken konnte.

Roger II. hat allerdings auch Zeit seines Lebens darauf hingewirkt, sein Reich zu vereinheitlichen, und dabei den Identitätsfaktor Königtum und Dynastie noch vor die bewährten normannischen Eigenschaften gestellt. Dass er seine Söhne mit den Einzelfürstentümern in Süditalien belehnte, hatte nicht nur den Zweck, seine Lehnsmänner stärker an sich zu binden, sondern ließ auch das gesamte Königreich einheitlicher werden und bedeutete eine Einschränkung der obersten herrschenden Schicht auf die Hauteville. Unter Rogers II. Herrschaft war das Zeitalter der normannischen Abenteurer, die sich Land erobern konnten, endgültig vorbei. Gegen Ende seiner Regierung lässt sich feststellen, dass die *normannitas* stark an Bedeutung verlor. Einzelne als normannisch geltende Eigenschaften, Tapferkeit oder Listigkeit, wurden durchaus noch Personen zugeschrieben, die normannischer Herkunft waren. Eine Verknüpfung zur normannischen Herkunft fand aber nicht mehr unbedingt statt. In nur einer Generation war es Roger II. tatsächlich gelungen, im Süden ein neues Identitätsbewusstsein zu schaffen, das sich auf das Reich und den König bezog, und natürlich auch auf eine glorreiche Vergangenheit, nämlich die Zeiten der normannischen Eroberer. Eine von den übrigen Adligen abgegrenzte normannische Schicht gab es aber in dem Sinne nicht mehr. Unter Roger II., der selber sehr viel stärker von seiner norditalienischen Mutter und ihren griechischen Beratern beeinflusst war als von seinem normannischen Vater, wuchs das sizilische Reich zu einer in Europa einzigartigen Herrschaftskonstellation zusammen. Der König wurde allein zur bindenden Klammer für alle Untertanen und es ist daher im Königreich Sizilien auch eine Frage der Notwendigkeit gewesen, die Anknüpfung aller an das Königtum besonders eng zu gestalten. Die für mittelalterliche Verhältnisse hochentwickelte Administration, die Roger II. in seinem Königreich aufbaute, bedeutete eben auch, dass der König durch seine Beamten in den einzelnen Landesteilen sehr viel stärker präsent war und vor dem König sämtliche Unterschiede zwischen Italienern, Langobarden, Normannen, Griechisch-Orthodoxen oder gar Sarazenen und Muslimen an Bedeutung verloren.

Wie schon in der Normandie, wo sich die normannische Identität den westfränkischen Gegebenheiten angepasst hatte und dabei doch eine spezifische Eigenheit bewahrt hatte, ist auch in Süditalien zu beobachten, dass die einzelnen Faktoren der normannischen Identität nicht verkrampft beibehalten wurden, sondern dass durch die Umgebung neue Legitimationsstrategien und neues Identitätsbewusstsein entstand, dessen Wurzeln in der nordfranzösichen Heimat zwar erkennbar sind und bei Bedarf auch betont wurden, das sich daneben aber aus anderen Quellen speiste. Dies wirkte in der neuen Umgebung integrierend und wuchs schließlich zu einer ganz neuen Pflanze heran. Kann man dann wirklich noch von einem normannischen Reich im Süden Italiens sprechen, wenn doch die Identität und die Legitimation nach mehreren Generationen so anders aussahen als in der Normandie und auch als im gleichzeitigen England? Immerhin blieben die Herkunft aus der Normandie und die Großtaten der Eroberung im geschichtlichen Bewusstsein und bildeten eine tragende Säule der herrschenden Schicht im neuen Königreich. Was andere europäische Reiche an altehrwürdigen Königsgeschlechtern aufzuweisen hatten, machten die Hauteville wett, indem sie darauf verwiesen, was sie allein durch Ehrgeiz, Tapferkeit und natürlich auch Gottes Willen errungen hatten. Das, was andere ihnen zum Vorwurf machten und worüber die Nase gerümpft wurde, wendeten die Hauteville und die Normannen in typisch pragmatischer Weise zum Positiven, indem sie den Typus des Aufsteigers zu einem von Gott gewollten Heroen machten. Wenn aus heutiger Sicht etwas als normannische Eigenschaft zu fassen ist, ist es dieser Pragmatismus, der es den Normannen in – man möchte fast sagen – jedweder Umgebung ermöglichte, sich den lokalen Begebenheiten anzupassen, ihre eigene Stellung darin mit den vorgefundenen Mustern zu legitimieren und sich eine Identität zuzulegen, die auch über die Grenzen der Normannitas hinaus, integrative Kraft hatte.

An sich ist es eine recht willkürliche Entscheidung moderner Historiker, mit dem Tod Wilhelms II. oder spätestens mit dem Tankreds von Lecce das normannische Reich im Süden enden zu lassen. Die Herrschaft Heinrichs VI. kann im Grunde genommen nur als Episode gelten und Friedrich II. unterscheidet sich nur in wenigen Punkten von seinen normannischen Vorgängern. Dass diese Einteilung vorgenommen wird, liegt an dynastischem Denken, das sich an männlichen Abstammungslinien ausrichtet, nach denen Friedrich II. ein Staufer war. Trotzdem wird gerade in der italienischen Forschung zu recht von der Epoca normanno-sueva gesprochen, wenn man über die mittelalterliche Glanzzeit Siziliens spricht. Auch Friedrich II. selbst hat sich in seinen süditalienischen Besitzungen immer eher auf seinen normannischen Großvater berufen als auf seinen Vater. Bei einer längeren Regierungszeit seines Vaters hätte das aber durchaus anders aussehen können. Heinrich VI. hat gar nicht lange genug regiert, um als rechtmäßiger Herrscher wahrgenommen zu werden. Insofern bot es sich für Friedrich II. natürlich an, in puncto Legitimation seiner Herrschaft auf die sicherere Karte seines Großvaters zu setzen. Trotzdem war der normannische Charakter dieses Südreiches seit den ersten normannischen Einwanderern in der ersten Hälfte des 11. Jahrhunderts zu diesem Zeitpunkt schon verloren gegangen. Die Anbindung an das Herzogtum Normandie war im Laufe der Zeit verblasst und spielte nur noch beim Rückbezug auf legendäre Ahnherren, die als Eroberer ins Land gekommen waren, eine Rolle. Es wurde sich nicht mehr auf spezifisch normannische Eigenschaften wie Ehrgeiz oder Listigkeit berufen[46]. Galt ein Adliger normannischer Abstammung als tapfer, ist diese Eigenschaft eigentlich zu wenig spezifisch, um wirklich noch als normannisch eingestuft zu werden. Dieser Verbindung war man sich durchaus weiter bewusst, aber im Grunde genommen erstarkten zum einen wieder regionale Identitäten, wie etwa an dem Misstrauen gegenüber Apulien kurz vor Tankreds Herrschaftsantritt deutlich gemacht werden kann. Zum anderen fiel mit der Dynastie der Hauteville ein wichtiger Integrationsfaktor für das Reich weg. Die diversen Teile des sizilischen Reiches hatten ihren Zusammenhalt eben nur über die Krone und deren Vertreter über die hochangesehene Familie Hauteville erfahren und mit dem Wegfall dieses Faktors verlor das Reich eine spezifisch normannische Identität. Ob dies nun daran lag, dass Friedrich nur als „halber Hauteville" galt oder dass sich in der Zeit seiner Minderjährigkeit diese Adhäsion an die Dynastie so stark reduziert hatte, lässt sich nur schwer beurteilen. Es war im Reich durchaus das Bewusstsein einer politischen Einheit vorhanden, aber diese hatte keine Anknüpfung an normannisches Herzogtum, an normannische Eigenschaften oder an einen normannischen Anführer mehr. Die Normannen hatten pragmatisch die verschiedenen Traditionen ihrer Reichsteile zusammengeführt, aber keine Verschmelzung erreichen können. Allein die politische Einheit unter einem König war dann das, was die verschiedenen Regionen, Schichten und Religionen zusammenhielt.

8 Die normannische Eroberung Englands 1066

Nachfolgesituation beim Tode Eduards des Bekenners

Als Eduard der Bekenner 1042 den englischen Thron bestieg, war seine Ausgangsposition denkbar schlecht. Er war erst kurze Zeit in England, hatte kaum einflussreiche Freunde oder eine eigene Machtbasis, da die Grafschaft Wessex, die traditionellerweise den Königen besonders verbunden war, von Knut in die Hände der mit ihm verschwägerten Godwin-Sippe gegeben worden war. Er konnte fast nur auf das Prestige bauen, das ihm aufgrund seiner Abstammung von Alfred dem Großen zukam. Dennoch ist die Herrschaft Eduards bis auf eine große Auseinandersetzung mit Godwin von Wessex eine friedliche Periode in der englischen Geschichte. Eduard scheint sich zunächst zum Machterhalt mit der Godwin-Familie arrangiert zu haben. Er heiratete Edgith, eine Tochter Godwins, und ließ diesen in seinem Rat sitzen. Wirklich vertraut waren ihm aber offenbar nur die Normannen, die er aus seiner Exilszeit kannte und nach und nach zog er einige von ihren besten Köpfen an den englischen Hof. Von ihnen erhoffte er sich die bedingungslose Unterstützung, die er von den Engländern nicht erwartete und vielleicht auch nicht erwarten konnte. Nach acht Jahren Herrschaft scheint er den Versuch unternommen zu haben, den mächtigen Godwin, den er der Mittäterschaft an der Ermordung seines Bruders Alfred verdächtigte, loszuwerden. Er zerstritt sich öffentlich mit ihm, so dass der sichtbar in Ungnade gefallene Graf 1051 sein Heil in der Flucht suchte und ins Exil ging. Eduard schob seine Frau Edgith in ein Kloster ab und machte Anstalten, überall seine Vertrauten einzusetzen. In diesem Jahr empfing er auch Wilhelm II., Herzog der Normandie. Die normannischen Quellen behaupten, dass Eduard bei diesem Anlass Wilhelm zu seinem Nachfolger designiert habe, die englischen Quellen schweigen dazu.

In seinem Wunsch nach Unabhängigkeit scheint Eduard aber zu weit gegangen zu sein. Im Zuge der Lösung von Godwin hatte Eduard Robert von Jumièges, den Abt des normannischen Klosters, auf den Erzstuhl von Canterbury berufen. Abt Robert war ein durch und durch religiöser Mann, der das englische Klosterwesen und die englische Kirche in asketischer Strenge reformieren wollte, dabei aber anscheinend kein besonders diplomatisches Geschick aufwies. Den Söhnen Godwins, allen voran Harold, die ein Jahr zuvor noch mit militärischen Aktionen gescheitert waren, gelang es offenbar mit Leichtigkeit, die Unzufriedenen auf ihre Seite zu ziehen und die Rückkehr Godwins lautstark zu fordern. Eduard gab nach und rief den Grafen 1052 aus dem Exil zurück und die Gemahlin aus dem Kloster. Von diesem Moment an scheint Eduard sich mit der mächtigen Position der Godwin-Familie abgefunden zu haben und die Bestrafung des Grafen einer höheren Macht überlassen zu haben. Möglicherweise lastete er den Söhnen Godwins die Schuld des Vaters ohnehin nicht an, oder er ließ sich vielleicht endlich überzeugen, dass Godwin mit der Ermordung Alfreds nichts zu tun hatte. Nach Godwins Tod 1053 jedenfalls sind seine Söhne enge Vertraute des Königs und es wirkt fast so, als hatte Eduard ihnen die Herrschaft über England überlassen. Harold erhielt in Nachfolge seines Vaters Wessex, der jüngere Tostig Northumbria und Gyrth schließlich bekam Ostanglien, so dass die Hausmacht der Godwins diejenige des Königs bei weitem überstieg. Man kann sich kaum vorstellen, dass dies nur auf Betreiben der Edgith oder auf die ohnehin mächtige Stellung der Godwin-Sippe zurückzuführen sein soll. In gewisser Weise muss Eduard auch das Gefühl gehabt haben, dass sich zumindest Harold als Vertrauter bewährte. Er ließ ihm relativ freie Hand bei militärischen Kampagnen, etwa bei einem überaus erfolgreichen Feldzug in Wales im Jahr 1063. Wie auch immer Eduards Meinung im Jahr 1051 gewesen sein mag, als Wilhelm von der Normandie zu Besuch kam, – und zu diesem Zeitpunkt ist eine Designation eines geschätzen Mitglieds seiner normannischen Verwandtschaft durchaus denkbar und sei es nur, um die Godwin-Familie weiter zu verärgern – bei seinem Tod 1066 konnte Harold sich zu Recht als engster Vertrauter des Königs und auch als möglicher Nachfolger betrachten.

Rätselhaft ist jedoch, warum Eduard der Bekenner seinen Vertrauten im Jahr 1064 in die Normandie sandte. Aufgrund eines unglücklichen Zufalls hatte Harold auf der Reise Schiffbruch erlitten und geriet in die Gewalt des rebellischen Adligen Guy de Ponthieu, der ihn gefangen setzte und erst auf massiven Druck von Herzog Wilhelm wieder freisetzte. Die normannischen Quellen berichten, dass Harold mit Wilhelm anschließend gegen Graf Conan II. von der Bretagne vorging und einen Eid schwor, ihn als Nachfolger Eduards anzuerkennen. Eine Eheabsprache zwischen Harold und einer Tochter Wilhelms hingegen ist erst bei Ordericus Vitalis zu Beginn des 11. Jahrhunderts belegt. Im 12. Jahrhundert, als auch historisch verbürgten Ereignissen ein höfisch-romantischer Anstrich verpasst wurde, wurde Harolds gebrochenes Eheversprechen mit der dann zur Schwester gewandelten Tochter Wilhelms von Gervasius von Tilbury zum Grund für den Krieg zwischen Wilhelm und Harold stilisiert. Eduard der Bekenner konnte kaum damit rechnen, dass Harold in der Normandie in eine solche Zwickmühle geraten würde, muss aber gewusst haben, dass Wilhelm zumindest versuchen würde, Harold ein Zugeständnis seines Herrschaftsanspruches abzuringen. Letztlich passt dies nicht mit dem Aufbau Harolds zum Nachfolger zusammen, der sich in den letzten Jahren von Eduard durchaus beobachten lässt. Man könnte vielleicht noch einwenden, der englische König habe die vage Hoffnung gehabt, dass Harold und Wilhelm sich irgendwie einigten. Sollte Eduard Harold tatsächlich als Nachfolger auserkoren haben, stellt sich die Frage, weshalb er riskierte, dass sein Schwager von Wilhelm von der Normandie übervorteilt wurde. Harold selbst kann an sich auch nicht an einer solchen Reise gelegen haben, und es ist kaum vorstellbar, dass er einem Wunsch Eduards nach Anerkennung von Wilhelm nachgegeben hätte. Im Grunde erklärt sich die Situation am einfachsten, wenn man davon ausgeht, dass Harold in gänzlich anderen Belangen unterwegs war und als Sprachrohr seines Schwagers dienen sollte. Herzog Wilhelm nutzte lediglich die Gunst der Stunde, um seinen schwachen Anspruch von 1051 wieder in Erinnerung zu rufen und zu festigen.

Harold war nicht der einzige, der im Jahr 1066 Anspruch auf die englische Krone erhob und vor allen Dingen auch bereit war, ihn mit Waffengewalt durchzusetzen. Wilhelm von der Normandie konnte sich auf eine entfernte Verwandtschaft zu Eduard über seine Großtante Emma berufen, die aber eben keine Verbindung zur prestigeträchtigen westsächsischen Königsfamilie aufwies. Zudem machte er geltend, dass Eduard ihn als Nachfolger eingesetzt habe und Harold Godwinson bei seinem Besuch in der Normandie sozusagen stellvertretend für den englischen Adel seinen Anspruch anerkannt habe. Harald Hardrada, der König von Norwegen, berief sich auf einen Vertrag, den seinerzeit Harthaknut, der Sohn Knuts, als König von Dänemark mit Magnus von Norwegen abgeschlossen hatte. In diesem hatten sich die beiden Könige im Falle eines söhnelosen Todes gegenseitig als Erben eingesetzt. Dass England zum Zeitpunkt des Vertrages noch nicht Harthaknuts Königreich war und sich die Bestimmungen daher letztlich nicht auf das Inselkönigreich bezogen, störte den norwegischen König bei seinen Ambitionen offenbar wenig. Für ihn galt aber fast mehr als für die anderen Bewerber, dass ein militärisches Durchsetzen seiner Ambitionen unabdingbare Voraussetzung war. Harald Hardrada steht in der Tradition der skandinavischen Könige zu Beginn des 11. Jahrhunderts, die immer wieder versuchten, England anzugliedern. Schließlich hatte der im Exil aufgewachsene Eduard, der Sohn von Edmund Eisenseite, einen kleinen Sohn Edgar the Aetheling – der Edeling, also jemand, der Anspruch auf die Königskrone hatte – hinterlassen. Dessen Nachfolge lag aber trotz des Prestiges der Wessex-Dynastie offenbar nicht auf der Hand, weil er noch minderjährig war. Die späteren Versuche Edgars, gegen Wilhelm den Eroberer vorzugehen, kennzeichnen ihn als einen ungeschickten und wenig erfolgreichen Anführer. Das wird 1066 aber noch niemand gewusst haben.

Harold selbst hatte die unbedingte Unterstützung der englischen Großen, die in ihm einen bewährten Mann sahen, dem sie wohl am ehesten zutrauten, mit den zu erwartenden Invasionen fertig zu werden. Man kann davon ausgehen, dass Eduard ihn auf seinem Totenbett auch zum Erben ernannte. Da er als Graf von Wessex einiges an Ressourcen aufzuweisen hatte, war es im Grunde genommen klar, dass seine Stellung von innen nicht in Frage gestellt werden würde. Ihm musste es aber vor allen

Dingen darauf ankommen, sich als König zu bewähren und die Bedrohung durch die anderen Prätendenten auszuschalten. Da er von zwei Seiten unter Druck stand, konnte er kaum in die Offensive gehen und musste darauf hoffen, dass er Herzog Wilhelm und Harald Hardrada zurückschlagen könnte.

Die norwegische Invasion 1066

Harold Godwinson konnte zu Beginn des Jahres 1066 nicht wissen, welcher seiner Feinde sich zuerst auf den Weg nach England begeben würde. Er harrte seit dem Frühjahr in steter Alarmbereitschaft aus. Auch wenn Wilhelm von der Normandie sich unmittelbar nach Eduards Tod diplomatisch besonders rührig zeigte und überall in Europa um Unterstützung für seinen Anspruch warb, durfte auch die Bedrohung durch Harald Hardrada nicht außer acht gelassen werden. Zum einen hatten die Engländer im 11. Jahrhundert schon mehrere Invasionen von skandinavischen Königen zu erleiden und zum anderen war Tostig, ein Bruder Harolds und abgesetzter Graf von Northumbria im Norden Englands, an der Seite des norwegischen Königs zu finden. Tostig hatte sich so viel zu Schulden kommen lassen, dass schon Eduard ihm trotz seiner Nähe zu Königin Edgith Northumbria entzogen und ihn in die Verbannung geschickt hatte und die Herrschaft im Norden den Grafen Edwin und Morcar aus alteingesessenen Familien überlassen hatte. Tostig erwartete sich wohl vom norwegischen König eine Wiedereinsetzung. Ob er weitergehende Ambitionen auf den Königsthron hatte, die ihm von einigen Quellen unterstellt werden, muss strittig bleiben, da er solche seinem Verbündeten gegenüber kaum eingestanden haben dürfte. Die Spannung in diesen Monaten dürfte für den englischen König schwierig zu ertragen gewesen sein. Harold hielt sich hauptsächlich im Süden Englands auf, weil er quasi täglich die Invasion des normannischen Herzogs erwartete. Je länger sich die Wartezeit hinzog, desto schwieriger wurde es für ihn. Nur seine eigenen *Housecarls*, seine Elitetruppe, war auf längere Bereitschaftsphasen vorbereitet, während die ausgehobenen Truppen der englischen Bevölkerung spätestens zur Erntezeit entlassen werden mussten. Die normannischen Quellen berichten, dass Herzog Wilhelm lange nicht auslief, nachdem er seine Truppen gesammelt hatte und geben als Begründung dafür das schlechte Wetter und widrige Winde an. Es hätte dem normannischen Herzog aber auch ähnlich gesehen, abzuwarten, dass sich seine beiden Gegner zunächst einmal bekriegen. Er hätte dann vielleicht nur noch mit einem zu tun gehabt.

Harald Hardrada landete im September in Nordengland, im alten Danelag, wo er auf Unterstützung der Bevölkerung hoffen mochte. Die Grafen Edwin und Morcar stellten sich ihm entgegen, unterrichteten Harold und lieferten sich eine große Schlacht mit den Norwegern bei Fulford. In dieser Schlacht unterlagen die Engländer und Harald Hardrada versprach Tostig, ihm seine Grafschaft zurückzugeben. Der englische König kam in Eilmärschen aus dem Süden herangeeilt, wo er seine Truppen zunächst entlassen hatte. Eilig stellte er in Nordengland Truppen zusammen, bei denen viele Bogenschützen waren. Die Reste der geschlagenen Armee von Edwin und Morcar schlossen sich ihm an. Am 25. September trafen die Engländer bei Stamford Bridge auf die Norweger. Das Zahlenverhältnis scheint einigermaßen ausgewogen gewesen zu sein und den Quellen nach ist es den Housecearls um Harold Godwinson zu verdanken, dass sich das Blatt schließlich zugunsten der Engländer wendete. Der norwegische König und Tostig fielen in der Schlacht, so dass Harold einen seiner Rivalen erfolgreich ausschalten konnte. Diese norwegische Invasion Englands 1066 sollte der letzte skandinavische Angriff auf England bleiben, auch wenn es unter Wilhelm dem Eroberer noch zu Drohszenarien der Skandinavier kam. Die Schlacht von Stamford Bridge und die nur zwei Wochen darauf erfolgte Schlacht von Hastings wendeten die Geschicke Englands, da von 1066 an der französisch-kontinentale Einfluss gegenüber dem skandinavischen in den Vordergrund trat.

Die Schlacht von Hastings

Wilhelm arbeitete schon das ganze Jahr hindurch auf die Übernahme der englischen Krone hin. Bevor er das Wagnis unternahm, eine Krone mit Waffengewalt zu erstreiten, sicherte er sich nach allen Seiten ab. Der französische König war im Jahr 1066 minderjährig und unter der Vormundschaft von Wilhelms Schwiegervater, dem Grafen von Flandern, so dass der Herzog von dieser Seite aus nichts zu befürchten hatte. Er nahm auch Kontakt zu dem den kaum mannbar gewordenen römisch-deutschen Kaiser Heinrich IV., um auch von dieser Seite eine Einmischung auszuschließen. Schließlich wandte er sich an den Papst, dem er seine Ansprüche auf den englischen Thron vortragen ließ und bezeichnete Harold Godwinson öffentlich als Eidbrecher. Es gelang Wilhelm, den Papst von seinem rechtmäßigen Anspruch zu überzeugen. Dabei mag durchaus eine Rolle gespielt haben, dass dem reformerisch ausgerichteten Papst Alexander II. ein bekanntermaßen reformzugewandter Herzog auf dem englischen Thron zusagen musste. Hier trugen die langen Mühen von Wilhelm und seinen Vorfahren im Dienst der Kirche und die Schenkungen an kirchliche Einrichtungen durchaus ihre Früchte. Zudem galt die englische Kirche als reformbedürftig, eine Aufgabe, die man Wilhelm wohl zutraute. Zusätzlich gab die noch recht ungewöhnliche Anfrage an den Papst als Vermittler, Schiedsrichter in einem Streit oder Urteiler, eine willkommene Gelegenheit, der westlichen Christenheit die neue Bedeutung des Papsttums als Instanz in politischen Belangen vor Augen zu führen. Wilhelm auf der anderen Seite konnte sich eine zusätzliche religiöse Legitimation beschaffen, die ihm zupass kam, ohne dass er dafür Verpflichtungen eingegangen wäre. Jedenfalls ist in der späteren Korrespondenz mit Papst Gregor VII. die Dankbarkeit Wilhelms zu spüren, der sich aber gleichzeitig immer verbat, dass die päpstliche Unterstützung eine Verpflichtung seinerseits nach sich gezogen hätte. Sowohl Papst als auch Herzog konnten von diesem Bündnis nur profitieren und auch von daher liegt ein Vergleich zur Eroberung Siziliens durch Robert Guiscard nahe. Ebenso wie für die Eroberung Siziliens ein päpstliches Banner die gläubigen Christen auf einen Krieg gegen die Muslime einschwören sollte, sollte die christliche Legitimation von Wilhelm hervorgehoben werden. Alexander II. sandte ihm ein päpstliches Banner zu, welches das besondere Wohlwollen das apostolischen Stuhles verdeutlichte und als Kristallisationspunkt der Legitimierung Wilhelms dienen konnte.

Nachdem er sich derart politisch abgesichert hatte, bemühte sich Wilhelm, möglichst viele Truppen zusammenzuziehen. Er machte nicht nur das normannische Heer mobil, sondern sandte auch in die umliegenden französischen Fürstentümer, vor allen Dingen nach Flandern und in die Bretagne, Werber, die Ritter mit dem Versprechen auf reichen Lohn zur Teilnahme an dem Abenteuer überreden sollten. Das Heer, das Wilhelm schließlich zusammengezogen hatte, war einigermaßen stattlich. Moderne Schätzungen ergeben ein Aufgebot von 7000 Mann. Diese Leute mussten ernährt werden und für die Überfahrt musste eine Flotte gebaut werden, die es vor allen Dingen ermöglichte, mit den Pferden überzusetzen. Auf dem Teppich von Bayeux sehen wir die Handwerker eifrig die Boote zusammenzubauen, die tatsächlich Ähnlichkeit mit den Wikingerschiffen haben, auf denen Wilhelms Vorfahren vor mehr als 150 Jahren in der Normandie angekommen waren. Die Kampftechnik der Normannen hatte sich seitdem sehr geändert und die Fähigkeiten der Normannen lagen recht eindeutig auf dem Gebiet der schweren Kavallerie. Es ist hingegen nicht erstaunlich, dass der normannische Herzog keine Flotte hatte, die den Anforderungen 1066 gewachsen gewesen wäre. Die Normannen hatten seit Jahrzehnten keine ernsthaften Angriffe von der See mehr zu befürchten und die Notwendigkeit, ein ganzes Heer zu transportieren, ergab sich ohnehin nicht häufig.

Wenn wir den normannischen Quellen glauben wollen, hielt ein stetiger Nordwind die normannische Flotte mehrere Wochen vom Auslaufen ab, so dass Wilhelm erst am 27./28. September übersetzen konnte, als er wohl schon die Nachricht empfangen hatte, dass Harold in den Norden Englands gezogen war, und vielleicht konnte er sogar damit rechnen, dass nach der Auseinandersetzung zwischen den beiden Königen nur ein Gegner übrig bliebe. Am 28. September landete Herzog Wilhelm in Pevensey und setzte sich gleich in England fest, indem er befestigte Erd- und Holzanlagen, sogenannte Motten erbaute, in denen sich seine Leute verschanzen konnten. Er plünderte die Ländereien Harolds, den er in seinen Bewegungen beeinflussen wollte. Dem englischen König, der die Norweger entscheidend geschlagen hatte, blieb tatsächlich nichts anderes übrig, als auch auf diese erneute Bedrohung zu reagieren.

Harold scheint entschlossen gewesen zu sein, Wilhelm so schnell wie möglich auszuschalten. Man hat ihm dies als taktischen Fehler angekreidet, aber er konnte kaum erlauben, dass sich sein Rivale in seinen Ländereien durch Plünderungen ernährte. Als König war seine Fähigkeit zur militärischen Abwehr des Feindes gefragt. Harold entließ das Heer, das ihm bei Stamford Bridge den Sieg ermöglicht hatte und machte sich in Eilmärschen gen Süden auf. Ihn begleiteten nur seine Housecearls, die Elitetruppe, deren Verpflichtung es war, dem König immer beiseite zu stehen. Die Bogenschützen ließ Harold im Norden zurück. Im Süden Englands bemühte er sich dann, das kurz vor seinem Abmarsch nach Norden entlassene Heer wieder zusammenzuziehen und bereitete eine Blitzkampagne gegen Wilhelm vor. Offenbar wollte er den normannischen Herzog überraschen und brachte, nachdem er seinen Feind ausfindig gemacht hatte, seine Truppen heimlich in Stellung. Wilhelm hatte seine Truppen aber in Alarmbereitschaft versetzt, und Harold und seine Stellung wurden entdeckt. Als die Engländer sich in den Morgenstunden des 14. Oktober zur Schlacht aufstellten, fanden sie die Normannen schon gerüstet vor.

Der Verlauf der Schlacht von Hastings wird uns von mehreren Quellen berichtet, die sich in den Einzelheiten unterscheiden und zum Teil widersprechen. Übereinstimmung herrscht darin, dass die Schlacht den ganzen Tag gedauert habe, aber der Zeitpunkt und die Art von Harolds Tod ist überaus ungewiss. Wilhelm von Jumièges berichtet, Harold sei schon sehr früh gefallen, spricht aber auf der anderen Seite davon, dass die Schlacht lange gedauert habe und die Engländer erst aufgegeben hätten, als ihr König gefallen sei. Dieser offensichtliche Widerspruch ist natürlich nur schwer aufzulösen. Der *Carmen de Haestingio proelio*, ein Preisgedicht auf die Schlacht, will uns gar die Namen der Ritter nennen, die Harold erschlagen hätten, während Wilhelm von Poitiers, der Panegyriker Herzog Wilhelms, nur berichtet, dass Harold gegen Ende der Schlacht gefallen sei. Auf dem Teppich von Bayeux schließlich sind zwei Figuren zu sehen, eine, die offenbar von einem Pfeil ins Auge getroffen wird, und eine andere, die von einem Schwert erschlagen wird, die man beide nach der Schrift über dem Bild mit Harold identifizieren kann. Daraus hat man den Schluss gezogen, dass Harold vielleicht erst schwer verwundet und dann getötet wurde. Da die lange Dauer der Schlacht durch alle Quellen verbürgt wird, kann man wohl am ehesten davon ausgehen, dass Harold tatsächlich erst am Abend des 14. fiel, da man sich ansonsten kaum vorstellen kann, dass die Engländer noch so lange durchgehalten hätten. Zumindest waren die Normannen offenbar der Panik nahe, als sie fälschlicherweise annahmen, dass Herzog Wilhelm gefallen wäre. Wilhelm von Poitiers berichtet, dass der normannische Herzog an einem Punkt in der Schlacht nur durch eiserne Nerven seine Leute von der Flucht abhalten konnte. Nachdem ein Pferd unter ihm getötet worden war, warf er sich auf das Pferd eines Getreuen und riss sich den Helm vom Kopf, so dass seine Leute sehen konnten, dass er am Leben war. Was den linken Flügel von Wilhelms Schlachtordnung angeht, widersprechen sich die Quellen ebenfalls. Einige behaupten, die Bretonen und Flamen auf dieser Seite seien von den Engländern in die Flucht geschlagen worden und hätten sich nur mit Mühe wieder gesammelt. Andere sprechen von einer vorgetäuschten Flucht, die die Engländer in die Falle locken sollte. Der Reichtum der Quellen macht uns in jedem Fall die Entscheidung schwierig. Man wird wohl davon ausgehen können, dass es eine überaus knappe Entscheidung zugunsten der Normannen gewesen ist und man wird Harold daher nicht vorwerfen können, dass er das Geschick der normannischen Kavallerie sowie das militärische Genie seines Gegners unterschätzt und nicht in seine Überlegungen mit einbezogen hätte, wie nützlich ihm die nach Stamford Bridge entlassenen Bogenschützen gegen die normannische Kavallerie hätten sein können.

Wie bei vielen Schlachten konnte niemand den Ausgang wirklich vorhersehen. Harold mag der Meinung gewesen sein, dass das Überraschungsmoment, viel an Nachteilen wettmachen konnte. Harold hat sich entschlossen, das Risiko einzugehen, einen etwa gleich starken Feind anzugreifen und alles auf eine Karte zu setzen. Ob Wilhelm ein solches Wagnis eingegangen wäre, ohne unter Druck zu stehen, ist fraglich. Sein taktisches Geschick brachte ihn eher häufiger dazu, zu warten, bis er in der besseren Position war. Das Schlachtenglück hatte sich jedenfalls Wilhelm gewogen gezeigt und für die Zeitgenossen des normannischen Herzogs hatte in dieser Schlacht der Wille Gottes gesprochen. Die normannischen Quellen machen immer wieder darauf aufmerksam, dass die Eroberung von Gott gewollt war und dass der Eidbrecher und Usurpator Harold nichts als seine gerechte Strafe erhalten habe. Wenn wir dem *Carmen de Haestingio Proelio* glauben wollen, hat Herzog Wilhelm sich zumindest in einer Hinsicht als nobler Gewinner gezeigt und der Mutter und der Geliebten von Harold erlaubt, die Leiche auszulösen und zu bestatten.

Die englischen Adligen, die nicht zu Opfern in der Schlacht von Hastings wurden, unterstellten sich recht schnell dem normannischen Herzog. Lediglich in London versammelten sich einige Grafen, unter ihnen Edwin und Morcar und Erzbischof Stigand von Canterbury und versuchten, Edgar Aetheling, den letzten Spross der westsächsischen Königsfamilie zum König zu erheben. Möglicherweise hatten sie nur Nachricht darüber erhalten, dass Harold gefallen war und waren sich über das Ausmaß des Sieges nicht im Klaren. Als Herzog Wilhelm auf London zumarschierte, kamen ihm die englischen Adligen jedenfalls entgegen und unterwarfen sich dem Sieger. Am Weihnachtstag 1066 wurde Wilhelm in Westminster, der von Eduard dem Bekenner erbauten Kirche, vom Erzbischof von York zum König gekrönt. Wilhelm von Jumièges berichtet, dass die englischen Adligen ihm akklamiert und damit seinen Anspruch anerkannt hätten. Wilhelm selbst sah seine Legitimation auf mehreren Grundlagen. Er betrachtete sich als der rechtmäßige, designierte Erbe Eduards, dessen Recht auf die Krone von Gott bestätigt worden war, als er die Schlacht von Hastings gewann, und berief sich auch auf das Recht des Eroberers. Seine Herrschaft wurde durch den Papst und den englischen Adel untermauert. In Anbetracht der Tatsache, dass Herzog Wilhelms Recht eben erst zu einem faktischen Recht wurde, ist es sicher nicht verwunderlich, dass er seinen Anspruch auf so viele verschiedene Standbeine stellte. Langfristig sollten für die englische Thronfolge der englische Adel und auch das Papsttum weiterhin eine wichtige Rolle spielen, aber es kann kein Zweifel daran sein, dass auch Wilhelm daran gelegen war, dass Erb- und Designationsrecht als das wichtigste darzustellen, weil es ihm ermöglichte, an das westsächsische Königshaus anzuknüpfen. In kaum einer Urkunde oder Verlautbarung Wilhelms fehlt der Hinweis auf seinen Vorgänger Eduard.

Perspektiven der normannischen Eroberung

Es gibt wohl kaum ein Ereignis der normannischen Geschichte, das stärker auf das kollektive Bewusstsein gewirkt hat, als die normannische Eroberung Englands im Jahr 1066. Für die englische, aber insgesamt auch für die europäische Geschichte hat dieses Datum eine immense Bedeutung. Mit der Verknüpfung der Normandie mit England wurde eine Konstante in die englische Geschichte eingeführt, die die Politik der englischen Könige über Jahrhunderte prägen sollte, nämlich die Interessen der englischen Krone an den kontinentalen Besitzungen. Mit der Eroberung 1066 wurde England in das französische Westeuropa eingebunden und entfernte sich kulturell und politisch von Skandinavien, das seit den Wikingerüberfällen von entscheidender Bedeutung für England gewesen war. Inwieweit die normannische Eroberung die allgemeine innere Entwicklungslinie der englischen Geschichte beeinflusst hat, ist ein bis heute umstrittenes Thema. Im Zuge der Besinnung auf die Nation im 19. Jahrhundert hat man anachronistischerweise die Herrschaft der Normannen als eine Fremdherrschaft, das „normannische Joch", verstanden. Die Normannen wurden zu Unterdrückern stilisiert, denen es aber nur zeitweilig gelungen sei, die alten angelsächsischen resp. englischen Freiheiten zu unterdrücken, die schon mit der Magna Charta wieder fröhliche Urständ gefeiert hätten. Als klassisches Beispiel für diese Einschätzung gilt das umfangreiche und in den Details sehr kenntnisreiche Werk von E. A. L. Freeman über die normannische Eroberung. Den Normannen so jegliche politische Gestaltungskraft bis auf die negative Unterdrückung absprechen zu wollen, ließ dann das Pendel in die andere Richtung ausschlagen, so dass die Gegner von Freeman, wie etwa J. H. Round und mit Einschränkungen F. W. Maitland die Normannen als die eigentlichen Kulturübermittler sahen. Sie hätten das englische Reich erst zu dem gemacht, was es war, sie erst hätten die Zentralisierung und Administration in einem Maß vorangetrieben, das die Macht der englischen Krone und damit die Vormacht Englands erst ermöglicht hätte. Dass auch dies nicht die ganze Wahrheit sein kann, leuchtet dem heutigen Betrachter unmittelbar ein. Letztlich ist die sogenannte „Debate on the Norman Conquest" natürlich ein beliebtes Spiel der kontrafaktischen Geschichte. Was wäre passiert, wenn Harold König geblieben und Wilhelm gefallen wäre? Zur Verdeutlichung der Bedeutung der normannischen Eroberung ist dies durchaus eine reizvolle Debatte, die sich aber eben nicht lösen lässt. Dass die Eroberung Englands durch die Normannen einen starken Einfluss auf die englische Geschichte hatte, wird man nicht in Abrede stellen wollen. Die Frage nach dem wie, also wie anders England dadurch wurde, lässt sich nur näherungsweise beantworten. Das genaue Maß der Vermischung von englischen und normannischen Traditionen und Eigenschaften ist überaus schwierig zu bestimmen[47]. Man sollte vielleicht keine zu festgefügte normannische Identität erwarten und weder Engländer noch Normannen auf ein bestimmtes Schema festlegen. Dann muss man sich vielleicht auch nicht darüber verwundern, dass die normannische Identität in England nach etwa 150 Jahren ganz verschwunden ist und normannische Große vom Festland als „Fremdlinge" betitelt werden konnten, die im englischen Reich nichts zu suchen hatten. Wenn man versuchen möchte, die Bedeutung des normannischen Einflusses festzumachen, könnte man also sicher darauf verweisen, dass sich die innere Struktur des Königreiches vielleicht vom Prinzip her, nämlich der schon recht deutlichen Ausrichtung auf den König hin, nicht so sehr veränderte, aber dass die angelegten Linien im Bild des englischen Reiches schärfer konturiert und akzentuiert wurden, sich tiefergehender manifestierten.

Zu Recht ist immer wieder darauf hingewiesen worden, dass Wilhelm I. auf manche englische Tradition zurückgriff und sie nur teilweise mit aus der Normandie bekannten Institutionen modifizierte. Sicher ist es auch richtig, wenn man darauf hinweist, dass Wilhelm sich selbst immer als rechtmäßigen Nachfolger der angelsächsischen Könige ansah und im Bedarfsfall deren Gesetze anwendete. Trotzdem sollte man nicht übersehen, dass die Eroberung des englischen Reiches ihm die in Europa einzigartige Gelegenheit gab, ein System in letzter Konsequenz anzuwenden, das andernorts viel eher Theorie denn Praxis war. Das Lehnswesen war eben keine Einrichtung, die zu Beginn des Mittelalters in irgendeiner Weise eingeführt worden wäre, vielmehr war es ein sehr langsam gewachsenes System, das seine Wurzeln in verschiedenen Einrichtungen hatte. Erst in dem Moment, als man sich in der Theorie über Lehen, Lehnsvergabe und Lehnspflichten Gedanken machte, ist es vielleicht wirklich in dem Sinne entstanden, dass der theoretische Überbau praktische Konsequenzen nach sich zog. Dass England eben genau zu einem Zeitpunkt erobert wurde, als das Lehnswesen auf dem Kontinent auf dem Vormarsch war, bedeutete, dass man hier – und man ist versucht zu sagen nur hier – die Möglichkeit hatte, wirklich ein ganzes Reich in diesem System abzubilden und es dementsprechend zu organisieren und alle möglichen Eventualitäten gesetzmäßig zu erfassen. Nirgendwo anders in Europa entspricht die Theorie des Lehens so stark der Wirklichkeit wie in England. Die Zahl der Ritter, die ein Adliger zu stellen hatte, steht in England tatsächlich in einer gewissen Relation zur Größe des Lehens, das er besaß. Eine solche Relation war in anderen europäischen Ländern nur in Ansätzen gegeben. Nur hier waren Pflichten und Rechte des obersten Lehnsherrn und seiner Lehnsmänner dermaßen genau geregelt.

Die normannische Eroberung Englands steht für eine Neuausrichtung Englands auf den Kontinent hin und weg von Skandinavien, einen fundamentalen Wandel in der Politik der Krone und die Entstehung eines ganz neuen Adels. Dem ist das Überleben der englischen Sprache und einer englischsprachigen Kultur gegen manchen Trend und den Einfluss der französischen Kultur gegenüberzustellen. Sicher spielte in den ersten Jahren nach der normannischen Eroberung die ethnische Abgrenzung zwischen Normannen und Engländern, die ja zunächst auch sprachlich leicht zu fassen war, eine große Rolle. Trotzdem kam es, nachdem Wilhelm die ersten Aufstände mit großer Härte zurückgeschlagen hatte, zu erstaunlich wenigen ethnisch motivierten Unruhen. Für manch einen Bauern mag sich gar nicht viel geändert haben und man sollte sicher nicht außer Acht lassen, dass durch die Wechsel der Königsdynastien vor 1066 von Ethelred auf Knut und seine Söhne und dann wieder auf Eduard, es zumindest teilweise immer wieder einen Austausch von Eliten gegeben hat. In kultureller Hinsicht ist die Eroberung Englands ein sehr viel stärkerer Einschnitt. Ganz offensichtlich musste die englische Sprache als Kultursprache sehr unter dem Austausch der Eliten leiden, aber sie hat die Zeit, in der sie zwar von der Mehrheit der Bevölkerung, aber nicht von der Elite gesprochen wurde, erstaunlicherweise überlebt. Die Angelsächsische Chronik wurde immerhin bis zum Jahr 1154 zumindest in einer Version weiterhin auf englisch niedergeschrieben. Ansonsten geht im Jahrhundert nach der Eroberung die Produktion von englischen Texten zurück, ehe im 12. und erst recht im 13. Jahrhundert das Englisch wieder vermehrt auftauchte, für die kulturelle Produktion verwendet wurde, seinen Charakter aber auch drastisch verändert hatte. Schon für den Laien offenbar ist der Wandel an den französischen Lehnwörtern, die den Wortschatz des Englischen erweiterten und auch heute noch ihre Herkunft aus der gehobenen sozialen Schicht deutlich werden lassen. Auf dem Feld wird die Kuh mit dem englischen Wort „cow" bezeichnet, auf dem Teller ist es „beef", aus dem französischen „boeuf". Der vornehme „gown" ist französischer Herkunft. Für den weiteren Einfluss des Französischen spielten die englischen Besitzungen eine bedeutende Rolle und der englische Adel hat noch lange Französisch gesprochen und dann zumindest auf jeden Fall als erste Fremdsprache erlernt. Der erste englische König, der nach Wilhelm englisch als Muttersprache gesprochen haben soll, war Richard II., dessen Großvater Eduard III. Englisch als Sprache des Hofes eingeführt hatte.

Bei all dem sollte man bedenken, dass sich die Wende für die englische Geschichte, die man an diesem Scheitelpunkt festmacht, nicht über Nacht vollzogen hat. Manche Tendenzen, die erst unter Wilhelm offen zu Tage treten, lassen sich zum Teil schon unter Eduard ansatzweise erkennen. Manche Grundvoraussetzungen der Herrschaft in England haben die Normannen von ihren Vorgängern ererbt und auf ähnliche Probleme durchaus ähnliche Antworten gefunden, etwa im Bereich des einheitlichen Rechtes oder im Umgang mit den keltischen Nachbarländern. Letztlich ist der Prozess der Angleichung, der Vermischung und der Entstehung von etwas ganz Neuem im Spannungsfeld zwischen Kontinuität und Diskontinuität nicht sehr viel anders abgelaufen als schon in der Normandie. Etwa 100 Jahre nach dem Wikinger Rollo war die Normandie zu einem typischen französischen Fürstentum geworden, das aber in der Überspitzung bestimmter Phänomene wie z.B. der Klosterreform und des Rittertums durchaus ein einzigartiges Profil aufwies. Auch das Königreich England war 1204, als die Verbindung zwischen der Normandie und England endgültig gekappt wurde, ein typisches westeuropäisches Königreich, das aber in gewissen Belangen durch die konsequente Durchführung von Systemen, die auf dem Kontinent viel länger im Wachsen begriffen waren, doch Besonderheiten aufwies. Überspitzt könnte man auch im Fall Englands formulieren, dass die Normannen die Anpassung an das Vorgefundene auf die Spitze getrieben haben und gerade auf diese Weise ein im Kontext Europas einzigartiges, auf die Krone zugeschnittenes System schufen. Dies ist vielleicht ihre Spezialität gewesen, die notwendigerweise aber eine allmähliche Auflösung der eigenen Identität zur Folge hatte.

Die Änderungen im englischen Königreich im Einzelnen sind zum Teil gar nicht tiefgreifend gewesen, in anderer Hinsicht allerdings einschneidend. Auffällig ist sicher, dass die Eroberung zu einem völligen Austausch der tonangebenden Eliten führte. Nur wenige englische Adlige konnten sich halten, auch wenn dies streng genommen erst für die Zeit nach den frühen Aufständen gegen Wilhelm gilt. Man rechnet mit nur 8% einheimischen Grundbesitzern gegen Ende der Regierungszeit Wilhelms. Der Adel war normannisch und sprach französisch. Dennoch änderte sich die Struktur, wie der Adel über die Landbevölkerung herrschte, nicht wesentlich. Für den einzelnen Bauern mag es sogar von geringer Bedeutung gewesen sein, wer genau ihm die Abgaben abnahm. Die Herrschaften, die neu besetzt wurden, änderten sich auch in ihrer Beschaffenheit nicht. Wilhelm der Eroberer griff in fast allen Belangen auf die überkommene englische Struktur der *hundreds* und *shires* zurück und die neuen Herrschaften der Normannen wurden nur selten an die Bedürfnisse besonderer Freunde von Wilhelm angepasst. Die Sheriffs allerdings, die Verwalter eines *shire*, die für das Einsammeln der Abgaben an den König und die Aufrechterhaltung von Recht und Ordnung zuständig waren, unterstanden nicht mehr den Grafen, sondern direkt dem König und so zu quasi-Beamten der Krone. Vorbild dürften die normannischen Vicecomites gewesen sein, die schon Richard II. zu Helfern seiner Herrschaftsausübung gemacht hatte. Da sich das System in der Normandie bewährt hatte, übertrug Wilhelm es auf das neu gewonnene Königreich. Das bereits von Eduard eigentlich abgeschaffte Heregeld, die Kopfsteuer, die zur Zahlung der Tribute an die Wikinger gedient hatte, ließ Wilhelm als „Danegeld" wiederaufleben. In rechtlicher Hinsicht verstärkte er die ohnehin schon stark auf das Königtum zugeschnittene Gesetzgebung und führte einige Bestimmungen ein, die als Paradebeispiel „normannischer Unterdrückung" gelten können. Schon unter Zeitgenossen wurde die Forstrechtsprechung, die vor allen Dingen dem Erhalt des jagdbaren Wildes für die königliche Jagd diente und die drastische Strafen für jeden Wilderer vorsah, massiv als tyrannisch kritisiert. Fast ebenso berüchtigt war die sogenannte murdrum-Strafzahlung, die fällig wurde, wenn ein Normanne ermordet wurde. Das Dorf, dem das Land gehörte, auf dem der Normanne gefunden wurde, bekam den schwarzen Peter zugeschoben und musste für den Fall, dass sich der Mörder nicht ausfindig machen ließ, die exorbitante Strafe von 46 Silbermark zahlen. Sollte die Leiche kein Normanne sein und die Strafe daher nicht fällig werden, so mussten dies zwölf Personen bezeugen. Dass unter diesen Bedingungen die Normannen in England ein relativ sicheres Leben hatten, leuchtet ein. Aber so sehr diese Bestimmung ins Auge sticht, so ist es doch eine der wenigen, an denen sich ethnische Differenzen und Spannungen überhaupt festmachen lassen. In vielerlei Hinsicht begnügte sich Wilhelm damit, Vorgefundenes zu straffen und zu reformieren, als dass er als Erneuerer hervorgetreten wäre.

In Kirchenkreisen hatte man sich drastische Änderungen auf die Fahnen geschrieben, die aber nicht immer in allen Einzelheiten durchgeführt wurden. Schon im Zusammenhang mit den Wikingerüberfällen unter Alfred dem Großen hatte in England die Vorstellung Fuß gefasst, dass die militärischen Niederlagen Zeichen für den Zorn Gottes auf die englische Kirche wären und die intensiven Bemühungen Alfreds zu ihrer Reformierung und zur inneren Christianisierung sind am besten im Kontext der Wikingerabwehr zu verstehen. Die Interpretation eines anderen feindlichen Volkes, das als Geißel Gottes das auserwählte Volk angreift, geht auf alttestamentarische Vorbilder zurück, war aber in England besonders ausgeprägt. Die Engländer selbst hatten das von Gildas eingeführte Motiv der Schuldzuweisung auf die eigene Gruppe übernommen und eine starke Tradition der Selbstverpflichtung auf christlichen Lebenswandel und kirchliche Reformen aufgebaut. Alfred der Große hatte sich aus dieser Verpflichtung auf Selbstverbesserung hin besonders um die Kirchen verdient gemacht und die Wikingerüberfälle in dieser Tradition der Gottesstrafen gesehen. Bezeichnenderweise übernahmen die Normannen das Motiv der Gottesstrafe, ohne sich aber die damit eng verknüpfte Selbstbezichtigung überzustülpen. Die normannische Eroberung galt als Konsequenz des Verfalls der englischen Kirche. Die Normannen machten sich die traditionelle englische Geschichtsinterpretation zu eigen, sahen sich dabei aber nicht als Geißel, sondern als Instrument Gottes, dem vorherbestimmt war, für die Wiederbelebung der englischen Kirche zu wirken. Die normannische Eroberung erklärte sich also nicht nur als Strafe für den Eidbrecher Harold, sondern in einem weiteren Kontext als heilsgeschichtlich wirksam, in dem die christlichen Normannen die Kirchenreform in England vorantrieben und die englische Kirche zu ihrer ursprünglichen Höhe zurückführen sollten. Man könnte meinen, dass diese Geschichtsinterpretation den Gegensatz zwischen Normannen und Engländern ganz besonders deutlich zeigt. Dies ist aber nicht der Fall. Indem sie die englische Auslegung übernahmen, bewiesen die Normannen, dass ein kultureller Einfluss durch englische Traditionen stattfand. Der äußere Anschein trügt in diesem Fall und erneut zeigen sich die Normannen als Pragmatiker, die Vorgefundenes zu ihrem Nutzen deuteten. Die Forschung ist sich weitgehend einig, dass es um die englische Kirche nicht so schlimm stand, wie die normannischen Quellen behaupten. Gemessen an den inzwischen durch das Reformpapsttum verbreiteten Standards, musste allerdings die englische Kirche gegenüber der vorbildlichen normannischen durchaus abfallen. Der Niedergang wurde sicher übertrieben. Mit der Besetzung von englischen Bischofsstühlen mit Normannen und der Intensivierung der Klosterreform durch normannische Äbte versuchte man, die englische Kirche den eigenen Standards anzupassen. Dies sollte aber auch im Kontext des Eliteaustausches gesehen werden. Immerhin sind auch im Bereich der englischen Kirche einige hochgeachtete Bischöfe auf ihren Stühlen belassen worden, allen voran Wulfstan von Worcester, der sich Wilhelm I. als ein treuer Gefolgsmann erwies. Dieser Prozess der Vereinheitlichung und Ausrichtung der Kirche auf Rom hin ist allerdings in ganz Europa zu beobachten und begann wie erwähnt unter Eduard dem Bekenner, der versuchte mit Abt Robert von Jumièges einen bedeutenden Reformer zum Wirken nach England zu berufen. Die Einpassung der englischen Kirche ist also ein Prozess, der durch die Normannen allerhöchstens beschleunigt wurde, der aber ohnehin stattgefunden hätte.

Insgesamt wird man die Normannen als Katalysatoren bezeichnen dürfen, durch die bestimmte Prozesse, die im Europa der Zeit vorzufinden waren, in England vielleicht etwas früher angestoßen wurden und auf jeden Fall intensiver und mit weiter reichenden Folgen stattfanden. Andere Tendenzen, wie etwa die Ausrichtung auf das Königtum, finden sich schon in der vornormannischen englischen Geschichte und wurden von den Normannen nur aufgegriffen. Sicher ist England durch die normannischen Könige intensiver an Europa angebunden worden und wurde Teil der westeuropäischen Familie der Könige, die dann in den Kreuzzügen durchaus gemeinsam agieren konnten. Wie bei einem Patchwork-Muster sind die Elemente, die England nach 1066 ausmachen, durchaus als Teil älterer Gewebe zu erkennen und bilden doch ein ganz neues Muster, das ohne die normannische Einwirkung und Zusammenstellung anders ausgefallen wäre.

9 England und die Normandie unter den normannischen Königen von Wilhelm dem Eroberer bis zu Stephan von Blois (1066–1154)

Anfängliche Krisen der Herrschaft Wilhelms I.

Die Könige von Wilhelm I. bis zu Stephan von Blois gelten traditionell als die normannischen Könige Englands. Beim Übergang der Krone auf Heinrich II. haben Historiker lange Zeit einen Einschnitt gesehen. Es spricht aber einiges dafür den Wechsel erst nach dem Tod Johann Ohnelands und der *Magna Carta* anzusetzen, als die Normandie nicht mehr in Personalunion mit den englischen Königen verbunden war.

Nach Hastings versuchte Wilhelm I. offenbar zunächst, sich mit den englischen Großen zu arrangieren. Er beließ die wichtigen Grafen Edwin und Morcar in ihren Stellungen in Nordengland und setzte aus dem Episkopat nur Stigand von Canterbury ab, der sich nicht nur durch die Krönung des Aetheling Edgar unhaltbar geworden war, sondern auch schon lange als Simonist verschrien war, also als jemand der sein Amt „gekauft" hatte. Auf dem Teppich von Bayeux wird Stigand als einer der wenigen Protogonisten namentlich hervorgehoben. Ihm kam dort die undankbare Rolle zu, den Eidbrecher Harold gekrönt zu haben. Wilhelm der Eroberer war offenbar der Meinung, dass er diesen Mann nicht als wichtigsten Kirchenmann in England beibehalten wollte. Er war hingegen durchaus bereit, sich mit den übrigen Adligen zu arrangieren, aber als sich die englischen Adligen in den northumbrischen Aufständen der Jahre 1069 und 1071 als unzuverlässig erwiesen, änderte Wilhelm I. seine Taktik und setzte ganz auf einen Austausch des englischen Adels. Offenbar war im Norden Englands im Einflussbereich von Edwin und Morcar deshalb höherer Widerstand gegen den Eroberer anzutreffen, weil der nordenglische Adel nicht in der Schlacht von Hastings dezimiert worden war. Auf der anderen Seite hatten

Edwin und Morcar im Kampf gegen Harald Hardrada Verluste hinzunehmen. Was die Motive der Aufständischen angeht, kann man nicht sicher sein. Unmittelbar nach der Eroberung hatte sich Wilhelm I. nicht unbedingt als milder Herrscher erwiesen, aber auf der anderen Seite war er kooperationsbereit. Einer der Hauptgründe für den Aufstand der nordenglischen Grafen dürfte wohl gewesen sein, dass Edgar Aetheling kurz zuvor beim schottischen König Malcolm III. Unterschlupf gefunden und sich ihm durch die Heirat seiner Schwester Margarete dauerhaft verbunden hatte. Malcolm unterstützte in den folgenden Jahrzehnten immer wieder die Versuche des Aethelings, die englische Krone für die westsächsische Dynastie zurückzugewinnen, ohne dabei je Erfolg zu haben. Edwin und Morcar mag also auf der einen Seite Abneigung gegen Wilhelm angetrieben haben, auf der anderen Seite Anhänglichkeit an Edgar und die Dynastie Alfreds. Der Norden erhob sich mehr oder weniger einheitlich gegen Wilhelm I., auch wenn die Bischöfe sich rasch auf die Seite des Königs stellten. Aber im Süden scheint es Wilhelm schon gelungen zu sein, Loyalitäten auf seine Seite zu ziehen. Die Stadt Bristol, der er ein Privileg ausgestellt hatte, erklärte sich für den Eroberer und konnte die Söhne Harold Godwinsons, die über die Irische See nach Bristol übersetzen wollten, zurückwerfen. Die Gefährten von Hastings wie Wilhelm fitzOsbern oder Roger Montgomery, denen Wilhelm bereits große Ländereien überlassen hatte, erwiesen sich auch in dieser kritischen Situation als ergeben. Wilhelm zog in den Norden Englands und zeigte seinen neuen Untertanen, was sie im Falle des Ungehorsams zu erwarten hatten. Er verbrannte Gehöfte und ließ die Aufständischen gnadenlos niedermachen. Edwin war im Zuge des Aufstandes ermordet worden und Morcar wurde für den Rest seines Lebens eingekerkert. Der aufständische Hereward konnte sich länger gegen König Wilhelm behaupten, wurde aber schließlich auch eingeschlossen und besiegt. Sein heldenhafter Widerstand ist in die Sage eingegangen. Der schottische König musste sich zurückziehen und Edgar sich wieder in die Warteschleife verfügen, die er nie verlassen sollte. Schon den Zeitgenossen kam das Strafgericht unnötig brutal vor und das Entsetzen über das Blutvergießen muss groß gewesen sein. Die fernen Ausläufer der Verwüstungen im Norden lassen sich noch zwanzig Jahre später im *Domesday Book* nachvollziehen, wenn auch in der modernen

Forschung der Grad der Zerstörung relativiert wird[48]. Dennoch war Wilhelms Methode ungewöhnlich effektiv. Nach diesem großen Aufstand sollte seine Herrschaft nie wieder ernsthaft gefährdet sein.

Festigung und Umstrukturierung der Königsherrschaft

Nachdem Wilhelm die anfänglichen Probleme überwunden hatte, ruhte er sich nicht auf seinen Lorbeeren aus, sondern sicherte seine Herrschaft über das anglo-normannische Reich (vgl. Karte 5, S. 182). Nach 1066 war Wilhelms Ziel ganz deutlich nicht mehr auf Expansion ausgerichtet, sondern auf Konsolidierung. Die Kriege, die er führte, dienten nur noch der Abwehr von Feinden und nicht mehr der Ausdehnung seines Herrschaftsbereiches. Schon wenige Jahre nach 1066 hatte sich die für Wilhelm günstige Gesamtsituation in Europa zu seinen Ungunsten verschoben. Der französische König Philipp entwuchs der Minderjährigkeit und wurde zu einem Gegner vor allen Dingen in seinen Ansprüchen auf die Grafschaft Maine, die Wilhelm 1063 erobert hatte. Der Gegensatz des normannischen Herzogs, der zum König von England aufgestiegen war, zum französischen König sollte eine Konstante der anglo-normannischen Geschichte werden. Hier offenbarte sich das grundsätzliche Problem, dass der französische König sich von so einem mächtigen Vasall bedrängt fühlen musste. Die Ressourcen des englischen Königreiches gelten aufgrund der strafferen Verwaltung und des größeren königlichen Besitzes in der Forschung als sehr viel umfangreicher als die der französischen Krone, die fast nur auf die Einnahmen der Krondomäne zurückgreifen konnte. Das an sich stellte ein Ungleichgewicht zugunsten des englischen Königs dar, während andererseits der normannische Herzog als Vasall des französischen Königs den schlechteren Status hatte. Zugleich tat sich im Gefolge der Auseinandersetzungen zwischen Kaiser und Papst der französische König als Vorreiter der Christenheit und Helfer des Papstes hervor und setzte das gewonnene Prestige dazu ein, allmählich seinen Einflussbereich in Frankreich selbst auszudehnen. Die Ausweitung der Krondomäne, die Zentralisierung

Karte 5: Das anglo-normannische Reich und seine Nachbarn

Frankreichs, der Versuch, die Kronvasallen stärker an die Interessen der Krone zu binden, mussten auf die Normandie wirken, die am Unterlauf der Seine eine Schlüsselposition in Frankreich hielt. Diese Ausgangssituation bedeutet hingegen nicht, dass nicht beide Seiten zum Teil erfolgreich versucht hätten, sich zu einigen und einen Modus Vivendi zu finden. Der Interessengegensatz trat immer wieder zu Tage und verhinderte eine dauerhafte friedliche Koexistenz des Herzogs der Normandie und des französischen Königs. Der Erwerb der englischen Krone veränderte das Verhältnis des normannischen Herzogs zu seinem König nachhaltig.

Die Bretagne blieb nach wir vor ein rühriger Nachbar, der immer wieder versuchte, sich aus der ihm von der Normandie aufgedrängten Abhängigkeit zu befreien. Auch sie beschäftige Wilhelm den Eroberer in den Jahren nach 1066 immer wieder. In Flandern hatte sich der Wind mit dem Tod von Balduin V., Wilhelms Schwiegervater, ebenfalls gedreht. Sein minderjähriger Sohn Balduin VI. und dessen minderjähriger Nachfolger konnten sich gegen seinen Onkel Robert den Friesen nicht durchsetzen und Robert griff die flämische Tradition einer antinormannischen Politik wieder auf, so dass Wilhelm an dieser Grenze ebenfalls unter Druck stand. So ist es nicht verwunderlich, dass Wilhelm nach 1066 viele Monate oder ganze Jahre auf dem Kontinent verbrachte, um die unruhige Normandie zu sichern. Demgegenüber war die Situation in England vergleichsweise ruhig. Wilhelm war es schnell gelungen, seine Oberhoheit in Wales geltend zu machen und er überließ die Sicherung der englisch-walisischen Grenze in der Feinarbeit den dortigen normannischen Großen. Anders sah es an der ewig unruhigen schottischen Grenze aus. Malcolm III. forcierte wiederholt Ansprüche seines Schwagers Edgar Aetheling und sorgte oft auch für ein Bündnis des Prätendenten mit den kontinentalen Feinden Wilhelms des Eroberers. Aber alle Anstrengungen Edgars waren vergeblich und es gelang ihm selten, seinen Gegner in die Ecke zu drängen. Malcolm III. musste sich 1072 im Frieden von Abernethy dem englischen König unterwerfen und ihm einen Treueid schwören. Inwieweit dieser Treueid für das schottische Reich galt oder nur für Malcolm allein oder gar nur für seine englischen Besitzungen ist eine Frage, die zwischen englischen und schottischen Historikern moderner Zeiten strittig gewesen ist. Sollte Wilhelm der Eroberer Anspruch auf eine gewisse Hegemonialstellung der englischen Krone gegenüber Schottland erhoben haben, befand er sich damit auf dem Boden guter englischer Tradition. Schon Edgar von Wessex hatte im Jahr 973 angeblich in Chester die Unterwerfung des schottischen Königs und anderer britischer Fürsten entgegengenommen und man kann sich kaum vorstellen, dass Wilhelm dem Eroberer ein solcher Anspruch nicht bewusst gewesen sein soll.

Erstaunlicherweise liefen im Inneren Englands die Dinge außerordentlich glatt. Wilhelm leitete einige administrative Reformen ein und erneuerte die Gesetzgebung. Ein Motiv dürfte dabei sicher auch die Tatsache gewesen sein, dass Wilhelm für die Kriegszüge auf dem Kontinent regelmäßige Geldeinnahmen ebenso brauchte wie den inneren Frieden in England unter der Obhut eines Vertrauten. Bezeichnenderweise sind Aufstandsversuche natürlich unternommen worden, wenn Wilhelm gerade auf dem Kontinent war, aber eben nicht jedesmal wenn Wilhelm aus England fort war. Die Herstellung der inneren Ordnung war also im Großen und Ganzen von Erfolg gekrönt und gegen Ende von Wilhelms Herrschaft konnte kein Zweifel daran bestehen, dass er wie die Angelsächsiche Chronik es anlässlich seines Todes 1087 ausdrückt, ein mächtiger König gewesen war, der sein Land fest im Griff hatte. Als eine der administrativen Großtaten Wilhelms gilt die Zusammenstellung des *Domesday Book*. Dieses Verzeichnis aller königlichen Güter und der darauf fälligen Abgaben, das Jahrhunderte als Grundlage für das Eintreiben von Geldern benutzt wurde, gab Wilhelm im Jahr 1086 in Auftrag. Er befürchtete eine norwegische Invasion in England und wollte zur Abwehr ein Heer zusammenziehen. Um die Versorgung des Heeres zu gewährleisten, wollte er eine genaue Aufstellung seiner Einnahmen haben. Er schickte seine Beauftragten durchs Land, die eine Art Generalinventur machten und, wie die angelsächsische Chronik voller Empörung und Verwunderung vermerkte, alles bis zum letzten Schwein zählten[49]. Solche Güteraufstellungen oder Urbare kennen wir sonst nur aus kirchlichem Umfeld und das *Domesday Book* ist ein einzigartiges Zeugnis für den verwaltungstechnischen Vorsprung, den das englische Königreich in Europa unter den Normannen erreichte. Seinen Namen erhielt es daher, weil die Zeitgenossen meinten, die darin verzeichneten Zustände hätten ihre Gültigkeit bis zum jüngsten Tag, dem Tag des Gerichts, ein Ausdruck des Respekts vor der ungeheuren Leistung. Gebraucht hat Wilhelm seine Aufstellung dann nicht mehr, weil die norwegische Invasion ausblieb. Von diesem Zeitpunkt an gehörte die skandinavische Bedrohung Englands zur Geschichte.

Zweimal hatte Wilhelm noch mit Aufständen zu tun. Bei beiden Gelegenheiten zeigt sich wieder seine skrupellose und geschwinde Reaktionsfähigkeit. Im Jahr 1075 taten sich Ralph, Graf von Norfolk und Suffolk, von bretonischer Herkunft, und Roger, Graf von Hereford, Sohn Wilhelms FitzOsberns aus nicht ganz erschließbaren Gründen zusammen. Ralphs Motive sind ganz unsicher, während Roger offenbar die Einmischung der Sheriffs in seinen Ländereien als einen Affront betrachtete und darüber wütend war, nicht automatisch in die Vertrauensstellung seines verstorbenen Vaters nachgerückt zu sein. Ungeklärt ist auch, ob dem Grafen Waltheof, dem letzten angelsächsischen Adligen, zu Recht eine Beteiligung am Aufstand vorgeworfen wurde. Mit den Aufständischen machten Wilhelms Vertreter sowie dann Wilhelm selber kurzen Prozess. Ralph zog sich in die Bretagne zurück, Rogers Besitzungen wurden konfisziert und er selbst verhaftet. Waltheof wurde 1076 zum Tode verurteilt. Wirklich in Frage gestellt war Wilhelms Herrschaft durch den Aufstand, der kein antinormannischer Aufstand mehr war, sondern Ausdruck einer gewissen Unzufriedenheit der nachfolgenden Generation, nicht. Schmerzlicher war es für den englischen König, dass im Jahr 1082 auch sein eigener Halbbruder Odo einen Aufstand gegen ihn plante, der allerdings rechtzeitig entdeckt wurde, bevor es noch zum Schwure kam. Die Gründe für den Aufstand Odos nach einem langen und erfolgreichen Leben im Dienst des Königs, der ihm sein Engagement auch großzügig vergalt, sind ebenfalls unklar. Zeitgenössische Geschichtsschreiber vermuteten, Odo sei von einer Prophezeiung verwirrt worden. Nach ihr sollte der nächste Papst Odo heißen. Gemeint war Odo von Châtillon, der als Urban II. die cathedra Petri bestieg, aber Odo hielt sich für den nächsten Papst, war angeblich enttäuscht über die mangelnde Unterstützung seines Bruders und meinte wohl im Lichte der Prophezeiung, dass ihm keine Fehler mehr unterlaufen könnten. Auf jeden Fall lässt sich konstatieren, dass Odo ausgesprochen unvorsichtig war und das Geheimnis seiner Pläne nicht für sich behalten konnte, so dass Wilhelm frühzeitig von den Machenschaften seines Halbbruders erfuhr. König Wilhelm setzte seinen Halbbruder gefangen und erwies sich ihm gegenüber damit milder als gegenüber manchem seiner anderen Feinde.

Wilhelm der Eroberer regierte England mit eiserner Hand, aber erfolgreich. Von Vorteil dürfte auch gewesen sein, dass Wilhelm nach 1066 noch ein langes Leben beschieden war und dass er sich zwanzig Jahre mit der Sicherung Englands beschäftigen konnte. Möglicherweise wären die Karten noch einmal neu gemischt worden, wenn er bald nach der Eroberung gestorben wäre. Schließlich hatte er Erben, die nach ihm vierzig Jahre lang England regierten, so dass nach dem Tod Heinrichs I. die Herrschaft der Dynastie des Eroberers von niemandem mehr in Frage gestellt wurde. Dass man sich allerdings schon 1087 in England mit der normannischen Herrschaft arrangiert hatte, lässt sich schon daran sehen, dass sich die englischen Großen nach Wilhelms Tod auf die Seite von Wilhelm Rufus stellten, den Wilhelm zum Nachfolger in England bestimmt hatte und damit sich zum einen dem Willen des Eroberers beugten und zum anderen die Dynastie Wilhelms perpetuierten.

Die Zusammenarbeit mit der Kirche

Schon in der Normandie arbeitete Wilhelm intensiv mit Kirchenleuten zusammen und baute dabei auf die Mitarbeit von sehr säkularisierten Kirchenmännern wie etwa seinem Halbbruder Odo. Auf der anderen Seite konnte er sich auch auf die Loyalität von religiösen, theologisch gebildeten und vom Geist der Reform durchdrungenen Männern wie etwa Lanfranc vom Kloster Le Bec verlassen. Dies ist an sich schon bemerkenswert genug, aber es kommt noch hinzu, dass Wilhelm üblicherweise auch mit dem Papsttum auf gutem Fuße stand. Augenfälligster Ausdruck des Wohlwollens des Apostolischen Stuhles ist natürlich die Übersendung des päpstlichen Banners an den Herzog, der ihm das Recht auf England zuerkannte. Bezeichnenderweise fand aber eine Auseinandersetzung mit dem Papst um die Besetzung der Bischofsstühle und die rechte Einordnung der Bischöfe in das königliche Herrschaftssystem unter Wilhelm dem Eroberer nicht statt. Es sollte erst unter seinem Sohn Heinrich I. zu Streit mit dem Papst kommen, der aber im Gegensatz zu der Wucht des gleichzeitigen epochalen Streites zwischen Gregor VII. und seinen Nachfolgern und den römisch-deutschen Kaisern kaum als Geplänkel gelten kann.

Wilhelm wollte in kirchlichen Belangen zu großen Teilen normannische Verhältnisse auf sein neu erworbenes Königreich übertragen. Kontinentale Reformer sollten der englischen Kirche den richtigen Weg weisen. Viele Klöster wurden von der Normandie aus mit neuen Äbten und Mönchen versehen, viele, aber nicht alle Bischofsstühle, schon bald neu besetzt. Es ist auffällig, dass Wilhelm recht behutsam vorging und im Zweifel abwartete, bis der Abts- oder Bischofssitz wegen des Todes des Amtsinhabers frei wurde und nur selten das Mittel der Absetzung benutzte. Eine Ausnahme bildete der bereits genannte Erzbischof Stigand von Canterbury. An dem Coronator Edgar Aethelings konnte man gleichzeitig ein Exempel statuieren, da er als Simonist galt. An ihm konnte die angebliche Verderbtheit des englischen Klerus und der Bedarf für reformerische antisimonistische einwandfreie Bischöfe offenbar gemacht werden. Mit dem neuen Erzbischof von Canterbury, Lanfranc, traf Wilhelm eine hervorragende Wahl. Der gebildete und berühmte Abt von Le Bec galt als fromm und hatte einen weiten Schülerkreis, der ihn verehrte. Mit ihm wählte er keinen Exponenten einer auf weltliche Ziele ausgerichteten Geistlichkeit, sondern konnte das Ziel der Erneuerung der englischen Kirche sinnfällig deutlich machen. Gleichzeitig war Lanfranc ein Mann, der sich durch diplomatisches Geschick hervortat und sich daher als Vermittler zwischen König und alteingesessener Geistlichkeit anbot, ohne dass er die Belange seines ihm anvertrauten Kirchenvolkes vernachlässigt hätte. Wenn wir dem Verfasser seiner Vita glauben dürfen, war Lanfranc vom Zustand der englischen Kirche tatsächlich alles andere als begeistert, aber bemühte sich doch um eine behutsame Vorgehensweise, so dass er sich nur wenige Feinde machte. Sein Verhältnis zu König Wilhelm war stets von einer bemerkenswerten gegenseitigen Achtung geprägt, die beiden offenbar erlaubte, den jeweils anderen in seinem Bereich wirken zu lassen, ohne das Bedürfnis nach übermäßiger Einmischung zu verspüren. Dabei hat Lanfranc durchaus im Sinne Wilhelms gewirkt, wenn er den Primat Canterburys stärkte, die Klöster normannisch reformierte, Abgaben vereinheitlichte, vergessene kirchenrechtliche Bestimmungen wiederbelebte und vieles mehr. Die von den angelsächsichen Vorgängern ererbte Vormachtstellung des Königs über die Kirche kam dem standfesten Reformer da durchaus zupass, denn mit seiner Hilfe konnte Lanfranc eine umfassende Reform überhaupt erst angehen. Die Tatsache, dass der König sich damit vielleicht zuviel in kirchliche Belange einmischte, gab Lanfranc offenbar noch keinen Anlass zur Besorgnis. Gleichzeitig konnte Wilhelm sich darauf verlassen, dass Lanfranc die Geistlichkeit auf Kurs hielt, die sich im Falle von Aufständen auf seine Seite als die des rechtmäßigen Königs schlug. Lanfranc sah sich sicher nicht als Erfüllungsgehilfe des Königs, aber nach außen hin unterstützte er den König stets. Sogar als Gregor VII. von Wilhelm den Peterspfennig anmahnte, eine Abgabe an den päpstlichen Stuhl, die schon von Aethelwulf, dem Vater Alfreds des Großen, zugestanden worden war, ließ sich Lanfranc nicht dazu bewegen, seinem König zu widersprechen. Während Wilhelm indigniert auf Gregors Anfrage reagierte und ihm mit deutlichen Worten zu verstehen gab, dass er eine solche Zusage nie gemacht habe, schrieb der gleichzeitig von Gregor VII. angesprochene Lanfranc, dem Papst, dass er nur zusagen könne, den Sachverhalt noch einmal mündlich mit Wilhelm zu besprechen, dies auch nur dem Papst zu Gefallen, nicht aber, weil er dem Papst gegenüber dem König in irgendeiner Weise Recht gäbe[50]. Diese Loyalität des Erzbischofs, auf die Wilhelm sich sogar bei Anfragen des Papstes verlassen konnte, bedeutete, dass Wilhelm und Lanfranc ein bemerkenswert gutes Gespann abgaben. Selten haben König und Erzbischof in England so gut zusammengewirkt. Die Früchte konnten noch Wilhelms Nachfolger ernten. Die englische Kirche und an ihrer Spitze der Erzbischof von Canterbury wurden auf den König hin ausgerichtet und auch auf diesem Gebiet hat Wilhelm der Eroberer vorgefundene Privilegien der englischen Krone und aus der Normandie importierte Gewohnheiten zu einem glücklichen Ganzen vereint, das zu seinem Vorteil wirkte. Durch die Hervorhebung des Primates von Canterbury wurde die englische Kirche als eine Landeskirche gestrafft und so für den König, jedenfalls wenn er sich mit dem Erzbischof von Canterbury gut verstand, besser kontrollierbar. Die Reformierung der Klöster und des Klerus bedeutete für den Herrscher einen Prestigegewinn der ihn zusätzlich legitimierte. Die Ausrichtung auf die Kirchenreform bedeutete, dass der König willige und fähige Helfer fand, die für das Ziel der

Reform bereit waren, dem König seinen weitgehenden Zugriff auf die kirchlichen Ämter zu überlassen. Schließlich bedeutete die Neubesetzung der Abteien und Bistümer mit Normannen auch, dass diese dem König für die neuerworbenen Pfründe besonders dankbar waren. Auf der anderen Seite bedeutete die Besetzung von Bischofsstühlen nur mit Normannen auch, dass man sich der Möglichkeit beraubte, fähige Engländer zu rekrutieren. Im Grunde genommen ist es daher nicht verwunderlich, dass es eine strikte Abgrenzung des Klerus gegen Engländer nicht lange Bestand hatte. Wie auch beim weltlichen Adel war das Gros normannischer Herkunft, aber je mehr sich die Kirchenreform durchsetzte, desto mehr gab es für junge englische Kleriker, die schon im Geiste der Reform groß geworden waren, wieder die Möglichkeit in der kirchlichen Hierarchie etwas abseits vom erblichen Adel aufzusteigen und schon unter Heinrich I. gab es recht viele englische Kleriker.

Die Nachfolgeregelung

Dafür, dass Wilhelm der Eroberer einen beträchtlichen Anteil seiner Energie darauf verwandte, das anglo-normannische Reich zu stabilisieren, ist es erstaunlich, dass er keinen Versuch gemacht zu haben scheint, es für die Zukunft zu erhalten. Wilhelm hatte drei Söhne, die das Mannesalter erreichten und er stattete jeden von ihnen aus. Dies heißt aber nicht unbedingt, dass Wilhelm ein Zusammenhalt von Königreich und Herzogtum auf Dauer nicht vielleicht doch lieber gewesen wäre. Der älteste Sohn des Eroberers, Robert Kurzhose, – wohl wegen der Kürze seiner Beine so genannt – war schon vor 1066 zum Nachfolger des Vaters im Herzogtum ernannt worden und hatte dem französischen König den Lehnseid geleistet. Offenbar wollte Wilhelm in diesem Moment der Unsicherheit in der Normandie einen Kristallisationspunkt für die Legitimität seiner Herrschaft haben. Der präsumtive Erbe sollte sich mit dem politischen Parkett in der Normandie vertraut machen und vielleicht durch seine Anwesenheit allein schon verhindern, dass Nachbarn oder Unzufriedene die Situation nutzten. Ein solcher Schritt ließ sich kaum ohne massive Probleme rückgängig machen, auch wenn Wilhelm versucht gewesen sein sollte, als er und sein ältester Sohn nicht mehr gut miteinander standen. Robert war offenbar der Meinung, dass sein Vater ihm zu wenig Freiheiten ließ und Wilhelm hielt seinen ältesten Sohn für unfähig. Immer wieder setzte sich Mathilde für ihren ältesten Sohn ein. Dieser versuchte ständig seinen Vater dazu zu zwingen, ihm Befugnisse zu überlassen und verbündete sich zu diesem Zweck mit den erklärten Feinden seines Vaters, sei es dem flämischen Grafen, sei es dem französischen König. Nie hatte Robert Erfolg mit seinen Aufständen. Dennoch scheint er ein Mann gewesen zu sein, der vielleicht aufgrund seiner ihm von mehreren Geschichtsschreibern bescheinigten Großzügigkeit die Fähigkeit besaß, Gefolgsleute an sich zu ziehen. Es gab in der Normandie eine recht starke Fraktion, die ihm zugetan war, und es gab offenbar auch einige Große in England, die ihn als Nachfolger favorisierten. Wilhelm der Eroberer selbst machte die Nachfolge seines ältesten Sohnes in der Normandie trotz häufigem öffentlich geäußertem Unwillen nicht rückgängig, aber er machte auch keinerlei Anstalten, Robert als Nachfolger in England zu etablieren. Ursprünglich war für die Nachfolge in England wohl der zweite Sohn des Eroberers, Richard, gedacht, der allerdings als junger Mann noch zu Lebzeiten des Vaters im vom König neu aufgeforsteten Königswald, dem New Forest, bei einem Jagdunfall ums Leben kam. In seine Fußstapfen trat Wilhelm, der aufgrund seines roten Haares und vielleicht wegen seines Temperamentes den Beinamen Rufus erhielt. Er verstand sich besser mit seinem Vater als der ältere Bruder, sicher schon aus Notwendigkeit, weil das Erbrecht des Ältesten schon so etabliert war, dass eine Apanagierung jüngerer Söhne mit weiteren Besitztümern des Vaters nur mit dem Willen des Vaters möglich war. Man hat in dieser Regelung ein Erbrecht erkennen wollen, dass es ermöglichte, eroberte oder anders erworbene Güter nicht nach dem üblichen Primogeniturrecht zu vererben, sondern diese frei zu verteilen. Es ist durchaus möglich, dass das Erbrecht im Fall erworbener Güter nicht so streng war, auf der anderen Seite hatten Könige und Fürsten mit vielen Söhnen, die zu versorgen waren, immer wieder das Streben, diese Söhne auszustatten und auch Wilhelm dürfte den Wunsch danach gehabt haben. Heinrich, der jüngste Sohn des Eroberers, war wohl für den Klerikerstand vorgesehen, sein späterer Beiname Beauclerc spricht auf jeden Fall dafür, dass seine Ausbildung im Lesen und Schreiben gründlicher gewesen sein dürfte als die seiner Brüder. Er war aber auch der einzige der Brüder, der geboren wurde, als der Vater den Königstitel bereits besaß und von daher wurde sicher auf seine Erziehung von Anfang an etwas sorgfältiger geachtet. Heinrich jedenfalls wurden reichlich Güter und Besitztümer bezeichnenderweise in England und in der Normandie hinterlassen, so dass er auf jeden Fall keine Verarmung zu befürchten hatte.

Ein gewisser Widerspruch besteht zwischen dieser Aufteilung des Reiches und dem Bestreben Wilhelms, seine ererbten und eroberten Güter zu Lebzeiten zusammenzuhalten. Man könnte die Möglichkeit in Erwägung ziehen, dass Wilhelm der Eroberer zumindest zeitweise mit dem Gedanken spielte, alles dem ältesten Sohn zu hinterlassen, sicherlich nicht ohne seinen anderen Söhnen angemessene Abfindungen zukommen zu lassen. Als sich Robert dann in seinen Augen als Enttäuschung erwies, konnte er seine Designation zum künftigen Herzog der Normandie kaum rückgängig machen, ohne enorme Probleme heraufzubeschwören. So etwas gar nicht erst auszuprobieren, ist durchaus konsistent mit dem Pragmatismus des Eroberers. Vielleicht war er in diesem Moment froh, dass er 1066 noch keine Entscheidung über die englische Erbfolge getroffen hatte und über dieses Reich nach seinem Gutdünken bestimmen konnte. Auch hier spielte sicher die Überlegung eine Rolle, wer der nachste Sohn an der Reihe war, erst der früh verstorbene Richard und dann Wilhelm Rufus. Da der Eroberer sich mit Rufus gut verstand, kam ihm diese Regelung sicherlich zupass und er mag heimlich gehofft haben, dass Rufus sich als fähig genug erweisen mochte, eine Einigung des anglo-normannischen Reiches erneut zu vollziehen. Keiner der Söhne schien jedoch mit der Regelung einverstanden zu sein. Die zwanzig Jahre nach dem Tod des Eroberers wurden von den Versuchen seiner Söhne geprägt, das ganze Erbe an sich zu ziehen. Unzufriedene englische und normannische Große nutzten immer wieder die Gelegenheiten, die sich daraus ergaben, dass es andere mögliche Herrscher aus dem Hause des Eroberers gab.

Am 9. September 1087 starb Wilhelm der Eroberer. Für einen solchen Kriegsfürsten nicht verwunderlich, wurde er auf einem letztlich wenig bedeutsamen Feldzug gegen den französischen König, wo er an der Stadt Mantes ein Strafexempel statuieren wollte, tödlich verletzt. Bei einem Brand in den Straßen der Stadt, scheute sein Pferd und warf ihn ab, so dass er innere Verletzungen erlitt, die ein paar Tage später zu seinem Tode führten. Als er fühlte, dass sich der Tod ihm näherte, hat er die Bestimmungen der Erbfolge noch einmal bekräftigt. Offenbar schweren Herzens gestand er Robert Kurzhose die Nachfolge in der Normandie zu und setzte für England alle seine Hoffnungen auf Rufus. Bei Wilhelms Beerdigung müssen sich groteske Szenen abgespielt haben. Zunächst stank der Leichnam schon so unangenehm, dass die Verbrennung von viel Weihrauch und Wohlgerüchen auch nicht mehr viel half. Die Beerdigung sollte dann möglichst schnell erfolgen, wurde aber zunächst von einem Mann unmöglich gemacht, der eidlich versicherte, dass das Stück Erde, in dem Wilhelm begraben werden sollte, ihm gehöre. Als diesem Mann, der den Zeitpunkt für die Vertretung seines Anspruches wirklich gut gewählt hatte, da die Nerven der Beerdigungsgäste wohl schon zum Zerreißen gespannt waren, eine Abfindung gezahlt worden war, hatte man Schwierigkeiten den in späteren Jahren sehr gewichtig gewordenen Wilhelm in den Sarg zu legen. Seine Eingeweide platzten auf, was den ohnehin schon vorhandenen Geruch nicht verbesserte. Dies alles wissen wir allerdings erst durch Ordericus Vitalis, der eine gute Generation nach diesen Ereignissen schrieb. Für den frommen Mönch aus St-Evroul war die Beerdigung ein Lehrstück sondergleichen zum Thema „*Sic transit gloria mundi*“. Der König, der alle seine Zeitgenossen zum Erzittern gebracht hatte, war in seiner Sterblichkeit nicht anders als andere Menschen, sein irdischer Ruhm nützte ihm nichts mehr und über seinen himmlischen Lohn war man sich durchaus im Unklaren. Als Eroberer Englands schrieb Wilhelm europäische Geschichte und seine Lebensleistung hätte auch für mehr als eine Person ausgereicht. Er war ein Mann von offenbar enormen und vielfältigen Fähigkeiten, der zumindest auch immer auf die Kooperation und vielleicht sogar auf so etwas wie die Freundschaft mancher seiner Mitstreiter setzen konnte. Gerade die Gefährten seiner widrigen Jugend scheinen ihm nahe gestanden zu haben. Aber wie es der moderne Historiker David Bates ausgedrückt hat, hatte Wilhelm keine menschlichen Schwächen, die es uns Heutigen erleichtern würden, ihm Sympathie entgegen zu bringen.

Wilhelm II. Rufus

Wilhelm II. Rufus war laut Ordericus Vitalis am Sterbebett seines Vaters, wartete seine Beerdigung aber nicht ab, sondern setzte sobald wie möglich über den Kanal, um die Herrschaft in England zu sichern. Einige englische und normannische Große, unter ihnen wohl auch der von Wilhelm I. noch kurz vor seinem Tod freigelassene Odo von Bayeux, favorisierten Robert Kurzhose für die Nachfolge. Ob sie das Recht der Primogenitur aufrecht erhalten wollten oder sich von Robert vielfältige Belohnungen erhofften, ist nicht ganz klar. Letzteres scheint wahrscheinlicher. Erstaunlicherweise berichten unsere Quellen, dass gerade die englischen Untertanen sich für Rufus einsetzten, ein Indiz dafür, dass es dem Eroberer in zwanzig Jahren gelungen war, Misstrauen abzubauen. Wilhelm Rufus selbst, der im Gegensatz zu Robert in England gut bekannt war, hatte sich einige Sympathien sichern können. Einen der wichtigsten Anhänger von Robert Kurzhose, Roger von Montgomery, der umfangreiche Besitzungen in England hatte, konnte Wilhelm Rufus auf seine Seite ziehen, indem er ihm Versprechungen machte: „Der König zog ihn (Roger) beiseite... und sagte, dass er gerne die Krone abgäbe, wenn es ihm und den anderen genehm wäre, die sein Vater ihm als Beschützer hinterlassen hatte. Er verstünde nicht, warum sie so unbändig seien, wenn sie Geld wollten, konnten sie es unbegrenzt nehmen, wenn sie einen Zuwachs an Ländereien wollten, könnten sie auf dieselbe Weise alles haben, was sie wollen“[51]. Den uralten Wulfstan von Worcester, einen der wenigen englischen Bischöfe, der zudem als frommer und guter Mensch galt, konnte er auch von der Rechtmäßigkeit seines Anspruches überzeugen. Der Aufstand zerfiel, die Unruhen verliefen im Sand und Wilhelm II. Rufus konnte ohne Probleme zum König gekrönt werden. Er regierte nur etwas mehr als 10 Jahre und eine Einschätzung seiner Person und seiner Fähigkeiten ist daher schon immer schwerer gefallen als im Fall des Eroberers. Zudem berichten die zeitgenössischen Quellen sehr unvorteilhaft über Wilhelm Rufus, der sich durch seinen langjährigen Streit mit Erzbischof Anselm von Canterbury den Zorn manchen Kirchenmannes zuzog. Zumindest auf dem Gebiet der gedeihlichen Zusammenarbeit mit der Kirche waren Wilhelm die Stiefel seines Vaters zu groß. Immerhin sollte ihm die zeitweise Wiedereingliederung der Normandie in seinen Herrschaftsbereich gelingen. Beides, der Streit mit Anselm und die Auseinandersetzungen mit Robert Kurzhose, sollten viel von seiner Energie in Anspruch nehmen. Dass sich dies für den englischen König so ohne Weiteres bewerkstelligen ließ, ohne dass es in England zu ernsthaften Problemen gekommen wäre, oder ohne dass es langfristig zu Auseinandersetzungen mit den keltischen Nachbarn in Wales und Schottland gekommen wäre, ist aber ein weiteres deutliches Anzeichen dafür, wie gesichert das englische Königtum war. Auf der anderen Seite wird man Wilhelm Rufus wohl zugestehen, dass er die innere Verwaltung des Königreiches schon einigermaßen kompetent angegangen haben muss, denn über zehn Jahre hätten auch die besten Einrichtungen seines Vaters kaum als Selbstläufer fungieren können. Bis auf den Streit mit Anselm und die gelegentlichen und im Grunde genommen in jedem mittelalterlichen Reich obligatorischen einzelnen Rebellen ist die Regierungszeit Wilhelms II. Rufus in England selbst eine unspektakuläre Zeit. Nur 1095 gab es einen Aufstand, der von Rufus nach Art seines Vaters hart unterdrückt wurde. Wenn wir den Quellen glauben dürfen, war Wilhelm in kirchlichen Kreisen ausgesprochen unbeliebt, aber man kann sich des Eindrucks nicht ganz erwehren, dass niemand wirklich zufrieden mit ihm war, aber auch keiner so unzufrieden, dass man sich veranlasst gesehen hätte, – mit Ausnahme der Aufständischen von 1095 – ernsthaft etwas gegen ihn zu unternehmen. Ordericus Vitalis sah ihn als einen Tyrannen und Unterdrücker der Kirche, den mit einem frühen Tod die gerechte Strafe ereilt hätte. Aber allgemein verbreiteter Unwille äußert sich üblicherweise in größeren Revolten, die eben zu Rufus' Zeit nicht zu verzeichnen sind. Die glanzvolle Hofhaltung, die Rufus im Gegensatz zu seinem bescheideneren Vater betrieb, fand natürlich auch nicht die Zustimmung des Mönches aus St-Evroul, den weltlichen Adel der Zeit dürfte sie zugegebenermaßen beeindruckt haben, zumal in einer Zeit, in der der Glanz und vor allen Dingen die Kultiviertheit eines weltlichen Hofes für das Prestige eines Herrschers immer größere Bedeutung erlangten. Erstaunlich ist, dass Wilhelm Rufus Zeit seines Lebens unverheiratet blieb, dass auch nicht das kleinste Gerücht über irgendeine geplante Eheschließung an unsere Ohren gedrungen ist und dass er keine unehelichen Kinder hatte. Zusammen mit einigen kryptischen Andeutungen der zeitgenössischen Geschichtsschreiber und dem Hinweis des Ordericus Vitalis, dass es am Hofe Wilhelms einige verweiblichte Männer gegeben habe[52], hat man daraus den Schluss gezogen, dass Wilhelm Rufus homosexuell gewesen sei. Wohlgemerkt haben wir keine deutlicheren Hinweise wie etwa im Fall Eduards II. von England, dessen bevorzugte Liebhaber wir namentlich kennen, aber man kann sich auf der anderen Seite auch kaum einen anderen Grund dafür vorstellen, dass Wilhelm sich der Verpflichtung eines Herrschers für Nachkommenschaft zu sorgen entzog, und vor allen Dingen ohne Not die politischen Vorteile nicht nutzte, die ihm der Heiratsmarkt als König zu bieten hatte.

Auseinandersetzung um die Normandie

Wilhelm Rufus hatte offenbar von Anfang an vor, das Reich seines Vaters wieder zu vereinen. Im Jahr 1088 verständigte er sich kurzfristig mit seinem älteren Bruder Robert, offenbar weil beide erst einmal ihre eigene Herrschaft sichern wollten. Der Vertrag hielt jedoch nicht lange und Wilhelm Rufus belauerte seinen älteren Bruder auf Schwächen und versuchte unzufriedene Große der Normandie auf seine Seite zu ziehen. Robert Kurzhose wurde von englischen Unzufriedenen als Aushängeschild verwendet, aber er scheint weniger Initiative gezeigt zu haben als sein jüngerer Bruder. Wilhelm Rufus gelang es außerdem, den jüngsten Bruder Heinrich auf seine Seite zu ziehen, der sich allerdings von beiden Brüdern nicht in die Karten blicken ließ und gerade in der Normandie durchaus auch auf den eigenen Vorteil hinwirkte. Dass Heinrich darauf spekulierte, irgendwann Wilhelm ablösen zu können, liegt auf der Hand. Solange Wilhelm Rufus ohne Erben war, konnte Heinrich kaum anders, als sich selber als Nachfolger zu sehen, solange er nicht bereit gewesen wäre, das Feld kampflos Robert Kurzhose zu überlassen. Nach allem, was wir über Heinrich wissen, war das sicher nicht der Fall. Heinrich wirkte also für Rufus und letztlich auch für sich selbst in der Normandie als ein beständiger Unruhefaktor, der Robert das Leben schwer machte. Robert konnte sich dieser Anfechtungen durch seine Brüder durchaus erwehren und sich im Falle militärischer Auseinandersetzungen immer bewähren. Er galt persönlich als überaus tapfer und setzte dies in entsprechenden Fällen auch ein. Seine Großzügigkeit war legendär, aber erwies sich auch als ruinös, da es ihm nicht gelang, seine Ausgaben auch nur annäherungsweise mit seinen Einnahmen in Einklang zu bringen. Mit dem sauren Geschäft des täglichen Regierens scheint Robert Kurzhose hoffnungslos überfordert gewesen zu sein.

Die Situation war ungeklärt, als Robert Kurzhose sich entschloss, am Kreuzzug teilzunehmen. Da dem hoch Verschuldeten eigentlich das Geld dafür fehlte, einigte er sich mit Rufus auf eine Verpfändung der Normandie. Für die Summe von 10 000 Mark, die Rufus seinen englischen Untertanen mit Hilfe einer Sondersteuer aus der Tasche zog, überließ Robert seinem Bruder für die Dauer seiner Abwesenheit auf dem Kreuzzug die Normandie und alle herzoglichen Rechte. Wilhelm Rufus mochte hoffen, dass die Vereinbarung hinfällig werden würde, wenn Robert nicht zurückkehrte, oder dass er die Möglichkeit hätte, seine vorübergehende Herrschaft soweit zu festigen, dass Robert sie ihm nicht wieder abnehmen konnte. Robert Kurzhose muss dieses Risiko an sich bewusst gewesen sein, aber seine Geldnot und sein Kreuzzugseifer waren offenbar so groß, dass er seine Herrschaft aufs Spiel setzte. Immerhin sorgte er im Gegensatz zu seinem Bruder für die Fortsetzung seiner Linie, indem er eine süditalienische Grafentochter heiratete und mit ihr einen Sohn zeugte.

Wilhelm Rufus hat sich den Kreuzzugsaktivitäten vollständig entzogen, was in Anbetracht der Tatsache, dass der erste Kreuzzug hauptsächlich eine Sache der französischen Fürsten war, nicht verwundern muss. Neben Herzog Robert verließen auch andere normannische Große das Land, um Jerusalem zu erobern, aber kaum jemand mit englischem Besitz schloss sich an, wobei die prekäre Situation um den exilierten Erzbischof von Canterbury möglicherweise eine Rolle gespielt haben mag.

Wilhelm Rufus und Anselm von Canterbury

Erzbischof Lanfranc von Canterbury starb 1089. Rufus hatte es nicht eilig damit, den Stuhl neu zu besetzen. Die Einnahmen eines nicht besetzen Bischofsstuhles, die sogenannten Spolien, fielen an die englische Krone und Wilhelm Rufus zog diese Art der Einnahmen gegenüber der Kooperation mit vorhandenen Bischöfen offenbar vor. Canterbury war nicht das einzige Bistum, das unter Rufus jahrelang unbesetzt blieb, sicherlich aber das prominenteste. Die angenehmen finanziellen Folgen, die dies für den königlichen Fiskus hatte, wogen aber nicht unbedingt die Nachteile auf. Ein König, der so offensichtlich seinen Geldbedarf über die seelsorgerischen Bedürfnisse seiner Untertanen stellte, musste auf Dauer die christliche Legitimation seiner Herrschaft unterhöhlen. In den Jahren nach der Auseinandersetzung zwischen dem römisch-deutschen König Heinrich IV. und Papst Gregor VII. war dies durchaus ein Themengebiet, auf dem ein König sich angreifbar machen konnte. Die Infragestellung der christlichen Einstellung eines Königs allein führte sicher noch nicht unbedingt zum Aufstand, aber ein König, der sich so offensichtlich gegen kirchliche Belange stellte, gab seinen Feinden ein kaum zu überschätzendes nützliches Propagandamittel in die Hand. Wilhelm Rufus stellte sich allerdings etwas geschickter an als sein Zeitgenosse Heinrich IV. Er scheint die Ausbeutung der kirchlichen Ressourcen für seine Zwecke immer gerade so weit getrieben zu haben, wie er das straffrei tun konnte. Man drohte ihm mehrmals mit Kirchenstrafen und Exkommunikation, ohne dass es je dazu gekommen wäre. Tatsächlich war es dann auch offenbar die Androhung von göttlicher Strafe, die Wilhelm Rufus während einer schweren Krankheit im Jahr 1093 gegeben sah, die ihn dazu veranlasste, den Stuhl von Canterbury doch wieder zu besetzen. Die Wahl fiel auf einen Schüler des Lanfranc, den ebenfalls theologisch und philosophisch hervorgetretenen Anselm, auch er Abt von Le Bec und von der Kirchenreform geprägt. Er war der Wunschkandidat der Geistlichkeit von Canterbury, die sich von ihm wohl ein positives Wirken im Sinne Lanfrancscher Tradition erhoffte und denen an einer Fortsetzung der reformerischen Bemühungen für die englische Kirche gelegen war. Anselm ist heute vor allen Dingen wegen seines „Proslogion" bekannt, einem Gottesbeweis, der die Existenz Gottes aus dem Begriff beweist, dass Gott der sei, über den man nichts Größeres hinaus denken könne. Die damalige Theologie bedachte seine Schrift „Cur deus homo", die erklärte, warum Gott Mensch werden musste, mit sehr viel mehr Aufmerksamkeit.

Wenn wir dem Biographen Anselms, Eadmer, glauben wollen, versprach Wilhelm Rufus auf dem Krankenbett 1093 hoch und heilig, seinen Lebenswandel zu bessern. England sollte von König und Erzbischof, die gemeinsam unters Joch gespannt wären, eine heilsame Regierung erfahren. Nach seiner Genesung wollte Rufus von diesem Versprechen nichts mehr wissen. Eadmer legt dem König den zynischen Satz in den Mund, dass Gott kaum erwarten könne, Gutes von ihm zu bekommen, wenn er ihm selber Schlechtes getan habe[53]. Anselm aber blieb natürlich auch nach der Genesung von Wilhelm Erzbischof.

Anselm, dessen Vorstellungen offenbar radikaler waren als die des praxisorientierten Lanfranc, geriet bald mit dem König aneinander, der seinen Erwartungen in keiner Weise gerecht wurde. Anselm störte sich dabei wohl weniger an dem recht säkularen Lebenswandel bei Hofe, sondern vor allen Dingen an königlichen Vorrechten, die Wilhelm Rufus wie schon sein Vater selbstverständlich nutzte. Eines dieser Vorrechte war eine Abgabe, die bei der Neubesetzung eines Bistums fällig wurde. Sie ist parallel zu ähnlichen Abgaben bei der Übergabe von Königslehen an den Erben zu sehen, war aber für die Kirchenreformer aus zwei Gründen problematisch. Zum einen manifestierte sich in dieser Abgabe ebenso wie in dem vom Bischof eingeforderten Treueid dem König gegenüber, der allerdings zu Rufus' Zeiten noch kein Streitpunkt war, die Eingliederung der Kirchenämter in das weltliche Herrschaftssystem und die Verfügungsgewalt des Königs über die Kirche. Zum anderen konnte man die Zahlung als eine Bezahlung für die Amtseinsetzung verstehen. Dies fiel aber ganz offensichtlich in die Kategorie des verbotenen Ämterkaufes, der sogenannten Simonie, ein Missstand, gegen den die Kirchenreformer vor allen Dingen angetreten waren. Anselm und auch seine Kollegen hielten sich ansonsten aber an die von Lanfranc vorgegebene Schiene, die Umsetzung der Reformideen in der Prioritätenliste nicht über ein gedeihliches Verhältnis zum König zu stellen. Dieser Konflikt alleine hätte also nicht unbedingt zu einem endgültigen Bruch zwischen Anselm und Rufus führen müssen, zumal das Augenmerk des Papstes in diesen Jahren im Zweifel beim römisch-deutschen Kaiser lag. Anselm aber kam mit dem festen Vorsatz nach England, die Anerkennung des in seinen Augen rechtmäßigen Papstes Urban II. durchzusetzen. Persönlich legte ihm Wilhelm Rufus in dieser Sache keine Steine in den Weg, wollte aber eine Verpflichtung des gesamten Königreiches auf Urban II. nach Möglichkeit vermeiden und zu Beginn seiner Regierung war ihm das auch geglückt. Die Gründe dafür waren vielfältiger Natur. Die Existenz von zwei Päpsten bedeutete für den Herrscher ein Mehr an Möglichkeiten, da er beiden Zugeständnisse abringen konnte. Eine Festlegung auf einen von beiden beengte notwendigerweise die diplomatischen Möglichkeiten. Urban II. war zwar im Gegensatz zu seinem Vorgänger Gregor VII. kein so weltfremder glühender Idealist, aber auch ihm musste man realistischerweise zutrauen, dass er sich in die Kirchenpolitik Englands in dem Maße einmischen würde, wie er Reformziele noch nicht durchgesetzt sah. Weiterhin bestand bei der Festlegung auf einen Papst die Möglichkeit, dass sich der englische Klerus unter Umständen nicht einig sein würde. Dies musste zu Verwicklungen führen, wenn sich die beiden Seiten gegenseitig Kirchenstrafen androhen würden. Es war nicht unbedingt eine sehr wahrscheinliche Folge, da außerhalb des treu zu Heinrich IV. stehenden Klerus die Anerkennung des Gegenpapstes Wibert nie ernsthaft in Betracht gezogen wurde, aber das konnte Wilhelm Rufus zumindest zum Zeitpunkt der Erhebung Urbans II. nicht absehen. Als Anselm nach Canterbury kam, dürfte eigentlich kein Zweifel mehr daran bestanden haben, dass es Urban II. gelungen war, dem Reformpapsttum erneut zum Aufschwung zu verhelfen und dass er der allgemein anerkannte Papst war. In dieser Sache erwies sich Anselm als ausgesprochen kompromisslos. Als Primas der englischen Kirche schwor er seine Mitbischöfe auf Urban II. ein und arbeitete daran, dass auch jeder Weltliche diesen Papst anerkennen müsse. Bezeichnenderweise ging Anselm allerdings im Jahr 1097 lieber ins Exil, als dem englischen König Kirchenstrafen anzudrohen. Wilhelm Rufus nutzte selbstverständlich die Gelegenheit, die Einnahmen von Canterbury wieder dem Fiskus zuzuführen und scheint mit der Situation daher nicht unzufrieden gewesen zu sein. Unglücklich war allerdings der englische Episkopat, der nach der langen Zeit der Vakanz nun wieder ohne Oberhaupt dastand. Sie bemühten sich darum, eine Lösung zu finden, als das Problem sich überraschend zunächst einmal erübrigte, als Wilhelm Rufus am 2. August des Jahre 1100 auf der Jagd den Tod fand.

Die Umstände von Rufus' Tod sind ausgesprochen mysteriös und zumindest moderne Historiker haben hin und wieder vermutet, dass der jüngere Bruder Heinrich seine Hand im Spiel hatte. Quellenhinweise dafür gibt es nicht. Da ein solch plötzlicher Tod als sichtbares Zeichen göttlicher Ungnade galt, hoben die späteren Berichte immer wieder hervor, dass Wilhelm Rufus deutliche Hinweise auf eine kommende Strafe Gottes für die Unterdrückung der Kirche und die Auseinandersetzung mit Anselm erhalten habe, die die letzten Tage seines Lebens deutlich überschattet hätten. Aber als archetypischer uneinsichtiger Sünder erachtete Wilhelm diese Anzeichen alle für nichts und begab sich dennoch auf die Jagd. Die Tatsache, dass er wie sein älterer Bruder Richard im New Forest seinen Tod fand, wurde als Fingerzeig verstanden, dass die Forstgesetze des Eroberers nicht rechtens gewesen seien. Dies sind natürlich Prophezeiungen ex eventu, die nach dem Tod des Königs die Ereignisse erklären sollten. Mit wenigen Getreuen ging Wilhelm am Morgen auf die Jagd und wurde von einem verirrten Pfeil getroffen, der nach Ordericus Vitalis von Walter Tirel von Poix abgeschossen wurde, einem Adligen mit wenig Besitz, der durch die Gunst eines ihm zugetanen lebenden Königs nur gewinnen konnte und daher als Tatverdächtiger für einen Mord zumindest kein Motiv aufzuweisen hat. Die tödliche Wirkung trat schnell ein und zum Grauen der Zeitgenossen hatte der König weder Gelegenheit einen Nachfolger zu bestimmen, noch die Beichte abzulegen. Dass der jüngere Bruder Heinrich seine Hand über den nach Frankreich geflohenen Schützen hielt, sollte man als Anzeichen dafür werten, dass zumindest er den Schuss als Unfall verstand, einen gefährlichen Mitverschworenen hätte wohl eher ein Todesurteil getroffen. Dass Heinrich die Situation nach dem Tod seines Bruders unmittelbar zu seinen Gunsten nutzte, bedeutet noch nicht, dass er den Unfall auch herbeiführte. Im Gegenteil: Die plötzliche Notwendigkeit zu handeln und Heinrich zu krönen, ohne dass man große Vorbereitungen getroffen hatte, spricht viel eher dafür, dass der verirrte Pfeil von Walter Tirel von Poix eben genau dies war und nichts anderes.

Heinrich I. und die Wiedervereinigung mit der Normandie

Heinrich konnte, als er so plötzlich als Nachfolger seines älteren Bruders in Betracht kam, mehrere Vorteile für sich anführen. Zum einen war er in England als rechte Hand seines Bruders schon lange bekannt und hatte sich einen eigenen Stab an Vertrauten aufgebaut. Dann genoss er bei Kirchenleuten einen weitaus positiveren Ruf als sein Bruder, da er sich die Geistlichkeit durch Geschenke gewogen gemacht hatte und insgesamt einen frömmeren Eindruck als sein Bruder machte. Schließlich brachte er nach dem Tod seines Bruders unmittelbar den königlichen Schatz an sich und konnte daher Ressourcen aufweisen. Zudem kam Heinrich ein Zufall zu Hilfe. Im Gegensatz zu seinem älteren Bruder Robert, der noch im Heiligen Land weilte, war Heinrich unmittelbar zur Stelle, um eine reibungslose und möglichst spannungsfreie Herrschaftsübernahme zu garantieren. Drei Tage nach dem Tod von Rufus wurde Heinrich zum König gekrönt. Auch anlässlich seines Herrschaftsantrittes gab es eine Fraktion, die die Rechte des älteren Bruders Robert, der sich noch im Heiligen Land befand, durchsetzen wollte, aber die kirchliche Elite und auch die wenigen englischen Untertanen von Bedeutung unterstützten den jüngeren Sohn des Eroberers. Bei der kirchlichen Partei mag eine Rolle gespielt haben, dass man sich von Heinrich eine bessere Zusammenarbeit mit der Kirche erhoffte. Bei den englischen Untertanen war Heinrich sehr viel besser bekannt als der Herzog der Normandie. Beiden Parteien kam Heinrich noch im Jahr seiner Krönung entgegen. Er schrieb Anselm von Canterbury, entschuldigte sich wortreich, dass seine Krönung nicht durch ihn hätte stattfinden können und bat das Oberhaupt der englischen Kirche um eine baldige Rückkehr. Den englischen Gefühlen kam er ebenfalls entgegen, indem er sich eine Braut aus der alten westsächsischen Königsfamilie suchte. Malcolm hatte mit seiner Frau Margarete, die die Tochter Eduards des Verbannten war, eine Tochter Edith, die Heinrich I. nun zur Frau nahm. Sie nahm anlässlich ihrer Heirat den Namen Mathilde an, angeblich weil der normannische Hof Edith nicht aussprechen konnte. Mit dieser Heirat konnte Heinrich zum einen seine Anbindung an England deutlich machen und seinen englischen Untertanen die Aussicht auf eine Rückkehr zur alten englischen Dynastie schmackhaft machen, zum anderen konnte er hoffen, dass sich das Verhältnis zum schottischen Königshaus deutlich verbessern würde. Aus der Ehe zwischen Heinrich und Mathilde sind zwei Kinder hervorgegangen, der Thronerbe Wilhelm Aetheling und Mathilde, die nach dem Tod Wilhelms im Jahr 1120 die Rolle einer Thronerbin zugewiesen bekam. Als Robert Kurzhose dann im Jahr 1101 in England landete, hatte er keine Chance mehr, sich durchzusetzen und einigte sich vertraglich mit seinem jüngeren Bruder. Heinrich ging im Anschluss behutsam daran, die Normandie noch hinzu zu gewinnen. Er streckte vorsichtige Fühler zu den Nachbarn Roberts aus und einigte sich mit Ludwig VI. von Frankreich und Robert von Flandern. Zusätzlich nahm er Kontakt zu den Teilen des normannischen Adels auf, die Robert Kurzhose negativ gegenüberstanden. Sicher nutzte er Kontakte, die er geknüpft hatte, als er im Auftrag seines Bruders Wilhelm Rufus in der Normandie agiert hatte. Im Jahr 1104 begann Heinrich eine Kampagne zur Wiedergewinnung der Normandie für die englische Krone, die sich zwei Jahre lang hinzog. In der Schlacht von Tinchebrai entschied Gott zum Besseren der Normandie, wie es ein anonymer Mönch aus Fécamp ausdrückte. Robert wurde trotz eigener Tapferkeit in der Schlacht besiegt und gefangengesetzt. Heinrich ließ ihn nach England verschiffen und hielt ihn dort jahrzehntelang in bequemer, aber für einen tathungrigen Ritter wie Robert sicherlich auch langweiliger Haft. Nach Tinchebrai gab es nie wieder Aufstände zu Roberts Gunsten und die Zeitgenossen lobten Heinrich für die milden Haftbedingungen, auch wenn sie das Schicksal Roberts bedauerten[54]. Heinrich wurde Herzog der Normandie und hatte damit zwanzig Jahre nach dem Tod seines Vaters das anglo-normannische Reich wieder vereint (vgl. Karte 3, S. 40). Das Bündnis von 1106 mit den Feinden Roberts hielt nach dem Erfolg nicht mehr lange und Heinrich musste sich bald mit denselben Feindschaften und Hindernissen plagen, die auch bisherigen Herzögen der Normandie zu schaffen gemacht hatten. Es gab vielfältige Auseinandersetzungen mit dem benachbarten Grafen von Anjou, mit dem König von Frankreich und immer wieder mit Flandern, wo der Sohn Robert Kurzhoses, Wilhelm Clito, Zuflucht gefunden hatte. Er benutzte Flandern als Ausgangsbasis, um seine Ansprüche geltend zu machen. Diese Streitigkeiten prägten die nächsten Jahre der Herrschaft Heinrichs I., die ähnlich wie die seines Bruders in England eher unspektakulär verliefen. Schließlich konnte Heinrich im Jahr 1119 in der Schlacht von Bremule den französischen König und seinen Verbündeten, den Grafen Fulko V. von Anjou schlagen. Er verheiratete seinen Sohn und Erben mit einer Tochter Fulkos und schien damit eine Lösung für die dauernden Auseinandersetzungen mit dem Grafen gefunden zu haben. Wilhelm Aetheling und seine Frau sollten schon zu König und Königin gekrönt werden und dies scheint Fulko den Friedensschluss versüßt zu haben.

Schon 1110 hatte Heinrich noch andere Verbindungen zum Kontinent geknüpft, indem er seine Tochter Mathilde als Kindsbraut zum römisch-deutschen Kaiser Heinrich V. sandte. Ein Bündnis mit dem Kaiser mochte ihm verlockend erscheinen, da er von ihm Unterstützung gegen Flandern erwarten konnte. Auf der anderen Seite bedeutete es für das neue Geschlecht der Normannenkönige in England die Anerkennung an sich, wenn Mathilde als Braut des zukünftigen Kaisers in Erwägung gezogen wurde. Der römisch-deutsche Heinrich V. konnte die finanziellen Ressourcen seines Schwiegervaters sicher gut gebrauchen. Noch bevor die Ehe vollzogen wurde, sank Heinrichs V. Akzeptanz in Deutschland allerdings beträchtlich, nachdem er versucht hatte, Papst Paschalis' II. im Jahr 1111 zu einem Abschluss der Auseinandersetzung um die Investitur zu kaiserlichen Gunsten zu erpressen.

Das Jahr 1120 sah gleichzeitig den Höhepunkt der Herrschaft Heinrichs I., der die Auseinandersetzungen um die Normandie beigelegt hatte, einen Kaiser zum Schwiegersohn hatte, einen hoffnungsvollen Erben und seinen schlimmsten Schicksalsschlag. Im November des Jahres 1120 setzte Wilhelm Aetheling mit seiner Frau und vielen englischen Adligen auf dem sogenannten weißen Schiff, einem eigens für ihn gebauten Prachtschiff, in einer stürmischen Nacht über den Kanal über. Von allen, die an diesem Abend auf dem weißen Schiff in See gestochen waren, erreichten nur drei Personen wieder das Ufer. Die Augenzeugen berichteten, dass die Besatzung des Schiffes versucht habe, den Thronerben zu retten. Wilhelm sei in ein kleineres Boot gesetzt worden und man habe versucht, ihn in Sicherheit zu bringen. Aber der Königssohn habe seine Halbschwester retten wollen, die zurückgeblieben war und das kleine Boot wurde von den Menschen in ihrer Todesangst geentert und ging ebenfalls unter. Mit einem Schlag war der Hoffnungsträger des Reiches gestorben und Heinrich I. musste sich Gedanken über die Nachfolge im anglo-normannischen Reich machen.

Zentralisierung des Königtums

Von allen Söhnen des Eroberers scheint Heinrich I. am ehesten derjenige gewesen zu sein, der seine Fähigkeiten geerbt hatte. Unter Wilhelm Rufus konnte man beobachten, dass die vom Eroberer eingeführten Neuerungen ihren Wert auch unter einer anderen Herrschaft behielten, aber Heinrich I. richtete im Sinne seines Vaters die Administration weiter auf das Königtum aus. Unter seiner Herrschaft ist zum ersten Mal der sogenannte Exchequer belegt. Dieser königliche Amtsträger hatte die Einnahmen zu kontrollieren, die die königlichen Sheriffs Jahr für Jahr schuldig waren. Als Vorbild ist die normannische Institution des Échiquier anzunehmen, der ähnliche Aufgaben hatte. Der Name leitet sich davon ab, dass der Exchequer für seine Tätigkeit ein Tischtuch mit einem Schachbrettmuster auf seinen Tisch legte, mit dessen Hilfe er seine Berechnungen anstellen konnte. Die Sheriffs mussten zweimal im Jahr bei Hof erscheinen. Um Ostern herum machten sie eine Anzahlung auf die fälligen Abgaben und mussten am St. Michaelstag (Michaelmas), also am 29. September, zur Endabrechnung erscheinen. Der Exchequer orientierte sich für die Berechnungen am *Domesday Book*, aber auch an den Aufzeichnungen über die Abgaben der Vorjahre. Als Quittung bekamen die Sheriffs an Ostern kleine Stöcke, die sogenannten *tallies*, in die entsprechend der Geldsumme Kerben eingehauen wurden, das Kerbholz wurde in der Mitte geteilt, die eine Hälfte verblieb als Beleg beim Exchequer, die andere beim Sheriff. Die schriftlichen Aufzeichnungen des Exchequers sind uns für die Regierungszeit Heinrichs I. leider nicht erhalten, vollständig besitzen wir sie erst in den sogenannten *pipe rolls* ab der Regierung Johann Ohnelands. Eine Abhandlung über die Arbeitsweise des Exchequers ist uns aus der Feder des Richard von Ely aus der Zeit Heinrichs II. erhalten. Daher lässt sich streng genommen nicht genau sagen, ob der Exchequer zu Heinrichs I. Zeiten schon so agierte wie später, aber die späteren Aufzeichnungen sowie die normannische Parallele legen dies nahe. Die Einnahmen der Krone wurden also genauestens verwaltet, allerdings mit Ausnahme der von den Adligen fälligen Sonderabgaben wie etwa beim Antritt einer Erbschaft. Mit der Ausgabenseite hingegen hatte der Exchequer nichts zu tun und sie scheint, soweit wir das sehen können, etwas chaotischer geregelt gewesen zu sein. Jedenfalls waren auf der Ausgabenseite die Zuständigkeiten nicht so genau geregelt. Heinrich ließ eine Hofordnung verfassen, eine der ersten in Europa von der wir an einem weltlichen Hof wissen. Da uns die Ordnung selber allerdings nicht überliefert ist, können wir wenig darüber sagen, wie Heinrich I. sich die Verteilung der Kompetenzen an seinem Hof vorstellte. Zu Zeiten seines Enkels Heinrichs II. galt die Organisation des Hofes von Heinrich als vorbildlich,[55] aber dies mag natürlich einem verklärenden Blick oder der am Hof Heinrichs II. üblichen positiven Rückbesinnung auf seinen Vorgänger Heinrich I. geschuldet sein.

Auch auf dem Gebiet der Rechtsprechung stellte Heinrich I. neue Weichen und bemühte sich darum, die angelsächsischen Traditionen und die neue Gesetzgebung seines Vaters zu verschmelzen. Wie sein Vater berief er sich immer wieder darauf, dass er der rechtmäßige Nachfolger Eduards des Bekenners sei. Unter Heinrichs Herrschaft nivellierten sich dabei die rechtlichen Unterschiede zwischen Angelsachsen und Normannen schon zu großen Teilen. Das Verhältnis zum Adel in England war nicht von starken Spannungen geprägt. Heinrich I. hatte durchaus den Ruf, ein strenger Herr zu sein und einige moderne Historiker haben den Verdacht geäußert, dass es schon allein deshalb in seiner Regierungszeit nicht zu Aufständen gekommen sei, weil die Angst vor dem König schlichtweg zu groß gewesen sei. Tatsächlich vermitteln die Zeitgenossen nicht unbedingt den Eindruck von einem besonders mildtätigen Herrscher. Als Heinrich I. tot war und in England ein Krieg um seine Nachfolge ausgefochten wurde, legte Geoffrey von Monmouth, der eine fiktive Geschichte der britischen Insel schrieb, dem Propheten Merlin folgende Worte über Heinrich I. in den Mund: „Dann wird der Löwe der Gerechtigkeit kommen, sein Brüllen wird die Städte Galliens erschüttern und die Drachen der Insel zum Zittern bringen … Die Welpen des Löwen werden Meeresfische und sein Adler wird auf dem Gipfel des Berges Aravium nisten."[56] … Das Bild dieses Löwen der Gerechtigkeit ist dabei allerdings durchaus positiv zu werten. Selbstverständlich hatte ein König auch die Verpflichtung, Milde zu erweisen, aber nach den Erschütterungen der Vorstellungen von sakraler Herrschaft durch den sogenannten Investiturstreit, rückte doch das Bild des Herrschers als des Gerechten in ganz Europa immer mehr in den Mittelpunkt und diente der Legitimierung, so dass ein „Löwe der Gerechtigkeit" durchaus eine positive Beschreibung darstellte. Die Strenge, die Heinrich attestiert wurde, muss dem nicht widersprechen. Die implizite Drohung, die in einer weiteren Prophezeiung Geoffreys steckt, dass die Füße von denjenigen, die bellen, abgeschnitten werden sollen, hat allerdings auch die Assoziation einer Tyrannei hervorgerufen. Es wurde etwa von Alan Cooper vermutet, dass Heinrichs I. Herrschaft übermäßig streng gewesen sei und die Erschütterung der Krone im Bürgerkrieg nach seinem Tod auch dadurch zu erklären sei, dass Heinrich I. den Bogen überspannt habe. Man fragt sich allerdings, ob nicht bei großer Unzufriedenheit mit Heinrich und bei seinen vielfältigen Reisen auf den Kontinent zur Sicherung der immer gefährdeten normannischen Besitzungen sich nicht doch irgendwann einmal eine Verschwörertruppe zusammengefunden hätte. So streng und flächenübergreifend konnte ein mittelalterlicher Herrscher gar nicht agieren, als dass es keine Möglichkeit für den einen oder anderen Aufstand gegeben hätte. Man wird wohl konstatieren müssen, dass Heinrich I. im Einvernehmen mit seinen Großen regierte, auch wenn er sicher keine Zweifel daran ließ, wer in diesem Gespann das Sagen hatte. Im Grunde genommen ist dies ein erstaunlicher Erfolg für einen König des mittelalterlichen Europa. Nur wenige Herrscher haben eine so lange Regierungszeit aufzuweisen wie Heinrich I. und gleichzeitig nur so wenig Unruhen in ihrem Reich zu verzeichnen gehabt. Die Querelen mit den Großen eines Reiches sind im Europa der Zeit eher die Regel als die Ausnahme und man wird die friedliche Zeit unter Heinrich im Gegensatz dazu nicht gleich als Friedhofsruhe bezeichnen müssen. Die harte und strenge Bestrafung der gelegentlichen Aufrührer ist im Kontext der Zeit zu verstehen und dürfte kaum eine so große Abschreckung bewirkt haben, dass der gesamte Adel Englands in Starre verfiel. Heinrich I. lernte von den Taktiken seines Vaters und wendete das Prinzip der großzügigen Belohnung und der harten Strafe genauso konsequent an, aber man wird ihm wohl bescheinigen können, dass es ihm dabei auch gelungen ist, bei Teilen des Adels und des Klerus beliebt zu sein.

Die Chronik des Johannes von Worcester berichtet von einer Vision Heinrichs: Eines Nachts im Jahr 1131 soll er geträumt haben, dass ihn nacheinander alle drei Stände aufgesucht und ihn bedrängt hätten. Zunächst die Bischöfe und Äbte, dann die Ritter und schließlich die Bauern, die alle etwas bei ihm erreichen wollten, und ihn daher auch nach der dazu überlieferten Bebilderung körperlich bedrängt hätten. Dieser Traum Heinrichs ist natürlich auch deshalb berühmt, weil sich in ihm die mittelalterliche Weltvorstellung von den drei Ständen widerspiegelt, sie zeigt aber wohl auch recht deutlich, dass Heinrich I. sein Königsamt überaus ernst nahm. Gleichzeitig wird an dem Traum die Absetzung vom übrigen Adel deutlich. Der König steht eben über den drei Ständen, seine Verpflichtungen ihnen gegenüber werden in diesem Traum als drückend empfunden.

Heinrich erwies sich den wenigen gelegentlichen Aufrührern gegenüber in den meisten Fällen als großzügig und gab ihnen die Möglichkeit, nach einer Weile ihre Ämter wieder auszufüllen und erneut ihre Loyalität zu beweisen. Es sind uns nur wenige Beispiele von Wiederholungstätern überliefert, die sich auch nach erwiesener königlicher Gnade wieder in die Opposition einreihten. Solchen wiederholten Rebellen trat Heinrich wie sein Vater ausgesprochen rigide gegenüber. Aber dies berechtigt nicht, ihn als besonders streng zu charakterisieren, da es im 11. Jahrhundert gang und gäbe wurde, Rebellen nicht mehrfach zu begnadigen und Heinrich verhält sich im europäischen Durchschnitt nicht außerhalb der Norm. Wenn man sich die andere Seite der Medaille ansieht und das Augenmerk darauf richtet, wer begünstigt wurde, und wie dies Heinrich nutzte, ergibt sich ein passendes Bild. Heinrich hievte Vertraute in Schlüsselpositionen und ließ seinen vielen unehelichen Kindern – Ordericus Vitalis berichtet von zwanzig unehelichen Kindern, die Heinrich nicht etwa wegen seiner Hinwendung zur fleischlichen Begierde, sondern wegen seiner Liebe zu Kindern gezeugt habe – Macht- und Statuspositionen zukommen. Allen voran ist sein ältester unehelicher Sohn Robert zu nennen, den

Heinrich zum Grafen von Gloucester und damit zu einem der einflussreichsten Adligen im Reich machte. Aber auch seine anderen Kinder bedachte er reichlich, auch wenn er nach den individuellen Fähigkeiten etwas abgestuft zu haben scheint. Diese neuen Adligen waren von ihrem Vater abhängig und hatten daher einen großen Ansporn zur Loyalität. Insgesamt scheint Heinrich jedenfalls ein Händchen für den Umgang mit seinen Großen gehabt zu haben. Wilhelm von Malmesbury fasste dies so zusammen: „Bis auf dieses eine Mal war er sein ganzes Leben lang sicher, die Gemüter aller waren voll Furcht vor ihm, ihre Lippen voll der Liebe.“[57]

Wie sein Vater und sein älterer Bruder hatte Heinrich I. eine ausgesprochene Vorliebe für die Jagd und nicht von ungefähr treten ausgerechnet in diesem Kontext die Vorwürfe von Willkürherrschaft am häufigsten auf. Ordericus Vitalis berichtet, dass Heinrich bei Verletzung der königlichen Jagdrechte entschlossen durchgriff und seine Großen nur in den seltenen Fällen Genehmigungen erhielten, in Königsforsten zu jagen oder auf Königswild zu gehen. Angeblich soll Heinrich I. die Pfoten der Hunde der Großen beschnitten haben, wahrscheinlich damit sich ihre Fährte identifizieren ließ, wenn sie verbotenerweise in königlichem Gebiet losgelassen worden waren. Diese Jagdleidenschaft ist der einzige substantielle Vorwurf, der Heinrich I. von Ordericus gemacht wird und er wog umso schwerer, als es sich um ein Familienlaster handelte, dem schon zwei von Heinrichs Brüdern zum Opfer gefallen waren.

Konflikt mit der Kirche

Die Zusammenarbeit Heinrichs I. mit der Kirche ließ sich zunächst gut an. Bei seiner Königserhebung wirkte die Geistlichkeit entscheidend mit, und es gelang ihm, Anselm von Canterbury aus dem Exil zurückzuholen und ein freundschaftliches Verhältnis zu ihm aufzubauen. Anselm nahm allerdings aus seinem Aufenthalt auf dem Kontinent ein neu gestärktes und geschärftes Bewusstsein für die notwendige Kirchenreform mit, das Heinrich I. bei durchaus günstigeren Voraussetzungen als bei seinem Bruder, dann doch noch in den Konflikt mit der Kirche treiben sollte. Anselm hatte 1099 an einem Konzil in Rom teilgenommen, auf dem das Verbot der Laieninvestitur noch einmal eingeschärft worden war. Als Anselm kurz nach Heinrichs Regierungsantritt wieder nach England kam, versuchte er, wohl weil er sich verpflichtet fühlte, das Gehörte auch wirklich durchzusetzen, die Simonie am englischen Königshof einzudämmen. Heinrich I., auf den die Bischöfe größere Hoffnungen gesetzt hatten als auf seinen Bruder, konnte diese Entwicklung nicht gut heißen, da die königlichen Rechte dadurch eingeschränkt wurden. Dabei spielte für Heinrich nicht so sehr die tatsächliche Einsetzung der Bischöfe eine Rolle, sondern vielmehr der zu leistende Treueid, der die Bischöfe an ihn band und dafür sorgte, dass die mit den Ländereien verbundenen Verpflichtungen insbesondere zur Heeresfolge auch wirklich eingehalten wurden. Dieses Versprechen einer „Bezahlung" im voraus, musste aber schon als simonistisch gelten und Anselm bestand darauf, dass der Treueid geltendem Kirchenrecht widerspräche und weigerte sich, dem neuen König einen Eid zu leisten. Weiteres Konfliktpotential gab es zwischen König und Erzbischof allerdings nicht, so dass beide trotz ihrer Differenzen noch in der Lage waren, miteinander zu reden und die Heinrich angedrohte Exkommunikation nie durchgeführt wurde. Im Jahr 1103 ging Anselm schließlich wieder ins Exil, diesmal allerdings auf einer freundschaftlichen Basis und in dauerndem Kontakt zu Heinrich. Im Jahr 1107 kam es in London in Anwesenheit der päpstlichen Legaten zu Verhandlungen über die Problematik, die schließlich einer Kompromisslösung zugeführt wurde. Im sogenannten Londoner Konkordat, dessen Bestimmungen uns nicht im Wortlaut überliefert sind, nahm das Papsttum dem englischen König gegenüber von seinen Radikalforderungen Abstand. Zu diesem Zweck wurde für die Bistümer eine gedankliche Trennung vollzogen, die schon seit einigen Jahren in Europa virulent war, ohne dass sie bis dato jemals praktische Auswirkungen gehabt hätte. Das Bistum wurde gedanklich in weltliche und geistliche Besitztümer geteilt, die sogenannten Temporalien und Spiritualien. Diese Temporalien, aus denen sich die Verpflichtungen des Bischofs zur Dienstleistung seinem König gegenüber ergaben, wurden vom König verliehen. Die Spiritualien in der Weihe von einem Amtskollegen übertragen. Damit war zumindest das Problem gelöst, dass ein Laie wie der König die geistlichen „Fähigkeiten" eines Bischofs, etwa die Möglichkeit, Priester zu weihen, die Firmung zu spenden, Synoden beizuwohnen, insgesamt also in der Pastoral tätig zu sein, nach Kirchenrecht nicht übertragen konnte. Das andere Problem, dass der Bischof für seine weltlichen Güter dem König einiges schuldig war und der König ein Anrecht darauf hatte, dass er für die zu leistenden Dienste eine Sicherheit bekäme, war damit noch nicht aus der Welt geschafft. Den Treueid ganz wegzulassen und davon auszugehen, dass Kirchenleute ihre weltlichen Aufgaben auch ohne Ermahnung erfüllen würden, kam für Heinrich I. nicht in Frage, und er bestand auf der Leistung des Treueides. Die päpstlichen Legaten entschieden sich schließlich dafür, den Treueid im Interesse des allgemeinen Friedens zu dulden. Damit war die prinzipielle Widersprüchlichkeit des Treueides zum Kirchenrecht nicht aufgehoben, wurde aber im Dispens für die Kirche erträglich. Das „Ärgernis" musste ausgehalten werden, weil ein irdisches Königreich nun einmal nicht identisch mit dem Reich Gottes sein konnte. Man versuchte, den Treueid noch weiter vom geistlichen Amt des Bischofs zu trennen, indem man festlegte, dass der Treueid vor der Weihe stattfinden sollte, eine Regelung, die dem König nur recht sein konnte. Die Wahlen der Bischöfe sollten am königlichen Hof stattfinden. Das Konkordat von London, dessen Bestimmungen uns nur aus der Lebensbeschreibung des Anselm aus der Feder des Eadmer bekannt sind, bedeutete für den englischen König eine recht eindeutige Festschreibung überkommener Rechte. Da eine Investitur für Heinrich offenbar lange nicht so wichtig war, wie die Garantie des Treueides, verzichtete er auf nichts, das ihn schmerzte und gewann doch das Wohlwollen Anselms und der Kirche wieder. Für die Lösung des Investiturproblems in Deutschland war das Londoner Konkordat wegweisend, da hier eine Lösung gefunden wurde, die sich im Prinzip schließlich auch in Deutschland durchsetzen sollte.

Den englischen Investiturstreit wird man mit den epochalen Erdbebenstößen in Deutschland kaum vergleichen können, nur in den wenigen Jahren von 1100–1107 war er in England wirklich ein Problem, zudem er die Zusammenarbeit von König und Kirche nie radikal in Frage stellte. Sicher half Heinrich I., dass der Papst im Konflikt mit dem römisch-deutschen Kaiser stand und daher Zeit und Kraft für eine weitere langwierige Auseinandersetzung nicht vorhanden waren, die man vielleicht auch gar nicht verantworten wollte. Es ist überaus auffällig, wie kompromissbereit die päpstlichen Legaten 1107 in London waren. Auch in anderen Bereichen ließ der Papst Heinrich I. freiere Hand als anderen Herrschern, sieht man von Sonderregelungen für das immerhin päpstliche Lehen Sizilien einmal ab. Heinrich behielt sich das Recht vor, päpstliche Legaten nicht aufnehmen zu müssen und einmal auch eine an sich verbotene Translation eines Bischofs vorzunehmen. Im Zweifel zeigte er sich dann aber auch großzügig. Als der päpstliche Legat Johannes von Crema im Jahr 1125 nach England reiste, wurde er aufwändig empfangen, und Heinrich überließ ihm den Vorsitz auf einer Synode, auf der Reformbeschlüsse verabschiedet wurden. Auch die Zügel der Kirche hielt Heinrich I. um einiges straffer in den Händen als es manchem seiner Zeitgenossen gelang.

Aussöhnung von Normannen und Engländern

Ordericus Vitalis – selbst ein halber Engländer – berichtet, dass es schon unter Wilhelm dem Eroberer zur Annäherung zwischen Normannen und Engländern gekommen sei: „Engländer und Normannen lebten friedlich in Dörfern, Burgen und Städten zusammen und verbanden sich einander in der Ehe. Man konnte in vielen Dörfern oder auch auf den städtischen Märkten französische Waren und Handelsgut ausgelegt sehen, und man konnte die Engländer, die früher mit ihren einheimischen Kleidern den Franzosen verächtlich erschienen, jetzt verändert nach fremder Sitte sehen“[58]. Tatsächlich haben wir aus der Zeit Heinrichs I. relativ viele Belege dafür, dass ein Zusammenwachsen stattfand und langsam auch wieder Engländer zumindest im niederen Adel anzutreffen waren. An erster Stelle sind hier sicher Kirchenmänner zu nennen, da die Kirche als Institution, bei der zumindest teilweise auch nach Fähigkeit und nicht nur Geburt beurteilt wurde, immer ein – wenn auch sicher schmales – Schlupfloch für sozialen Aufstieg bot. Eadmer, der Biograph Anselms von Canterbury, trägt einen englischen Namen. Von den zahlreichen Mätressen Heinrichs I., deren Namen wir oft nicht kennen, sind zumindest zwei als Engländerinnen nachzuweisen. Zumindest von einer Generation auf die nächste konnte die Verbindung zum Königtum ungeahnte Aufstiegsmöglichkeiten bieten. Auch unter den Sheriffs, den königlichen Beamten per se, finden sich Engländer, ebenso wie unter den familiares des Königs. Alle diese Fälle verbindet allerdings, dass der Aufstieg in die herrschende Elite in Königsnähe erfolgen musste, weil es einen autochthonen englischen Adel nicht mehr gab. Dieser realen Verschmelzung, der, wie man am Beispiel des Ordericus sieht, eine Wahrnehmung dieses gesellschaftlichen Phänomens beiseite steht, ist allerdings das weiterhin starke Identitätsbewusstsein der Normannen entgegenzusetzen.

Ordericus Vitalis selbst etwa bezeichnet seine eigene Mutter als Angligena, bietet aber gleichzeitig viele Beispiele für ein starkes Eigenbewusstsein der Normannen. Er verknüpft die Normannen der Normandie, Englands und Süditaliens miteinander, betont ihre gemeinsame Herkunft aus dem Norden, die ihnen inhärenten Eigenschaften wie Tapferkeit, List und Ehrgeiz. Moderne Historiker wie R.H.C. Davis äußerten gar den Verdacht, Ordericus habe man den Ursprung einer Vorstellung von einem alles verbindenden Normannentum von der walisischen Mark bis zum Fürstentum Antiochia zu verdanken. Auch bei Wilhelm von Malmesbury muss natürlich ein gewisses Bewusstsein für die normannische Identität vorhanden sein, da er sonst gar nicht von einer Verschmelzung mit den Engländern hätte sprechen können. Auch er bezeichnet im Übrigen mancherorts durchaus die Herrschenden als Normannen. Vielleicht sollte man nicht unbedingt von einer Verschmelzung sprechen, sondern eher davon, dass die normannischen Eliten durchlässiger geworden sind und sich weitere Elemente, zum Teil auch englische, aber auch bretonische oder andere, inkorporiert haben. Ihre Ideale und ihr Identitätsbewusstsein mussten sie damit nicht unbedingt aufgeben. Gerade Wilhelm von Malmesbury bietet ein gutes Beispiel für diesen Prozess der Vereinnahmung. Er eignete sich die englische historiographische Tradition an, formte sie aber so um, dass sie auf das Überlegenheitsgefühl der Normannen passte.

Vielleicht trifft man den Kern der Sache am ehesten, wenn man sich vor Augen führt, dass normannisches Wir-Gefühl gleichzeitig nur das Bewusstsein einer Elite war und dass wir in der Zeit Heinrichs I. einen Übergang beobachten können von einem distinktiv ethnischen Bewusstsein zu einem elitären Bewusstsein, bei dem man sich des ethnischen Ursprungs der sozialen Höherstellung noch bewusst war, ohne dass dies wirklich das entscheidende Merkmal gewesen wäre. So lässt sich erklären, dass wir auf der einen Seite Verheiratung zwischen Engländern und Normannen und Aufstieg von Engländern gerade im geistlichen Bereich wahrnehmen können, dass auf der anderen Seite aber das Bewusstsein einer distinkten Abgrenzung zu den Engländern und einer normannischen Überlegenheit noch deutlich zu identifizieren ist.

Nachfolgeproblematik

Als im Jahr 1120 der einzige eheliche Sohn Heinrichs I. starb, war dies nicht nur emotional ein harter Schlag für Heinrich I. Ein vorhandener Erbe – jedenfalls einer, der mit seinem Vater gut stand – wirkte stabilisierend auf eine Herrschaft, weil er die Zukunftsaussichten verkörperte. Glauben wir Ordericus Vitalis, galt Wilhelm Aetheling gar als ein Hoffnungsträger, der eine berühmte Prophezeiung Eduards des Bekenners auf dem Totenbett hätte erfüllen sollen. Eduard hatte nach seiner Vita einen Traum über die Zukunft Englands, in dem geweissagt wurde, dass der metaphorische Baum Englands erst wieder blühen würde, wenn die abgehackten Stücke zusammengefügt würden. Im Kontext der Vita ist dies wohl eine unerfüllbare Prophezeiung, die das wahre Ausmaß von Englands Niedergang deutlich machen sollte. Doch schon zu Zeiten Heinrichs I. wurde sie positiv umgedeutet. Der Stamm galt jetzt als ein Bild für die Königslinie von Wessex, die mit Eduard dem Bekenner nur scheinbar ihr Ende gefunden hatte. Über Margerete von Schottland und Edith/Mathilde, die Frau Heinrichs I., floss das Blut Alfreds des Großen in Wilhelm Aetheling und seine Thronbesteigung hätte eben die Heilung des abgeschlagenen Stammes bedeutet. Möglicherweise ist Wilhelm aber auch erst nach seinem Tod zu einer solchen verlorenen Hoffnung stilisiert worden, weil die Zeit nach dem Tod Heinrichs I. als Zeit der Wirren empfunden wurde.

Nach dem plötzlichen Tod des Thronerben hatte Heinrich I. nach der rechtlichen Lage mehrere Optionen für die Thronfolge. Diese unklare Situation bedeutete natürlich, dass Heinrich auf jeden Fall versuchen musste, zumindest einen Teil der Großen auf seine Lösung einzuschwören und seinem Erben den Weg zu bereiten. Mit ausreichender Unterstützung der Großen hätte sein Nachfolger die Chance gehabt, seinen Anspruch auch real durchzusetzen. Alle Möglichkeiten, die Heinrich offenstanden, bargen gewisse Risiken in sich und Heinrich entschied sich schließlich für die Möglichkeit, die ihm am leichtesten durchsetzbar erschien. Prinzipiell hätte er sich darauf berufen können, dass auch sein Vater ein unehelicher Bastard gewesen war und hätte versuchen können, einen seiner unehelichen Söhne, etwa den fähigen Robert von Gloucester, in die Stellung des Erben zu hieven. Aber die Situation war mit mehreren unehelichen Söhnen durchaus anders als die Wilhelms des Eroberers, der eben der einzige Sohn seines Vaters Robert gewesen war. Nicht nur das Erbrecht hätte Robert von Gloucester entgegengestanden, sondern wahrscheinlich auch der Anspruch seiner zahlreichen Halbbrüder. Eine weitere Möglichkeit waren entferntere männliche Verwandte. Die Linie von Robert Kurzhose wurde wohl gar nicht in Erwägung gezogen, aber Adela, eine Frau von beträchtlichem Format und Fähigkeiten, die Schwester Heinrichs I., hatte den Grafen von Blois geheiratet. Aus dieser Ehe gingen mehrere Söhne hervor. Der älteste Sohn Theobald würde die Grafschaft Blois erben, die weiteren Söhne hielten sich lange Zeiten am Hof ihres Onkels in England auf und galten als seine besonders bevorzugten Verwandten. Auch hier bestand das Problem, dass es zu einer Rivalität unter Brüdern hätte kommen können. Sowohl im Falle der Designation eines unehelichen Sohnes als auch der eines Neffen bestand das Problem, dass das inzwischen weitreichend etablierte gewohnheitliche Erbrecht für die Lehen die Erbschaft von Töchtern vorhersah, wenn keine ehelichen Söhne vorhanden waren. Für Königreiche hatte sich ein solches Recht natürlich noch nicht etabliert und Heinrich I. hätte sich vielleicht darauf berufen können, dass ein König männlich sein müsse, aber er konnte kaum erwarten, dass die Großen sich mit einer Erbfolgeregelung einverstanden erklärten, die die etablierte Nachfolgeordnung in den großen Lehen in Zweifel zöge. Also entschloss sich Heinrich, nachdem seine Tochter nach dem Tod ihres ersten Mannes im Jahr 1125 aus Deutschland zurückgekehrt war, Mathilde zu seiner Erbin zu erklären. Er sicherte sich hierbei nach allen erdenklichen Seiten ab, er ließ seinen Adel und die kirchliche Prominenz, allen voran seinen Neffen Stephan von Blois und seinen unehelichen Sohn Robert von Gloucester 1127 auf seine Tochter schwören. Es ist ein bezeichnendes Zeugnis für die Autorität Heinrichs, dass sich niemand diesem Eid entzog. Bei geschicktem Ausspielen der vorhandenen Karten wäre der Wunsch Heinrichs I. nach seinem Tod vielleicht beachtet worden. Aber er machte in den folgenden Jahren zwei Fehler, die es seiner Tochter letztlich unmöglich machen sollten, ihr Erbe anzutreten. Zum einen verheiratete er Mathilde mit dem Erben des Grafen von Anjou, Gottfried V., einem traditionellen Feind der Normandie. Vom kontinentalen Gesichtspunkt mag diese Ehe vernünftig gewesen sein, da sich Heinrich von ihr – wie schon von der Ehe seines Thronfolgers Wilhelm mit Alice von Anjou – dauerhaften Frieden mit dem mächtigen Nachbarn versprach. Vom Standpunkt des anglonormannischen Adels aus musste sie aus zwei Gründen als Mesalliance gelten. Gottfried galt als Feind der Normannen und Heinrich hatte vor dessen Eheschließung mit Mathilde nicht den Rat seiner englischen Großen eingeholt. Da man damit rechnen musste, dass der Ehemann der Mathilde manche ihrer königlichen Aufgaben übernehmen würde, bedeutete das eigenmächtige Verhalten Heinrichs in diesem Fall fast so etwas wie eine Designation ohne Zustimmung der Großen. Hierauf konnten sich die Großen nicht einlassen, wenn sie den Vorteil, den die unklare Nachfolgesituation ihnen bot, nach Kräften ausnutzen wollten. Der zweite Fehler, den Heinrich I. bei seiner Nachfolgeregelung beging, ist die offensichtliche Nichtbeachtung, die Mathilde außerhalb ihres relativ eng bemessenen Wirkungskreises erfuhr. Heinrich machte keinerlei Anstalten, ihr auch nur kleinere Aufgaben zu übertragen. Die Gründe dafür mögen vielfältig gewesen sein. Sicher liegt man nicht falsch, wenn man Heinrich I. genau wie seinen Zeitgenossen ein tiefverwurzeltes Misstrauen gegenüber weiblicher Herrschaft unterstellt. Zum anderen lässt sich konstatieren, dass das Verhältnis zu seiner Tochter von schwankender Qualität war, was in seinem mangelnden Zutrauen zu ihren Fähigkeiten begründet gewesen sein mag. Seinem Schwiegersohn Gottfried übertrug Heinrich ebenfalls keine Aufgaben, hätte aber damit der Sache seiner Tochter sicher auch keinen Gefallen erwiesen. Denn selbst wenn Gottfried sich bei den ihm zugeteilten Aufgaben vorbildlich verhalten hätte – was durchaus fraglich ist – wäre ihm wohl eine undurchdringliche Mauer an Misstrauen und Ablehnung entgegengeschlagen. Auf der anderen Seite überhäufte Heinrich seinen Sohn Robert von Gloucester und seinen Neffen Stephan von Blois mit Gunstbezeugungen und kolportierte damit seinen Großen gegenüber eine ambivalente Botschaft. Wenn Mathilde wider alle Gewohnheit als Frau herrschen sollte, hätte Heinrich sie dazu heranziehen müssen. So hatte sie, als sie im Jahr 1140 endlich an die Macht kam, keinerlei Erfahrung aufzuweisen und beging dementsprechend Fehler. Möglicherweise wollte Heinrich ohnehin abwarten, bis der Sohn Mathildes, der 1133 geborene Heinrich, in einem Alter gewesen wäre, in dem er als Erbe auftreten konnte. Aber diese Zeit war Heinrich I. nicht mehr vergönnt. Er starb am 1. Dezember 1135 und sein Tod hatte lange innere Spannungen zur Folge, die erst mit der Thronbesteigung Heinrichs II. gelöst wurden.

Stephan von Blois und die sogenannte Anarchie

Als Heinrich I. starb, war Mathilde nicht in der Nähe, und der Neffe Heinrichs, Stephan von Blois, ein jüngerer Sohn der Adela, machte sofort Anstalten, den Königsthron zu gewinnen. Auch er hielt sich auf dem Kontinent auf, setzte aber sofort nach England über. Dort traf er sich mit seinem jüngeren Bruder Heinrich, Bischof von Winchester, der die Kontrolle über den königlichen Schatz hatte. Mit diesem Rückenwind hatte Stephan schon am 22. Dezember, also drei Wochen nach Heinrichs Tod, sein Ziel erreicht und wurde zum König gekrönt. Für seine recht breite Unterstützung spielte sicher eine Rolle, dass er das Blut Wilhelms des Eroberers aufweisen konnte. Möglicherweise fiel die Wahl auch auf ihn, weil er in Mathilde von Bouillon eine Gemahlin hatte, die über die schon öfter genannte schottische Königin Margarete von der westsächsischen Königsfamilie abstammte. Eine Fraktion von Adligen scheint seinen älteren Bruder, Graf Theobald von Blois, bevorzugt zu haben, aber dieser verzichtete, als er erfuhr, dass sein Bruder das Rennen um die Krone schon entschieden hatte. Die Zustimmung der Großen erkaufte sich Stephan mit einigen Zugeständnissen. Er verzichtete auf das Spolienrecht, also auf das Recht des Königs bei der

Vakanz eines Bischofsstuhles die Einnahmen des Bistums dem königlichen Fiskus zuzuführen, und er verzichtete seinen Lehnsleuten gegenüber auf manche Abgabe, die bei Vakanz eines Lehens fällig wurde. Stephan erkannte mit Scharfsinn, dass der älteste uneheliche Sohn Heinrichs, Graf Robert von Gloucester, eine große Gefahr darstellte und versuchte ihn mit Zugeständnissen dazu zu bewegen, seine Partei zu unterstützen. Robert ließ sich darauf ein, laut Wilhelm von Malmesbury aber in der Gewissheit, dass Stephan bald einen Fehler machen würde, der es Robert erlauben würde, seiner Halbschwester zu helfen[59]. Mathilde scheint in der ersten Zeit bis auf Protestschreiben an alle europäischen Herrscher nicht aktiv geworden zu sein. Vielleicht wartete sie tatsächlich wie Robert auf einen Fehler Stephans. Ihr Mann Gottfried von Anjou hingegen machte sich die schwierige Situation auf dem Kontinent direkt zunutze und versuchte, die Normandie zu erobern. Als alter Feind der Normannen scheint er sich in der Normandie nicht allzu beliebt gemacht zu haben, aber Stephan konnte Gottfrieds Schwäche, als er 1137 auf den Kontinent übersetzte, nicht ausreichend nutzen und musste nach einem unbefriedigenden Waffenstillstand wieder abziehen. Die Einheit des anglo-normannischen Reiches war erneut gestört. Der französische König erkannte 1144 die faktische Einverleibung der Normandie in den angiovinischen Machtkomplex an und vergab das normannische Lehen an Gottfried. Diesen schien auch nur dieser Teil des Erbes der Mathilde wirklich zu interessieren, versprach doch die Personalunion des Herzogs der Normandie mit dem Grafen von Anjou eine bequeme Lösung der dauernden nachbarschaftlichen Probleme. Um den Anspruch seiner Frau auf England scheint er sich nicht gekümmert zu haben. Für ihre dortigen Pläne war Mathilde ganz auf ihre Anhänger in England angewiesen und musste wohl auch deshalb erst abwarten, ob und wann sich Stephan mit wichtigen Großen zerstreiten würde. Sie nutzte die Zeit, ihren Anspruch auch von anderer Seite zu untermauern und wandte sich im Jahr 1138 an den Papst, von dem sie ein Urteil über ihren Vetter erwartete. Aber im Gegensatz zum Streit im Jahr 1066 hielt sich Papst Innozenz II., der ohnehin noch mit einem Gegenpapst zu tun hatte, vornehm zurück. Er wollte offenbar nicht riskieren, dass Stephan, von dem man annehmen konnte, dass er wahrscheinlich König bleiben würde, einen Groll auf den Papst hegte.

Dann ergab sich für Mathilde eine günstige Gelegenheit, als Stephan sich mit einem Bischof überwarf. Roger von Salisbury, einer der wichtigsten Verwaltungsfachleute Heinrichs I., baute in seinem Gebiet ohne königliche Genehmigung Burgen, ein Akt, der immer schon der Rebellion fast gleich kam. Dieses eigenmächtige Vorgehen konnte der König nicht dulden. Er zerstritt sich mit dem ranghohen Kirchenmann und verlangte von ihm, die Burgen zu schleifen. Soweit hätte der König noch das Recht auf seiner Seite gehabt, setzte sich dann aber ins Unrecht, als er Roger gefangennahm und zuließ, dass er von einigen seiner Leute – offenbar im Zorn – misshandelt wurde. Dies brachte die anderen Bischöfe gegen ihn auf und ein solches Verhalten gerade Kirchenmännern gegenüber konnte zur Folge haben, dass der König in den Geruch eines Tyrannen geriet. Auf diese Situation scheint Robert von Gloucester nur gewartet zu haben. Er fiel von Stephan ab, bekannte sich öffentlich zu seiner Schwester und Stephan musste von diesem Moment an mit Widerstand im Westen des Landes, der sich vor allen Dingen in Bristol konzentrierte, rechnen. Der Westen sollte ihm bis zum Ende seiner Herrschaft nie wirklich untertan sein. Beinahe wäre das Abenteuer Mathildes recht schnell zu Ende gewesen. Sie landete 1139 in England und wurde in Arundel von Stephan abgefangen. In einem Akt ritterlicher Selbstverleugnung ließ Stephan seiner Kusine freien Abzug, so dass sie sich mit ihren Gefolgsleuten vereinigen konnte. Diese in modernen Augen politisch unkluge noble Geste ist bei Historikern auf wenig Verständnis gestoßen, aber auf der anderen Seite muss man bedenken, dass sich die Ritterlichkeit als Ideal immer weiter ausbreitete, dass es einem König, der mit dem Ruf kämpfen musste, ein Tyrann zu sein, vielleicht gut anstand, eine großzügige Handlung zu vollziehen und dass Stephan kaum besser zeigen konnte, dass er darauf vertraute, dass Gott auf seiner Seite stünde. Der freie Abzug für Mathilde in Arundel blieb nicht die einzige Handlung Stephans, die von anderen Maßgaben bestimmt wurde als der nach dem unbedingten Durchsetzen seiner – von uns Heutigen ohnehin oft nur rekonstruierten – politischen Ziele.

Mathilde gelang es bald, einen weiteren wichtigen Anhänger zu gewinnen. Graf Ranulf von Chester heiratete die älteste Tochter Roberts von Gloucester und verband sich mit der Partei der Kaiserin, wie sie von den Ihrigen genannt wurde. Es ist ein für die Statusbesessenheit des mittelalterlichen Adels recht bezeichnendes Detail, dass Mathilde von ihren Anhängern immer das Epitheton Kaiserin zugelegt bekam, das sie sozusagen aus ihrer Ehe mit Heinrich V. mitgenommen hatte, während Stephans Anhänger sie konsequent als Gräfin von Anjou bezeichneten. In der Schlacht von Lincoln am 2. Februar 1141 gelang es der Partei Mathildes, einen entscheidenden Coup zu landen. König Stephan geriet in Gefangenschaft und seine Sache schien verloren zu sein.

Aber jetzt war es für Mathilde an der Zeit, Fehler zu machen, die ihre Befähigung zur Herrschaft in Frage stellten und es mag sein, dass sich das mangelnde Vertrauen ihres Vaters jetzt rächte. Sie war in einer schwierigen Situation, da sie zum einen Anhänger zu belohnen hatte, die ihr von Anfang an treu ergeben gewesen waren, sie aber auch solche zu bedenken hatte, die jetzt ihr Fähnchen in ihren Wind hingen und sie schließlich auch solche gewinnen musste, die von ihr noch nicht überzeugt waren. Man mag es ihr kaum verübeln, dass sie den letzten beiden Arten von Anhängern mit mehr Misstrauen entgegentrat als den bewährten Getreuen wie Robert von Gloucester und Brian FitzCount oder auch den vielleicht nicht so erfolgreichen Anhängern, an deren Treue aber zumindest kaum ein Zweifel bestand, wie ihr Verwandter König David von Schottland. Besonders argwöhnisch standen sich Mathilde und die Londoner Bürger gegenuber. Schon von Heinrich I. gegen Ende seiner Regierung privilegiert, hatten die Londoner eine recht hervorgehobene Stellung im Reich und Stephan von Blois hatte sie und ihren Handel unterstützt. Mathildes Krönung sollte im Sommer 1141 in Westminster stattfinden und die Londoner baten sie um erneute Privilegierung. Auf der anderen Seite wollte aber Geoffrey von Mandeville, zum damaligen Zeitpunkt ein einflussreicher Adliger, der aber David von Schottland zu seinen Fürsprechern zählen konnte, einen Teil der in London fälligen Abgaben versprochen haben. Es ist im Falle eines solchen Interessenkonfliktes für jeden Herrscher schwierig, eine Lösung zu finden, die keine negativen Folgen nach sich zieht. Im günstigsten Falle kann er oder sie beide Parteien zum Einlenken bewegen, im ungünstigsten Fall muss eine Entscheidung getroffen werden, die einer Partei gar nicht behagt. Mathilde entschied sich für Geoffrey von Mandeville, nicht nur weil er von David favorisiert wurde, sondern auch weil er in London und Umgebung überaus einflussreich war und im Jahr 1141 noch nicht berühmt-berüchtigt für eigenmächtige Gewalttaten war. Ihre Entscheidung erwies sich erst im Nachhinein als falsch, als die gekränkten Londoner beschlossen, ihr Schicksal in die eigenen Hände zu nehmen. Sie griffen zum Mittel des Aufruhrs und vertrieben Mathilde, ehe sie gekrönt werden konnte. Quellen, die Stephan von Blois nahestanden, haben der Kaiserin bescheinigt, dass sie sich ihr Unglück selbst zuzuschreiben gehabt hätte, weil sie sich hochmütig verhalten und so die Londoner Bürger erst richtig erbost habe. Auf der anderen Seite ist gerade Hochmut eine Eigenschaft, die dann als Vorwurf verwendet wird, wenn die entsprechende Person als herrschaftsunfähig dargestellt werden sollte, eine Intention, die die proköniglichen Quellen sicherlich hatten. Der Hochmut bildet das Gegenbild des demütigen Christus, dem ein Herrscher immer nachzueifern hatte. Ob Mathilde also lediglich ungeschickt war, oder sich im Moment der nahen tatsächlichen Herrschaftsübernahme vielleicht wirklich als unfähig erwies, ist im Nachhinein kaum zu beurteilen. Eine zweite Chance bekam sie nie, weil die Anhänger Stephans jetzt wieder Mut fassten. Mathilde war nicht gekrönt, ihr fehlte eine wichtige Grundlage der Legitimation, während der wirkliche König eingesperrt war und seine Leiden sich jetzt als Prüfung Gottes für einen treuen Diener und nicht etwa als Strafe herausstellen mochten, wie die *Gesta Stephani* betonen. Der Frau Stephans, der erwähnten Mathilde von Bouillon, gelang es, den Bischof von Winchester, Stephans jüngeren Bruder Heinrich, und den flämischen Söldnerführer Wilhelm von Ypern für die nicht mehr ganz so vergebliche Sache zu rekrutieren und bei Winchester kam es dann erneut zu einer Schlacht, auf der sich das Glück wieder Stephan geneigt zeigte. Robert von Gloucester, die rechte Hand der Kaiserin, wurde gefangen und beide Parteien einigten sich auf einen Austausch ihrer wichtigsten Köpfe, so dass Robert im Austausch gegen Stephan wieder frei kam.

Adlige Aufstände und Schwierigkeiten bei der Durchsetzung der Königsautorität

Mathilde gab ihren Anspruch auf die englische Krone nie auf, aber mit der Schlacht von Winchester hatte sie faktisch gegen Stephan verloren. Allein im Westen Englands konnte sie sich noch lange Jahre halten, so dass für Stephan die Bedrohung durch sie immer auch als Schatten über seiner Herrschaft lag. Aber bald machten ihm andere Große mehr zu schaffen, die die allgemein unsichere Situation zu ihren Gunsten ausnutzten. Als Geoffrey von Mandeville nach der geplatzten Krönung von Mathilde zu Stephan umschwenkte, entlohnte ihn dieser großzügig, aber als es im Jahr 1143 zu einem Zwist aus ungeklärten Gründen kam, ließ Stephan Geoffrey enteignen und zwang ihn damit in die Rebellion. Natürlich musste Stephan immer wieder damit rechnen, dass Unzufriedene wie Geoffrey sich unter Umständen Mathilde anschließen würden und war dadurch verpflichtet, seine barmherzige Seite des öfteren hervorzukehren, auf der anderen Seite ist die Barmherzigkeit des Königs auch eine der besten Möglichkeiten zur Christomimese und kein Herrscher konnte es sich leisten, auf Dauer auf sie zu verzichten. Im Grunde genommen war eine Bestrafung nur dann möglich, wenn der adlige Rebell sich nicht nur die Sympathien des Königs verscherzte. Stellte er sich außerhalb seiner Klasse, deren Angehörigen der König mit Vorsicht gegenübertreten musste, und missachtete die für den Adel geltenden Gepflogenheiten, ging er bald der Mitgliedschaft an der Schicht der tonangebenden Großen verlustig. Der Fall Geoffreys von Mandeville ist insofern das Paradebeispiel für einen Rebellen, der zu weit ging und damit letztlich die Legitimation seiner gesamten Schicht unterwanderte, und deshalb ausgeschaltet werden musste. Geoffrey von Mandeville hat sich offenbar so weit außerhalb der Normen gestellt, dass er auch in einem kriegerischen Zeitalter als dem sozialen Frieden abträglich gelten konnte. Stephan konnte den Unruhestifter 1144 ausschalten, als er keine Freunde mehr hatte und gezwungen war, wie ein Räuber zu leben. Die Schuld an einer solchen Ausnahmesituation wurde natürlich dem König gegeben, der seiner Pflicht zur Erhaltung des inneren Friedens nicht nachkam. Insofern steht der Fall Geoffrey von Mandeville beispielhaft für den Typus eines egozentrischen machtvollen Adligen, den man vor allen Dingen zur Zeit Stephans von Blois hat ausfindig machen wollen. Im Vergleich mit seinem Vorgänger Heinrich I. und seinem Nachfolger Heinrich II. fiel Stephan da auch schon für die Zeitgenossen ab. Die Quellen der Zeit sind voll von Klagen über die unsicheren Zeiten, in denen das Königswort nichts gegolten habe und Verbrecher wie Geoffrey von Mandeville täglich ihr Unwesen trieben: „In der Zeit dieses Königs gab es Streit, Bosheit und Raub und die Reichen erhoben sich bald gegen ihn und wurden Verräter“[60]. Aber man sollte sich den Blick nicht zu sehr von der Stimmung nach dem Herrschaftsantritt Heinrichs II. trüben lassen, der seinen Großvater als vorbildlichen König und Vorgänger stilisierte, während er seinen unmittelbaren Vorgänger erdenklich schlecht machte. Die englische Forschung hat schon lange darauf hingewiesen, dass der Begriff „Anarchie“ für die Zeit Stephans von Blois eine maßlose Übertreibung ist. Erstaunlicherweise zeigen etwa die administrativen Quellen der Zeit wie auch der regelmäßige Ausstoß von Urkunden am Königshof, nur geringfügige Abweichungen zur Zeit davor und danach. In Stephans Regierungszeit lief viel „business as usual“. Auf der anderen Seite lässt sich die Quellenlage auch anders beurteilen und man könnte geltend machen, dass die Verwaltung so gut eingespielt war, dass sich die politischen Unsicherheiten kaum bemerkbar machten und dass die Verwaltung wenig anfällig für Irritationen war. Zu diesem Komplex fehlen sicher noch genauere Untersuchungen zur Urkundenproduktion König Stephans, die man noch differenzierter nach einzelnen Jahren, Themen, Inhalten und regionaler Durchdringung des Landes untersuchen müsste.

Geoffrey von Mandeville war nicht der einzige Mann der Zeit, der sein eigenes Süppchen kochte, aber alle anderen Rebellen oder eigenmächtigen Grafen verhielten sich letztlich im Rahmen dessen, was zur Durchsetzung der eigenen berechtigten Interessen als akzeptabel galt. So nutzte etwa Graf Ranulf von Chester die königliche Gunst, um seine eigene Machtsphäre gegenüber den Nachbarn auszudehnen und auch seine kurzfristige Verhaftung 1146 konnte ihn nicht auf Dauer in seinen Ambitionen beschränken. Sein Vertrag mit dem Grafen Robert von Leicester wohl aus dem Jahr 1148 gilt als Paradebeispiel für den Niedergang der Königsmacht in dieser Zeit. Die beiden Grafen schlossen einen Vertrag, in dem sie als quasi unabhängige Fürsten auftraten, die keinerlei Rücksicht auf den König nehmen mussten, und ihn dementsprechend nicht einmal erwähnten. Die Friedenssicherung war nicht mehr Sache des Königs, sondern ergab sich aus Absprachen zwischen den rivalisierenden Großen. Ein einzelnes Schriftstück so zu bewerten, birgt aber durchaus Gefahren in sich, denn man könnte es natürlich auch den außergewöhnlichen Ambitionen des Ranulf von Chester zuschreiben. Dennoch wird man vorsichtig vielleicht äußern können, dass eigenmächtige Grafen wie Ranulf unter Stephan mehr Möglichkeiten zum unabhängigen Agieren hatten, dass auf der anderen Seite aber den Königen Heinrich I. und Heinrich II. auch keine Männer vom Format eines Geoffrey von Mandeville oder eines Ranulf gegenüberstanden.

Es bliebe schließlich noch anzuführen, dass Stephan in mancherlei Hinsicht für einen starken König nicht skrupellos genug war. Stephan war im Prinzip ein fähiger Mann, der auf vielen damals gefragten Bereichen – nicht nur dem militärischen – ein solides Können aufzuweisen hatte. Deshalb war er fraglos auch einer der beliebtesten Männer am Hof seines Onkels. Aber die Schuhe eines Königes waren ihm dann doch eine Nummer zu groß. Er hatte die Grenzen seiner Kompetenz um genau einen Aufstieg, eine „Beförderung", überschritten. Als Graf wäre er wohl für jeden König ein unentbehrlicher Helfer gewesen, zuverlässig im Einhalten seiner Zusagen, jemand, der Loyalität bei seinen Gefolgsleuten hervorrief und dem man vielleicht am ehesten das Etikett „anständig" anhängen könnte. Als sich John Marshall gegen den König empörte, drohte dieser, den kleinen Sohn Wilhelm, der als Geisel für das Wohlverhalten zu dienen hatte, zu töten. John ließ sich davon nicht beirren und erwiderte nur, dass er „den Hammer und den Amboß noch habe, mit dem er mehr Söhne schmieden könne". König Stephan konnte es nicht über sich bringen, einen kleinen Jungen kaltblütig zu töten und nahm Wilhelm trotz der Rebellion seines Vaters als Page an. Diese Erzählung aus der Lebensbeschreibung des Wilhelm Marshall, die ihrem Helden so recht früh ein Entkommen in letzter Sekunde ermöglichte, zeigt Stephan als Herrscher mit sehr anrührend menschlichen Zügen. Der Vergleich etwa mit Wilhelm dem Eroberer, der seine Drohungen immer wahr machte, macht deutlich, dass Stephan die notwendige Skrupellosigkeit eben nicht aufwies.

Ausklang des Bürgerkrieges

Mit dem Tod Roberts von Gloucester im Jahr 1147 war die Sache Mathildes endgültig verloren. Sie verließ England für immer. In ihre Fußstapfen trat ihr mit 14 Jahren noch recht junger ältester Sohn Heinrich, der fortan der Hoffnungsträger der angiovinischen Partei wurde. In überaus abenteuerlicher Manier setzte Heinrich bereits im Jahr 1147 einmal gegen den Willen seiner Eltern nach England über und wäre aufgrund von Geldmangel bald sehr in der Bredouille gewesen, wenn König Stephan sich nicht wieder einmal auf seine ritterlichen Ideale besonnen hätte. Er bezahlte Heinrich die Fahrt nach Hause, zwar unter der Auflage, dass er seinen Rivalen mindestens zwei Jahre nicht wiedersehen wollte, aber er hätte doch wohl mehr gewonnen, wenn er den jungen Grafen gefangen genommen hätte. Tatsächlich hielt sich Heinrich dann erst einmal aus England fern und befasste sich mit der Sicherung der kontinentalen Herrschaften, wo ihm bald ein großer Coup glücken sollte. Ihm und seinem Vater Gottfried gelang es, Heinrich als Erben der Normandie und der Grafschaft Anjou bestätigen zu lassen, indem Heinrich für beide Lehen dem französischen König Ludwig VII. die Treue schwor. 1149 war Heinrich beim Tod seines Vaters schon einer der mächtigsten Fürsten in Frankreich und konnte die neu erworbene Stellung auch gegen die Ansprüche seines jüngeren Bruders Geoffrey verteidigen. Da fielen dem vom Glück begünstigten weitere Ländereien in den Schoß.

Ludwig VII. war schon seit 1137 mit Eleonore von Aquitanien verheiratet, die als Erbtochter des großen südfranzösischen Herzogtums eine reiche Mitgift mit in die Ehe gebracht hatte. Politisch gesehen war dies die einzige Möglichkeit für den französischen König, eine gefährliche Machtansammlung bei einem seiner Vasallen zu verhindern und gleichzeitig seinen eigenen Anspruch auf Oberherrschaft auch im Süden Frankreichs zu festigen. Die Ehe brachte aber ihre eigenen Schwierigkeiten mit sich. Auch wenn Eleonore anscheinend viel Einfluss bei ihrem Mann hatte, wurde dieser Einfluss der „Königin der Troubadoure“ gerade in kirchlichen Kreisen misstrauisch beäugt und die Neigungen der Eleonore zur höfischen Kultur entsprachen in keiner Weise den Vorlieben ihres Mannes, der zwar die Wissenschaften an der Universität zu Paris durchaus förderte, sich ansonsten aber eher um ein einfaches Leben bemühte. Der bei Wilhelm von Newburgh überlieferte Ausspruch der Eleonore, sie hätte wohl einen Mönch geheiratet und keinen König, darf man allerdings nicht zu ernst nehmen, da Wilhelm mit diesem Bonmot die Frivolität der Königin untermauern wollte. Aber aus anderen Quellen wie Johannes von Salisbury und Walter Map wissen wir ebenfalls von der einfachen Art Ludwigs und den anderen Ansprüchen der Eleonore. Zu einem ernsthaften Zerwürfnis kam es auf dem zweiten Kreuzzug, auf dem Eleonore ihren Mann begleitete. Im Fürstentum Antiochia waren sie zu Gast bei Raimund von Poitiers, dem Onkel der Eleonore, mit dem sie, wie Johannes von Salisbury es ausdrückt, viele Gespräche geführt habe. Manche vermuteten eine Liebesaffäre, allerdings spricht die Formulierung von Johannes eher dafür, dass es sich um stilisierte höfische Streitgespräche über die Themen der Liebe gehandelt hat, die als Zeitvertreib sehr en vogue waren, aber bei strengeren Gemütern Kopfschütteln hervorriefen. Ludwig scheint die Innigkeit seiner Frau mit einem anderen gekränkt zu haben und auf dem Rückweg vom Kreuzzug wurde der Papst für eine Aussöhnung der Eheleute eingespannt, die zu mindest kurzfristig auch den Status quo ante wiederherstellte. Beide Eheleute scheinen in der Verbindung nicht übermäßig glücklich gewesen zu sein, was sicher keine Rolle gespielt hätte, wenn Eleonore dem französischen König einen Sohn geboren hätte. Aber im Jahr 1152 war sie bereits dreißig Jahre alt und hatte in fünfzehn Jahren Ehe erst zwei Töchter geboren. Unter diesen Umständen entschlossen sich beide zur Scheidung, oder besser gesagt zur Annulierung ihrer Ehe aus Gründen der zu nahen Verwandtschaft, da eine Scheidung kirchenrechtlich nicht möglich war. Es ist nicht ganz klar, von welchem der Eheleute die Initiative zur Trennung ausging. Man vermutet heute, dass Ludwig und seine Berater die Notwendigkeit eines Erben schließlich höher einstuften als die Gefahr einer erneuten Heirat der Eleonore mit einem seiner Vasallen, die das Entgleiten Südfrankreichs aus dem Einflussbereich der französischen Krone bedeuten musste. Sicher fürchteten auch einige Berater um Ludwig den Einfluss der Eleonore, die ihrem Mann manchmal leichtfertige Ratschläge gab, und wollten sie endgültig aus seinem Umfeld verbannen. Als Eleonore Ludwig 1152 verließ, um in ihr Aquitanien heimzukehren, musste Ludwig allerdings damit rechnen, dass sie irgendwann wieder heiraten würde. Eleonore hat das Beste aus der Situation gemacht und Ludwig den größtmöglichen Schaden zugefügt. Sie war – wieder frei – als Herrin Aquitaniens eine der begehrtesten Bräute Europas und musste auf ihrem Heimweg zwei Entführungsversuche abwehren unter anderem einen von Geoffrey, dem jüngeren Bruder Heinrichs von Anjou.

In Poitiers angekommen traf sie auf Heinrich und sie tauschten schon vier Monate nach der Annulierung von Eleonores erster Ehe die Schwüre. Man hat immer und wohl auch zu recht vermutet, dass Heinrich und Eleonore sich bereits verständigt hatten, als Eleonore von den Trennungsabsichten ihres Gemahls erfuhr. Für Ludwig hätte es kaum schlimmer ausgehen können. Heinrich war ohnehin schon ein schwieriger und mächtiger Fürst, aber mit dem Anspruch auf das Poitou und Aquitanien über seine Frau waren etwa zwei Drittel Frankreichs in der Hand eines Vasallen, eine Konstellation, die Spannungen hervorrufen musste. Ludwig protestierte gegen die Eheschließung, die ohne sein Einverständnis als Lehnsherr geschlossen worden war, aber seine Einwände verhallten ungehört. Schon ein Jahr später gebar Eleonore einen Sohn, der Wilhelm genannt wurde, während Ludwig weiterhin vergeblich auf einen Sohn hoffte. Für Heinrich und Eleonore musste es aussehen wie ein Sieg auf der ganzen Linie und Ludwig war schließlich gezwungen, Heinrich als rechtmäßigen Herrscher über das Poitou und Aquitanien anzuerkennen, obwohl er sich mit König Stephan, dessen Sohn Eustachius und dem jüngeren Bruder Heinrichs auf ein gemeinsames Vorgehen geeinigt hatte.

Mit diesem Rückenwind wagte Heinrich eine erneute Invasion in England und konnte dort die angiovinischen Gefolgsleute um sich scharen und wuchs sich zu einer wirklichen Gefahr für Stephan aus. Und wieder kam Heinrich der Zufall zu Hilfe und ebnete ihm den Weg zu einer Aussöhnung mit dem englischen König. Stephans ältester Sohn Eustachius, der schon lange als Erbe vorgesehen war, kam plötzlich zu Tode. Die Art, wie Eustachius umkam, muss neben dem Todesfall an sich von den Zeitgenossen als Fingerzeig Gottes verstanden worden sein. Eustachius hatte, wie Gervasius von Canterbury berichtet, die Abtei Bury St. Edmunds geplündert und erstickte wenige Tage später bei einem Festmahl [61]. Damit war die Nachfolge, wie Stephan sie sich vorgestellt hatte, erledigt, und er ergriff von sich aus die Initiative zur Versöhnung. Er bestimmte nicht seinen zweiten Sohn zum Erben, sondern traf sich im November mit Heinrich und handelte einen Vertrag aus. Stephan adoptierte Heinrich und setzte ihn zu seinem Erben ein, während Heinrich versprach, alle feindseligen Handlungen gegen Stephan zu unterlassen und ihn in Frieden bis an sein Lebensende regieren zu lassen. Für die Verfassung des englischen Reiches ist es von Bedeutung, dass bei dieser Nachfolge die Großen des Reiches lediglich informiert wurden und sowohl Stephan als auch Heinrich offenbar kein Interesse daran hatten, eine Königserhebung durch die Großen, wie sie an Stephan vollzogen worden war, durch einen weiteren Präzedenzfall zu zementieren. Die Adoption war dabei ein Hilfsmittel, das es Stephan erlaubte, den Übergang der Krone auf Heinrich zu ermöglichen, ohne die Ansprüche der Mathilde im Nachhinein noch anzuerkennen. Nachdem diese Einigung erreicht worden war, zog sich Heinrich diskret auf den Kontinent zurück und wartete in aller Seelenruhe den Erbfall ab, der nicht mehr lange auf sich warten ließ. Stephan starb ein gutes Jahr später am 25. Oktober 1154 und die Nachfolge Heinrichs konnte problemlos erfolgen. Der jüngere Sohn Stephans, Wilhelm, scheint keinerlei Anstalten gemacht zu haben, die Regelung zu unterwandern, die die beiden Seiten des Bürgerkrieges miteinander versöhnen sollte, und scheint mit der Erbschaft der englischen Güter, die ihm sein Vater hinterließ, vollauf zufrieden gewesen zu sein. Als Heinrich FitzEmpress, wie er sich unter Berufung auf seine hochrangige Mutter nannte, dann schließlich englischer König wurde, war das Herzogtum Normandie wieder mit dem englischen Reich in Personalunion verbunden. Die vielfältigen Verbindungen des normannischen und des englischen Adels untereinander waren allerdings seit Wilhelm dem Eroberer schon mehrfach unterbrochen worden, so dass sich die Familien beiderseits des Kanals schon teilweise in normannische und englische Zweige aufgeteilt hatten, die nicht immer die gleichen Interessen verfolgten. Zudem war das anglo-normannische Reich durch weitere kontinentale Besitzungen erweitert, so dass das Herzogtum Normandie schon aus diesem Grund für Heinrich nicht die wichtigste seiner kontinentalen Besitzungen war.

10 England und die Normandie unter den frühen Anjou-Plantagenets bis zum Verlust der Normandie 1204

Ab Heinrich II. spricht man nicht mehr von den normannischen Königen, obwohl bis zu Johann Ohneland die englischen Könige gleichzeitig Herzöge der Normandie waren. Heinrich II. selber hatte auch nur einen normannischen Großvater, auf den er sich allerdings hauptsächlich berief. Die Dynastie, die mit Heinrich II. ihren Anfang nahm, sollte England bis zum Ende des Mittelalters beherrschen. Den Namen Plantagenet führten sie deshalb, weil Gottfried V. der Schöne von Anjou eine Ginsterpflanze „planta genista" als persönliches Erkennungszeichen verwendet haben soll. Die Historiker sprechen ohnehin ab 1154 nicht mehr vom anglo-normannischen Reich, sondern häufig vom angiovinischen Imperium, eine Bezeichnung die aus verschiedenen Gründen missverständlich ist. Dennoch werden heute etwa in der neuen Oxford History of England die normannischen Könige und die ersten Plantagenets bis zum Verlust der Normandie zu einer Epoche zusammengefasst und dies hat eine gewisse Berechtigung. Die Zeit zwischen 1066 und 1204 ist geprägt von den kontinentalen Besitzungen der englischen Könige und allen voran eben der Normandie. Die Verwaltung des englischen Königreiches war – so wichtig sie auch gewesen sein mag – eben immer nur Teil eines Herrschaftskomplexes. Die stetige Anspannung der Kräfte zum Zusammenhalt des anglo-normannischen und dann des angiovinischen Reiches hatte insofern entscheidende Bedeutung, als die Ressourcen der englischen Krone immer dafür verwendet wurden und die Focussierung der Könige auf kontinentale Ziele hin bei allen Entwicklungen in England immer eine entscheidende Rolle spielte. Weiterhin ist es ein wichtiges Merkmal dieser Epoche, dass es kaum jemals zu einer ordnungsgemäßen Thronfolge gekommen ist, wie sie in Frankreich so gang und gäbe war. Kaum einmal folgt ein Sohn auf den Vater, erst nach Johann Ohneland ist die Erbfolge in England wirklich etabliert und zwar auch deshalb, weil sich dann die Thronfolge über einige Generationen in Vater-Sohn-Linien hin stabilisieren konnte. Eine Gemeinsamkeit der normannischen Könige und der frühen Plantagenets ist natürlich auch der Einfluss der zunächst einmal normannisch-französischen Sprache und Kultur und dann der französischen Kultur. Die Könige von Wilhelm dem Eroberer bis zu Johann Ohneland setzten ihre Vertrauten durchaus regional übergreifend ein und rekrutierten ihre Helfer aus der Oberschicht ihres Reiches. Wenn sie auch gewisse Rücksichten auf lokale Gepflogenheiten und Verbindungen nahmen, gab es doch auch eine kleine Schicht von Helfern der Könige, die nicht unbedingt an eines der Territorien gebunden waren. Die Gewohnheiten und Strukturen der einzelnen Territorien wurden dabei kaum aufeinander übertragen. Alle Verbindungen sind lediglich personengebunden. Die Normandie spielte dabei weiterhin die wichtigste Rolle. Wenn überhaupt ein Herrschaftsbereich als vorbildhaft empfunden wurde und in anderen Territorien nachgeahmt wurde, dann war es die Normandie und auch unter den ersten Plantagenets ist es allein die Normandie, die nicht nur personal, sondern auch strukturell auf das englische Königreich gewirkt hat und umgekehrt, während bei den restlichen angiovinischen Besitzungen keinesfalls der Versuch gemacht wurde, auch nur so etwas wie einen Verbund herzustellen.

Anknüpfung an Heinrich I.

Als Heinrich II. 1154 die englische Krone erhielt, konnten die Umstände für ihn nicht günstiger sein. Stephan hatte ihre Einigung noch lange genug überlebt, dass sich alle mit dem Gedanken der Nachfolge Heinrichs anfreunden konnten. Heinrich hatte Zeit gehabt, sich mit manchen Gegebenheiten vertraut zu machen. Kaum jemals dürfte die Bereitschaft größer gewesen sein, dem neuen König zuzuarbeiten, weil man sich nach den vielfältigen Wirren der Zeit Stephans von Heinrich Frieden versprach. Trotz ihres Einvernehmens ignorierte Heinrich II. Stephan von Blois als Vorgänger nahezu, nachdem er den Thron bestiegen hatte. Heinrich FitzEmpress, der in dieser Benennung schon dem Anspruch seiner Mutter unbedingte Gültigkeit zusprach, berief sich in seinen frühen Herrschaftsjahren ganz auf seinen Großvater. Die Herrschaft von Stephan wurde von Heinrich als Intermezzo verstanden, dessen negative Folgen er schnellstmöglich ausbügeln wollte. In der Gesetzgebung und Administration berief er sich stets auf Heinrich I. und erklärte alle zur Zeit Stephans erfolgten Entfremdungen von Königsgütern für null und nichtig. Dies betraf vor allen Dingen den Bau von Burgen, die für den König eine große Gefahr bedeuteten. Ausnahmen gestattete er keine, auch getreue Gefolgsleute seiner Mutter, die ein paar zusätzliche Schäfchen ins Trockene gebracht hatten, wurden rigoros aufgefordert, die königlichen Rechte erneut zu achten. Roger von Hereford, ein treuer Gefolgsmann seiner Mutter Mathilde, der nie Kosten und Mühen gescheut hatte, musste dies erfahren. Im Gegensatz zu Wilhelm, Graf von York, der als Stephans Gefolgsmann wohl keine andere Behandlung erwartet hatte, widersetzte sich Roger der Rücküberführung seiner Burgen in die königliche Gewalt und lenkte erst ein, als Heinrich ihm mit Krieg drohte. Diese Episode zu Beginn von Heinrichs Regierung musste allen Großen zeigen, dass man mit dem neuen König nicht spaßen konnte, und erstaunlicherweise gelang es Heinrich tatsächlich, den Burgenbau wieder weitgehend unter seine Kontrolle zu bekommen. Aufständische Bewegungen der Großen können wir in diesen Jahren nur vereinzelt fassen, Heinrich II. glückte es auf ganzer Linie, der Autorität des Königstums wieder Geltung zu verschaffen. Dabei mag durchaus geholfen haben, dass er sich zwar ideologisch von Stephan absetzte, auf der anderen Seite aber keine Hemmungen hatte, Stephans Vertraute zu übernehmen, wenn sie sich als fähig erwiesen hatten. Die Kombination aus selektiver Übernahme von Stephans Gefolgsleuten und Bestrafung eigener Gefolgsleute, die sich zu viel herausgenommen hatten, mochte den Rest der Großen davon überzeugen, dass Heinrich es ernst damit meinte, die Gräben des Krieges zwischen Stephan und Mathilde zu überwinden. Gleichzeitig besaß Heinrich offenbar die Gabe, Loyalität zu gewinnen. Ein gutes Beispiel dafür ist das Wirken von Thomas Becket, der von 1155 bis 1162 als Heinrichs Kanzler in England agierte und trotz bescheidener Herkunft offenbar allein an seinen Fähigkeiten gemessen wurde. Das spätere Zerwürfnis mit ihm sollte nicht den Blick dafür verstellen, dass Heinrich sich in den ersten Jahren seiner Herrschaft kompetente Berater an den Hof gezogen hatte und von einer allgemeinen Welle der Zustimmung getragen wurde.

Höhepunkt der Macht

Die Völker am keltischen Rand Europas, die Waliser und Schotten, die zur Zeit Stephans einen guten Teil ihrer Unabhängigkeit zurückgewonnen hatten, mussten 1157 die Oberhoheit der englischen Krone erneut anerkennen. Malcolm IV. huldigte im selben Jahr dem König, in dem auch die wichtigsten walisischen Fürsten die Suprematie der englischen Krone anerkannten. Heinrich II. scheint sich von Beginn seiner Herrschaft an mit dem Gedanken getragen zu haben, Irland zu erobern. Im Jahr 1155 ließ er sich vom englischen Papst Hadrian IV. eine Bulle ausstellen, die die Eroberung Irlands zum Segen der irischen Kirche, die vom rechten Weg abgekommen sei, erlaubte, gleichzeitig allerdings die britischen Inseln unter die Prärogative des Papstes ordnete. Dies war Heinrich offenbar nicht so recht und die Pläne zur Eroberung Irlands verliefen zunächst im Sand, bis die Bulle „Laudabiliter" im Jahr 1171 unter ganz anderen Umständen wieder ans Tageslicht befördert wurde.

1158 erbte Heinrich von seinem früh verstorbenen jüngeren Bruder Geoffrey noch die Bretagne und in diesem Moment war das sogenannte angiovinische Imperium vollständig (vgl. Karte 6, S. 232). Von den Pyrenäen bis nach Carlisle am Fluß Solway hatte Westeuropa einen Fürsten, aber dennoch ist der Begriff vom Imperium verfehlt. Zum einen erhob Heinrich II. nie den Anspruch, etwas anderes als ein König zu sein, und zum anderen suggeriert der Begriff Imperium eine innere Einheit, die gerade nicht gegeben war. In jedem Territorium sah die Herrschaftsstruktur anders aus, wurden die Abgaben an den Fürsten auf unterschiedliche Art erhoben, differierten Rechtsprechung und Gesetz, war die Stellung der Großen, ihre beratende und helfende Funktion eine andere. Heinrich hielt sein Reich oder besser seine Reiche durch intensives kräftezehrendes Reisen zusammen und passte seine Erwartungen und Ansprüche immer dem jeweiligen Territorium

Karte 6: Angiovinisches Reich

an und unternahm nie auch nur den Hauch eines Versuchs etwa die bewährten Methoden aus England oder der Normandie in anderen Territorien einzuführen. Für ihn als Gesamtherrscher dieses Reiches gab es keinen Extratitel, seine Intitulationes in den Urkunden führen alle seine Titel auf, ohne dass man versucht hätte, sie durch einen höheren Titel zu verklammern. Das war nun im Gegensatz zu Sizilien, wo der neue Königstitel die Regionen von Apulien, Kalabrien, Salerno, Benevent und Sizilien vereinheitlichte, nicht möglich, denn der Königstitel Heinrichs bezog sich ja auf England und der Kaisertitel war in Westeuropa schon vergeben. Heinrich FitzEmpress, König von England, Herzog der Normandie, Herzog von Aquitanien, Herzog der Bretagne, Graf von Anjou, Graf von Poitiers lautete die volle Titulatur Heinrichs. Dass er selber den Zusammenhalt seines „Imperiums" als nicht so bedeutsam einschätzte, kann man schon daran ersehen, dass er für seine vielen Söhne die Fürstentümer aufteilen wollte. Selbstverständlich hatte er als Vater die Pflicht, alle seine Söhne zu versorgen, aber das Erbrecht des Ältesten war inzwischen in ganz Europa so stark, dass eine Vererbung im Ganzen eine Option gewesen wäre. Eine Suprematie des Ältesten über seine Brüder, die sich aus dem höheren Titel des Königs von England ergeben hätte, sah Heinrich offenbar zunächst nicht vor. Als ein Reich verstand Heinrich seine verschiedenen Herrschaften also keinesfalls. Für ihn waren sie alle unterschiedlich zu behandeln, zu beherrschen und eben auch zu vererben, wobei ihm die kontinentalen Besitzungen und die Großen dort sehr viel mehr zu schaffen machen sollten, als das insgesamt stabile englische Königreich.

Die mächtige Stellung, die Heinrich sich in seinen ersten Regierungsjahren erarbeitet hatte, machte sich auch daran bemerkbar, dass Heinrich als Verbündeter in Europa gefragt war. Der französische König Ludwig agierte ihm gegenüber ausgesprochen vorsichtig und beide Seiten gaben sich Mühe, ihre Differenzen immer wieder mit Verhandlungen zu überbrücken. Ludwig und Heinrich verständigten sich im Jahr 1160 auf eine Eheschließung zwischen Heinrichs ältestem Sohn und einer Tochter Ludwigs aus dessen zweiter Ehe. Eine weitere Tochter sollte den jüngeren Richard heiraten. Beide französischen Prinzessinnen wuchsen am englischen Hof auf. Margarete sollte die Grafschaft Vexin, ein ewiger Zankapfel zwischen dem normannischen Herzog und dem französischen König, als Mitgift gegeben werden. Weitere mögliche Erbansprüche der Töchter erledigten sich jedoch, als Ludwig VII. im Jahr 1165 endlich den ersehnten Sohn bekam.

Aber nicht nur der französische König bemühte sich um ein ausgeglichenes Verhältnis zu Heinrich II. Der römisch-deutsche König und Kaiser Friedrich I. Barbarossa strebte ebenfalls nach festen Bündnissen mit dem Plantagenet. Als im Jahr 1159 ein neues päpstliches Schisma entstand, weil die Kaisergegner im Kardinalskollegium den Kanzler Roland zum Papst machten und die wenigen kaisertreuen Kardinäle Octavian zum Gegenpapst Viktor IV. erhoben, versuchte Barbarossa in ganz Europa für seinen Papst die Anerkennung durchzusetzen. Im Zuge dessen kam es 1162 zu einem lebhaften Gesandtenaustausch zwischen deutschem und englischem Hof und ein Sohn Barbarossas wurde mit einer Tochter Heinrichs verlobt, eine Verbindung, die nie zustande kam. Dagegen waren die Verhandlungen um eine Ehe zwischen Barbarossas engstem Mitarbeiter Herzog Heinrich dem Löwen und Mathilde, einer Tochter Heinrichs, von Erfolg gekrönt. Diese Ehe legte die Grundlage für das spätere welfisch-angiovinische Bündnis. Heinrich II. agierte in der Papstkrise im Umgang mit dem Kaiser recht geschickt und ließ immer wieder durchblicken, dass er sich möglicherweise darauf einlassen könnte, Viktor anzuerkennen. Gleichzeitig dürfte ihm bewusst gewesen sein, dass der kaiserliche Papst nicht mehrheitsfähig war. Spätestens als der erste Gegenpapst gestorben war und die kaisertreuen Kardinäle mit Guido von Crema als Paschalis III. einen neuen wählten, dürfte den meisten Zeitgenossen klar gewesen sein, dass Alexander III. sich wahrscheinlich trotz seines Exils würde durchsetzen können. Nach 1167 hatte Alexander mit den lombardischen Städten in Italien starke Verbündete, die dem Kaiser schwer zu schaffen machten. Heinrich II. hat sowohl beim Kaiser als auch bei Alexander III. lange gezögert sich festzulegen, wohl weil er sich von einer Situation in der Schwebe mehr Zugeständnisse von allen Seiten erwarten konnte. Erst als er die päpstliche Unterstützung im Zuge seiner Auseinandersetzung mit Thomas Becket dringender benötigte als das Bündnis mit dem seit dem desaströsen vierten Italienzug 1167 geschwächten Barbarossa, ließ Heinrich sich auf Alexander III. einschwören.

Die Becket-Krise

Wie sein Großvater Heinrich I. verstand sich der Angiovine im Grunde gut auf eine Zusammenarbeit mit der Kirche. Dass es mit Thomas Becket, dem Erzbischof von Canterbury, zu einer Auseinandersetzung kommen würde, die schließlich erst mit dem gewaltsamen Tod des Erzbischofs ein Ende haben sollte, war zum Zeitpunkt der Erhebung Beckets sicherlich nicht vorherzusehen. Als Heinrich II. 1162 seinen Wunsch äußerte, dass sein Vertrauter und Kanzler Thomas Becket Erzbischof werden sollte, hatten die hohen Kirchenleute allen Grund misstrauisch zu sein und Heinrich hatte allen Grund zu erwarten, dass Thomas sich als ein glänzender Zuarbeiter erweisen würde. Thomas Becket, als Sohn eines Londoner Kaufmanns normannischer Herkunft, Mitglied einer ganz neuen aufstrebenden Schicht, war offenbar intelligent genug, um eine Ausbildung im klerikalen Bereich zu bekommen, eine Tatsache, die ihn zunächst nur auf Schreib- und Administrationsarbeiten in der späteren Karriere vorbereitete, ohne eine Weihe zum Priester notwendigerweise zu beinhalten. In den 40er Jahren soll Becket sogar kurz an der Universität zu Paris das Trivium, also die Grundlagen aller Wissenschaften, studiert haben. Im Jahr 1154 bekam er den Posten des Archidiakons in Canterbury und schon im Jahr 1155 stachen seine Fähigkeiten Heinrich II. so positiv ins Auge, dass er ihn zu seinem Kanzler machte. In dieser Rolle machte Thomas eine gute Figur. Seine extravagante Art, seinen Reichtum zur Schau zu stellen, machte bei Gesandtschaften zu anderen Höfen gehörig etwas her und das eine oder andere Mal mag der Gegensatz zwischen dem prunkliebenden Kanzler und dem persönlich immer bescheiden auftretenden König durchaus beabsichtigt gewesen sein. Thomas erwies sich als unbedingt loyaler Sachwalter der königlichen Interessen und leistete Heinrich bei der Stärkung der königlichen Rechte gute Dienste. Insofern ist es nicht erstaunlich, dass Heinrich II. ihn als idealen Primas von Canterbury sah. Im Jahr 1162 wurde Thomas im Eildurchgang durch die kirchlichen Weihen geschleust und zum Erzbischof erhoben. Nach den durchaus üblichen Bekundungen des Kandidaten, dass er der Aufgabe nicht gewachsen und unter allen Umständen unwürdig sei, fügte sich Thomas schließlich dem Willen seines Königs. Das sollte das letzte Mal gewesen sein, dass Heinrich bei ihm seine Meinung durchsetzen konnte. Nach seiner Erhebung zum Erzbischof machte Thomas eine Kehrtwende mit, wenn wir dem Zeugnis der Quellen glauben wollen, die nach seiner Ermordung geschrieben wurden. Der „neue" Thomas Becket irritierte schon die Zeitgenossen erheblich und während seine Anhänger den Willen Gottes am Werk sahen, schüttelten seine Feinde den Kopf über sein Verhalten und hielten ihn für einen Heuchler. Am ehesten könnte man es sich vielleicht damit erklären, dass Thomas unter allen Umständen das von ihm ausgefüllte Amt richtig führen wollte. Als Kanzler sah er sich als Helfer des Königs und als Erzbischof sah er sich in allererster Linie als Behüter seines Bistums, der Gott gegenüber eine Verantwortung hatte. Auch die radikale Umstellung im persönlichen Lebensstil, nämlich die gelebte Askese im Gegensatz zum Prunkstil des Kanzlers, entsprach dem Bild eines guten Bischofs. Vielleicht kommt man Thomas Becket nahe, wenn man ihn als eine Person sieht, die die Erwartungen der Gesellschaft an seine jeweilige Rolle vollständig verinnerlichte und ihr – man ist versucht zu sagen, zwanghaft – nachzueifern suchte. Heinrich II. verstand diese Wandlung seines Freundes nicht und bei allen späteren Differenzen, die durchaus sachliche Gründe hatten, spielte wohl immer eine Rolle, dass das Vertrauensverhältnis zwischen dem König und seinem Freund durch die radikale Abkehr des Thomas vom weltlichen Leben, vom König und vom Hof, Heinrich in einem solchen Maß enttäuschte, dass die Basis für ein von gegenseitiger Achtung getragenes Arbeitsverhältnis nicht mehr gegeben war. Das Misstrauen zwischen König und Erzbischof, das schließlich alle Interaktionen der beiden Protagonisten überschattete, nährte sich aus den Verletzungen enttäuschter Freundschaft und erwies sich als nahezu unüberwindlich.

Die sachlichen Gründe für das Zerwürfnis zwischen König und Erzbischof waren schwerwiegend, aber nicht unüberwindbar. Mehrere Bischöfe, zum Teil auch klügere Köpfe als Thomas Becket – wie etwa Gilbert Foliot von London – sahen Möglichkeiten zu Kompromissen, aber die Stellung des Erzbischofs von Canterbury als Stimme der englischen Kirche, dem die anderen Bischöfe folgen sollten, verhinderte eine Einigung. Allerdings ist zunächst zu fragen, worum es grundsätzlich ging. Ein steter Reibungspunkt waren Besitzungen Canterburys, die Thomas Becket dem königlichen Zugriff entziehen und wieder dem

Eigentum des Erzbistums zuführen wollte. Hierbei kannte er bei der Wiedereinziehung der bischöflichen Güter weder Gnade für enge königliche Gefolgsleute noch für den König selber. Diese Tatsache hatte schon zu einigen Irritationen geführt, als es über einen Kriminalfall zum Eklat kam. Alle Mitglieder des Klerus, auch die die niedrigsten Weihen und keine Priesterweihe hatten, keine kirchlichen Dienste verrichteten, oft auch nicht einmal Inhaber von kirchlichen Pfründen waren und ihren Lebensunterhalt mit administrativen und Schreibarbeiten erwarben, besaßen dennoch das *Privilegium fori*. Das bedeutete, dass sie von keinem weltlichen Gericht verurteilt werden konnten, auch nicht vom Königsgericht. Wegen eines Verbrechens konnten sie nur vor einem geistlichen Gericht angeklagt werden, dessen Strafen sehr viel milder ausfielen, weil geistliche Gerichte keine Befugnis hatten, körperliche Strafen zu verhängen. Die höchste Strafe, die ein Kleriker vor dem geistlichen Gericht zu erwarten hatte, war eine Suspendierung von den Ämtern und ein Einzug der Pfründen. Ein Kleriker also, der von vornherein keine Pfründe hatte, wurde quasi nicht bestraft. Ein konkreter Fall machte Heinrich auf diesen Missstand aufmerksam. Ein gewisser Philipp de Brois hatte sich in Bedford des Mordes schuldig gemacht und sollte dafür vor dem Gericht des Sheriffs von Bedford Rede und Antwort stehen, was er aufgrund seiner Immunität verhindern konnte. Der Sheriff von Bedford schaltete den König ein. Das kirchliche Gericht des Bischofs von Lincoln hatte Philipp die Weihen entzogen, er war also schon bestraft worden und Thomas Becket protestierte gegen die erneute Verhandlung des Falles vor dem Königsgericht, die in seinen Augen gegen ein grundsätzliches Prinzip des Rechts verstieß, nämlich dass derselbe Fall nicht zweimal verhandelt werden dürfe. Die königlichen Richter und Heinrich stellten sich auf den Standpunkt, dass die kirchlichen Gerichte den weltlichen lediglich zuzuarbeiten hätten, indem sie den Kleriker seines besonderen Status entkleideten, der dann einer Anklage vor einem weltlichen Gericht nicht mehr im Wege stand. Thomas Becket verteidigte also die Unabhängigkeit der kirchlichen Gerichte und die Ausnahmestellung des Klerus, während Heinrich die Zuständigkeit des Königsgerichtes für jeden Einzelnen untermauern wollte. Letztlich stand dann nicht mehr die Frage im Vordergrund, wie der konkrete Fall zu behandeln sei, sondern wie insgesamt das Verhältnis von kirchlichem und weltlichem Gericht auszusehen hatte. So reiht sich die Auseinandersetzung von Heinrich II. und Thomas Becket durchaus in die von Anselm mit Wilhelm Rufus und Heinrich I. ein, denn die Nachwehen des Investiturstreites im 12. Jahrhundert führten auch in anderen europäischen Ländern dazu, dass das Verhältnis zwischen König und Bischöfen, weltlicher und geistlicher Sphäre neu definiert werden musste.

Heinrich II. entschloss sich daher dazu, das Problem grundsätzlich anzupacken und traf sich 1164 in Clarendon mit seinen Bischöfen und Großen, um in Konstitutionen niederzulegen, wie das Verhältnis von König und Bischöfen, weltlicher und geistlicher Gewalt auszusehen hatte. Dies war durchaus ein riskantes Unterfangen, denn selbst Dinge, die seit Jahrzehnten gebräuchlich waren, konnten im Moment der Verschriftlichung und damit Kodifizierung misstrauisch beäugt und zum Anlass werden, dass Mißstände überhaupt erst wahrgenommen wurden. Heinrich versuchte bei dieser Gelegenheit auch, Rechte, auf die Stephan verzichtet hatte, wieder zur Geltung zu bringen. Die zwölfte Bestimmung der Konstitutionen etwa behandelt das Verfahren bei Vakanz eines Bischofssitzes. Dem König sollten während der Vakanz die sogenannten Spolien zufallen, die Einkünfte des Bistums, ein Recht, auf das Stephan noch verzichtet hatte. Dass ein Bischof vor seiner Weihe den Treueid zu leisten hatte, wie dort auch dargelegt, war dem englischen König ja schon im sogenannten Londoner Konkordat 1107 zugestanden worden. Heinrich versuchte hier also nur, Rechte seines Großvaters wiederzubeleben. Andere Bestimmungen waren durch die aktuellen Auseinandersetzungen mit Thomas Becket angestoßen worden. So wurde etwa die unbedingte Prärogative des königlichen Gerichtshofes in mehreren Bestimmungen betont. Eine Exkommunikation sollte nur auf Anfrage des Königs oder im Falle der Abwesenheit des Königs auf die des königlichen Justitiars möglich sein, so dass der Kirche diese scharfe Waffe aus der Hand genommen werden sollte. Weiterhin versuchte Heinrich, die Möglichkeiten seiner Bischöfe an den Papst zu appellieren, einzuschränken, indem er den Kirchenmännern verbot, ohne seine Erlaubnis das Reich zu verlassen.

Thomas Becket wehrte sich gegen die Konstitutionen von Clarendon, in denen er eine Beschneidung der Rechte der englischen Kirche sah. Der englische Klerus stellte sich, auch wenn einige seiner Mitglieder sich mit den Zielen Heinrichs anfreunden konnten, auf die Seite seines Primas. Heinrich konnte nicht in die Kerbe dieses Dissenses im Episkopat schlagen, da Thomas Becket den Gehorsam seiner Kollegen einforderte. Als der gesamte englische Klerus den Zorn des Königs auf sich nahm, machte Becket zum Entsetzen einiger Mitbischöfe eine Kehrtwende und erklärte sich jetzt doch einverstanden, die Konstitutionen zu tragen. Allerdings währte der Sinneswandel nicht lange und bald bestand der Erzbischof darauf, dass er eine Zustimmung nur mit einer Zusatzklausel erteilen könne: *salvo ordine meo*, also ausgenommen die Rücksicht auf sein Amt, könne er die Konstitutionen anerkennen. Aber gerade wegen seines Amtes musste Thomas Becket ja die Konstitutionen anerkennen, eine solche Ausnahme hätte viel zu viele Schlupflöcher für den Einzelfall bedeuten können, als dass Heinrich II. sich darauf einlassen konnte. Heinrich aber kam es darauf an, gewisse Rechtssätze für alle Zeiten festzuschreiben und mit der Vereinheitlichung des Rechts letztlich auch die Wirkmacht des Königtums zu unterstützen. Thomas Becket und Heinrich konnten althergebrachte Rechte des Königs resp. der Kirche für ihre Sicht der Dinge in Anspruch nehmen und die Kodifizierung von Recht führte zu Spannungen in der Herrschaftsgemeinschaft von König und Großen. Die Tatsache aber, dass nicht alle Bischöfe ohne Murren auf die Linie des Erzbischofs einschwenkten, unterstützt durchaus die Einschätzung, dass das Moment der persönlichen Auseinandersetzung die Eskalation des Streites beeinflusste. Heinrich erhob fadenscheinige Anklagen gegen Thomas, dass er sich angeblich als Kanzler noch Versäumnisse zuschulden hätte kommen lassen. Schließlich fühlte Thomas Becket sich von seinem ehemaligen Freund so bedrängt, dass er im Herbst des Jahres 1164 England verließ. Er setzte nach Frankreich über, wo ihm Ludwig VII. Asyl gewährte. Von dort nahm Thomas intensiven Kontakt zu Papst Alexander III. und zum französischen König auf. Der exilierte Erzbischof wurde zu einem Problem von europäischen Dimensionen, da er vom Papst eine eindeutige Stellungnahme zu seinen Gunsten erwartete, die Alexander III., dem es daran gelegen war, Heinrich II. nicht in die Arme Kaiser Friedrich Barbarossas zu treiben, nur in sehr diplomatischen Formulierungen bieten konnte. Auch Ludwig VII. setzte sich für den Erzbischof von Canterbury ein. Ihm konnte zwar an Schwierigkeiten des englischen Königs in seinem eigenen Land nur gelegen sein, weil dies Heinrich II. auf jeden Fall vom Festland ablenkte. Auf der anderen Seite nahm Ludwig die Verpflichtung eines christlichen Herrschers für den Frieden und das Wohl aller seiner Untertanen, zu denen Heinrich ja gehörte, immer sehr ernst. Im diplomatischen Reigen zwischen Heinrich II., Ludwig VII., dem Kaiser, dem Papst und dem Gegenpapst, erwies sich Becket als eine Figur, die immer wieder Störungen hervorrief. Er selbst, der als Kanzler im Auftrag seines Herrn unterwegs gewesen war, verschwendete jetzt an diplomatische Verwicklungen keinen Gedanken, sondern achtete nur darauf, dass er seine Aufgabe als Erzbischof gegenüber dem zum Teil widerspenstigen englischen Klerus verteidigte, dafür auch die Hilfe des Papstes einforderte und dass er sich zum anderen dem Papst gegenüber als gehorsamer und eifriger Sohn der Kirche erwies. Diese Kombination machte den Umgang mit ihm nicht gerade leicht, aber Alexander III. entschloss sich dann 1166, seinen treuen Anhänger zum Legaten für England zu ernennen, allerdings eher ein Ehrentitel, da ausdrücklich vermerkt wurde, dass der neu ernannte Legat im Zweifel hinter denen für bestimmte Zwecke entsandten Legaten zurückzustehen hatte. Die Unterstützung des Papstes und die dauernden Friedensbemühungen Ludwigs fruchteten schließlich so weit, dass sich Heinrich II. und Thomas 1169 in Montmirail zu einem Versöhnungstreffen bereit erklärten. Der Ablauf des Treffens war vorher vereinbart worden: Thomas sollte sich der Autorität des Königs unterwerfen, aber gleich von Heinrich aufgehoben werden, wieder in seine Rechte eingesetzt werden und Heinrich sollte öffentlich versprechen, dass er seinem Erzbischof freie Hand lassen wolle. Dies ist an sich ein typischer Ablauf für eine öffentlich inszenierte Versöhnung, die dem König erlaubte, das Gesicht zu wahren und auf der anderen Seite den in Ungnade gefallenen wieder in den Status quo ante versetzte. Gegen den Rat seiner engsten Umgebung, ja gegen den Rat des Papstes, entschloss sich Thomas Becket seine Unterwerfung unter einer Bedingung zu machen, nämlich *salvo honore Dei*, also ausgenommen die Ehre Gottes. Dies war nun ein deutlicher Affront gegen den König, dem Thomas damit unterstellte, dass er als christlicher König Gott nicht ausreichend in seine Überlegungen einbezog. Thomas musste wissen, dass er in diesem Moment die Versöhnung unmöglich machte. Vielleicht aber war dies sogar sein Ziel, da Heinrich II. mit der dann folgenden Weigerung, Beckets Unterwerfung anzuerkennen vor den Vermittlern, dem Papst und dem französischen König, unmöglich wurde. Aus Thomas Sicht rechtfertigte die Ablehnung der Klausel „zu Ehren Gottes“ durch Heinrich im Nachhinein völlig das eigenmächtige Vorgehen des Erzbischofs und zeigte allen Anwesenden, dass Heinrich es mit einer Versöhnung nicht ernst meinte. Aus Heinrichs Sicht hatte Thomas ihn in eine Falle gelockt und sich nicht an Absprachen gehalten. Dennoch versuchte man noch ein Treffen zu vereinbaren. Auch dieses scheiterte an einer Kleinigkeit: Thomas Becket verlangte von Heinrich als Zeichen der aufrichtigen Vergebung einen Friedenskuss und Heinrich bot alles an, was man als Zeichen seiner Friedfertigkeit deuten konnte, aber keinen Kuss, weil er geschworen habe, diesen Mann nie wieder zu küssen[62]. Auch hier traf der unbedingte Wille des Thomas, alles richtig zu machen, auf die Empfindlichkeit des Königs, der sich nicht alle Zugeständnisse abringen lassen wollte. Thomas fragte nämlich, nachdem die Klausel *salvo honore Dei* sich als ein solches Desaster erwiesen hatte, beim Papst nach, was er für ein Friedenszeichen von Heinrich erbitten sollte und Alexander III. nannte sicher in Unkenntnis von Heinrichs Schwur und ganz den Gepflogenheiten der Zeit entsprechend den Friedenskuss. Ein weniger renitenter Mann als Thomas Becket hätte das päpstliche Wort wohl nicht so wörtlich genommen und sich mit einer Umarmung zufrieden gegeben. Heinrich auf der anderen Seite verbiss sich in seinen Schwur auch deshalb, um sich die Handlungsfähigkeit zu erhalten, wenn es darum ging, seine königlichen Ungnade zu zeigen. Wieder gingen die Protagonisten ohne Ergebnis auseinander.

So ist es nicht verwunderlich, dass Heinrich zu Maßnahmen griff, die durch das geplatzte Treffen brüskierten Vermittler, nämlich Papst und französischen König, unter Druck zu setzen, weiter auf Becket einzuwirken und auch dem Erzbischof selber die Notwendigkeit einer Versöhnung vor Augen zu führen. Früh im Jahr 1170 leistete er sich einen weiteren Affront gegen den Erzbischof und den französischen König, der ihre Interessen allerdings so sehr verletzte, dass sie beide schleunigst darauf hinwirken mussten, die Handlung Heinrichs wieder rückgängig zu machen. Er ließ seinen Sohn Heinrich den Jüngeren in der

Kirche von Westminster vom Erzbischof von York zum König krönen. Damit war ein Vorrecht des Erzbischofs von Canterbury angegriffen, das schon seit Jahrhunderten bestand. Der Primas musste sein Recht schnell wieder einfordern, wenn er nicht wollte, dass der Erzbischof von York, der schon oft in Rivalität zum Primas gestanden hatte, seine eigene Stellung ausbaute. Erst diese eigenmächtige Handlung Heinrichs machte Thomas Becket offenbar, dass er durch das lange Exil für sein Erzbistum auch wichtige Rechte verlieren konnte und führte ihm wieder diese Pflicht vor Augen. Dennoch bedurfte es noch einmal des päpstlichen Eingreifens, ehe Thomas und Heinrich einen weiteren Versuch machten, ihre Streitigkeiten zu begraben. Alexander III. setzte den Beiden ein Ultimatum und diesmal ging man kein Risiko mehr ein. Beim Versöhnungstreffen fielen die Formulierungen so vage aus, dass sich beide Parteien damit anfreunden konnten und es wurde genauestens festgelegt, wer, wie, was zu äußern habe[63]. Im Grunde genommen muss allen Beteiligten klar gewesen sein, dass ein solcher Kompromiss kaum tragfähig war, aber man verschob das Nachdenken darüber auf den nächsten konkreten Streitfall. Thomas setzte wieder nach England über, allerdings nicht gerade in friedfertiger Stimmung. Die Beleidigung der Rechte Canterburys hatte ihm schwer zugesetzt und seine erste Handlung auf englischem Boden war die Exkommunikation der an der Krönung Heinrichs des Jüngeren beteiligten Bischöfe. Selbst die Freunde Beckets schüttelten den Kopf über diesen selbstgerechten Zorn. Die betroffenen Bischöfe beschwerten sich direkt in Briefen bei Heinrich II., der in seinen aquitanischen Besitzungen weilte. „Kann mich denn niemand von diesem einen Priester befreien, der mich und mein Reich so stört?" soll Heinrich auf diese Nachricht hin wütend gefragt haben[64]. Später behauptete Heinrich, dass er sich bei diesem Ausruf nichts gedacht habe und man wird ihm sicher zugestehen müssen, dass er sich der gewaltigen politischen Folgen eines körperlichen Angriffs auf den Erzbischof bewusst gewesen sein muss. Trotzdem konnten einige Gefolgsleute, die allerdings aus anderen Gründen dem Erzbischof ohnehin übel wollten, dies offenbar als eine Aufforderung zur Tat verstehen. Vier Ritter Heinrichs machten sich auf, um Thomas Becket zur Rede zu stellen. Kaum in Canterbury angekommen, sprachen sie schon beim Erzbischof vor, der die bis an die Zähne bewaffneten Ritter verständlicherweise nicht empfangen wollte und in seiner Kirche Zuflucht nahm. Dann überschlugen sich die Ereignisse, die Ritter drangen in die Kirche vor und erschlugen den Erzbischof, der in Gebetshaltung vorm Altar verharrte.

Dieser Mord in der Kathedrale regte schon die Phantasie der Zeitgenossen in hohem Maße an, ganz zu schweigen von den literarischen Bearbeitungen späterer Zeiten. Es existieren so viele Lebensbeschreibungen Beckets, dass hinter den vielen Facetten der Erzbischof selbst und der Konflikt, den er mit seinem König austrug, kaum wahrgenommen werden können und der Konflikt in eine Dimension hineinzuwachsen scheint, die er zu Lebzeiten Beckets jedenfalls nicht hatte. Wenn der Ausgang nicht so gewaltsam gewesen wäre, gälte der Streit kaum als epochal. Man wird Becket bescheinigen können, dass er ehrlich von seiner Position überzeugt war, aber seine Position war weder besonders durchdacht, noch sollte sie sich auf Dauer durchsetzen. Erst mit der Ermordung Beckets geriet Heinrich in dieser Auseinandersetzung wirklich und wahrhaftig ins Hintertreffen. Seine königliche Aura war durch ein abscheuliches Verbrechen beschmutzt worden, von dem manche auch annahmen, dass er es angeordnet hätte und in den nächsten Jahren musste Heinrich in vielen Punkten nachgeben, die Becket wichtig gewesen waren. Für Heinrich erwies sich aber vor allen Dingen als verhängnisvoll, dass diese Erschütterung seiner Legitimität den Auftakt und die Rechtfertigung gab zur ersten wirklich ernsten und bedrohlichen Krise seiner Herrschaft. Die Ermordung Beckets wurde zu einer Waffe in den Händen derjenigen, die schon lange unzufrieden waren: seine Frau und seine Söhne.

Die innerfamiliäre Krise und die Aussöhnung mit der Kirche

Heinrich II. hatte im Gegensatz zu Ludwig VII., der im Jahr 1165 überaus spät einen einzigen Sohn bekommen hatte, vier überlebende Söhne, die alle versorgt sein wollten. An sich wären die Besitzungen Heinrichs wohl ausreichend gewesen, auch noch mehr Söhne auszustatten, aber Heinrich scheint seine Sache nicht besonders geschickt angegangen zu sein. Seine

Söhne waren alle aus dem einen oder anderen Grund unzufrieden, obwohl der König an sich alle bedacht hatte. Heinrich sollte Nachfolger seines Vaters auf dem englischen Thron werden und die Normandie erhalten, Richard sollte das Herzogtum Aquitanien von seiner Mutter erben, Geoffrey war die Bretagne zugedacht und Johann, der Jüngste, der zunächst von seinem Vater im Scherz „Ohneland" genannt worden war, wurde schließlich im Jahr 1169 Herr von Irland. Wie das Verhältnis der Söhne untereinander nach dem Tod des Vaters aussehen sollte, war dabei zunächst offen geblieben. Es ist durchaus unklar, inwieweit Aquitanien und die Bretagne dem ältesten Sohn Heinrich unterstanden hätten. Irland allerdings sollte auf jeden Fall der englischen Krone untertan sein. Dennoch waren die Söhne hauptsächlich wohl mit dem Ausmaß der ihnen zugestandenen Autorität unzufrieden und die Beziehung der Brüder untereinander war ebenfalls nicht spannungsfrei. Das Vorhandensein von mehreren Erben ist natürlich immer ein Problem für jeden Adligen, nicht nur für einen König. Aber das gleichzeitige Beispiel des römisch-deutschen Kaisers Friedrich Barbarossa zeigt auch recht gut, dass eine Verteilung der Kompetenzen und eine Hinführung mehrerer Söhne auf die Übernahme von Verantwortung möglich war, ohne dass es zu innerfamiliären Kriegen kommen musste wie im Haus Anjou. Barbarossa designierte seinen ältesten überlebenden Sohn Heinrich zum Nachfolger auf den Königsthron und setzte ihn auch durch, seinem zweiten, Friedrich, vermachte er das Herzogtum Schwaben, dem dritten, Konrad, schuf er ein neues Herzogtum und versuchte, ihm eine reiche kastilische Braut zuzuführen. Dem vierten, Otto, dachte er das Erbteil der Mutter zu, und erst den fünften, Philipp, bestimmte er für die Kirche, eine Laufbahn, die der Jüngste später aufgab, als mit dem Tod seines Bruders Friedrich das Herzogtum Schwaben neu besetzt werden konnte. Alle diese Regelungen trafen offenbar auf keinen Widerstand der Söhne, so dass man konstatieren kann, dass ein Abwägen zwischen Eigenständigkeit und Kooperation mit dem Vater zumindest in diesem Fall gut funktionierte und dass das Problem nicht grundsätzlich unlösbar war. Die Zeitgenossen werteten diese auffälligen Familienstreitigkeiten im Haus Anjou, die sich bis zum Tod Arthurs von der Bretagne hinzogen, als eine Strafe Gottes für Heinrich II. Es lag natürlich nahe, in der Sünde gegen Thomas Becket den entscheidenden Grund für den „widernatürlichen" Aufstand der Söhne zu suchen.

Ein weiterer Faktor, der Heinrich den Umgang mit seinen Söhnen erschwerte, war die Einmischung seiner Frau Eleonore. Sie stachelte entweder ihre Söhne zum Aufstand auf oder schloss sich ihnen an, jedenfalls wuchs sich das Zerwürfnis zwischen Eleonore und Heinrich, das sich nicht genau datieren lässt, aber wohl nach 1167 anzusetzen ist, zu einem veritablen Scheidungskrieg aus. Entsprechend bekam Eleonore bei den zeitgenössischen Geschichtsschreibern ihr Fett weg: Heinrich habe gesündigt, als er sie geheiratet habe und deshalb sei ihm so wenig Freude an den gemeinsamen Kindern beschieden. Giraldus Cambrensis berichtete in seiner Abhandlung, wie ein Fürst zu erziehen sei, gar von einer Sage, die den Anjou eine dämonische Vorfahrin andichtet, die in menschlicher Gestalt einen Grafen von Anjou geheiratet hätte und über die böses Blut in die Familie gekommen sei[65]. Die Sage von der weiblichen Dämonin, die manchmal Melusine heißt, wurde auch von anderen Adelsgeschlechtern etwa den Lusignan in Anspruch genommen. Sie gab dem entsprechenden Geschlecht eine Aura des Unnahbaren und Unheimlichen. Richard Löwenherz soll sich nach Giraldus Cambrensis im Scherz auf seine teuflische Abkunft berufen haben.

Aber wie kam es genau zum Aufstand der Söhne? Heinrich der Jüngere, der älteste Sohn des Königs und im Jahr 1170 zum König gekrönt, war mit den ihm übertragenen Zuständigkeiten alles andere als zufrieden. Einen Befürworter seines Anspruches auf mehr Mitbestimmung, einen eigenen Hof- und Hausstand, die Übertragung von Lehen, die ihm Unabhängigkeit ermöglichen sollten, fand der junge König in seinem Schwiegervater, Ludwig VII. Dieser wollte zum einen sicher die Interessen seiner Tochter wahren, zum anderen aber die Gelegenheit nutzen, um seinem übermächtigen Vasall innere Probleme zu bereiten. Der zweitälteste Sohn Richard wurde von seiner Mutter in Aquitanien öffentlich als Erbe eingesetzt, ohne dass beide die Zustimmung des englischen Königs eingeholt hätten. Eleonore pochte auf ihren Erbrechten und Richard tat sich sofort mit Heinrichs Feinden zusammen. Es gelang Heinrich recht bald, Eleonore gefangen zu setzen, aber seine beiden älteren Söhne entzogen sich seinem Zugriff. Die Schwächung der Position Heinrichs durch den Becket-Streit kam ihnen natürlich zugute und man kann recht gut beobachten, wie der Aufstand der Söhne langsam zerbröckelte, als es Heinrich II. Schritt für Schritt gelang, die Auseinandersetzung mit der Kirche zu regeln. Die Söhne konnten ihren Aufstand gegen den Vater nur so lange legitimieren, wie Heinrich II. sich außerhalb der christlichen Gesellschaft bewegte, denn nur dann stand die Christenpflicht, gegen einen unchristlichen Herrscher Widerstand zu leisten, über der Sohnespflicht, dem Vater zu gehorchen. Heinrich auf der anderen Seite musste nicht nur schnellstmöglich seine Legitimität wieder stärken, sondern konnte auch hoffen, dass im Falle einer Aussöhnung mit der Kirche, die ungehorsamen Söhne gebannt werden würden.

Heinrich hatte zunächst einmal das Problem, dass er viele Kirchenleute, Freunde von Thomas Becket und andere davon überzeugen musste, dass er dem Erzbischof nicht den Tod gewünscht hatte. Die Bereitwilligkeit, ihm zu glauben, war nicht besonders hoch. Papst Alexander verhängte schon bald nach der Ermordung Beckets das Interdikt über Heinrichs Besitzungen. Das Verbot, in dem Land irgendeine sakrale Handlung auszuführen, insbesondere die Sakramente zu spenden – bis auf die für das Seelenheil der Untertanen fundamentalen Taufen und Sterbesakramente – setzte den König moralisch sehr unter Druck. Heinrich beugte sich und verhandelte schon 1172 intensiv mit Alexander. Er erklärte sich zu einer öffentlichen Buße bereit und gestand seine Mitschuld zumindest insofern ein, als er deutlich machte, dass die Ritter, die Thomas ermordet hatten, zumindest ohne weiteres davon ausgehen konnten, in seinem Auftrag zu handeln. Die Konstitutionen von Clarendon, die den Streit ausgelöst hatten, widerrief Heinrich ebenfalls öffentlich und die anwesenden päpstlichen Legaten lösten England aus dem Interdikt und verziehen Heinrich im Namen des Papstes. Wenn auch diese Buße Heinrich dem Papst wieder nähergebracht hatte, hatte sie doch, was den Rückhalt in der Bevölkerung betraf, nicht den gewünschten Erfolg. Erst ein öffentlicher Bußgang im Juli 1174 an das Grab des 1173 frisch kanonisierten Heiligen und Märtyrers von Canterbury und eine Bitte um Verzeihung, verhalfen Heinrich zu dem ersehnten moralischen Vorsprung vor seinen Söhnen. Dass Heinrichs Gefolgsleute am 13. Juli die mit den aufständischen Söhnen und Ludwig VII. verbündeten Schotten schlugen und den schottischen König Wilhelm fingen, bereitete der Rebellion in England ein jähes Ende und ermöglichte Heinrich im August 1174 das normannische Rouen wieder in seinen Besitz zu nehmen. Der Siegeszug Heinrichs wurde als Zeichen des Heiligen Thomas interpretiert, der dem König verziehen habe und sich auf seine Seite gestellt habe. Von diesem Zeitpunkt an wurde Thomas Becket einer der Nationalheiligen Englands und paradoxerweise der Beschützer der englischen Krone. Heinrich siegte auf ganzer Linie, unterwarf seine Söhne, schliff die Burgen der Rebellen und saß bald wieder so fest im Sattel, dass er sich erneut der Sicherung seiner Besitzungen widmen konnte.

In dem Jahrzehnt zwischen 1176 und 1186 wandte sich Heinrich wieder verstärkt der Verwaltung und Gesetzgebung zu. Das Prozessrecht wurde vereinheitlicht, ein Ziel, das Heinrich sicher auch schon bei den Konstitutionen von Clarendon geleitet hatte. Das königliche Gericht wurde zum allein bestimmenden Gericht. Auf dem Land spielten die Stellvertreter des königlichen Gerichtes eine bedeutendere Rolle als die Gerichte der Adligen. Das königliche Gericht entwickelte sich zu einer Berufungsinstanz für alle. Die Widersprüche zum kirchlichen Gericht wurden unter Heinrich II. nicht gelöst, aber auch hier setzte sich faktisch auf Dauer die Prärogative des Königsgerichtes durch. Die Aufzeichnungen des Exchequers, der königlichen Verwaltung der Einnahmen, die die Sheriffs zweimal im Jahr an den Hof brachten, die *pipe rolls*, sind uns aus der Zeit Heinrichs II. in größerem Umfang, wenn auch noch nicht vollständig, erhalten. Richard von Ely, ein königlicher Beamter, schrieb den *Dialogus de Scaccario*, in dem die Aufgaben des Exchequer erstmals genau niedergelegt wurden. Bei der Abrechnung des Exchequers mussten Justitiar, Kämmerer, Kanzler und Schatzmeister zugegen sein. Die Verwaltung des königlichen Fiskus wurde effektiver und durchgreifender und durch die Beteiligung mehrerer Personen auch soweit wie möglich vor Unterschlagung und Korruption gefeit. Für das englische Reich war diese Zeit wieder relativ ruhig. Heinrich II. war oft auf dem Kontinent, um seine dortigen Besitzungen zu kontrollieren. Die dortigen Barone bedeuteten dabei eine sehr viel größere Belastung für den englischen königlichen Fiskus. Wie auch schon zu Zeiten Heinrichs I. nutzte der König die Reichtümer Englands häufig, um seine kontinentalen Besitzungen zu sichern. Während in England selbst die Herrschaft friedlich verlief, ließen die französischen Barone dem größten Vasall des französischen Königs kaum Ruhe. Auch in dieser ruhigen Phase standen die Kräfte Heinrichs II. unter einer Grundanspannung.

Im Jahr 1182 beschloss Heinrich offenbar, die bisherige Erbschaftsregelung umzustellen. Er begünstigte den ältesten Sohn und verlangte von Richard und Geoffrey, dass sie Heinrich dem Jüngeren das *homagium* für Aquitanien und die Bretagne zu leisten hätten. Damit wären die beiden jüngeren Brüder deutlich in Abhängigkeit von dem älteren geraten, der sich auf diese Weise zwischen sie und den französischen Lehnsherrn geschoben hätte und der Sache nach das gesamte angiovinische Reich geerbt hätte. Verständlicherweise fühlten sich die jüngeren Söhne zurückgesetzt und protestierten. Richard verschanzte sich in Aquitanien und war fest entschlossen, das mütterliche Erbe zu bewahren. Die offensichtliche Bevorzugung Heinrichs des Jüngeren bedeutete aber nicht, dass dieser von Heinrich II. mehr Verantwortung übertragen bekommen hätte. Auch er war daher unzufrieden und begab sich an den Hof Philipps von Frankreich, seines Schwagers. Nur die Tatsache, dass Heinrich der Jüngere hoch verschuldet war, ermöglichte es dem alternden Heinrich II. sich den Frieden zu erkaufen. Die Ruhe war zwar nur von kurzer Dauer, aber bei Vorbereitungen für einen neuen Kriegszug gegen den Vater starb Heinrich der Jüngere plötzlich an der Ruhr.

Der Aufstand Richards und Tod Heinrichs II.

Danach war im Grunde klar, dass Richard der nächste König werden würde, aber Heinrich weigerte sich, den Herzog von Aquitanien, dessen kriegerische Fähigkeiten schon recht früh zu Tage getreten waren, öffentlich zu seinem Nachfolger zu designieren. Offenbar war er der Meinung, dass die Krönung Heinrichs des Jüngeren seinerzeit erst die Probleme hervorgerufen hatte und anstatt Richard mehr Freiheiten zu lassen, als sie sein Bruder gehabt hatte, zog er die Zügel noch fester an. Die neue Nachfolgesituation veranlasste ihn dazu, Richard aufzufordern, Aquitanien an Johann abzugeben, man muss wohl annehmen, mit dem Ziel, letztlich Richard in die Rolle des königlichen Nachfolgers treten zu lassen. Da Heinrich II. Richard aber nicht in seine Pläne einweihte und eine Designation Richards nicht kommunizierte, ist es nicht verwunderlich, dass Richard sich weigerte, Aquitanien, für das er dem französischen König den Lehnseid geleistet hatte, an seinen jüngeren Bruder abzugeben. Heinrich II. forderte seinen jüngsten Sohn Johann auf, sich Aquitanien kriegerisch anzueignen, der allerdings damit scheiterte. Auch Geoffrey wurde ob dieser Bevorzugung des jüngsten Bruder unruhig und leistete dem französischen König den Treueid für die Bretagne. Dies hatte Heinrich II. sicher nicht so vorgesehen, da die Bretagne traditionell von der Normandie, dem Erbe des Ältesten, lehnsabhängig war. Geoffrey konnte hierbei auf die Unterstützung Philipps zählen, da ein einziger angiovinischer Herrscher, wie er Heinrich II. offenbar seit 1182 vorschwebte, nicht im Interesse der französischen Krone sein konnte. Auch dieses Problem erledigte sich für Heinrich II. von selbst, als Geoffrey bei einem Turnier starb. Allerdings beanspruchte der französische König als Lehnsherr des bretonischen Herzogs die Vormundschaft über die zwei Kinder Geoffreys, Eleonore und den postum geborenen Arthur.

Da Heinrich II. sich bei der Nachfolge nicht festlegte, musste Richard damit rechnen, dass vielleicht einer seiner jüngeren Brüder ihm vorgezogen würde und es war gerade dieser Umstand, der im Jahr 1187 dazu führte, dass Richard sich erneut gegen seinen Vater erhob. Es gab offenbar Gerüchte, dass Heinrich II. seinen jüngsten und Lieblingssohn Johann zum alleinigen Erben seiner Besitzungen einsetzen wollte. Richard verlangte von seinem Vater die offizielle Designation als Erbe, was Heinrich verweigerte. Der Grund für die Weigerung dürfte eher darin zu suchen sein, dass Heinrich II. die Hoffnung hegte, Richards Stellung konsequent in der Schwebe zu halten und ihn so zum Gehorsam zu zwingen. Er kann kaum geplant haben, Johann als alleinigen Erben aufzubauen und Richard vollends zu enterben. Jegliches Recht in England und auf dem Kontinent machte eine solche Enterbung des Ältesten ungeheuer schwer und man kann sich kaum vorstellen, dass die Großen in England oder auf dem Kontinent einen solch eklatanten Rechtsbruch zugelassen hätten. Richard hätte sofort wahre Scharen von Anhängern gewonnen, die um die rechtliche Grundlage ihres eigenen Erbes fürchten mussten. Sollte Heinrich II. tatsächlich eine Erbschaft Johanns gewünscht haben, hätte er im Grunde nur hoffen können, dass Richard sich als Rebell unmöglich machen würde und vielleicht sogar sterben würde.

Richard hatte 1188 sehr viel günstigere Voraussetzungen für seinen Aufstand als der junge König Heinrich im Jahr 1173. Zum einen war sein Vater um einiges älter und viele der großen Vasallen stellten sich auf die Seite Richards, weil sie in ihm die Zukunft verkörpert sahen. Zum anderen hatte Richard mit dem französischen König Philipp einen Verbündeten, der sehr viel vertrauter mit pragmatischem Machtkalkül war als sein friedliebender Vater Ludwig VII. Und schließlich konnte Richard inzwischen auf recht eindrucksvolle militärische Erfolge verweisen, die den Zeitgenossen augenfällig machten, dass er für die Herrschaft wohl mehr Begabung hatte als sein verstorbener Bruder. Der kriegerische Erfolg erleichterte es ihm auch, Gefolgsleute zu werben. Alle diese Faktoren führten dazu, dass der Aufstand im Jahr 1188 mit sehr viel größerer Koordination als 1173 und mit erstaunlicher Breitenwirkung durchgeführt wurde. Im Gegensatz zu 1173 gelang die konzertierte Aktion der Aufständischen, die Heinrich II. schließlich so unter Druck setzten, dass er sich im Juli 1189 zu erniedrigenden Bedingungen zum Friedensschluss bereit erklären musste. Schon von der fiebrigen Krankheit gezeichnet, die wenige Tage später zu seinem Tod führen sollte, musste er Philipp den Lehnseid für alle Festlandsbesitzungen leisten und alle seine Untertanen zum Treueid auf den Erben Richard verpflichten. Er erklärte sich bereit 20 000 Mark zu zahlen und übertrug einige Burgen an Philipp. Damit hatte Philipp im Grunde nur wenig mehr erreicht, als zu Lebzeiten seines Vaters schon immer Status quo gewesen war, nämlich dass Heinrich II. der Form nach für alle seine kontinentalen Besitzungen dem französischen König zur Gefolgschaft verpflichtet war. Richard als Erben anzuerkennen, kam Heinrich II. offenbar hart an. Angeblich soll er ihm ins Ohr geflüstert haben, dass er sich noch rächen werde. Aber auch diese Bestimmung bedeutete eigentlich nur, dass Richard jetzt öffentlich in die Fußstapfen seines älteren verstorbenen Bruders getreten war, wie es die ganze Zeit sein Ziel gewesen war. Wie sich das Verhältnis zwischen Richard und seinem jüngeren Bruder sowie dem Neffen Arthur gestalten würde, wurde nicht angesprochen und blieb noch abzuwarten. Hätte Heinrich II. sich nicht so darauf versteift, die Erbschaftssituation unter allen Umständen nach seinem Willen zu gestalten, wäre der Konflikt unter Umständen gar nicht erst eskaliert. Nach dem Treffen mit Philipp zog sich Heinrich II. nach Chinon zurück und starb nur zwei Tage später am 6. Juli, als ihm die Nachricht, dass auch sein jüngster Sohn Johann auf die Seite Richards gewechselt hatte, offenbar den letzten Rest an Lebensmut nahm.

Bilanz von Heinrichs Herrschaft

Heinrich II. war unter den Zeitgenossen sehr umstritten. Erst spätere Geschichtsschreiber, die die unruhigen Zeiten unter seinen beiden Söhnen Richard und Johann erlebten, stellten ihm uneingeschränkt gute Zeugnisse aus, da er im Rückblick an herrscherlichen Qualitäten zu gewinnen schien. Die Bestrebungen, das Recht zu vereinheitlichen und zu verbessern, für mehr Personen Gerechtigkeit zugänglich zu machen, all dies hat nicht nur bei den Zeitgenossen, sondern auch späteren Historikern Bewunderung hervorgerufen. Aber einen Makel wird man Heinrich bei allem Interesse für das Recht attestieren können. Er sah sich selber nicht als dem Recht unterworfen und interpretierte den König ganz als Quelle des Rechts. So ist der Vorwurf des Giraldus Cambrensis, dass Heinrich II. sein Wort nicht gehalten habe, nicht ganz unberechtigt[66]. Seine Helfer rekrutierte Heinrich vor allen Dingen aus niederen Schichten. Dies wäre an sich noch nicht unbedingt ein Grund für Unzufriedenheit bei den Adligen und den Großen gewesen, solange sie gleichfalls beteiligt wurden. Zumindest in der ersten Hälfte seiner Regierungszeit glückte es Heinrich II. mehrmals, wie etwa bei den Assisen von Clarendon im Jahr 1166, die Großen auf sein Reformprogramm zu verpflichten und sie zur Mitarbeit zu bewegen. Erst in den 1180er Jahren machte sich der Unmut über die mangelnde Beteiligung der Großen wirklich breit und konnte sich dann auch Luft machen, als mit Heinrichs Söhnen Personen zur Verfügung standen, um die man sich scharen konnte. Dass Heinrich sich in vielen Dingen auf seinen Großvater Heinrich I. berief, tat er durchaus zu Recht, denn die unbedingte Prärogative der Krone war ja auch von Heinrich I. in den Vordergrund geschoben worden.

Die administrativen Neuerungen dienten vor allen Dingen der effektiveren Beschaffung von Geld für den notorisch unterfinanzierten König. Die Kriegszüge auf dem Kontinent und teilweise auch nur die Drohszenarien, die Heinrich gegenüber seinen unbotmäßigen Untertanen aufbauen musste, verschlangen das Geld fast schneller, als es in England beschafft werden konnte. Die Anspannung, wenn nicht gar Überspannung der Kräfte in diesem Riesenreich belastete den englischen und in geringerem Maße auch den ebenso effektiven aber sehr viel kleineren normannischen Fiskus. Dass die Gelder zum Teil für Kriegszüge in beträchtlicher Entfernung ausgegeben wurden, mit denen die anglo-normannischen Untertanen sich kaum noch identifizieren konnten, musste die Moral untergraben. Heinrich II. kam seinen Großen da zum Teil durchaus entgegen, indem er zum Beispiel die Zahlung des *scutagium* erlaubte, einer Ablösesumme, die gezahlt wurde, anstatt der eigentlichen persönlichen Pflicht zur Heerfolge nachzukommen. Aber niemand liebt Abgaben, deren Ergebnisse man nicht sehen kann. Wenn man die außerordentlich lebhaften Beschreibungen liest, die uns etwa Walter Map und Giraldus Cambrensis über Heinrich II. hinterlassen haben, drängt sich der Eindruck auf, dass es Heinrich II. gelungen ist, seine vielen Besitzungen zusammenzuhalten, weil er selbst von einer rastlosen Energie war und Ruhephasen offenbar kaum kannte. In Heinrich gingen politischer Pragmatismus an der Grenze zum Opportunismus und weitblickendes Organisations- und Verwaltungstalent eine merkwürdige Verbindung ein. Die Entwicklung des englischen Reiches beeinflusste er stark und brachte sein Reich in administrativer und rechtlicher Hinsicht an die Spitze Europas. Den Generationen nach ihm schuf er eine solide Grundlage, die sich jahrhundertelang bewähren sollte, auch wenn sie natürlich immer wieder verändert wurde. Auf der anderen Seite hat Heinrich mit der Straffung des Reiches und der herrschaftlichen Trennung von England und seinen kontinentalen Besitzungen – auch der Normandie – dazu beigetragen, dass sich die Menschen in diesem politisch so einheitlichen England immer mehr auch als eine emotionale Einheit verstanden. Ein englisches Wir-Gefühl entstand, bei dem nicht mehr zwischen Normannen und Engländern unterschieden wurde. Thomas Becket, der Sohn Londoner Kaufleute, wuchs sich nachgerade zum englischen Nationalheiligen aus, der trotz seiner Frontstellung gegen den König zu Lebzeiten auf Dauer integrierend wirkte. Dieses englische Eigenbewusstsein musste auf Dauer den Zusammenhalt der angiovinischen Besitzungen gefährden, weil Verbindungen nur noch über persönliche Vertraute des Königs bestanden. Sobald Vertraute des Königs und vielleicht mit ihnen auch der König selbst aber wegen mangelnder Beteiligung der Großen in Misskredit gerieten, musste das gesamte Konzept des angiovinischen Reiches gefährdet sein. Inwieweit Heinrich II. einer solchen Desintegration mit mehr als seinem unermüdlichen persönlichen Einsatz hätte entgegensteuern können, ist eine Frage, die sich kaum beantworten lässt, zumal es nur wenige Hinweise gibt, dass ihm über seinen Tod hinaus an mehr als einem lockeren Herrschaftsverbund unter Brüdern überhaupt gelegen war. Bei den vielen verschiedenen Erbregelungen, die Heinrich traf, ist doch nur 1182 der Ansatz zu erkennen, dass die angiovinischen Besitzungen in Personalunion weiter vereinigt sein sollten.

Und gerade in dieser Hinsicht hinterließ Heinrich seinen überlebenden Söhnen eine schwere Hypothek. Dass er die Nachfolge zu seinen Lebzeiten immer wieder neu gestaltete, bedeutete nicht nur eine offenbar tiefsitzende Verunsicherung der Söhne, sondern sollte im Grunde genommen auch in den nächsten Generationen die Nachfolge zu einem Dauerproblem werden lassen. Dass Heinrich sich nicht an einmal abgesprochene Vereinbarungen hielt und immer wieder auf dem Recht des Erblassers gegenüber dem der Erben pochte und neue Regelungen traf – und dies durchaus über die durch die Todesfälle nötigen Änderungen hinaus –, bedeutete eine Verunklarung des Nachfolgerechts, die an sich gar nicht nötig gewesen wäre. Heinrich II. schien zuletzt gegen Richard das Erbrecht des Ältesteten in Frage gestellt zu haben, er favorisierte mal eine Teilung, mal eine Suzeränitätsstellung des Ältesten und er spielte seine Söhne gegeneinander aus. Die Rolle der Großen oder auch die des französischen Königs in diesem immer wieder angestoßenen Erbschaftskarusell ist unklar. Die Großen Englands wurden in die Überlegungen im Vorfeld zu großen Teilen nicht einbezogen, wurden aber doch zur Bestätigung von Entscheidungen benötigt und in die Pflicht genommen. Heinrich dem Jüngeren leisteten die Großen bei der Krönung im Jahr 1170 einen Treueid und Richard bestand im Jahr 1189 darauf, dass Heinrich II. seine Zusage, ihn als Erben anzuerkennen, durch eine allgemeine Vereidigung auf ihn als Erben unterstützte. Die Großen spielten als Faktor in den Nachfolgestreitigkeiten immer dann eine Rolle, wenn sich einer der Protagonisten von der Unterstützung einiger Großer etwas versprach. Diese unklare Rolle der Großen führte dazu, dass die an sich unangefochtene erbliche Primogenitur, die durch die Adoption Heinrichs II. durch Stephan von Blois wieder gestärkt worden war, nicht vollständig sicher war. Auch beim Lehnsverhältnis zum französischen König bestand keine Klarheit. Hatte Heinrich gegenüber dem französischen König die Oberhand, versuchte er immer wieder die Abhängigkeit vom Lehnsoberherrn zu lockern, ganz besonders deutlich bei der Regelung im Jahr 1182, als Heinrich der Jüngere das *homagium* seiner Brüder entgegennehmen sollte. Immer wieder hat der französische König auf der anderen Seite auf seine Rechte gepocht und insbesondere darauf bestanden, bei der Übertragung von Lehen dem neuen Herzog oder Grafen den Lehnseid abzunehmen. Beim Tode Heinrichs II. konnten also weder Richard noch Johann auf festgefügte Traditionen der Nachfolge, des Lehnsverhältnisses oder der Beteiligung der Großen zurückgreifen, abgesehen davon, dass die verschiedentlichen Regelungen Heinrichs II. nicht dazu angetan gewesen waren, die brüderliche Liebe zwischen beiden zu stärken.

Richard I. und der dritte Kreuzzug

Richard trug nach dem Tod seines Vaters zunächst Sorge für seine Anerkennung in allen Teilen des angiovinischen Reiches und einigte sich direkt mit Philipp von Frankreich darauf, die Vereinbarungen, die noch sein Vater mit Philipp getroffen hatte, einzuhalten. Sicher spielte dabei eine Rolle, dass beide Monarchen gelobt hatten, auf Kreuzzug zu gehen. Richard war daher an einem guten Verhältnis zu seinem Oberlehnsherren gelegen. Den Personen, die seinem Vater bis zuletzt treu geblieben waren, gab er unmittelbar Pardon und lockte sie mit großzügigen Angeboten. Den berühmten Ritter Wilhelm Marshall etwa, der im zarten Jugendalter durch die Großzügigkeit Stephans von Blois nur knapp dem Tode entronnen war und der im Königsdienst aufgestiegen war, gab er die Hand der Isabella de Clare, der Erbtochter eines walisischen Grenzbarons, der zusätzlich reiche Besitzungen in Irland hatte. Seinen Bruder Johann, den er offenbar befrieden wollte, stattete er großzügig aus und vermittelte ihm die Heirat mit Isabella von Gloucester, einer weiteren Erbtochter. Seinen ehrgeizigen und illegitimen Halbbruder Geoffrey schaltete er aus, indem er ihn zum Erzbischof von York wählen ließ. Bei seiner Machtsicherung ging Richard also pragmatisch und effizient vor.

Am 3. September 1189 wurde Richard in Westminster vom Erzbischof von Canterbury zum König gekrönt. Die Feierlichkeiten wurden von einem Judenprogrom überschattet, das ausgelöst wurde, als eine jüdische Gesandtschaft den König im Festsaal aufsuchen wollte. Von London aus griff das Feuer der Ausschreitungen bald um sich. Wilhelm von Newburgh sprach das aus, was viele Zeitgenossen dachten, nämlich, dass die Ausschreitungen bedauerlich seien, aber dass die Bekämpfung der ungläubigen Juden ein gutes Omen für einen König sei, der bald auf Kreuzzug ziehen würde[67]. Auch Richard selbst kam die Judenverfolgung vielleicht nicht ungelegen, da er für den von ihm beschworenen Kreuzzug dringend Geld benötigte. Im Grunde genommen ist die Gleichgültigkeit, die Richard gegenüber den Juden zeigte, die seinem Schutz anvertraut waren, symptomatisch für seinen Umgang mit dem englischen Königreich insgesamt. Mehr noch als sein Vater, der die Einnahmen des Königreiches schon recht intensiv in den Dienst der Wahrung der kontinentalen Besitzungen gestellt hatte, agierte Richard in erster Linie als aquitanischer Herzog, dessen Status die englische Krone erhöhte. Er nutzte die Einkünfte aus seinem Königreich, um seinen Kreuzzug und seine Kriege zu finanzieren. Spätere englische Historiker haben Richard vorgehalten, dass er in seiner Regierungszeit nur etwa 6 Monate in England verbrachte, aber das ist eine Einschätzung in Kategorien, die bei Richard selbst auf völliges Unverständnis gestoßen wären. Man wird ohnehin zugestehen müssen, dass Richard in den Jahren, in denen er auf Kreuzzug war und in Gefangenschaft geriet, sich kaum in England hätte aufhalten können. Wie unter Heinrich II. war in England die Anwesenheit des Königs selten wirklich notwendig, weil es eher Probleme auf dem Kontinent gab. Die Verwaltung lief ihren Gang und garantierte stetigen Geldfluss, so dass der König nicht da sein musste. Richard hatte also Interesse am inneren Frieden des Königreiches und setzte sich dafür ein, aber sein Interesse ging nicht darüber hinaus. Wie sein Vater und Urgroßvater tat er sich auf dem Gebiet der Administration und Rechtsprechung dabei durchaus hervor, aber schon den Zeitgenossen fiel auf, dass Richards Maßnahmen vor allem einem dienten: der Geldbeschaffung für seine militärischen Ziele. Die Abgabe etwa, die für das Ausstellen einer königlichen Urkunde fällig wurde, scheint je nach Bedarf des Königs willkürlich festgelegt worden zu sein. Einer Urkunde Johann Ohnelands, in der eine „Gebührenordnung" für die Ausstellung königlicher Urkunden festgelegt wurde, lässt sich entnehmen, dass die Preise zu Richards Zeiten höchst unterschiedlich waren.

Seinen Geldbedarf für den Kreuzzug deckte Richard nicht, wie mancher zeitgenössische König über eine Kopfsteuer, sondern griff zu einem recht rabiaten Mittel. Alle vom König eingesetzten Beamten vom Burggrafen bis hinauf zu den Sheriffs und sogar bis zum Kanzler und Justitiar mussten völlig unabhängig von ihren Fähigkeiten oder ihrer Loyalität eine Abgabe zahlen, wenn sie ihr Amt behalten wollten. Da solche Ämter einträglich waren, konnte Richard und auch die so Geschröpften damit rechnen, dass die Gewinne die Auslagen bald wieder ausglichen. Als positiver Nebeneffekt ergab sich daraus, dass für Privatfehden während Richards Abwesenheit zunächst einmal keine Finanzmittel vorhanden waren. Auch Personen, die eigentlich nicht auf Kreuzzug ziehen wollten, setzte der König massiv unter Druck und brach schließlich mit einem stattlichen Heer langsam Richtung Osten auf. In England ließ er seinen Bruder Johann und den Justitiar Wilhelm Longchamp zurück, in Aquitanien sollte wohl seine nach Heinrichs II. Tod sofort freigelassene Mutter Eleonore als Sachwalterin seiner Interessen dienen.

Auf dem Weg zum Kreuzzug traten zwischen den ehemaligen Verbündeten Philipp und Richard recht bald Spannungen auf. Nach Heinrichs II. Tod hatte Richard eigentlich versprochen, die ihm schon seit Kindesbeinen anverlobte Halbschwester Philipps, Alice, zu heiraten, die am englischen Hof aufgewachsen war. Richard entschloss sich aber wegen seiner aquitanischen Interessen dazu, lieber eine Braut in Spanien zu suchen. Seine Mutter Eleonore wählte Berengaria von Navarra, die sich zusammen mit ihr nach Sizilien aufmachte, wo sie mit Richard zusammentreffen sollte.

In Sizilien griff Richard in die dortige verfahrene Situation nach dem Tod Wilhelms II. des Guten ein. Der zum Nachfolger gewählte Tankred von Lecce hatte die Witwe Wilhelms, Johanna, die Schwester Richards, gefangengesetzt und weigerte sich ihre Mitgift auszuzahlen. Das Verhältnis zwischen Richard und Johanna war offenbar weniger getrübt, als es zwischen den Brüdern im angiovinischen Haus üblich war. Richard überfiel Messina und eroberte es, bis Tankred, der wegen der staufischen Parteigänger auf dem italienischen Festland auf Sizilien als Machtbasis angewiesen war, nachgab und sich mit Richard einigte. Richard versprach Tankred angeblich, seinen Neffen Arthur von der Bretagne, den postum geborenen Sohn Geoffreys, als Erben einzusetzen und man traf eine Eheabsprache mit einer Tochter Tankreds. Die Behandlung Johanns nach der Krönung Richards, seine reiche Ausstattung und seine Vertrauensstellung in England sprechen eher dafür, dass Richard ihn für den Fall seines Ablebens auf dem Kreuzzug als Erben vorgesehen hatte. Die Nachricht über die Benennung Arthurs als Erben wird deshalb von der Forschung mit Vorbehalt angesehen. Für eine günstige Eheabsprache hatte die Stellung Arthurs, dem ja vielleicht noch mehr von den angiovinischen Besitzungen zufallen mochte, an sich schon ausgereicht und eine Ernennung zum Erben wäre daher nicht unbedingt notwendig gewesen. Ganz sicher hat Richard wahrscheinlich ohnehin damit gerechnet, von Berengaria einen Sohn zu bekommen und Tankred so eine billige Zusage gegeben, deren Erfüllung er vielleicht nie angehen musste. Zudem ist zu bedenken, dass die Ernennung Arthurs zum Erben nur in einer Quelle erwähnt wird, nämlich bei Wilhelm von Newburgh. Dieser klassifiziert sie eindeutig als ein Gerücht, das von Wilhelm Longchamp in Umlauf gesetzt wurde, der die Zügel der Regierung an sich ziehen wollte. Mit dem Ausstreuen dieses Gerüchtes wollte Longchamp Richards Verantwortungslosigkeit deutlich machen. Auf der anderen Seite wird man auch die Überlegung nicht von der Hand weisen können, dass Richard lediglich so handelte, wie er es bei seinem

Vater gut ein Dutzend Mal beobachtet hatte, nämlich je nach Sachlage, persönlicher Vorliebe und anderen Faktoren die Erbfolge neu zu bestimmen.

Auf Philipp von Frankreich wartete eine böse Überraschung, als er nach Sizilien kam. Richard teilte ihm mit, dass er nicht daran denke, Alice zu heiraten. Als Grund gab er an, dass Alice jahrelang die Geliebte seines Vaters gewesen sei und ihm ein Kind geboren habe. Über den Wahrheitsgehalt dieser Aussage kann man trefflich streiten. Zumindest ist erstaunlich, dass Richard dieses beträchtliche Ehehindernis bei den vorherigen Absprachen mit dem französischen König keinesfalls erwähnt hatte, auf der anderen Seite macht es aber stutzig, dass Philipp Richard aus seiner Eheabsprache entließ und – wenn auch sicher mit knirschenden Zähnen – die Verlobung mit Berengaria von Navarra hinnahm. Richard hatte damit die Interessen des Herzogs von Aquitanien höher gestellt als die des englischen Königs, aber bezeichnenderweise in einem Moment, in dem er aufgrund der äußeren Zwänge der Kreuzzugsvorbereitungen nicht damit rechnen musste, dass Philipp die ihm und seiner Schwester angetane Beleidigung rächen würde. Der kapetingisch-angiovinische Gegensatz war wieder aufgebrochen und sollte das Geschehen des dritten Kreuzzuges ernsthaft überschatten. Durch die Einigung mit Tankred hatte Richard sich auch noch den römisch-deutschen Kaiser Heinrich VI. zum Feind gemacht, was sich allerdings erst nach dem Kreuzzug bemerkbar machen sollte. Auf dem Weg ins Heilige Land eroberte Richard die Mittelmeerinsel Zypern und gab sie später Guido von Lusignan, dessen Familie im Poitou dem König unterstand und der als König von Jerusalem in der Schlacht von Hattin 1187 versagt hatte.

Als die Könige Philipp und Richard im Heiligen Land ankamen, war das deutsche Heer schon da, hatte aber seinen Anführer verloren, so dass keiner der deutschen Fürsten als Gegengewicht die zunehmende Animosität der beiden westeuropäischen Könige einschränken konnte. Offenbar beanspruchten beide die Führung über die Kreuzfahrerheere und die deutlichen taktischen Schnitzer, die auf dem dritten Kreuzzug geschahen, sind sicher zum Teil auf die nicht geklärte Führungssituation zurückzuführen. Richard tat sich bei der Belagerung und Eroberung von Akkon militärisch hervor und gerierte sich als Kreuzfahreranführer. Dies verstimmte nicht nur Philipp, der laut Wilhelm von Newburgh täglich mehr Groll hegte, weil Richard so erfolgreich war, sondern auch einige andere Fürsten. Als Akkon erobert worden war, rissen einige Leute Richards das Banner Herzog Leopolds von Österreich, das aufgepflanzt worden war, um Anspruch auf die Beute zu dokumentieren, herunter und warfen es in den Schmutz. Richards Gefolgsleute mögen im Übereifer für ihren Herrn gehandelt haben, der die Verteilung der Beute in die eigene Hand nehmen wollte, aber jedenfalls machte Richard die Beleidigung nicht wieder gut. Während einige Zeitgenossen den Ärger des Herzogs für vollständig berechtigt hielten, rechnete Wilhelm von Newburgh die Beleidigung gegen einige Wohltaten Richards dem Herzog gegenüber auf und hält den Babenberger für kleinlich[68]. Im Kreuzfahrerheer war nicht nur ungeklärt, wer die Führungsrolle beanspruchen konnte, sondern auch, wer König von Jerusalem werden sollte. Guido von Lusignan beanspruchte als Gatte der Sibylle, Schwester Balduins IV., und Konrad von Montferrat als Gatte der Isabella, Tochter des Königs Amalrich, den Königsthron von Jerusalem. An ihnen schieden sich die Geister. Während Philipp Konrad auf dem Thron sehen wollte, unterstützte Richard zunächst Guido von Lusignan, auf den er sich vielleicht größeren Einfluss erhoffte. Richard arrangierte sich zwar mit Konrad und Guido wurde mit Zypern abgefunden, aber als Konrad am 28. Februar 1192 ermordet wurde, fiel der Verdacht unmittelbar zwar auf die Assassinengilde des sogenannten „Alten vom Berge", aber auch auf Richard, dem der Vorwurf des Mordes lange nachhing. Politisch kam Richard die Entwicklung zumindest zupass, da ihm der dann erhobene Graf Heinrich von der Champagne näher stand.

Nach der Eroberung Akkons brachen die Kreuzfahrer 1191 auf, um Jerusalem wiederzuerobern. Sie scheinen die damit verbundenen logistischen Probleme weit unterschätzt zu haben, da die christlichen Fürsten bei Bait Nuba, nur zwanzig Kilometer vor Jerusalem, eine Lagebesprechung machten und nach realistischer Einschätzung ihrer Vorräte, Fähigkeiten und Kräfte, den Rückweg nach Akkon antraten. Zu diesem Schluss hätte man an sich schon in Akkon kommen können, aber die Probleme in der Führungsriege und das gegenseitige Misstrauen im Kreuzfahrerheer ließen dies vielleicht nicht zu. Schließlich schützte Philipp von Frankreich – laut Wilhelm von Newburgh voller Frust über das größere Ansehen Richards – eine Krankheit vor und machte sich auf den Rückweg, nicht ohne Richard das Versprechen zu geben, die angiovinischen Besitzungen nicht anzurühren, während er weiter im Heiligen Land blieb. Richard war finster entschlossen, Jerusalem wieder für die Christen zu erobern und für sich selbst Ruhmesblätter zu beschreiben. Nur so lässt es sich vielleicht erklären, dass er erneut nach Jerusalem aufbrach, ohne den Heereszug vorher logistisch abzusichern. Auf der Hälfte des Weges musste er wieder wegen mangelnder Vorräte und mangelnder Kräfte den Rückzug antreten. Der Waffenstillstand, den Richard im Namen der Christenheit mit Saladin schließen konnte, dürfte nur ein schaler Trost gewesen sein, auch wenn die Herrschaft Akkon noch einige Jahrzehnte bestehen blieb. Richard verhielt sich während des gesamten Kreuzzugsunternehmens überaus ambivalent. Auf der einen Seite war er auf den eigenen Vorteil bedacht, beanspruchte Beute für sich allein, begünstigte offensichtlich seine Gefolgsleute und ging skrupellos vor. Auf der anderen Seite wird man ihm echten religiösen Eifer und den Wunsch danach, eine von ihm als Hauptaufgabe der Christenheit verstandene Aufgabe zu erfüllen, kaum absprechen können, so wenig Verständnis wir heute für das Ideal des Kämpfers für die Christenheit haben mögen. Als christlicher Kämpfer konnte er im weltlichen Bereich natürlich ebenfalls einen ungeheuren Prestigegewinn verbuchen. Im Einzelnen werden wir religiöse und machtpolitische Komponenten der Motive Richards kaum voneinander trennen können. Im Kontext des Kreuzzuges gilt aber sicherlich mehr noch als bei anderen Handlungen in der lateinisch-christlichen Hemisphäre, dass man mit einer alleinigen Betrachtung des politischen Vorteils entscheidende Aspekte übersehen kann. Gerade der zweimalige Marsch bis nach Bait Nuba, der mit der ansonsten belegten Planungsfähigkeit Richards überhaupt nicht zusammen passen will, lässt sich so als der Versuch deuten, sich einen Wunschtraum gegen offensichtliche faktische Hindernisse zu erfüllen.

Im September 1192 verließ Richard das Heilige Land und machte sich auf den Rückweg, der ihn fast vor solche Probleme stellte, wie der Weg von Akkon nach Bait Nuba. Viele Feinde Richards warteten nur auf die Gelegenheit, den König in die Hände zu bekommen und von dem Zeitpunkt an, als Richard in Norditalien seinen Fuß auf europäischen Boden setzte, musste er mit Verfolgung rechnen. Richard hatte offenbar vor, Umwege in Kauf zu nehmen, sich dafür aber über einigermaßen sicheres Territorium zu bewegen und über Ungarn nach Norddeutschland in welfisches Territorium zu gelangen. Dort konnte er auf sicheres Geleit bis zur Ostsee durch seinen Neffen hoffen, von wo aus ihn ein Schiff nach England oder in die Normandie bringen konnte. Er reiste mit kleiner Begleitung und in Verkleidung, wurde aber kurz vor Wien von Gefolgsleuten des österreichischen Herzogs entlarvt und gefangengesetzt.

Gefangenschaft und Herrschaftskrise

Man kann nicht ganz sicher sein, ob der Aufschrei und der Protest der wegen der Gefangennahme eines Kreuzfahrers durch Europa ging, nicht vielleicht auch etwas damit zu tun hatte, dass einige Feinde Richards dem österreichischen Herzog missgönnten, dass ihm der dicke Fisch an den Haken gegangen war. Philipp nutzte die Situation sofort aus und machte sich daran, Burgen Richards in der Normandie, im Vexin und in Aquitanien zu erobern. Am wichtigsten war die Eroberung der Burg Gisors, die an der Grenze zur Normandie in einer einzigartigen strategischen Lage den Zugang zum Herzogtum beherrschte. Johann Ohneland, der in Abwesenheit Richards wohl nur von seiner Mutter davon abgehalten worden war, sich mit Philipp zu verbünden, nutzte jetzt die Gelegenheit, sich mit dem Kapetinger abzusprechen und die englischen Großen auf seine Seite zu ziehen. Er musste damit rechnen, dass sein Bruder lange abwesend sein würde und wollte offenbar nicht an Boden verlieren und seine Stellung als Erbe aufs Spiel setzen. Möglicherweise machte er sich auch Hoffnungen, dass Richard die ehrenvolle Haft nie mehr verlassen können würde.

Der österreichische Herzog einigte sich bald mit seinem Lehnsherrn, dem römisch-deutschen Kaiser, und Heinrich VI. nahm Richard auf dem Trifels in Gewahrsam. Dieser konnte seine Gefolgsleute empfangen und Anweisungen für seine Besitzungen geben, blieb aber in Haft. Heinrich VI. verlangte die exorbitante Summe von 100 000 Mark als Lösegeld. Für Heinrich VI. bedeutete das zu erwartende Lösegeld eine notwendige

Finanzspritze, die sich positiv auf seine Schwierigkeiten mit der innerdeutschen Opposition auswirken konnte als ihm auch ermöglichen sollte, ein Heer für die Eroberung Siziliens zu bezahlen. Richard musste an einer schnellen Auslösung gelegen sein, weil die Grundfesten seiner Herrschaft durch die Überfälle Philipps und die Machenschaften seines Bruders erschüttert wurden. Seinen Gegnern war daran gelegen, die Gefangenschaft so weit wie möglich auszudehnen und Heinrich VI. versuchte, wirklich alle Gelegenheiten zu nutzen, die ihm der kostbare Gefangene bot.

Das Geld wurde wie die Finanzierung des Kreuzzuges durch eine Sonderabgabe in England zusammengetragen. Die Königinmutter Eleonore brachte das Geld nach Deutschland und handelte die Bedingungen der Freigabe Richards aus. Angeblich versprachen Philipp und Johann gemeinsam dem Kaiser eine noch höhere Summe, wenn Richard noch länger in Haft bliebe. Diese Situation soll Heinrich VI. genutzt haben, um dem englischen Monarchen weitere Zugeständnisse abzuringen. Richard sollte ihm das Königreich England auftragen und als kaiserliches Lehen zurückerhalten und ihm entweder Waffenhilfe oder eine weitere Zahlung geben. Bis auf gelegentliche Aufforderungen Heinrichs VI. an Richard, nach seiner Freilassung den kaiserlichen Wünschen gemäß zu handeln, blieb die Lehnsbindung allerdings bedeutungslos und Richard ignorierte sie weitgehend. Das transferierte Geld allerdings sollte Heinrich tatsächlich seinen Feldzug ermöglichen und Richard vor ernste finanzielle Probleme stellen, da er innerhalb der ersten Hälfte seiner Regierungszeit zweimal eine Sonderabgabe verlangt hatte und jetzt für die zu erwartenden Feldzüge gegen Philipp erneut vor einer leeren Schatzkammer stand.

In einer ungeheuren Anstrengung nahm Richard es auf sich, den Boden zurückzugewinnen, den Philipp in der Zeit seiner Gefangenschaft und Abwesenheit gut gemacht hatte. Ähnlich wie sein Vater reiste er rastlos durch seine Besitzungen. Aber er übte sehr viel mehr militärischen Druck aus als sein Vater es getan hatte. Die Auseinandersetzungen mit Philipp konzentrierten sich vor allen Dingen auf das Vexin und die Grenze zum Herzogtum der Normandie, so dass die Normandie in einem Maß in den Mittelpunkt des angiovinisch-kapetingischen Konfliktes rückte, der ihre Bedeutung wieder erhöhte. Um den Verlust von

Gisors wettzumachen, das Philipp sich zäh weigerte, herauszurücken, baute Richard eine neue Burg, Chateau Gaillard, die die normannische Grenze sichern sollte. Angeblich soll Philipp gedroht haben, sie auf jeden Fall einzunehmen, während Richard großsprecherisch verkündete, die Mauern Gaillards auch dann gegen Philipp halten zu können, wenn sie nur aus Butter wären[69]. Langsam, aber unter großer finanzieller Belastung und Anstrengung aller militärischen Kräfte, die er seinen Lehnsleuten abpressen konnte, drängte Richard Philipp wieder in die Defensive.

Seinem Bruder Johann verzieh Richard auf Vermittlung seiner Mutter hin, angeblich mit den Worten, das sein kleiner Bruder – damals immerhin 28 Jahre alt – aus kindlichem Unverstand gehandelt und es eben nicht besser gewusst habe[70]. Sicher spielte dabei eine Rolle, dass Richard sich damit weitreichende Auseinandersetzungen mit einem der mächtigsten Barone Englands ersparte. Zum anderen war aber Johann, solange Arthur minderjährig war und Berengaria keinen Sohn geboren hatte, der einzig mögliche Nachfolgekandidat. Es ist nicht auszuschließen, dass Richard seinen Bruder mit einer Aussicht auf Nachfolge von den Vorteilen der Kooperation überzeugt hat.

Richard I. und das angiovinische „Imperium“

Obwohl Richard zu seinen Lebzeiten die angiovinischen Besitzungen (vgl. Karte 6, S. 232) zusammenhalten konnte, ist die Anspannung, die damit verbunden war, doch deutlich spürbar und war wohl auch etwas größer, als noch zur Zeit Heinrichs II. Das mag daran liegen, dass Richard mit Philipp einen ernster zu nehmenden Gegner hatte, auf dessen Friedensliebe er sich nicht verlassen konnte. Philipp war ehrgeizig und skrupellos genug, um die Zentralisierung des französischen Königreiches voranzutreiben und musste dabei notwendigerweise mit dem Angiovinen aneinander geraten. Es mag seinen Grund auch darin haben, dass Richard selbst oftmals eher die militärische Lösung suchte, als die diplomatische und dass die Fliehkraft der zusammengestückelten Besitzungen im Laufe der Zeit eher größer wurde als kleiner. In England hielt Richard sich nach seiner

Rückkehr vom Kreuzzug nur im Jahr 1194 noch einmal knapp zwei Monate auf. Wie schon sein Vater erntete er nicht nur die Früchte der vorbildlichen Verwaltung, sondern wirkte wie John Gillingham betont, selber weiter auf eine Straffung. Die erstaunliche Effizienz der englischen Verwaltung und seiner Vertrauten dort nutzte Richard aus, um im Jahr 1197 noch einmal eine Sondersteuer einzuziehen, diesmal um seine Kriege auf dem Kontinent zu finanzieren. Um die Belange der englischen Krone, etwa in Wales und in Schottland kümmerte er sich nicht übermäßig, wollte er sich vielleicht auch nicht kümmern, so dass der Druck auf die walisischen Fürsten und den schottischen König zu seiner Zeit deutlich nachließ. Dass Richard sich also um England vor allen Dingen deshalb sorgte, weil er die Hand auf dem Kontinent frei haben wollte, ist ihm von nationalhistorischer Seite oft vorgehalten worden. John Gillingham hat nachdrücklich betont, wie sehr man Richard da mit einer Elle misst, die für seine Zeit nicht angelegt werden kann.

Richard hatte bei all seiner Verhaftung im Ritterethos und dem militärischen Geschick auch durchaus ein Auge für zukunftsweisende neue Branchen. Für den Handel bestimmte er einheitliche Maße, unter anderem eines für Wolltuche. Dass der Tuchhandel und die Londoner Kaufleute auf Dauer ein bedeutender Faktor in der englischen Geschichte werden sollten, ahnte Richard sicher nicht voraus. An dem Beispiel wird aber deutlich, wie geschickt er sein konnte, wenn es darum ging, Möglichkeiten zur Geldbeschaffung auszunutzen.

Richard war in mancherlei Hinsicht nicht so diplomatisch und geschickt wie sein Vater, hatte aber alles in allem – auch das nicht unbedingt zu Recht – den Ruf, dass man sich auf sein Wort besser verlassen könnte, als auf das seines Vaters. Er war im Umgang mit Aufständischen gnadenlos und oft brutal, konnte aber nach einmaliger Rebellion auch gnädig sein. So gewann er nach Konflikten zum Teil Freundschaften, wie man etwa an Hugo IX. de Lusignan sieht, der sich auf dem dritten Kreuzzug als loyaler Gefolgsmann erwies, obwohl er einer Familie entstammte, die traditionell rebellisch war. In England gab es in seiner Regierungszeit bis auf die Unruhen zur Zeit seiner Gefangenschaft keine Rebellionen. Dies mag dadurch zu erklären sein, dass ein König, der häufig abwesend war, wenig Anlass zu Beschwerden gab. Auf dem Kontinent vor allem in Aquitanien und Poitou musste er sehr viel mehr kämpfen, um seine Autorität zu erhalten.

Im Grunde genommen regierte Richard nicht lang genug, als dass man eine Bilanz seiner Herrschaft ziehen könnte, die allen Aspekten gerecht würde. Der Vergleich zu seinem jüngeren Bruder und Nachfolger ist bei den Zeitgenossen und auch bei vielen modernen Historikern positiv ausgefallen. Aber es stellt sich letztlich schon die Frage, ob das angiovinische Erbe unter Johann so schnell zusammengebrochen wäre, wenn nicht manche Entwicklungen schon in Richards und vielleicht sogar Heinrichs II. Zeit ihren Anfang genommen hätten.

Die Nachfolge Johann Ohnelands

Richard starb in einer Art und Weise, die für ihn typisch war. Bei der Belagerung der kleinen Burg Chalus-Chabrol zwischen Limoges und Angoulême, die von Rebellen gehalten wurde, griff er wie üblich selbst in die Kampfhandlungen ein. In seiner Ungeduld war er ungewappnet auf dem Kampfplatz erschienen und wurde von einem verirrten Pfeil getroffen. Dies stachelte Richard so zur Wut an, dass die Burg sofort überrannt wurde und alle Bewohner bestraft wurden – ausgenommen der Schütze, dessen geplante Strafe wir nicht ahnen können. Als Richard durch Wundbrand dem Tode nahe war, verzieh er dem Todesschützen, sicher, um seine Abkehr von weltlichen Sorgen zu bekunden, die für die Aufnahme in den Himmel als sehr wichtig erachtet wurde. Seine Mutter Eleonore kam noch rechtzeitig an sein Sterbelager, auf dem er seinen jüngeren Bruder Johann und nicht den inzwischen fast volljährigen Neffen Arthur zum Erben bestimmte. Er sah interessanterweise auch keine Erbteilung vor, etwa eine Abfindung des Neffen mit Teilen der angiovinischen Besitzungen.

Johann erfuhr auf feindlichem Territorium – er war gerade in der Bretagne – von Richards tödlicher Erkrankung und machte sich unsentimental und pragmatisch nach Chinon auf, um zunächst den königlichen Schatz in seine Gewalt zu bringen. Trotz der Designation durch Richard und der Fürsprache durch seine Mutter Eleonore musste Johann durchaus mit Widerstand rechnen. Der französische König Philipp zog sicher Arthur vor, der fast am französischen Hof aufgewachsen war. Für Johann sprach sicherlich, dass er ein erwachsener Mann war, der auch Erfahrungen gesammelt hatte. Im Dienste Richards hatte er durchaus getan, was von ihm erwartet wurde, und man kann wohl davon ausgehen, dass ihn sein frühes Desaster in Irland nicht mehr unbedingt verfolgte. Auf der anderen Seite dürfte den Großen Englands und in den angiovinischen Besitzungen durchaus klar gewesen sein, dass sie sich keinen einfachen Herrscher ausgesucht hatten. 1198 schien er aber die deutlich bessere Alternative als der unerprobte Arthur zu sein, dessen Fehler man gar nicht einschätzen konnte. Die erste Runde ging also an Johann, der sich bald mit dem französischen König Philipp zu einer Friedensvereinbarung traf. Johann brachte dieser Friede, bei dem er Philipp in fast allen Punkten nachgab, wenig Freunde ein und trug ihm den Beinamen „Softsword" ein. Im Vergleich zu Richard und seinen ausführlichen Kriegscampagnen musste eine vorläufige diplomatische Lösung natürlich abfallen. Darüber hinaus scheint es fast so, als ob Johann keine andere Wahl gehabt hätte, wie schon W.L. Warren vor knapp 50 Jahren dargelegt hat. Auf jeden Fall musste Johann die Anerkennung seiner Lehnsnahme vom französischen König erreichen, wenn er nicht als unrechtmäßiger Usurpator in allen kontinentalen Besitzungen dastehen wollte. Die Frage ist, ob er mit einem Kriegszug seine Anerkennung hätte durchsetzen können. Die Kriegszüge Richards gegen Philipp fanden alle in einem Kontext statt, in dem zumindest klar war, dass Richard rechtmäßiger Herr seiner Ländereien war. Johann war dies noch nicht, weil Richard eine Regelung eben erst auf dem Sterbebett getroffen hatte. Das Lehnsrecht war nicht unbedingt auf seiner Seite, wie es bei einer Vater-Sohn-Folge gewesen wäre, denn es war zu dem Zeitpunkt nicht klar, ob der jüngere Bruder und Sohn des vorigen Lehnsnehmers tatsächlich Vorrang hätte vor dem Sohn des älteren Bruder Geoffrey, der schon zu Lebzeiten des Vaters gestorben war und deshalb sein Erbteil nie angetreten hatte. In ähnlichen Situationen konnte durchaus anders entschieden werden und es kam letztlich darauf an, wer sich durchsetzen konnte. Dies musste bei Johanns Überlegungen für eine Einigung mit Philipp überaus schwer wiegen, letztlich sogar schwerer als die Frage, ob überhaupt Geld für einen Feldzug da gewesen wäre. In der Forschung gelten die

Ressourcen der englischen Krone um diese Zeit wegen ihrer hohen Effektivität als ungleich besser als die der französischen, aber die Sonderabgaben für Kreuzzug, Lösegeld und kontinentale Kriegszüge, die Richard eingefordert hatte, hatten die Zahlungskraft der Engländer offenbar stark erschöpft und ihre Zahlungsmoral strapaziert. Zugleich traf Philipp Maßnahmen, die den Finanzen der französischen Krone zugute kamen. Betrachtet man spätere, geradezu verzweifelte Maßnahmen Johanns an Geld zu kommen und lässt dabei die Vorwürfe von Geldgier der Zeitgenossen außen vor, stellt sich unweigerlich die Frage, wieviel Geld Johann wohl in Chinon in der königlichen Schatzkammer vorfand, als er Richards Beerdigung versäumte. Leider lässt sich die genaue finanzielle Lage der französischen und englischen Krone nicht nachvollziehen und wird vielleicht wegen der disparaten Quellenlage nie geklärt werden können. Fest steht jedenfalls, dass Johann sich mit Philipp traf, ihm alle seine Eroberungen überließ, wie etwa das wichtige Gisors, sich zur Heeresfolge verpflichtete, dafür aber von Philipp in alle kontinentalen Besitzungen seines Bruder und Vaters eingesetzt wurde. Zusätzlich musste Johann 20 000 Mark zahlen und versprechen die Bretagne an Arthur weiter zu verlehnen. Beide Seiten waren realistischerweise sicher nicht der Meinung, dass der Friede lange halten würde, aber beide hatten zunächst einmal das erreicht, was sie wollten.

Im Sommer 1200 versuchte Johann eine für ihn gefährliche Heiratsallianz zu unterbinden. Ademar von Angoulême wollte seine Tochter Isabella mit Hugo IX. von Lusignan vermählen und Johann fiel offenbar kein anderer Weg ein, als sich selber als attraktiveren Heiratskandidaten ins Spiel zu bringen und die zwölfjährige Isabella ihrem versprochenen Bräutigam vor der Nase wegzuschnappen. Dass die Lusignan, die Richard I. noch treu ergeben gewesen waren, diese Beleidigung nicht vergaßen, wurde nur knapp dadurch aufgewogen, dass Johann dann mit der Erbtochter Isabella das Angoumois zwischen Aquitanien und dem Poitou fest in der Hand hatte.

Die intrinsische Spannung zwischen englischem und französischem König sollte in der Tat bald dazu führen, dass beide Seiten die getroffenen Vereinbarungen ignorierten. Philipp favorisierte bald wieder offen Arthur von der Bretagne, während Johann sich daran machte, Geldmittel zusammenzukratzen, um sich dem Zerfall der Besitzungen seines Vaters entgegen zu stemmen. 1201 eskalierte der Konflikt, als Philipp Johann vor ein Lehnsgericht zitierte und ihn wegen Vernachlässigung seiner Lehnspflichten anklagte. Johann erschien trotz einer Vorladung nicht, um sich gegen die Vorwürfe zur Wehr zu setzen. Er konnte ohnehin nur mit einer Verurteilung rechnen und musste fürchten, gefangen genommen zu werden, wenn er erschien. Philipp aber nutzte die Gelegenheit, ihn wegen Kontumaz, also Missachtung des königlichen Gerichtes, anzuklagen und seine Barone taten ihm den Gefallen und verurteilten Johann zum Entzug seiner Lehen. Dieses Urteil musste Philipp jetzt nur noch durchsetzen. Obwohl er selber durch die Verstoßung seiner Gemahlin Ingeborg nicht gerade als ein Vorkämpfer für die Kirche und die Tugenden galt, gelang es ihm doch, sich in diesem Konflikt als der Geschädigte darzustellen und viele Feinde Johanns um sich zu scharen. Philipp tat sich, wie es schon fast Tradition für den französischen König war, mit südfranzösischen Fürsten zusammen, die die Gunst der Stunde nutzen wollten, um den neuen Herzog von Aquitanien einer Probe zu unterziehen. Philipp gewann bald die Oberhand und es sah schlecht aus für die angiovinische Seite, als die Königinmutter Eleonore sich im schlecht befestigten Mirebeau einem der vielen „Entführungsversuche“ ihres Lebens entziehen musste. Sicher hätte Philipp sie kaum verheiraten wollen, aber ein hervorragendes Faustpfand hätte sie schon abgegeben. Johann eilte in Gewaltmärschen von Le Mans herbei und traf für das französische Heer völlig überraschend in den frühen Morgenstunden ein und gewann gewissermaßen den „Jackpot im Lotto“. Nicht nur Arthur, sondern auch Hugo von Lusignan gerieten in seine Hand und er konnte seine Nachfolge mit der Gefangennahme seines Neffen endlich als gesichert betrachten.

Nur wenige Lottogewinner gehen mit ihrem Gewinn sparsam und kompetent um und Johann gehörte auch nicht zu dieser Sorte. Der erstaunliche Sieg von Mirebeau wurde von ihm nicht adäquat ausgeschlachtet. Dies gilt für fast alle Siege von Johann, der militärisch um einiges fähiger war, als der Vergleich zu seinem draufgängerischen Bruder Richard auf den ersten Blick vermuten lassen würde. An sich hätte Johann nach dem Sieg von Mirebeau einige seiner Gefolgsleute, die sich bewährt hatten, entlohnen sollen. Besonders verärgert wurde

Wilhelm des Roches, der Anspruch auf den gefangenen Hugo von Lusignan erhob. Johann lieferte diesen schwierigen Vasallen nicht aus, weil er wohl selber die Freilassung in der Hand behalten wollte, aber so machte er sich Wilhelm zum Feind, der sich in die Gruppe der ohnehin schon Unzufriedenen einreihte, die Johann noch von Richard geerbt hatte. Der zweite große Fehler war die Behandlung Arthurs, der heimlich – einige behaupten sogar von Johann selber – in Rouen ermordet wurde. An sich war es nicht vollständig ungewöhnlich, einen Rivalen aus dem Weg zu räumen, aber eine offene Gerichtsverhandlung, egal wie fadenscheinig die Begründung gewesen wäre, die mit einem Todesurteil oder auch nur Gefangenschaft geendet hätte, hätte den Zweck auch erfüllt. So hatte Johann zwar keinen Rivalen mehr, dafür aber seinem Ruf dauerhaft geschadet und dem französischen König Philipp eine Propagandawaffe in die Hand gegeben.

Da Johann seinen Sieg bei Mirebeau so schnell verspielte, war Philipp bald schon wieder auf dem Schlachtfeld gegen den missliebigen Angiovinen. Innerhalb von zwei Jahren nach Mirebeau brach das ganze „angiovinische Imperium" wie ein Kartenhaus in sich zusammen und die Schnelligkeit dieser Entwicklung hat die Forschung immer wieder zu dem Schluss geführt, dass dies nicht allein Johanns Schuld gewesen sein konnte. Sicher verhielt er sich ungeschickt, war auch in kriegerischen Auseinandersetzungen glückloser als sein berühmter Bruder, aber man kann sich kaum vorstellen, dass allein seine Unbeliebtheit dazu geführt haben soll, dass ihm auf dem Kontinent alles zwischen den Fingern zerrann. In England etwa sollte es erst zehn Jahre später zu einer ähnlichen Herrschaftskrise kommen. Die ursächlichen Wurzeln müssen also tiefer liegen und manche Probleme mit seinen Vasallen erbte Johann sogar noch von seinem Vater. Vielleicht rächte es sich jetzt auch, dass keiner der angiovinischen Herrscher je versucht hatte, die Territorien besser aufeinander abzustimmen. Auf der anderen Seite wird man nicht unterschlagen dürfen, dass der persönliche Faktor eine Rolle spielte. Johann war eine misstrauische, tyrannische und schwierige Persönlichkeit, so dass Beschwernisse, mit denen mancher vielleicht schon lange kämpfte, sich in diesem Licht zu ernsthaften Problemen auswuchsen. Als Lösung bot sich dann die Trennung von Johann und die Anbindung an Philipp an.

Als zusätzliches Problem ergab sich für Johann auch noch die Unlust der englischen Barone sich finanziell oder gar personell bei kontinentalen Kriegszügen zu beteiligen. Auch hier dürfte die Überbeanspruchung in der Zeit Richards ebenso ein Grund sein, wie die Tatsache, dass sich die anglo-normannischen Familienzweige schon lange von den normannischen getrennt hatten und verschiedene Interessen verfolgten. Die schleichend fortschreitende Desintegration wurde wie auch auf dem Kontinent durch konkrete kurzfristige Belastungen, die man loswerden wollte, verstärkt. Die englischen Barone verbanden ihre Hilfe für die kontinentalen Kriegszüge mit der Forderung nach der Beseitigung von Missständen, die ihrer Aussage nach noch aus der Zeit Heinrichs II. herrührten.

Insbesondere in der Normandie konnte Philipp dann auf die Unterstützung durch Aufständische setzen und dort fing er mit seiner großen Kampagne zum Gewinn der angiovinischen Besitzungen an. Ein Schlüssel war das von Richard I. gebaute Chateau Gaillard, das Philipp in einer Nacht- und Nebelaktion am 6. März 1204 einnehmen konnte. Seine Leute stiegen nachts heimlich über den – im Übrigen von Johann nachträglich an die Burg seines Bruder angebrachten – Abort ein und nahmen die Burg im Handstreich. Im Zuge dieses Erfolges fiel im Sommer 1204 die gesamte Normandie an die französische Krone und wurde nicht wieder als Lehen ausgegeben, sondern der Krondomäne zugeschlagen. Johann, der sich in England aufhielt, konnte den raschen Zusammenbruch nicht mehr verhindern und hatte zudem Vorwürfe abzuwehren, dass er seine Gefolgsleute im Stich gelassen hatte, als er die Normandie im Dezember 1203 verließ. Aquitanien fiel nach dem Tod der Eleonore im April 1204, der Philipp die Handhabe gab, auch dieses Lehen einzuziehen, schon im Sommer ebenfalls an die französische Krone, wenn auch nicht zur Gänze.

Offenbar arrangierte sich die normannische Bevölkerung recht schnell mit ihren neuen Herren und da viele der normannischen Barone schon vorher zu Philipp übergelaufen waren, dürfte sich für die meisten Personen auch nicht unbedingt viel geändert haben. Philipp kam der Eigenständigkeit der Normandie in vielen Belangen – wie etwa dem Bereich der rechtlichen Gewohnheiten, die sich bis zur Französischen Revolution erhalten sollten – entgegen, und so sah man keinen Anlass für

Beschwerden. Es ist ein beredtes Zeugnis für den Grad der Entfremdung zwischen normannischen Großen und ihrem rechtmäßigen Herzog sowie zwischen Normannen und Anglo-Normannen, dass Johann nur so wenige treue Gefolgsleute hatte. Die Eigenart der Normannen äußerte sich nicht mehr in politischer Eigenständigkeit, sie gingen im Königreich Frankreich auf. Regionale Charakteristika blieben bestehen, aber politisch war die Normannia wieder zur Francia geworden, ein Ziel an dem im 10. Jahrhundert Ludwig IV. aufgrund des normannischen Willens zur Unabhängigkeit grandios gescheitert war. Zum einen unterschied sich die Normandie nur noch marginal von anderen Regionen Frankreichs, zum anderen war die integrative Kraft des französischen Königtums enorm gewachsen. Bis zu einem gewissen Grad hatte sich die normannische Identität, die von Anfang an recht stark an die terra der Normandie gebunden war, in den vielen Reichen, in die die Normannen ausschwärmten, verloren. Für den normannischen Herzog war die Normandie seit 1144, als Gottfried V. der Schöne von Anjou in Rouen einmarschierte, nicht mehr der Hauptbesitz, sondern ein Nebenterritorium, so dass nicht verwundern muss, dass der Herzog kein identitätsstiftendes Zentrum mehr bildete. Für die meisten normannischen Barone, deren Interessen anderswo nur noch durch Nebenlinien vertreten wurden, die sich von Generation zu Generation mehr entfernten, war es letztlich gleichgültig, ob sie Nebenland des englischen Königs, oder im Falle Richards des Herzogs von Aquitanien oder des französischen Königs waren. Von den beiden Faktoren, die die normannische Identität immer entscheidend bestimmt hatten, nämlich die Bindung an die terra und die Gefolgschaft dem Herzog gegenüber, konnte nur noch eines bestehen. Die meisten normannischen Barone entschlossen sich in dieser Situation der terra den Vorzug zu geben. Johann konnte nicht mehr an alte Loyalitäten anknüpfen und es war ihm in der kurzen Zeit seiner Herrschaft als Herzog der Normandie auch nicht gelungen, neue Bande zu knüpfen.

Konzentration auf England

Johann gab trotz der Niederlage 1204 den Anspruch auf die kontinentalen Besitzungen keinesfalls auf, wie man schon an der Weiterführung seiner sämtlichen Titel beobachten kann. Viel von seiner Energie, Zeit und finanziellen Ressourcen steckte er in den nächsten zehn Jahre in Pläne der Wiedergewinnung des Verlorenen. Dennoch ist bei ihm die Ausrichtung auf die kontinentalen Besitzungen sehr viel weniger gegeben als bei Richard. Schon vor 1204 ist zu bemerken, dass Johann sich auf England als sein wichtigstes Besitztum konzentrierte und hier in einem Maße die königliche Autorität geltend machte, die nach und nach die Barone immer mehr verärgerte. Ähnlich wie sein Vater und Richard machte er sich um die Administration und das Recht verdient, aber er scheint dies nicht nur zum Zweck der Geldbeschaffung gemacht zu haben. Unter Johann beginnen die Aufzeichnungen der vom König ausgestellten *writs*. Diese kurzen Urkunden konnten mit einem anhängenden Siegel versehen für die Öffentlichkeit gedacht sein und als Beweis dafür dienen, dass ein bestimmter königlicher Befehl erfolgt war. Sie konnten aber auch so versiegelt werden, dass nur der Empfänger sie nach dem Aufbrechen des Siegels lesen konnte. Diese *writs* wurden seit Johann neben den schon vorhanden *pipe rolls*, die die Abrechnungen des Exchequer enthielten, zentral in einem Ausgangsregister in den sogenannten *patent rolls* für die offenen *writs* mit hängendem Siegel und in den *close rolls* für die versiegelten *writs* verzeichnet. Möglicherweise hatte schon Richard – wie John Gillingham argumentiert – diese Dinge angestoßen, überliefert sind die *rolls* erst in Johanns Regierungszeit. Die Überlieferungsfülle allein mag mit dazu beigetragen haben, dass die Auswertung dieser Zeugnisse ein etwas anderes Bild des Königs zu Tage fördert als das, was die erzählenden Quellen uns vermitteln, die Johann als den Bösewicht auf dem Thron par excellence in die Geschichte eingehen ließen. Auf der anderen Seite gilt Johann der modernen Forschung nur deshalb als administratives Genie, weil die dazugehörigen Quellen eben erst aus seiner Zeit überliefert sind. Für die *pipe rolls* etwa, die vollständig auch erst seit Johanns Regierung überliefert sind, wissen wir, dass schon zu Zeiten Heinrichs I. Aufzeichnungen über die Geschäfte des Exchequers gemacht wurden. Die Frage ist, ob die Überlieferung tatsächlich so zufällig ist. Maßnahmen zur Aufbewahrung der königlichen Ausgangsregister – übrigens Jahrhunderte bevor im römisch-deutschen Reich etwas ähnliches versucht wurde – wollen auch getroffen sein. Die von seinem Vater angestoßene Entwicklung hin zum common law trieb Johann entscheidend weiter und er scheint echtes Interesse an Rechtsfragen gehabt zu haben. Er wünschte zum einen eine weitere Vereinheitlichung des Rechts insbesondere der Prozessordnung, zum anderen aber differenzierte er die rechtlichen Bestimmungen. Immer wieder setzte er sich zusammen mit seinen Richtern auf die Bank und hörte Einzelfälle an. Für die Arbeiten der königlichen Kanzlei ließ er Gebühren festsetzen, auf die sich die Anfragenden dann auch verlassen konnten. Bei allem Interesse am Recht und Bemühungen um die Verrechtlichung des Königsamtes spekulierte er sicher zusätzlich darauf, dass die Legitimation seiner Herrschaft durch den Nimbus der Gerechtigkeit erhöht werden konnte. Dabei machte er nur ähnlich wie sein Vater den Fehler, dass er sich selber außerhalb dieses Rechtes betrachtete. Ein Ziel der baronialen Revolte im Jahr 1214 war, Johann auf die Grundsätze festzulegen, die er selber angestoßen hatte. Recht sollte nicht mehr wie ein Privileg empfangen werden, ein entscheidender Schritt bei der Bindung des Königtums an schriftlich fixierte Regeln.

Nirgends wird allerdings Johanns Konzentration auf England und englische Belange deutlicher als in seiner Behandlung des *Celtic fringe*, auf die wir noch zu sprechen kommen werden (S. 289). Seit Heinrich I. hatte sich niemand mehr so intensiv um die Nachbarreiche Englands gekümmert. Mit dem unbedingten Willen zur Suprematie der englischen Krone über die walisischen und schottischen Nachbarn griff Johann eine Tradition auf, die schon von den Königen der westsächsischen Linie her ihren Ursprung hatte und nirgendwo hat man die dauernde Anwesenheit des angiovinischen Königs im englischen Reich mehr zu spüren bekommen als in den keltischen Randzonen der britischen Insel. Der Qualitätsunterschied, den man in Johanns Regierungszeit in der Behandlung von Wales und Schottland im Gegensatz zu seinem Bruder und auch seinem Vater aufzeigen kann, spricht eine deutliche Sprache. Johann war weder in Personalunion Herrscher über mehrere Territorien, noch in erster Linie Herzog von Aquitanien. Johann war zuallererst und mit allererster Prioriät König von England. Nun könnte man einwenden, dass sich dies schon allein aus Notwendigkeit ergab, als Johann 1204 die Normandie verlor. Doch auch schon vorher ist Johann häufiger in England gewesen als sein Bruder in zehn Regierungsjahren. Deutliches Zeichen der Priorität ist auch die persönliche Teilnahme an Kriegszügen in Wales und Schottland, wohingegen kontinentale Unternehmungen delegiert wurden – sieht man einmal von Mirebeau ab.

Als logische Folge ergibt sich, dass auch der Kampf um die Wiedergewinnung der kontinentalen Besitzungen, so wichtig er Johann auch gewesen sein mag, immer ein Nebenschauplatz blieb. Die intensiven Reformmaßnahmen Johanns haben seine Stellung als König unmittelbar gestärkt und ihm ermöglicht, in den folgenden Jahren seine Vorstellungen von Herrschaft in gewissen Grenzen innerhalb Englands weitgehend durchzusetzen.

Auseinandersetzungen mit der Kirche

Innenpolitisch saß Johann also in der ersten Zeit seiner Regierung relativ fest im Sattel, focht aber einen langanhaltenden Konflikt um das Erzbistum Canterbury aus. Dieser wurde allerdings nicht nur durch landeskirchliche Probleme induziert, wie noch bei Thomas Becket und Heinrich II., sondern vor allen Dingen durch den Anspruch Innozenz III. auf den päpstlichen Primat, der die bis dato gesicherten Rechte der englischen Krone untergrub. Im Sommer 1205 war der Johann treu ergebene und fähige Erzbischof Hubert Walter gestorben und Johann wollte seinen Vertrauten Johann de Gray, Bischof von Norwich, erheben. Da die Bischöfe Englands und die Mönche in Canterbury auf ihrem Recht pochten, den Erzbischof zu nominieren, gab es schließlich mehrere Gesandtschaften an den Stuhl Petri in Rom, eine mit dem heimlich gewählten Subprior Reginald aus Canterbury. Johann ignorierte diese Entwicklungen und setzte Johann de Gray ein, während Innozenz in Rom die anwesenden Mitglieder des Priorates der Kathedrale von Canterbury dazu veranlasste, eine neue Wahl zu treffen, die auf Stephan Langton fiel, Kardinal von St. Chrysogonus. Stephan erhielt sofort das Pallium und nachdem Johann seine Zustimmung zu der Erhebung verweigert hatte, trotzdem die Weihe. Innozenz verwies dabei auf die Stellung des Papstes, der Bischöfe nach Belieben einsetzen könne.

Johann musste die althergebrachten Rechte des Königs an der Mitbestimmung bei den Bischofssitzen verletzt sehen und reagierte entsprechend. Die Mönche Canterburys wurden nach Frankreich gejagt und Johann verweigerte Stephan Langton die Einreise nach England und selbstverständlich die Investitur mit den Temporalien.

Bis dahin waren viele Bischöfe offenbar auf der Seite des Monarchen, aber als der Konflikt immer mehr eskalierte und es für die Bischöfe hieß, den geforderten Gehorsam zum Papst gegen die Treue zum weltlichen Herrn aufzuwiegen, bröckelte diese recht einheitliche Front. Am 24. März 1208 verhängte Innozenz das Interdikt über England, was einige Bischöfe dazu veranlasste, die Insel zu verlassen und sich dem Erzbischof von Canterbury im Exil anzuschließen. Die in dieser Zeit frei werdenden Bistümer wurden von Johann nur mit Verzögerung besetzt, weil er die Einnahmen der Bistümer benutzte, um seine Kassen zu füllen. Die Situation verschärfte sich, als Innozenz im November 1209 den König exkommunizierte und noch mehr Bischöfe das Land verließen. Einige Bischöfe wie Johann de Gray von Norwich und Peter des Roches von Winchester blieben beim König, so dass man nicht von einer einheitlichen Kirchenfront gegen Johann sprechen kann.

Der Konflikt von Johann mit dem Erzbischof von Canterbury hat einen grundsätzlich anderen Charakter als der von Heinrich II. mit Thomas Becket. Bei der Becket-Krise ging es darum, in England die Sphären weltlicher und geistlicher Macht voneinander abzugrenzen, wobei der König eindeutig eine Unterordnung des kirchlichen Bereichs unter das alleinverbindliche Königtum wollte, während der Erzbischof seinen Bereich klar abgrenzen wollte. Die Rolle des Papstes in diesem Konflikt war viel mehr die eines Friedensschlichters und vielleicht auch die einer geistlichen Autorität, auf die sich Becket berufen konnte. Prinzipiell standen die Rechte, die Heinrich I. im Londoner Konkordat über die Kirche zugestanden worden waren, nicht zur Disposition. Die Kirchenkrise zu Johanns Zeit war ein Konflikt mit dem Papst und von daher ist die Person des Erzbischofs als solche für den Konflikt weniger bedeutend als die Person des durchsetzungsfähigen Papstes. Johann ging es darum, den Zugriff des Papstes von außen auf die englische Kirche zu begrenzen, während es Innozenz deutlich darum ging, den päpstlichen Primat zumindest bei einer solch zwiespältigen Wahl energisch zu vertreten.

Gelöst wurde der Konflikt erst, als Johann durch den zunehmenden Druck auf der einen Seite von Philipp und auf der anderen Seite durch seine Barone im Jahr 1212 gezwungen war, zumindest auf einem seiner vielen Schlachtfelder für Ruhe zu sorgen. Johann gab dann Innozenz III. auf ganzer Linie nach und verlieh dem Verhältnis zwischen englischem König und Papst dann noch eine politische Dimension, die ihm einen mächtigen Verbündeten schuf. Johann ersuchte die Lösung von der Exkommunikation, akzeptierte Stephan Langton als Erzbischof von Canterbury und ließ ihn ins Land. Außerdem übertrug er dem Papst das Königreich England und erhielt es von ihm als Lehen zurück. Er gestand dem Papst nicht nur zu, sich in kirchlichen Belangen in England einzumischen, sondern erlaubte ihm als Oberlehnsherrn eine gewisse politische Einmischung. Innozenz musste aber deshalb daran gelegen sein, Johann auf jeden Fall auf dem Thron zu halten. Johann als Lehnsmann des Papstes war quasi per definitionem auf der richtigen Seite und jeder Feind des angiovinischen Herrschers wurde automatisch zum Feind des Papstes und damit exkommunikationsgefährdet. Um den Preis der kirchlichen Unabhängigkeit Englands, die in Zeiten des immer intensiver durchgesetzten päpstlichen Primates vielleicht ohnehin keine Chance gehabt hätte, rettete Johann damit seinen Thron für sich und seine Dynastie.

Endgültiger Verlust der kontinentalen Besitzungen

Bei einer Kampagne im Jahr 1205, die der Wiedergewinnung Aquitaniens und dem Entsatz Poitous dienen sollte, fühlten sich die englischen Lehnsleute nicht aufgerufen zu folgen, da sie sich nur zum Einsatz in der Normandie verpflichtet fühlten. Der Rest der kontinentalen Besitzungen galt ihnen nichts und für sie konnte Johann offenbar keinerlei Enthusiasmus erwarten. Gezwungenermaßen musste Johann daher im Sommer 1206 einen Waffenstillstand mit Philipp schließen und seine Besitzungen nördlich der Loire faktisch aufgeben.

Der Konflikt mit Philipp war durch den Waffenstillstand im Jahr 1206 allerdings keinesfalls bereinigt worden und der kapetingisch-angiovinische Gegensatz prägte die europäische Politik der folgenden Jahre. Johann plante langfristig, den französischen König von mehreren Seiten gleichzeitig anzugreifen. Zu diesem Zweck suchte er Bündnispartner in Südfrankreich, aber vor allen Dingen in Flandern. Im römisch-deutschen Reich war der Welfe Otto IV. seit 1208, dem Jahr der Ermordung seines staufischen Rivalen Philipp von Schwaben, für wenige Jahre unangefochtener König und seit 1209 auch als Kaiser ein natürlicher Verbündeter Johanns. Otto IV. war allerdings selber mit der Sicherung seiner Herrschaft und dann der Inanspruchnahme kaiserlicher Rechtstitel in Süditalien so beschäftigt, dass er Johann nur selten eine echte Hilfe war. Philipp auf der anderen Seite stellte die moralische Unterlegenheit seines Gegners demonstrativ zur Schau, verwies immer wieder darauf, dass ein Exkommunizierter keine Berechtigung auf den Königsthron hätte und ließ die exilierten englischen Bischöfe und andere englische Große, die sich über die Herrschaft Johanns beschwerten, öffentlich an seinem Hof auftreten. Er streute offenbar Gerüchte aus, dass Innozenz III. plane, den englischen König abzusetzen, was ihm ein zusätzliches Propaganda-Mittel in die Hand gab. Zusammen mit dem Thronfolger Ludwig VIII. plante er eine Invasion der Insel und konnte auf Unterstützung durch einige englische Barone und insbesondere die keltischen Fürsten wie Llywellyn von Gwynedd und Wilhelm von Schottland hoffen. Offenbar hatte Philipp vor, die Bedrohung durch die angiovinische Dynastie und ihre Ansprüche endgültig auszuschalten. In dieser verwickelten Situation kam dann noch eine neue Karte ins Spiel, Friedrich II. von Sizilien. Im Verein mit deutschen Fürsten, die mit Otto IV. unzufrieden waren, und mit Papst Innozenz, der die Entwicklung Ottos IV. von seinem Protegé zu einem durchschnittlichen anti-päpstlichen Kaiser mit Stirnrunzeln betrachtete, wurde Friedrich II. zum König erhoben und Philipp ergriff die Gelegenheit für eine Erneuerung des staufisch-kapetingischen Bündnisses direkt beim Schopf. In dieser Situation musste der Friedensschluss von Johann mit dem Papst für Philipp ausgesprochen ungelegen kommen. Das Verbot des Papstes, in England einzumarschieren und seinen Lehnsmann Johann zu schädigen, hätte er wahrscheinlich noch ignoriert. Aber Johann konnte, wie immer wenn es um die Verteidigung Englands ging, einen Erfolg für sich verbuchen. Sein Halbbruder Wilhelm von

Salisbury machte mit einem schnellen Schlag die französische Flotte unbrauchbar, so dass die Gefahr einer Invasion zunächst gebannt war.

Allerdings wendete sich das Blatt auch nicht wirklich zu Johanns Gunsten. Mit Reginald von Dammartin und dem Grafen von Flandern gewann er im Norden Frankreichs zwar wichtige Verbündete, die Philipp unter Druck setzten, aber in Südfrankreich blieb der Erfolg aus. Die englischen Barone weigerten sich, die Ansprüche ihres Königs durchzusetzen und ließen ihn ebenso im Stich wie die südfranzösischen Verbündeten auf die Johann seine Hoffnung gesetzt hatte.

In Flandern vereinte sich das englische Heer unter Führung von Wilhelm von Salisbury mit den Truppen Reginalds von Dammartin, Ferdinands von Flandern und Ottos IV., um in einer konzertierten Aktion gegen König Philipp vorzugehen. Das von Johann eigentlich geplante Vorgehen, Philipp von Norden und Süden in die Zange zu nehmen, war nicht mehr möglich, aber der französische König geriet durch das große Heer in allergrößte Gefahr. Am 27. Juli 1214 kam es an einem Sonntag bei Bouvines zur Schlacht, die mit einem glorreichen Sieg für den französischen König endete. Es gibt viele Berichte über die Schlacht, aber die Quellen sind sich relativ einig, dass das Verhältnis der Armeen ausgewogen war, und dass es in erster Linie die überlegene Taktik der Franzosen war, die den Sieg ermöglichte. Die Geschichtsschreiber betonten später, dass die moralische Überlegenheit ohnehin auf Seiten der Franzosen war, die vor der Schlacht beteten und sich vorbereiteten, während die Gegner, die sich als Verräter ihres Lehnsherrn, des französischen Königs, ohnehin versündigt hätten, leichtsinnigerweise schon im Vorhinein ihren Sieg gefeiert hätten. Solche Verzerrungen dienen dazu, das Geschehen als historisches Exempel aufzubereiten und finden sich in vielen Schlachtberichten. Philipp und seine Gefolgsleute stürzten sich zunächst auf die flämische Flanke und konnten den Grafen von Flandern sehr bald in die Flucht schlagen. Otto IV. zog sich aus dem Geschehen zurück und nur Reginald von Dammartin und Wilhelm von Salisbury hielten bis in die späten Abendstunden aus, sicher auch, weil sie am meisten von einer Gefangennahme zu befürchten hatten.

Die Schlacht von Bouvines ist eine der wenigen mittelalterlichen großen Schlachten, die von sehr einschneidender Bedeutung war und die Geschicke von Deutschland, Frankreich und England für die nächsten Jahrzehnte auf neue Geleise stellte. Ein Büchlein über den „Sonntag von Bouvines“ von Georges Duby ist in der Reihe „Trente journée qui ont fait la France“ aufgenommen worden, aber auch in Deutschland oder England wäre Bouvines mit Berechtigung in einer solchen Reihe. Für Deutschland bedeutete die Schlacht, dass der welfische Thronanspruch in sich zusammenbrach und es sollte immerhin 20 Jahre dauern, bis die Welfen im Zuge der Aussöhnung mit Friedrich II. wieder in den Kreis der Reichsfürsten aufgenommen wurden. Die Herrschaft durch einen staufischen König, der selbst bei der Schlacht gar nicht anwesend war, wurde erst einmal zementiert. Für Frankreich bedeutete die Schlacht einen ungeheuren Prestigegewinn für den König und einen weiteren Schritt auf dem Weg zur Vereinheitlichung Frankreichs unter der Krone. Von 1214 an musste der französische König nicht mehr befürchten, dass ein englischer König noch einmal ernsthaft versuchen würde, die verlorenen kontinentalen Besitzungen wiederzuerobern. Nur in der Gascogne, einem verkleinerten Herzogtum Aquitanien blieb dem englischen König Besitz auf dem Festland. Für Johann bedeutete die Niederlage einen Prestigeverlust sondergleichen, der auf die Innenpolitik in England enorme Auswirkungen haben sollte, weil jetzt in England eine Krise zum Ausbruch kam, die ohne Bouvines sicher nicht oder jedenfalls nicht in diesem Ausmaß begonnen hätte.

Widerstand der Barone und Magna Carta

Bezeichnenderweise formierte sich der Widerstand gegen Johann relativ schnell, nachdem er die Schlacht von Bouvines verloren hatte. Über Jahre war es immer wieder zu Spannungen zwischen Johann und seinen Baronen gekommen, aber dass viele jetzt wagten ihre Forderungen unmissverständlich zu stellen, lässt sich nur damit erklären, dass Johann nach Bouvines stark angeschlagen war. Schon vorher, vor allen Dingen bei Feldzügen auf dem Kontinent, gab es offene Verweigerungshaltung der Barone, und schon die eine oder andere Forderung nach weniger Abgaben oder mehr Mitbestimmung, aber bis dato hatte Johann sich eigentlich immer durchsetzen oder die Aufrührer mit rigiden

Geldstrafen belegen können. Einzelne Barone, die sich gegen Johann stellten, waren bis 1214 dem Untergang geweiht gewesen. Wilhelm de Braose etwa und seine Familie erlitten einen spektakulären Niedergang, als Johann ihnen seine Gnade entzog. Mathilde de Braose, die Frau Wilhelms, und ihr ältester Sohn gerieten in die Gewalt des Herrschers und Johann soll den Befehl gegeben haben, sie verhungern zu lassen, angeblich weil Mathilde sich laut über den Mord an Arthur geäußert hatte. Ein erstes Anzeichen der kommenden Stürme ergab sich im Jahr 1212 als Johann einen Feldzug nach Wales abblasen musste, weil er fürchten musste, dass ihm im Falle seiner Ablenkung in Wales in England offene Rebellion ins Haus stünde.

Jetzt aber waren es nicht mehr einzelne Aufrührer, sondern viele, die sich zusammentaten und anhand der Krönungscarta Heinrichs I. einen Forderungskatalog zusammenstellten. Die aufständischen Barone stammten hauptsächlich aus dem Norden und Südosten Englands. Zum Teil waren es sehr junge Adlige, deren Väter auf Seiten des Königs standen, zum Teil sogar jüngere Söhne. Bemerkenswert an der baronialen Bewegung ist die Tatsache, dass sie bei ganz konkreten Beschwerden ihren Anfang nahm, sich dann aber zu grundsätzlicher Kritik ausweitete und schließlich sogar die Umstrukturierung des Reiches zum Ziel hatte. Auf diese Weise profitierten auch Personen von niedrigerem sozialen Status von den Bestimmungen, die letztlich getroffen wurden. Wahrscheinlich erkannten die Barone durchaus, dass das Problem in die Tiefe ging. Der König, der nach Johanns Ansicht über dem Gesetz stand, sollte an das Gesetz gebunden werden und Privilegien und Freiheiten, die schon lange Usus waren, sollten durch die schriftliche Fixierung verbindlich werden. Gleichzeitig sollten die Ansprüche des Königs auf bestimmte Leistungen und Abgaben, die man durchaus zugestehen wollte, auf eine Basis gestellt werden, die den willkürlichen Umgang mit ihnen verhindern sollte.

Johann stellte sich den Forderungen der Barone zunächst entgegen. Als es den Rebellen glückte, London einzunehmen, ließ der König sich aber auf eine Vermittlung durch den Erzbischof von Canterbury, Stephan Langton, ein. In Runnymede, in der Nähe Londons, trafen sich Johann und die Barone und der König beugte sich ihren Forderungen. Er stellte die Carta von Runnymede aus, die erst im Rückblick *Magna Carta Libertatum* genannt wurde, und ließ Abschriften von ihr erstellen und im ganzen Land verteilen und verlesen. Vier Abschriften sind heute noch erhalten. Dass das Zusammenspiel von König, Großen und zum Teil auch Bürgern schriftlich in Form eines königlichen Privilegs festgehalten wurde, ist in der ersten Hälfte des 13. Jahrhunderts keine englische Besonderheit. Ähnliche Dokumente sind etwa die Privilegierungen der geistlichen und weltlichen Fürsten in Deutschland durch Friedrich II. im Jahr 1220 und 1232, die das Verhältnis zwischen König und Fürsten auf eine schriftliche Grundlage stellten. Zum einen bestand im 13. Jahrhundert ohnehin die Tendenz, Recht immer mehr zu verschriftlichen und zum anderen ist die Rechtskodifizierung in gewisser Weise die logische Konsequenz der Stilisierung der Herrscher als Quelle der Gerechtigkeit. Die Carta von Runnymede ist also durchaus in diesem europäischen Kontext zu beurteilen und zeigt doch in mancherlei Hinsicht schon Anzeichen eines gewissen englischen Sonderweges.

Manche der Bestimmungen der *Magna Carta* waren im Grunde keine Neuheiten, hier wurde nur gewohnheitsrechtlich schon lange Gebräuchliches kodifiziert, damit aber natürlich auch verbindlich gemacht. Die Selbstverpflichtung des Königs auf diese Dinge bedeutete, dass er nun nicht mehr davon abweichen konnte. Andere Vereinbarungen sollten ganz konkretes Unrecht wieder gut machen, wie etwa die Bestimmung der Freilassung walisischer Geiseln. Und manche Klauseln verpflichteten den König darauf, die von seinem Vater bereits angestoßene Entwicklung zu einem *common law* für ganz England ernst zu nehmen und auch wirklich auf alle anzuwenden. Artikel 39 der Carta bestimmt, dass keine Person ohne rechtliche Verfügung gefangen genommen, enteignet oder verbannt werden darf. Artikel 12 und 14 setzten fest, dass die an den König fälligen Abgaben in einem gemeinsamen consilium der Barone festgesetzt werden sollten und die Bedingungen für die Einberufung eines solchen consiliums – eine Art Urparlament – wurden genau festgesetzt. Vor allen Dingen die letztgenannten Bestimmungen waren zukunftsweisend, weil erstmals formuliert wurde, dass ein Reich nicht nur dem König untertan war, sondern dass die Großen ein Recht auf Beratung hatten. Das ist von der Gewohnheit her keine große Neuerung, kein König im Mittelalter konnte sein Reich ohne seine Fürsten regieren. Die Neuerung ist die, dass man den König darauf festlegte und nicht darauf vertraute, dass er es ohnehin tun würde. Bei Johann war das Misstrauen auch durchaus berechtigt, da seine engsten Vertrauten sich oftmals nicht aus der baronialen Schicht rekrutierten. Ein Hinweis darauf, dass sich die baronialen Rebellen auch als Vertreter eines englischen Volkes sahen, kann man den Artikeln 50 und 51 entnehmen. Namentlich genannte Vertraute Johanns, die vor allen Dingen aus dem Poitou stammten, sollten ihre Ämter in England aufgeben und fremde Ritter sollten die Insel verlassen. Ein deutlicheres Anzeichen für das Scheitern der angiovinischen Bemühungen um die Trennung ihrer Territorien und Berücksichtigung der jeweiligen regionalen Eigenheiten bei gleichzeitiger Verwendung der engen Vertrauten auch in anderen Territorien lässt sich eigentlich nicht denken. Der König als Graf des Poitou konnte sein Vertrauen ruhig einigen Leuten poitevinischer Herkunft schenken, aber ein Einsatz in England war nicht mehr denkbar, zumal die „Fremden" dort Personen aus den Ämtern drängten, die als Mitglieder des englischen Reiches größere Ansprüche aus Mitbestimmung hatten.

Johann betrachtete die Carta als ein erzwungenes Zugeständnis, an das er sich nicht gebunden fühlte. Kaum hatte er etwas mehr Handlungsfreiheit erlangt, wandte er sich an den Papst, um eine Annullierung seiner Zugeständnisse zu erreichen. Sein Lehnsherr tat ihm diesen Gefallen und rief alle Aufständischen zum gemeinsamen Bemühen um das Wiederherstellen der Ordnung auf und drohte mit Exkommunikation. Die baronialen Rebellen hatten zunächst keinen Anführer und konnten ihre Aktionen nicht aufeinander abstimmen, so dass Johann sie in die Defensive drängen konnte. Da trat der französische Thronfolger Ludwig VIII. auf den Plan und brachte sich als Ehemann der Blanca von Kastilien, einer Enkelin Heinrichs II., als Thronanwärter ins Spiel. Offiziell machte er sich ohne Unterstützung seines Vaters Philipp an diese Unternehmung, dem wegen eines mit Johann geschlossenen Waffenstillstandes und wegen des päpstlichen Verbotes einer Invasion in England die Hände gebunden waren. Als Ludwig in England landete, scharten sich zumindest Teile der Opposition um ihn, andere aber schienen durch diese Ansprüche eines „Fremden" so verschreckt zu sein, dass sie sich vorsichtig wieder an Johann herantasteten. In dieser Patt-Situation starb Johann nach einer kurzen und heftigen

Krankheit in Newark. Er setzte den angesehenen Wilhelm von Pembroke, eben jenen Wilhelm Marshall, der sich als junger Mann seinen Lebensunterhalt in Turnieren erkämpft hatte, noch als Vormund für seinen unmündigen Sohn ein, der von einem Rat von 13 Baronen bei der Regierung unterstützt werden sollte.

Im Grunde genommen konnte Johann der Sache seiner Dynastie fast keinen größeren Dienst erweisen als zu sterben. Mit einer Minderjährigkeitsregierung für Heinrich III., die von wichtigen Baronen gestellt wurde, war eine der Hauptforderungen der Barone, die nach Beteiligung der Großen, erfüllt. Gleichzeitig war die kontroverse Figur Johanns aus dem Spiel, Heinrich III. als unbeschriebenes Blatt konnte angiovinische Loyalitäten auf sich ziehen und alle, die sich mit dem französischen Ludwig VIII. unwohl fühlten, konnten ohne Gesichtsverlust zum Sohn Johanns Kontakt aufnehmen. Der Rat um Heinrich III. gab ihm nach einer hastigen und recht inzeremoniellen Krönung den Rat, die Carta von Runnymede zu bestätigen. Diese Versöhnungsgeste erreichte tatsächlich ihren Zweck. Im Jahr 1220 regierte Heinrichs III. respektive die Vormundschaftsregierung uneingeschränkt und der Geist einer französischen Invasion in England, der Johann immer wieder geplagt hatte, wurde zur Ruhe gelegt.

Bestandsaufnahme des englischen Königreiches um 1200

Dass im Jahr 1204 der Verbund Englands mit der Normandie endgültig gelöst wurde, bedeutet, dass der Strang der Verbindungen im anglo-normannischen Reich abgebrochen ist. Die Normandie ging in Frankreich auf, in England bildete sich eine starke englische Identität aus, die schon angefangen hatte, die normannische zu verdrängen. Durch die Trennung von Normandie und England wurden beide Entwicklungen natürlich verstärkt. Aber obwohl es nach 1204 so scheinen könnte, als wäre die anglo-normannische Zeit nur eine Episode gewesen und als wäre das Königreich England quasi wiedererstanden, so lässt sich auf der anderen Seite nicht leugnen, dass die normannische Zeit auf England eine sehr große Wirkung ausgeübt hat, während die anderen kontinentalen Besitzungen eher nur die Randbedingungen für den englischen König bestimmten, haben die Normannen sehr viel tiefer in die Gesellschaft hinein gewirkt.

Erstaunlicherweise scheinen dem anglo-normannischen Adel und dann dem englischen Adel viele Dinge selbstverständlich gewesen zu sein, die ihren Ursprung aber eben in der normannischen Eroberung hatten. Die Oberschicht scheint zu großen Teilen noch französisch gesprochen zu haben. Eine aufschlussreiche Erzählung in den für Kaiser Otto IV. von Gervasius von Tilbury geschriebenen *Otia imperialia* berichtet, dass Harold Godwinson an den Hof des normannischen Herzogs gekommen wäre, wie es Sitte für viele englische Adlige gewesen wäre, um ihre Sprache zu verbessern, die man auf dem Festland besser beherrschte. Diese Erzählung ist nur dann verständlich, wenn man davon ausgeht, dass es für den Adel in England noch selbstverständlich war, französisch zu sprechen, auch wenn man sich darüber im Klaren war, dass man es vielleicht nicht so gut sprach, wie die Normannen in der Normandie. Dass Harold Godwinson garantiert nicht Französisch als Muttersprache hatte, war den Menschen nicht bewusst. Dass aber der Adel französisch sprach, war selbstverständlich und musste deshalb schon immer so gewesen sein.

Die kulturelle Anbindung an Frankreich und an die südfranzösisch-französische Hofkultur, wie sie etwa im Mäzenatentum Heinrichs II. und auch in dem seiner Söhne offenbar wird, hatte aber nicht zur Folge, dass die englische Identität vollständig verloren ging. Eine Verschmelzung fand in Maßen schon unter Heinrich I. statt, wenn wir Ordericus Vitalis glauben wollen. Aber es ist bemerkenswert, dass im Laufe des 12. Jahrhunderts die englische Identität erheblich an Stärke gewann und dass die normannische Identität langsam unterging. In der Geschichtsschreibung, die im Umfeld des Hofes entstand, suchte man verschiedene Vergangenheiten und baute historische Legenden auf, die einen Rückbezug für Normannen und Engländer bieten konnten. Zwar entstanden am Hof Heinrichs II. Werke wie der *Roman de Rou* von Wace, indem es um Rollo und die frühe Geschichte der Normandie ging, oder der *Draco Normannicus* des Stephan von Rouen. Gleichzeitig entstand eine französische *Estoire des Engleis* aus der Feder des Gaimar, die nur einen sehr leichten Anklang an die historischen Fakten bot, aber als Geschichte der Insel von den Römern bis zu Heinrich II. ausgesprochen einflussreich blieb. Wace schrieb auch einen *Roman de Brut*, der die Geschichte der britischen Könige wiedergab, die auf Geoffrey von Monmouth zurückging. Geoffrey von Monmouth, der die Geschichte der britischen Könige „wiederentdeckt" hatte, machte König Arthur populär, der von Heinrich II. und seinen Nachfolgern auf zweierlei Weise propagandistisch benutzt wurde. Zum einen konnten sich alle auf diesen großen britischen König berufen, der angeblich die ganze Insel beherrscht hatte. Zum anderen diente die Inbesitznahme Arthurs als Vorgänger der englischen Könige – ganz wörtlich bei der Auffindung des angeblichen Arthurgrabes in Glastonbury im Jahr 1186 – dazu, die englische Prärogative gegenüber den keltischen Ländern zu betonen. Zu diesem Zweck eignete sich auch die bei Geoffrey überlieferte Geschichte, dass der erste römisch-britische König Brutus die Insel unter seinen drei Söhnen Camber – für Cambria, also Wales – Albanus – für Alban, also Schottland – und Loegrus – für walisisch Lloegr, also England – aufgeteilt habe. Loegrus war natürlich der Älteste und trug die Krone von London, wie es hieß. Die Ausrichtung einer fiktiven britischen Geschichte auf die Strahlkraft des englischen Königtums ermöglichte eine neue Identität, für die die normannischen Wurzeln nicht mehr von Bedeutung waren. Die Abkehr von den normannischen Legenden, die Rollo, Wilhelm Langschwert oder Richard I. umrankten, die aber eine starke Anbindung an das Territorium der Normandie hatten, bedeutete zugleich eine Abkehr von der spezifisch normannischen Identität und die Zuwendung zu etwas neuem. Die Historizität Arthurs und anderer britischer Könige ist übrigens bis zur Neuzeit in England nicht ernsthaft angezweifelt worden, wenn man von gelegentlichen Skeptikern wie Giraldus Cambrensis absieht, der Geoffrey von Monmouth für einen Lügner hielt. Durchsetzen konnte er sich damit nicht. Seine Erzählung von dem walisischen Weisen, der immer dann besonders von Dämonen geplagt wurde, wenn man ihm das Buch des Geoffrey auf den Bauch legte, ist im *Itinerarium Cambriae* nur dreimal handschriftlich überliefert, Geoffreys *Historia regum Britanniae* ist in sage und schreibe 240 Versionen auf uns gekommen.

Auf dem Gebiet der Geschichtslegende zumindest hatten Normannen und Engländer schon einen gemeinsamen Bezugspunkt gefunden, der die Gegenwart als Weiterführung eines britisch-römischen Reiches erklären konnte. Genau genommen sind beide Identitäten, die vornormannische englische und die normannische in diesem neuen Konstrukt aufgegangen. Der Zusammenhalt dieser neu entstandenen Kommunität wurde durch neue Integrationsmöglichkeiten noch gesteigert. Zum einen spielte dabei eine Rolle, dass England in der Zeit Johanns häufig bedroht wurde. Als Philipp im Jahr 1204 eine Invasion Englands plante, verpflichtete Johann seine Gefolgsleute darauf, gegen die *alienigenae*, also die Fremden in Krieg zu ziehen, rekurrierte also da schon auf ein Gefühl der Gemeinsamkeit in England. Die inneren Auseinandersetzungen um die rechte Ordnung des Königreiches, die die Barone zu einem Zusammenschluss nötigten, werden auch ihr Übriges dazu beigetragen haben, dass das Gefühl für die Gemeinschaft gestärkt wurde. Dass sich die Barone in gewisser Weise als Vertreter aller verstanden, die Beschwerden an die Krone hatten und vielleicht auch von denen, die sie vertreten wollten, tatsächlich als solche betrachtet wurden, stärkte die Mitverantwortung der hauptsächlich natürlich immer noch normannischstämmigen Barone für das Reich. Schließlich hatte England mit Thomas Becket einen neuen Nationalheiligen gewonnen, dessen Grabstätte Ziel zahlreicher Pilgerfahrten wurde. Die Auswirkung eines solchen gemeinsamen religiösen Referenzortes für das Wir-Gefühl des englischen Reiches sollte man keinesfalls unterschätzen. Im Gegensatz zur normannischen Identität, die eine starke Bindung an den Herzog aufwies, hing die englische Identität mehr am Reich selbst als an der Person des Herrschers, sicher auch eine langfristige Folge der Tatsache, dass die Könige über mehrere Generationen eben keine „englischen" Könige gewesen waren.

Auch die Könige wirkten auf den inneren Zusammenhalt des Reiches hin, nicht unbedingt immer mit Absicht. Ein einheitliches englisches Recht, wie es von Heinrich II. angestrebt und von Johann nahezu verwirklicht wurde, bedeutete einen zusätzlichen gemeinsamen Nenner. Sicher hatten Heinrich II. und seine Söhne damit nicht unbedingt im Sinn, das englische Zusammengehörigkeitsgefühl zu stärken, aber das taten sie. Ähnlich wirkte auch etwa die Maßnahme Johanns im Jahr 1204, die Normandie-Normannen, die noch Besitzungen in England hielten, ihrer Lehen zu berauben und Anglo-Normannen zu verbieten, auf dem Festland Lehen zu halten. Dies war natürlich eine Strafmaßnahme für die Abtrünnigen und sollte Doppelverpflichtungen der englischen Großen gegenüber König Philipp, verhindern. Aber die nun auch gesetzliche Trennung der anglo-normannischen von den normannischen Familienlinien musste auch Auswirkungen auf das Identitätsgefühl haben. Johann instrumentalisierte in der Abwehr von Philipps Ansprüchen eine gewisse Xenophobie und bekam sie 1215 doch selber zu spüren, als seine poitevinischen Vertrauten von den Baronen aus England gejagt wurden.

Im Jahr 1200 hatte England keine Zwitteridentität mehr. Die Identifizierung mit den Normannen, deren Errungenschaften in den 30er Jahren des 12. Jahrhunderts von Ordericus Vitalis noch so hervorgehoben wurden, ging verloren, bis man gar nicht mehr das Gefühl hatte, normannisch zu sein, oder auch nur auf die normannische Abkunft stolz gewesen wäre. Man berief sich auf die britischen Könige und auf die *communitas regni*, fand neue Identifikationsfiguren wie den Aufsteiger Thomas Becket. Allerdings erhielten sich auch charakteristische Eigenheiten der englischen Identität vor den Normannen nicht. Die Ausrichtung auf die Heilsgeschichte hin, die auf Beda zurückging und die etwa bei Alfred dem Großen noch einmal deutlich gesteigert wurde, ging verloren. Stattdessen füllten weltliche Errungenschaften die Lücke. Nicht nur der Name der Normannen spielte im Reich dann keine Rolle mehr, sondern auch die frühmittelalterliche Identität der Engländer ging im neuen Wir-Gefühl verloren. Für einzelne Familien spielte allerdings der Rückbezug auf die normannische Eroberung weiter eine Rolle. Der Hochadel berief sich – gerade im Konflikt mit dem König – häufig darauf, dass dies und jenes seit der Eroberung englisches Recht wäre. Am deutlichsten ist dies natürlich in der Königsfamilie zu spüren. Auch als Heinrich III. seinen ältesten Sohn nach dem angelsächsischen Eduard dem Bekenner nannte, war es völlig natürlich, ihn trotzdem als Eduard I. zu zählen, denn er war der erste Eduard nach 1066.

Erst in der Neuzeit berief man sich dann auf die freiheitsliebende angelsächsische Vergangenheit und verband gedanklich die baronialen Revolten unter Johann mit diffusen angelsächsischen Versammlungen der freien Männer und sah im Jahr 1215 den Triumph der Angelsachsen über das normannische Joch und verkannte dabei völlig wie sehr normannisches Denken und normannische Herrschaftsmuster seit 1066 auf das englische Reich wirkten und sein Gesicht so veränderten, dass von einer Auferstehung der englischen Identität trotz der Namensgleichheit im Grunde keine Rede sein kann. Natürlich haben die Normannen manche englische Gewohnheit übernommen, natürlich sind die Effizienz der Verwaltung, das einheitliche Recht, alle Eigenheiten, die England im Europa des Hochmittelalters zu einer Besonderheit machen, gar nicht denkbar ohne ihre englischen Vorgänger. Aber manches ist eben auch normannisch, wie der Vergleich mit Sizilien und der Normandie zeigt. Letztlich wird man konstatieren müssen, dass die Normannen pragmatisch entschieden, was übernommen werden sollte und dass bei solch bewussten Entscheidungen der Wunsch, Normannisches zu erhalten, jedenfalls keine Rolle spielte. Die Normannen verloren ihre Identität in England, aber sie gaben sie nicht auf, sondern ließen sie einfließen in ein Reich, dessen Charakter sich durch die pragmatischen Änderungen, die sie bewirkt hatten, fundamental geändert hatte.

Es ist ein Missverständnis, wenn man glaubt, dass es ohnehin das Schicksal der Normannen gewesen wäre, in ihrer Umgebung aufzugehen, weil sie zu wenige gewesen wären. Es gibt genug Beispiele in der Geschichte von Herrschereliten mit anderer Identität, die sich über Jahrhunderte zum Teil auch mit einer anderen Sprache hielten. Weder der schlussendliche Sieg der englischen Sprache, noch das Verschwinden der Normannitas waren Ergebnisse, die 1066 schon in irgendeiner Form vorauszusehen gewesen wären. Was die Normannen letztlich ihre Identität kostete, ist die Tatsache, dass sie so flexibel und pragmatisch waren. Im englischen Kontext war ein Rückbezug auf die normannische Frühgeschichte, auf die normannischen Eigenschaften wie Tapferkeit, List und Ehrgeiz nicht mehr notwendig. Was den Untergang oder besser das Aufgehen der Normannen in England betrifft, hat gerade eine Eigenschaft dazu geführt, die wir heute als typisch normannisch ausmachen: Der pragmatische Umgang mit den vorgefunden Realitäten, der normannische Ehrgeiz, der das beste aus jeder Situation machte und natürlich die allgemeine Unempfänglichkeit aller Menschen für den schleichenden Wandel, der einen in der Sicherheit wiegt, dass sich doch eigentlich überhaupt nichts geändert habe.

11 Ausgreifen der Anglo-Normannen auf Wales, Schottland und Irland (ab 1066 – ca. 1200)

Situation am „Celtic Fringe"

Durch die Eroberung Englands gerieten die Normannen in Kontakt mit den keltischen Nachbarvölkern der Engländer und wirkten auch auf diese Länder in einzigartiger Weise. In gewisser Hinsicht traten die Normannen im Verhalten den keltischen Ländern gegenüber in die Fußstapfen ihrer englischen Vorgänger und ließen Traditionslinien des Überlegenheitsgefühls und der Hegemonialansprüche wieder aufleben. Auch die Übergänge zu den Bestrebungen der englischen Krone nach 1204, die gesamten britischen Inseln unter ihre Suzeränität zu zwingen sind fließend. Daher kann man nicht klar eingrenzen, was das Fortleben angelsächsischer Traditionen den Kelten gegenüber ist, was spezifisch normannisch ist, und was dann eher durch den neu entstehenden englischen Nationalismus zu erklären ist. Die Übergänge sind fließend und man wird doch konstatieren können, dass auch hier der normannische Einfluss, der zunächst den angelsächsischen überlagerte und dann von dem beginnenden englischen überlagert wurde, spezielle Eigenheiten aufweist.

Die keltischen Länder fasst man auf Englisch oft unter den Begriff „Celtic Fringe" zusammen, der eine Gemeinsamkeit von Wales, Schottland und Irland suggeriert, die so natürlich nicht gegeben war. Alle drei Länder waren sich ihrer eigenen jeweiligen Sprachen, Rechtsgewohnheiten, politischen Struktur durchaus bewusst. Aber dies bezog sich auf das jeweilige Land und von einem gemeinschaftlichen keltischen Gefühl kann keinesfalls die Rede sein. Der Begriff „Fringe" ist zudem von einer englisch-europäischen Perspektive geprägt, für die die keltischen Länder rückständig und barbarisch waren, auch dies eine ungerechtfertigte Unterstellung. Sicher mussten die keltischen Länder im Vergleich mit dem reichen, französisch geprägten Hof in England abfallen, doch gilt dies für fast alle Länder Europas. Im 11. Jahrhundert war der normannische Königshof einer der fortschrittlichsten in Europa und solange die französische, höfische Kultur im 12. Jahrhundert ihre unbedingte Vorrangstellung behauptete, konnte keine Rede davon sein, dass in den Augen der Zeitgenossen die keltischen Länder daran heranreichen konnten. Dabei besaßen gerade die keltischen Länder eine überaus reiche auch literarische Tradition, die sich mit der anderer Länder durchaus messen kann und im Fall Irlands sogar weit über vieles hinausgeht, was uns aus anderen Ländern überliefert ist. Die Einschätzung dieser Kulturen als barbarisch war eine Wertung, die sich auch dadurch erklären lässt, dass man Völker, mit denen man oft in kriegerische Auseinandersetzungen verwickelt war, eben abwerten musste.

Wales, das kleinste der keltischen Länder und England am nächsten, hatte schon im Jahr 1066 eine lange Geschichte von steten Auseinandersetzungen mit den Angelsachsen hinter sich. Für das Eigenbewusstsein der Waliser war es von großer Bedeutung, dass sie sich als die eigentlichen Nachfahren der Römer verstanden, die die Insel im Jahr 410 verlassen hatten, und dass ihnen einst die gesamte Insel untertan gewesen sei. Die Tradition, dass Britannien und die Briten ihren Namen von einem römischen Konsul Brutus oder gar einem Enkel des Aeneas namens Brutus erhalten hätten, war schon im 9. Jahrhundert verbreitet und sagt viel über das Selbstverständnis der walisischen Fürsten aus. Auch die einzelnen Adels- und Königsfamilien in Wales leiteten ihre Abkunft von sagenhaften römischen Beamten her. Das Haus, das Gwynedd im Norden von Wales, beherrschte, führte sich auf den sagenhaften Cunedda zurück, der angeblich noch von den Römern von Nordbritannien nach Wales versetzt worden sei. Besonderer Beliebtheit erfreute sich auch die Legende von Magnus Maximus, oder Macsen Wledig, wie er auf walisisch heißt, der in Britannien zum römischen Kaiser erhoben wurde, und der Legende nach in Rom mit britischen Truppen siegreich war. Dem Usurpationsversuch des historischen Magnus Maximus im Jahre 388 war im Gegensatz zur darum herum entstandenen Sage indes kein Erfolg beschieden gewesen. Auch „Macsen" war ein beliebter Ahnherr. Die Waliser nannten sich nicht mehr Briten, aber auch nicht Waliser, weil Wales und das englische Adjektiv „welsh“ Fremdbezeichnungen durch die Angelsachsen waren, die die Fremdheit der Anderssprachigen betonten und die Waliser eigentlich als Fremde im Land auswiesen. Die Waliser selbst nannten sich Cymry, was vielleicht so viel wie Kampfgefährten bedeutet, und ihr Land Cymru. Das Bewusstsein, dass sie die eigentlichen Ureinwohner der Insel waren und dass sie auf die Vertreibung der Angelsachsen hofften, war 1066 durchaus verbreitet und zahlreiche Prophezeiungen der Waliser zielten auf die Unterwerfung und Vertreibung der Angelsachsen.

Während das Bewusstsein einer kulturellen und rechtlichen Einheit durchaus gegeben war, bestand Wales politisch schon lange aus mehreren Kleinreichen, die nach dem Abzug der Römer entstanden waren. Begünstigt wurde diese politische Kleinteiligkeit durch die walisische Erbregelung, die uneheliche und eheliche Söhne gleichstellte und eine Teilung des väterlichen Erbes vorsah. Dies führte zur Zersplitterung der Reiche, zur Auseinandersetzung zwischen nahen Verwandten, zu Blutvergießen, aber auch dazu, dass sich oftmals der fähigste Erbe durchsetzte. Im Frühmittelalter treffen wir für die Führer dieser Reiche häufig die Bezeichung „König“ an und sie standen vor allen Dingen mit dem angelsächsischen Königreich Mercia, das seinen Namen von der Markenposition gegen Wales erhielt, in kriegerischen Konflikten. Als die Könige von Wessex allmählich zu Königen von England wurden und ihre Hegemonialstellung auf der Insel ausbauten, kam es wiederholt dazu, dass keltische Könige – durchaus zeittypisch – dem englischen König ihre Unterwerfung demonstrierten und Tribut zahlten, ohne dass eine solche Stellung institutionialisiert worden wäre. Im Zuge dieser Entwicklung wurde der Königstitel indes nach und nach von den walisischen Herrschern aufgegeben. Im 11. Jahrhundert ist dann nur noch von den Fürsten, *principes*, die Rede. Den Anspruch auf Oberhoheit setzte im Jahr 1063 noch Eduard der Bekenner mit Hilfe von Harold gegen Gruffudd ap Llywelyn von Gwynedd in Nordwales durch, der sich als ein Hegemon in Wales unbeliebt gemacht hatte. Durch den Tod von Gruffudd in der Schlacht waren die Ambitionen von Gwynedd zunächst einmal zurechtgestutzt worden und in den folgenden Jahren balgten sich die walisischen Fürsten um das Erbe des Nordwalisers. Sicher ist es auch so zu erklären, dass die Normannen in den ersten Jahren nach 1066 zunächst einmal leichtes Spiel mit den Walisern hatten und tief in das Land eindringen konnten, ehe der normannische Vormarsch zum Halten gebracht wurde.

Schottland bildete im Gegensatz zu Wales im Jahr 1066 eine politische Einheit unter einem König. Eine kulturelle, ethnische Einheit bildete Schottland indes nicht. Nördlich des Tweed lebten die unterschiedlichsten Völker mit entsprechend unterschiedlichen Rechtsgewohnheiten. Schottland ist im Grunde ein beeindruckendes Beispiel für die integrierende Kraft der politisch-administrativen Einheit unter einem König. Diese Entwicklung verlief für uns allerdings weitgehend im Dunkeln, da die Quellen im frühmittelalterlichen Schottland nicht gerade reichlich fließen. Im Süden Schottlands im Grenz- und Überfallbereich zu England lebten Angeln, die eine nordenglische Sprache sprachen, deren Nachfolger noch im heutigen *scots* greifbar ist. Im Südwesten lebten in Strathclyde noch Reste alter britischer Kelten. Im Westen Schottlands hatten im Frühmittelalter Scoti aus Irland kleine Reiche aufgebaut, die Irisch sprachen, das sich zum heutigen Schottisch-Gälischen entwickelte. Im Osten lebten die Pikten, ein Volk dessen Sprache wir noch nicht einmal genau einordnen können, das nur eine Reihe an beeindruckenden Bildsteinen hinterlassen hat und irgendwann im 9./10. Jahrhundert vollständig im entstehenden Schottland aufging. An allen Küsten schließlich, insbesondere aber auf den Orkneys und Hebriden, siedelten schon seit dem 8. Jahrhundert Wikinger, die ebenfalls auf entstehende Herrschaften wirkten und deren Integration in das schottische Reich zum Teil erst im Spätmittelalter und der frühen Neuzeit stattfand. Den Beginn des schottischen Königtums setzt man normalerweise mit Kenneth McAlpin an, einem König der Scoti, der wohl im Jahr 843 die Herrschaft über die Pikten übernahm und damit den Grundstein für die langsame Vereinheitlichung legte. Zu den benachbarten angelsächsischen Reichen bestand immer eine gewisse Konkurrenzsituation, bis das Königreich Northumbria in den Stürmen der Wikingerüberfälle unterging und das Wikingerreich von York zum Gegner und natürlich auch zeitweise Verbündeten des schottischen Königs avancierte. In Auseinandersetzung mit den Königen von Wessex resp. den englischen Königen gerieten die schottischen Könige erst, als diese ihren Hegemonialanspruch nach Norden ausdehnten und den König von Schottland ebenso wie die Könige von Strathclyde und York zur Anerkennung ihrer

Oberhoheit zwangen. Im Jahr 973 unterwarfen sich in Chester angeblich der schottische König, der König von Strathclyde, der König von York und mehrere walisische Könige dem ehrgeizigen Edgar von Wessex, der sich auf dem Fluss Dee demonstrativ von den anderen Königen rudern ließ. Da diese Unterwerfungsakte noch nicht in einem Lehnssystem verankert waren und immer wieder neu eingefordert werden mussten, konnten sie eine Verbindlichkeit für die Zukunft erst in dem Moment gewinnen, wo Wiederholungen der Unterwerfungsakte einen gewohnheitsrechtlichen Anspruch begründeten. Als die schottischen Könige dann auch auf Gebiete südlich des Tweed ausgriffen und zum Teil mit englischen Herrschaften ausgestattet wurden, wurden die Akte des *homagium* des Schottenkönigs gegenüber dem englischen König immer in Bezug auf die englischen Besitzungen verstanden – selbstverständlich nur in der Interpretation der Schotten, während die Engländer eine Unterwerfung für alle Gebiete des schottischen Königs annahmen. Solange das Land, auf das man sich bezog, in den Unterwerfungsakten nicht genau bezeichnet wurde, konnten beide Seiten zufrieden damit sein. Erst als sich in England mit den Normannen das Lehnssystem durchsetzte, versuchten die Könige Englands die Schotten verbindlich in die Lehnsnahme zu zwängen.

Irland ist in mancherlei Hinsicht mit Wales vergleichbar, da auf der grünen Insel eine starke kulturelle und rechtliche Einheit bestand, die keinen Ausdruck in politischer Einheit fand. Die Wikinger passten sich, wie wir oben gesehen haben (S. 57 ff.), in dieses System ein und wirkten nicht vereinheitlichend auf die vielen Königreiche. Im Hochmittelalter hatte sich mit Munster, Leinster, Ulster und Connacht eine Vierzahl von einigermaßen stabilen Reichen gebildet, die auch durch die Individualsukzession in Irland gestützt wurden. Ein „Hochkönigtum" begann sich im 9./10. Jahrhundert auszubilden. Erst dann entstanden auch Legenden um die fünf Provinzen von Irland mit der Provinz Midhe als Mittelprovinz, die dem Hochkönig vorbehalten war, und einer angeblichen langen Tradition des Hochkönigssitzes auf Tara. Das Hochkönigtum befand sich nicht in den Händen einer Dynastie und entsprechend gab es zahlreiche Kämpfe darum.

Die Entstehung der Walisischen Mark und der Pura Wallia

Schon kurze Zeit nach der normannischen Eroberung Englands warfen normannische Fürsten an der Grenze zu Wales begehrliche Blicke auf das Nachbarland. Wilhelm der Eroberer, der mit der Etablierung seiner Herrschaft beschäftigt war, sah in Wales ein ideales Betätigungsfeld für überschüssige Energien seiner landhungrigen Gefolgsleute. Er gab den Fürsten an der walisischen Grenze, etwa Roger von Montgomery in Shropshire und Wilhelm FitzOsbern in Herefordshire, freie Hand bei ihren Kriegszügen. Relativ rasch schon im Jahr 1067 gingen die Normannen vor allen Dingen im fruchtbareren und zugänglicheren Süden von Wales gegen die Einheimischen vor und eroberten bis 1075 weite Teile von Südwales bis zur Halbinsel von Pembroke an der irischen See. Im Norden kam der normannische Vorstoß schon früher zum Stehen, weil der Norden von Wales mit dem Bergmassiv von Snowdonia wesentlich schwerer zu durchdringen war. Die Waliser, die nach dem Tod von Gruffudd ap Llywelyn durch innere Querelen um die Vormachtstellung abgelenkt wurden, rechneten wohl nicht mit einem Eroberungszug der neuen Nachbarn und wurden regelrecht überrannt. So konnten sich die Normannen in Südwales festsetzen und neue Herrschaften bilden. Im Gegensatz zur Eroberung Englands war dieses Ausgreifen auf Wales keine geplante konzertierte Aktion, sondern ergab sich lediglich daraus, dass die lokalen normannischen Fürsten Gelegenheiten zur Eroberung nutzten, wobei sie sich dabei zum Teil auch gegenseitig im Weg standen. Die eroberten Gebiete im Süden von Wales fielen nicht einer Familie zu, sondern mehreren, so dass hier kleinere normannische Herrschaften entstanden, die in ihrer Struktur den benachbarten einheimischen Herrschaften nicht unähnlich waren. Wilhelm der Eroberer und seine Nachfolger legten dabei immer Wert darauf, dass die normannischen Fürsten in Wales der englischen Krone unterstanden, gewährten aber Ausnahmen von üblichen Regelungen, insbesondere eigene rechtliche Gewohnheiten und Freiheiten von den üblichen Regeln der Kriegsführung. Die normannischen Fürsten in Wales bildeten so eine ganz eigene soziale Klasse. Nach dem Tod des im Süden von Wales mächtigen Rhys ap Tewdwr von Deheubarth im Jahr 1093 gab es erneute Eroberungsvorstöße der Normannen. Diesmal aber wurden sie von den Walisern, die zwar nicht konzertiert, aber zumindest gleichzeitig vorgingen, in mehreren Kriegen zwischen 1094 und 1098 zurückgeschlagen. Die normannischen Burgen eroberten sie teilweise, konnten die neuen Herren allerdings nicht vollständig vertreiben. Die Herrschaft von Pembroke an der Südspitze von Wales hielt sich – jetzt ein wenig isoliert – und weite Teile von Brecon und Glamorgan blieben normannisch. Heinrich I. gab sich mit dem Status quo zufrieden, belohnte die normannischen Fürsten, die sich erfolgreich zur Wehr gesetzt hatten, und einigte sich mit den südwalisischen Fürsten. Etwa um diese Zeit hatte Heinrich ein Verhältnis mit Nest, einer Tochter des Rhys, eine Verbindung, die vielleicht auch ein politisches Band knüpfen sollte. Aus dieser Verbindung ging Heinrich FitzRoy hervor, dessen Sohn Meilyr bei der Eroberung Irlands eine Rolle spielen sollte.

Diese normannischen Marken sollten in den nächsten zweihundert Jahren bis zur Eroberung von Wales durch Eduard I. die englisch-walisische Grenze bestimmen. Dort bildete sich eine ganz eigene Gesellschaft aus, die sich von den englischen Standards unterschied. Die sogenannten *Marcherlords* waren dem König gegenüber unabhängiger als die englischen Standesgenossen und im Süden von Wales entwickelte sich eine Mischkultur, die durch die normannische Herkunft, den walisischen Einfluss und die spezifische Grenzsituation geprägt war. Beredtes Zeugnis für das Selbstverständnis dieser „Cambro-Normannen" legt Giraldus Cambrensis, Gerald von Wales, ab, über seine Mutter Nachfahre der Nest: „Bei jedem Kriegszug, sei es in Irland oder in Wales, ist das Volk, das in den walisischen Marken aufgewachsen ist, das Volk, das in den feindlichen Auseinandersetzungen dieser Gebiete erfahren ist, am fähigsten"[71]. Die walisischen Marken mit ihren vielen Herrschaften gehen deutlich auf die kleineren walisischen Königreiche und Fürstentümer zurück und passten sich im Laufe des 11. Jahrhunderts in gewissem Maße an die walisischen Strukturen an. Es gab viele Verbindungen gerade durch Heirat zwischen Walisern und Normannen, auch wenn die Grenzregion nie vollständig befriedet war und es sogar vereinzelt zu Eskalationen von Gewalt kam. 1175 wurden Seisyll ap Dyfnwal und andere Waliser unter eklatantem Bruch des Gastrechtes durch ihre normannischen Gastgeber regelrecht abgeschlachtet. Teilweise waren in einer solchen Grenzgesellschaft übliche Regeln außer Kraft gesetzt, aber auf der anderen Seite sorgte die enge Nachbarschaft auch immer wieder dafür, dass Normannen und Waliser aufeinander angewiesen waren. In der Grenzsituation hielt sich das Bewusstsein der Normannen, besonders kriegerisch zu sein, daher sogar länger als in England.

Die kleinen Herrschaften in Wales zeigen jedenfalls deutlich, dass sich die Normannen hier wie auch anderswo pragmatisch an die Gegebenheiten anpassten. Im Gegensatz zu England, das vom Herzog der Normandie auf einmal erobert wurde, weil es schon weitgehend auf einen König zugeschnitten war, traten die Normannen im Süden von Wales in die Fußstapfen der lokalen Kleinherrscher. Keiner der normannischen Familien gelang es auf Dauer, sich andere zu unterwerfen und im Zusammenspiel und Gegeneinander mit den walisischen Herrschaften ergab sich ein labiles Gleichgewicht, das der Situation vor den Normannen nicht unähnlich war. Die ethnische Vielfalt im Süden von Wales wurde unter Heinrich I. noch erhöht, als er dort Flamen, Bretonen und Engländer ansiedelte, von deren militärischer Präsenz er sich offenbar eine Befriedung der Grenzregion erhoffte. Sie bildeten eine Enklave eigenen Rechts, die sich allerdings nicht lange hielt.

Das „freie" Wales, die *Pura Wallia*, wie man bald sagte, blieb von der engen Nachbarschaft zu den normannischen Herrschaften nicht unberührt. Ein Bestreben einzelner Herrscher nach Hegemonie hatte es auch in den Jahrhunderten zuvor immer gegeben, aber nach dem Tod von Rhys ap Tewdwr im Jahr 1093 sollte die Hegemonialstellung an die Fürsten von Gwynedd fallen, die sie bis zur Eroberung von Wales 1283 innehatten. Die Fürsten der *Pura Wallia*, die eine Vorherrschaft über ihre Standesgenossen etablieren wollten, bedienten sich dann der Sprache und der Systeme des Lehnswesens. In langsamer Angleichung erfuhr vor allen Dingen der Fürstenhof in Gwynedd eine Akkulturation, die man durchaus in einem Kontext der Erweiterung „kerneuropäischer" resp. normannischer Systeme sehen muss. Üblicherweise bestand eine Korrelation zwischen inneren Streitigkeiten im englischen Königreich und der Stärke des jeweiligen walisischen Hegemon, die allerdings nicht zwingend war. Rhys, der den freien walisischen Süden beherrschte, gelang es, seine Stellung auszubauen, ohne dass ihm Heinrich II. dauerhaft in die

Quere kam. Auf der anderen Seite ist die Stellung von Gruffudd ap Cynan in Gwynedd im Norden von Wales deutlich dadurch gestärkt worden, dass Stephan von Blois mit den Querelen im Inneren zu sehr beschäftigt war, um die walisischen Marken weiter auszubauen. Natürlich waren durch die Auseinandersetzungen im Inneren des englischen Reiches immer auch die walisischen Markgrafen beschäftigt, die dadurch weniger Zeit hatten, weiter vorzudringen. In Zeiten des englischen Bürgerkriegs etwa hatte Graf Ranulf von Chester, der zeitweise ein Gefolgsmann Mathildes war, und die Tochter ihres Halbbruders Robert von Gloucester geheiratet hatte, im Norden von Wales nur wenig Gelegenheit, seine Stellung auszubauen. Unter Heinrich II. gerieten die Waliser wieder mehr unter Druck, auch wenn Heinrich die Priorität im Zweifelsfall auf die französischen Besitzungen legte. Dennoch war ihm an einer zumindest oberflächlichen Einbindung der *Pura Wallia* in sein Herrschaftssystem gelegen und er betonte die Suzeränität der englischen Krone, also ihre Oberlehnsherrschaft. Die Anerkennung der Suprematie des anglo-normannischen Königs hatte praktisch indes wenig Folgen für die Fürsten der *Pura Wallia*. Das Lehnssystem wurde vom englischen König den Fürsten der *Pura Wallia* angedient und dies führte zur Verstärkung des schon angesprochenen Akkulturationsprozesses, bei dem die Waliser auch untereinander zur Beschreibung ihrer Verbindungen auf die Sprache des Lehnssystems zurückgriffen. Dieser Prozess ging selbstverständlich nicht glatt voran, so dass der Vorwurf der „Treulosigkeit", der von anglo-normannischer Seite den Walisern häufig gemacht wurde, schlicht und einfach damit zusammenhängen mag, dass den Walisern die Verpflichtungen des Lehnsmannes unvertraut und ungewohnt waren.

Versuch der Eroberung unter Johann Ohneland und Behauptung der regionalen Fürsten

Johann Ohneland war der erste König von England, der sich intensiv um eine Einbindung der *Pura Wallia* in sein Herrschaftssystem bemühte. Zunächst bewegte er sich in den vom Vater vorgegebenen Bahnen – allerdings mit größerem Ehrgeiz – und versuchte im Norden das Fürstentum von Gwynedd als Supremat in Wales unter englischer Oberherrschaft zu etablieren. Zu diesem Zweck verbündete er sich mit Llywelyn ap Iorwerth, dem Fürsten von Gwynedd, und gab ihm seine Tochter Johanna aus einem außerehelichen Verhältnis – ein Makel, der in Wales keine Rolle spielte – zur Frau. Den Schwiegersohn sah er offenbar als den zukünftigen Hauptvasallen und seine rechte Hand in Wales und die weitreichenden Ambitionen des nordwalisischen Fürsten unterstützte Johann zunächst. Erst als Llywelyn über die *Pura Wallia* hinausgriff und sich in Angelegenheiten der Marken einmischte, scheint Johann den Ehrgeiz des Schwiegersohnes fürchten gelernt zu haben und im Jahr 1209 vollzog Johann einen Taktikwechsel. Er verließ sich für die Abwehr Llywelyns nicht mehr auf die Markgrafen, sondern rief ein gemeinenglisches Aufgebot gegen den Waliser auf, das Gwynedd bald darauf in die Knie zwang. Johann kamen innerwalisische Querelen zustatten und er verbündete sich mit denjenigen, denen in Wales die Ambitionen Llywelyns auch zu weit gingen. Diese Taktik des „*divide et impera*“ hatte sich für den englischen König im Umgang mit Wales schon oft bewährt. Auf der anderen Seite ist das massive Aufgebot gegen den Fürsten von Gwynedd ein deutliches Zeichen für den Durchsetzungswillen Johanns, der vielleicht noch nicht auf eine vollständige Eroberung, aber zumindest auf eine deutliche Verminderung des Fürstentums Gwynedd und offenbar auch eine Nivellierung der walisischen Fürsten unter der gemeinsam anerkannten englischen Krone aus war. Dass Llywelyn und Gwynedd den Feldzug von 1209 überhaupt überlebten, verdankten sie der Fürsprache Johannas. Soweit man sehen kann, vertagte Johann seine Pläne allerdings nur, da er bei einem neuerlichen Aufbegehren seines Schwiegersohnes im Jahr 1212, der diesmal die durch die englischen Repressalien empörten anderen walisischen Fürsten auf seine Seite ziehen konnte, erneut ein gesamtenglisches Aufgebot zusammenrief und die walisischen Geiseln hinrichten ließ. Es kann wenig Zweifel daran bestehen, dass Johann die Unterwerfung der Waliser und vielleicht sogar eine Eroberung plante, aber es sollte nicht dazu kommen. Kurz vor dem Einmarsch in Wales wurde Johann eine Nachricht zugespielt, dass Llywelyn sich heimlich mit englischen Oppositionellen geeinigt hätte und dass er im Fall eines Kriegszuges nach

Wales in England einen Bürgerkrieg zu gegenwärtigen hätte. Die innerenglischen Schwierigkeiten im Gefolge der englisch-französischen Auseinandersetzungen und die Kämpfe mit der baronialen Opposition hinderten Johann daran, jemals wieder zu seinen walisischen Plänen zurückzukehren. Sein Sohn Heinrich III. hatte nicht die Neigung und wohl auch nicht den Willen gegenüber dem Prinzipat von Gwynedd mehr durchzusetzen als die üblichen Rechte der englischen Krone und erst unter Eduard I. kam es zur Eroberung der *Pura Wallia* und ihrer zumindest teilweisen Eingliederung in das englische System.

Normannisierung des schottischen Königtums unter Malcolm und David

Wie gegenüber den walisischen Fürsten traten die anglo-normannischen Könige im Norden von England in die Fußstapfen der Suprematieansprüche der angelsächsischen Vorgänger, die allerdings – auch unter Johann Ohneland nicht – darüber hinaus gingen. Die Tatsache, dass die anglo-normannischen Könige es in Schottland im Zweifelsfall nur mit einem Verhandlungspartner zu tun hatten, konnte die Beziehungen schon erheblich vereinfachen, auch wenn man innerschottische Querelen natürlich instrumentalisieren konnte. Wilhelm der Eroberer und Wilhelm II. Rufus legten deutlich Wert auf die Anerkennung als Oberherr. Die Tatsache, dass Malcolm III. die angelsächsische Königstochter Margarete, die Nichte Eduards des Bekenners, geheiratet hatte, führte dazu, dass der schottische König in seinen Auseinandersetzungen mit Wilhelm immer wieder auf die Karte seines Schwagers Edgar Aetheling setzte. Dieser wurde den ersten normannischen Königen als Prätendent auf den englischen Thron allerdings nie gefährlich. Das Verhältnis zwischen dem englischen und dem schottischen König wurde erst besser, als Heinrich I. die Tochter Margaretes und Malcolms heiratete und damit eine Verbindung zum schottischen Königshaus schuf, die Schottland in den folgenden Jahrzehnten stark beeinflussen sollte.

Die Heirat von Malcolm und Margarete gilt nicht zu Unrecht in der schottischen Geschichte als weichenstellendes Ereignis.

Margarete wirkte stark auf ihren Ehemann und veranlasste ihn dazu, innere Reformen, vor allen Dingen Kirchenreformen, anzugehen. Man hat diesen Prozess immer als Anglisierung des schottischen Königtums verstanden, aber das ist zu kurz gegriffen. In Schottland gab es ohnehin in den Lowlands ein recht starkes anglisches Element, das politisch ebenfalls nicht unbedeutend war. Die Hinwendung der schottischen Könige, die ursprünglich gälisch waren, zur englischen Kultur und die Anglisierung des Hofes ist ein Phänomen, das durch Margarete lediglich verstärkt wurde und sich als Prozess ohnehin Jahrhunderte hinzog. Man muss im Gegenteil berücksichtigen, dass die kulturelle Heimat der Margarete, gerade was die Kirchenreformen anging, eher kontinental geprägt war, weil sie zumindest zeitweise am ungarischen Königshof aufgewachsen war und der Hof ihres Verwandten Eduards des Bekenners durch dessen normannische Exiljahre ebenfalls durch Befürworter der Kirchenreform geprägt war. Anglisierung des schottischen Hofes kann also letztlich nur die zunehmende Bedeutung der (nord-)englischen Sprache bedeuten. Man sollte daher in der ersten Hälfte des 12. Jahrhunderts tatsächlich eher von einer Normannisierung oder einer Anglo-Normannisierung des schottischen Königtums sprechen.

Der entscheidende Modernisierungsschub für Schottland kam ohnehin erst unter David I. Der jüngste Sohn der Margarete war bei seiner Schwester Mathilde als Geisel für das Wohlverhalten seiner Brüder am Hof Heinrichs I. aufgewachsen, und als er im Jahr 1124 die Nachfolge seines älteren Bruders Alexander I. antrat, hatte er seine entscheidende Prägung am strukturiertesten Königshof Europas erhalten und Freundschaften geschlossen, die ein Leben lang halten sollten. Eine Akkulturation Schottlands an das mächtige Nachbarland, wenn man so will eine Europäisierung, wäre wie in Wales vielleicht ohnehin als Prozess in Gang gekommen, wurde aber durch den unbedingten Willen von David zur Umstrukturierung beschleunigt und gefestigt. Dabei zeichnete sich der schottische König durch Geschick im Durchsetzen der angestrebten Änderungen, Geduld und langen Atem beim Werben um die Annahme der neuen Ideen bei seinen Untertanen aus. Die außerordentlich lange Regierungszeit Davids, der sogar seinen Sohn überlebte und noch seinen Enkel zum Nachfolger bestimmte, sorgten dafür, dass zu seiner Zeit Schottland in Ausrichtung an das ihm bekannte anglo-normannische

System einen tiefen Wandel erfuhr, der dem Reich auf Jahrzehnte den Anschluss in Europa sichern sollte und Grundlage für die lange Unabhängigkeit Schottlands bildete.

David betrieb seine Innovationen auf mehreren Gebieten. Das aus England bekannte System der *Shires* und *Sheriffs* übernahm er flächendeckend für Schottland und richtete seine Administration daran aus. Mehrere seiner Vertrauten aus der Zeit am Hof Heinrichs I. rief er nach Schottland und belehnte sie dort mit frei werdenden Ländereien, unter anderem eine an sich bretonische Familie de Bruys (Bruce) und die Vorfahren der Stewarts. Bei der Neustrukturierung Schottlands als Lehnsherrschaft achtete er darauf, die Empfindlichkeiten der gälischen Fürsten nicht zu sehr zu treffen und vollzog den Wandel nur langsam, indem er vor allen Dingen bei der Neuausgabe von Ländern eine Umwidmung auf ein Lehen vornahm. Das schottische Geldsystem passte er an den englischen Schilling an, sorgte aber dafür, dass in Sterling eine genuin schottische Münzstätte errichtet wurde. Er übernahm teilweise englische Prozessordnungen. Die wirtschaftliche Entwicklung Schottlands trieb er durch die Gründung von *burroughs* voran, in denen er englische, normannische und flämische Einwohner ansiedelte, die die städtischen Strukturen kannten. Bei all diesen Maßnahmen scheint David nie die Geduld abhanden gekommen zu sein. Obwohl sich Schottland in den fast 30 Jahren seiner Regierung grundlegend änderte, hören wir kaum von Protesten seiner Untertanen und die Langlebigkeit der Strukturänderungen spricht ebenfalls dafür, dass seine Großen und die Untertanen die Vorteile durchaus zu würdigen wussten. Sicher half David bei seiner Akzeptanz, dass er außenpolitisch erfolgreicher war als viele schottische Könige vor ihm. Mit Heinrich I. verband ihn eine offenbar langjährige Freundschaft, die für eine Zeit des Friedens zwischen Schottland und England sorgte. In der Auseinandersetzung zwischen Stephan von Blois und Mathilde schlug sich David bedingungslos auf die Seite seiner Nichte, erwies sich aber als nicht so geschickt in den Niederungen der englischen Politik. Es ist vor allen Dingen seiner Stellung als enger Ratgeber Mathildes zu verdanken, dass Mathilde die Londoner brüskierte und sich auf Geoffrey de Mandeville verließ, was ihr die Chance auf die Krönung nahm. Seine Bemühungen, die Herrschaft Stephans von Blois zu schwächen und gleichzeitig in Nordengland mehr Ländereien für sich selbst zu gewinnen, erwiesen sich 1138 in der sogenannten Standartenschlacht als vergeblich. Im Anschluss arrangierte er sich für eine Weile mit der Herrschaft Stephans, nutzte allerdings die erstbeste Gelegenheit um seinen Großneffen Heinrich II. zu unterstützen. Als er 1153 starb, hinterließ er Schottland seinem Enkel Malcolm IV. in einer später nie wieder erreichten Position der Stärke, auf die seine Nachfolger aufbauen konnten. Die Stärkung des englischen Königtums unter Heinrich II. und seinen beiden Söhnen hatte zur Folge, dass der Druck auf den schottischen König, die Suzeränität des englischen Königs anzuerkennen, wieder zunahm. Keinem der angiovinischen Herrscher sollte es allerdings gelingen, den schottischen König auf Dauer zum *homagium* zu zwingen. Der schottische Thronfolger und spätere König Alexander II. schloss sich der baronialen Opposition gegen Johann Ohneland an und konnte dadurch die schottische Unabhängigkeit für ein weiteres knappes Jahrhundert gewährleisten, ehe sie unter Eduard I. ab 1296 wieder in Gefahr geriet.

Schottland wurde, obwohl die Anglo-Normannen nie in diese Gegenden ausgriffen, dennoch zutiefst von anglo-normannischen Strukturen geprägt und machte in wenigen Jahrzehnten unter David I. einen Entwicklungsschub mit, der das Königtum entscheidend stärken sollte. Die Akkulturation an das ihm bekannte anglo-normannische System bestimmte die Stärke des schottischen Königs. Es ist nicht ganz sicher, ob David I. tatsächlich einen solchen Weitblick hatte, dass er einem eventuellen Ausgriff Englands auf Schottland vorgreifen wollte und in der Anpassung an das effiziente System, das er als Kind und Jugendlicher kennengelernt hatte, den einzigen Weg sah, genau dieses zu verhindern. Möglicherweise trieb ihn nur der Wunsch danach, die schottische Königsmacht zu vereinheitlichen und zu stärken. Der Effekt der Anpassung ist jedenfalls um einiges deutlicher zu beobachten als in Wales, bedeutete sicher auch den Verlust einiger spezifischer kultureller schottischer Eigenheiten, aber er garantierte, dass Schottland im Vergleich zu den anderen Ländern des *Celtic Fringe* als einigermaßen gleichberechtigter Partner im Kreis der europäischen Könige stand.

Ausgreifen der walisischen Markgrafen auf Irland

Seitdem die Wikingerreiche im Norden Englands untergegangen waren, waren die Verbindungen von der größeren zur kleineren britischen Insel weniger geworden, wenngleich sie auch nicht eingeschlafen waren. Unter Wilhelm dem Eroberer spielte Irland eine gewisse Rolle als Heimstätte für ewigrührige Widerständler, wie etwa die Söhne Harolds. Man kann aber nicht davon ausgehen, dass die normannischen Könige bis zu Heinrich I. ein großes Interesse an Irland gehabt hätten. Heinrich II. hatte die Insel zumindest am Rande seines Blickfeldes im Auge und vielleicht sogar vage Eroberungspläne. Jedenfalls ließ er sich im Jahr 1155 eine päpstliche Bulle ausstellen, die den Namen *Laudabiliter* trägt, in der einer eventuellen Eroberung Irlands der päpstliche Segen erteilt wurde, falls sie denn erfolgen sollte, um die angeblich desaströsen Zustände der Kirche in Irland zu beheben. Da in der Bulle auch eine Unterstellung unter das Papsttum verlangt wurde, scheint Heinrich II. nicht besonders daran gelegen gewesen zu sein, ein solches Abenteuer dann auch wirklich anzugehen.

Dass Irland dann doch in den Dunstkreis der angiovinischen Herrschaft geriet, ist fast einem Zufall zu verdanken. Der König Diarmuit McMurrough von Leinster war von Rory O'Connor von Connacht aufgrund von verschiedenartigen Auseinandersetzungen im Vorfeld im Jahr 1166 verjagt worden. Der Exilant machte sich auf die Suche nach auswärtiger Hilfe und suchte sie am Hof Heinrichs II. Den englischen König traf Diarmuit in Aquitanien an, wo er sein Anliegen vortrug, Geld und Truppen für eine Wiedereroberung zur Verfügung gestellt zu bekommen. Sicher bot Diarmuit auch einen Gegenwert an, aber was auch immer es war, es scheint Heinrich II. nicht gereizt zu haben. Er speiste den offenbar als lästig empfundenen Bittsteller mit einer königlichen Urkunde ab, in der er verlautbarte, dass jeder seiner Untertanen die Erlaubnis habe, Diarmuit bei der Wiedergewinnung von Leinster zu helfen. Diarmuit muss mit diesem Brief in der Tasche von Adelshof zu Adelshof gezogen sein, bis er schließlich in Südwales in den dortigen kriegerischen Markengesellschaften auf Freiwillige stieß, die bereit waren, sich auf das Abenteuer einzulassen. An allererster Stelle beteiligte sich Richard de Clare, genannt Strongbow, dem Diarmuit seine Tochter und die

Nachfolge im Königreich Leinster versprach. An zweiter Stelle beteiligten sich die Nachfahren der Nest und des Gerald Castellan von Pembroke, die FitzGeralds, sowie die Nachfahren von Nest und Stephan, dem Constabler von Cardigan, die FitzStephans. Im Gegensatz zu Strongbow stammten beide Familien eher aus der zweiten Liga der walisischen Markgrafen und erhofften sich, in Irland leicht an Ländereien zu kommen. Mit relativ wenigen Booten setzten die Abenteurer nach Irland über und es ist nur mehreren glücklichen Zufällen zu verdanken, dass sie nicht sofort von den Iren aufgerieben wurden, sondern dass es ihnen tatsächlich gelang, sich in der Gegend um Dublin festzusetzen und kleine Herrschaften zu gründen. Strongbow heiratete die versprochene Tochter Diarmuits und machte sich nach dessen Tod im Jahr 1171 zum König von Leinster. Der Erfolg der FitzGeralds und der FitzStephans zog weitere Abenteurer an, so dass relativ rasch auch Teile von Munster erobert wurden.

In Vorgriff auf die spätere langwierige Geschichte der englisch-irischen Auseinandersetzungen hat man diese Eroberung durch Strongbow und seine Gefolgsleute immer als englische Eroberung Irlands gedeutet, was streng genommen nicht richtig ist, denn weder waren die Eroberer ethnisch gesehen Engländer, noch waren sie im Moment der ersten Landung wirklich Bevollmächtigte der englischen Krone. Bezeichnenderweise erhalten die Eroberer in den irischen Annalen auch zunächst einmal nur die Bezeichnung „Die Fremden" oder die „Transmarini". Im Fall der Eroberung Irlands haben wir einen deutlichen Unterschied zwischen Fremd- und Eigenbezeichnung. Die Eroberer werden von den Iren jedenfalls bald nach dem Eingreifen Heinrichs II. als Engländer bzw. im Irischen als „Sachsen" identifiziert, während sie sich selber keine ethnische Bezeichnung gaben. Der Zeitgenosse Giraldus Cambrensis sah jedenfalls aus der Innensicht der Erobererschicht die Eroberung ganz deutlich als eine Errungenschaft seiner Familie. In seiner *Expugnatio Hiberniae* fragt er rhetorisch: „Wer dringt in die Festungen der Feinde vor? Wer verteidigt sein Vaterland? Wen fürchten die Feinde? Wen bringt Neid zu Fall?" Die Antwort ist offensichtlich und es sind immer die FitzGeralds[72]. Bei aller Parteilichkeit des Autors handelt es sich doch um einen recht wichtigen Hinweis darauf, dass die Eroberung Irlands, oder besser von Teilen von Irland, alles andere war als ein geplantes Unternehmen, sondern dass es sich vielmehr um ein Abenteuer handelte, bei dem jüngere Söhne und andere tollkühne Menschen versuchen konnten, ihre soziale und wirtschaftliche Position zu verbessern. Ein Vergleich mit den normannischen Abenteurern in Sizilien sollte nicht zu weit hergeholt erscheinen, nur dass sich hier in Irland keine Familie Hauteville als Hegemon durchsetzen konnte. In Irland griff der englische König ein, ehe sich Herrschaften entwickeln konnten, die unabhängig von ihm gewesen wären. Mit Blick auf die Herkunft der Eroberer hat man in der Forschung zeitweilig von der cambro-normannischen Eroberung Irlands gesprochen, aber diese in den zeitgenössischen Quellen nicht vorhandene Bezeichnung, ist allerhöchstens für die ersten Jahre anzuwenden. Denn diese Eroberung durch die normannischstämmigen Adligen der walisischen Mark wurde später von einer englischen Eroberung im Sinne von einer politischen Zugehörigkeit der Eroberer zum Königreich England quasi eingeholt und überrollt.

Der Ausgriff der „Cambro-Normannen“ auf Irland bedeutete langfristig tatsächlich die Etablierung eines dauerhaften englischen Einflussgebietes, zunächst nur im politischen Sinne, das dann in späteren Jahrhunderten auch die Anglisierung Irlands zur Folge haben sollte. Wenn man die Eroberung Irlands als englische Eroberung deutet, denkt man sowohl von der irischen Sicht als auch vom Ergebnis her[73]. Eine normannische Eroberung in dem Sinne, dass hier Normannen aus der Normandie gewirkt hätten, ist es natürlich auch nicht gewesen, so dass der Kunstbegriff „Cambro-Normannen“, womit man die Adligen der walisischen Marken bezeichnet hat, den Sachverhalt wiederum von der Innensicht der Eroberer beschreibt. Wenn man sich das System ansieht, das die „Cambro-Normannen“ in Irland errichteten, entspricht dies eher den recht souveränen Herrschaften im Süden von Wales als dem englischen Shiresystem. Dabei konnte man auf die lokalen Gegebenheiten der kleineren Herrschaften in Irland natürlich zurückgreifen.

Einbeziehung der irischen Eroberungen in das englische Königreich

Heinrich II. erschrak wohl, als ihn die Nachricht erreichte, dass jemand seine Urkunde beim Wort genommen und Diarmuit geholfen hatte, zumal er wegen des Aufstandes seiner Söhne in einer unangenehmen Situation war. Er brauchte dringend einen politischen Erfolg, der seine Autorität stärken konnte. Mit einer Reise nach Irland konnte er mehrere Ziele erreichen, da die Übernahme des Erfolges seiner nominellen Gefolgsleute für ihn einen leicht errungenen Sieg darstellte und zum anderen eine Klärung des Verhältnisses der neuen Herrschaften in Irland zur englischen Krone dringend geboten schien. Heinrich reiste also nach Irland und erlaubte Richard de Clare, dem er eigenmächtiges Verhalten vorwarf, in seine Gunst zurückzukehren. De Clare sollte seine Besitzungen zukünftig von der englischen Krone halten. Bei einer umfangreichen Zeremonie nahm Heinrich die Unterwerfung von irischen Königen entgegen. Damit stellte er endgültig klar, wer in der Kette der Abhängigkeiten an oberster Stelle stand. Das alte Königreich Meath verlieh er an Hugo de Lacy und hoffte damit ein Gegengewicht zu den FitzGeralds und Strongbow zu schaffen. Die Herrschaft über Irland übertrug er bald seinem jüngsten Sohn Johann, der den Titel eines *dominus Hiberniae* annahm, der von Johanns Krönung an fester Bestandteil des englischen Herrschertitels wurde. In charakteristischer Effizienz führte Heinrich II. englische, respektive anglo-normannische Administration in Irland ein, die sichern sollte, dass ihm auch aus diesem Teil seines Reiches Abgaben zuflossen. Die cambro-normannische Eroberung Irlands wurde von einer anglo-normannischen Reform der frisch gegründeten Herrschaften überlagert, die von den Iren sicher nicht zu Unrecht als „englisch“ empfunden wurde.

Eine Rechtfertigung für sein Vorgehen konnte Heinrich II. mit der Bulle „Laudabiliter“ anbieten, deren Forderungen nach kirchlicher Reform in Irland weitgehend umgesetzt wurden. In der Synode von Dublin 1177, die weitgehend von anglo-normannischen Geistlichen bestimmt wurde, stellte man wenig überraschend himmelschreiende Missstände in der irischen Kirche fest, die ein energisches Durchgreifen des englischen

Königs nötig machten. Den Iren traute man eine Reform aus eigener Kraft nicht zu. Giraldus Cambrensis, der für die ihm benachbarten Waliser und deren Anliegen und Eigenarten so viel Verständnis zeigte, dass er ihnen sogar in einem ganzen Kapitel seines Werkes „Beschreibung von Wales“, *Descriptio Cambriae*, Ratschläge gab, wie sie sich der landhungrigen walisischen Markgrafen und der Normannen erwehren könnten[74], sah in den Iren nur Barbaren, deren Rückständigkeit in kirchlichen Dingen ein dringend zu behebender Missstand sei[75]. Ganz ähnlich wie die Eroberung Englands durch die Normannen durch die Reform der englischen Kirche eine Rechtfertigung erfuhr, wurde auch hier die Eroberung als heilsgeschichtliche Notwendigkeit dargestellt, die zum Besten der barbarischen irischen Seelen wirken musste. Auch die Kontinuität dieser Erklärungsmuster nach erfolgter Eroberung spricht dafür, dass der Einfluss der Cambro-Normannen, die in ihrer Identität noch eine erstaunlich starke Anbindung an die Normandie hatten, nicht unterschätzt werden sollte.

Neben der Einrichtung eines Exchequers für Irland, der Aufteilung der eroberten Gebiete in *shires*, denen *Sheriffs* vorstanden, die allerdings anders als in England durch die Grafen eingesetzt wurden, sollten wohl auch die Kirchenprovinzen in das englische System eingebunden werden. Da Erzbistümer in Irland erst 1138 bzw. 1152 gegründet worden waren und die Prärogative zwischen Dublin und Armagh umstritten war, hätte Canterbury hier ähnlich wie in Wales vereinheitlichende Wirkung erzielen sollen. Die Akkulturation erfolgte hier gezwungenermaßen und man versprach sich von einem einheitlichen Einführen des anglo-normannischen Systems, das hier anders als bei der Eroberung Englands mit so gut wie keiner Rücksichtnahme auf lokale Gegebenheiten eingeführt wurde, offenbar eine rasche Eingliederung.

Auswirkungen der Eroberung Irlands

Eine vollständige Eroberung Irlands glückte Heinrich II. nicht und sollte auf Jahrhunderte hin unversucht bleiben. Dies lag daran, dass für die angiovinischen Könige noch weit über die Herrschaft von Johann Ohneland hinaus Irland an letzter Stelle der Prioritätenliste stand. Der Anspruch auf die Herrschaft über ganz Irland wurde allerdings nie aufgegeben und gelegentlich wiederbelebt. Die Herrschaften der anglo-normannischen Großen in Irland spielten eine wichtige Rolle als Machtbasis für manche hochadlige Familie wie die de Clares, die de Braoses und andere. Sie besaßen einen quasi unabhängigen Status und eine noch stärkere Machtbasis als in den Marken, während das englische Königtum kaum Energie darauf verwandte, die Administration auszuweiten, oder auch nur den Status quo zu erhalten. Im Laufe der Zeit sollte daher die Auswirkung des Umbruchs durch die Eroberung sehr viel geringer sein, als man vielleicht annehmen möchte. Die anglo-irischen Herren cambro-normannischer Herkunft passten sich immer weiter der irisch-gälischen Umgebung an, als sich die Familienzweige in Wales sowie England auf der einen Seite und in Irland auf der anderen Seite trennten. Irische Gepflogenheiten und Gesetze wurden übernommen und es fand ein Prozess der Akkulturation der Eroberer an die Eroberten statt, der schließlich sogar soweit reichte, dass die Anglo-Iren begannen, Gälisch zu sprechen. Ähnlich wie bei den Wikingerherrschaften, die im Laufe der Zeit im irischen System aufgingen, passten sich auch die anglo-irischen Herren den Verhältnissen an, ohne sich hingegen vollständig aufzulösen.

12 Der Mythos der Normannen im Mittelalter und heute

Normannische Identität?

Was haben die Raubfahrer aus dem Norden, die die europäischen Küsten überfielen, Klöster ausraubten und Sklaven verschleppten eigentlich mit Roger II. zu tun, dem ehrgeizigen König Siziliens, der sich aus mehreren Herrschaften ein Reich schuf? Was verbindet sie mit Heinrich I. von England, der in England ein ganzes Volk mit der Herrschaft einer fremden Adelsklasse versöhnte? War Richard I. Löwenherz, der in rastloser Energie durch halb Europa reiste, um sehr verschiedenartige Herrschaften zusammenzuhalten, noch ein Normanne? Nüchtern betrachtet wird man kaum Gemeinsamkeiten feststellen können und dennoch sind die einen in dynamischer Entwicklung aus den anderen hervorgegangen. Wenn man die Wikinger als Piraten von den Normannen der Normandie, die den Ritterethos des Hochmittelalters mit seinen Licht- und Schattenseiten verkörpern wie kaum ein anderes Volk, voneinander trennt, gibt man damit einer Erkenntnis Ausdruck, dass sich die beiden in vielerlei Hinsicht voneinander unterscheiden. Dennoch erfasst man damit nur eine Facette der normannischen Identität. Selbstverständlich ist es gerechtfertigt, moderne Unterscheidungen zu machen, um darauf hinzuweisen, wie sehr sich die Normannen durch die Ansiedlung und Christianisierung in der Normandie von ihren wikingischen Wurzeln entfernt haben. Auf der anderen Seite haben es die Normannen selbst nicht unbedingt so gesehen. In der Normandie selbst spielte die Anknüpfung an Rollo, der symbolhaft für die skandinavische und wikingische Vergangenheit stand, eine außerordentlich große Rolle für die Identität der normannischen gens. Für die Normannen, die von der Normandie aus Sizilien und England, und von dort aus wiederum Wales und Irland eroberten, ist wiederum die Anknüpfung an die Normandie von großer Bedeutung. In Süditalien erklärt Wilhelm von Apulien, dass die Normanni die *homini boreales* seien[76], also die Männer aus dem Norden und mit dieser Verknüpfung wird auch dort in die normannische und darüber hinaus die skandinavische Vergangenheit zurückgegriffen. Wilhelm von Malmesbury schreibt den Normannen Vertrautheit mit dem Krieg, Ehrgeiz und einen außergewöhnlich hohen Standard in kirchlichen Belangen und Religion zu und dürfte das Selbstbild der Anglonormannen damit recht gut erfasst haben[77]. Gleichzeitig ist er sich des Unterschieds zu den Engländern wohl bewusst, denen er als halber Engländer eine ausgewogene Darstellung widmen will[78]. Noch Giraldus Cambrensis berichtet stolz von der Abkunft seiner Vorfahren aus der Normandie und unterscheidet in der Markengesellschaft seiner Zeit deutlich zwischen Normannen, Engländern und Walisern[79]. Auch wenn wir heute also die Unterschiede zwischen Wikingern, Normannen, Anglo-Normannen und süditalienischen Normannen deutlich wahrnehmen und den Qualitätssprung erkennen, der in der Normandie eine neue Identität entstehen ließ, heißt das nicht, dass wir das Wir-Gefühl der Normannen in ihrer Zeit selbst nicht ernst nehmen müssen. Die Normannen in England und in Sizilien haben sich deutlich auf die Normandie berufen und zumindest noch eine Zeit lang sogar als Nachfahren der wikingischen Beutefahrer gesehen und waren stolz darauf. Identität entsteht aus dem Zusammenspiel von Zuschreibung durch andere und dem Wir-Gefühl, so dass wir uns beide Ansichten zu eigen machen können. Ähnlich verständnislos reagiert man heutzutage auf die Identifizierung von Deutschen mit den bei Tacitus beschriebenen Germanen und wird doch nicht umhin kommen, zuzugestehen, dass diese Identifizierung, so ungerechtfertigt sie uns heute erscheinen mag, in der Hochzeit des Nationalismus im 19. und frühen 20. Jahrhundert ausgesprochen wirkmächtig war. Auch wenn sich die in der Normandie angesiedelten Wikinger nach unserem Verständnis ihrer Umgebung angepasst hatten, haben sie selber doch auch ihre Vergangenheit ebenso als Teil ihrer Identität verstanden wie die Verbundenheit mit der neuen Heimat. Ihrer Vergangenheit schrieben sie drei Eigenschaften zu, die ihnen in ihren Augen, die Eroberungen außerhalb der Normandie ermöglicht hatten. Sie hielten sich für tapfer, listig und ehrgeizig und weil sie sich dafür hielten, legten sie auf diese Eigenschaften besonderen Wert und förderten sie. So manchem Normannen, der seinen Landhunger befriedigen wollte, wurden diese Eigenschaften von außen von den Zeitgenossen ebenfalls zugeschrieben. Zuweilen übernehmen sogar wir die Identifizierung der Normannen mit diesen Eigenschaften. Dem Wir-Gefühl der Normannen, das sich am intensivsten bei Ordericus Vitalis beobachten lässt, der die Normannen in Süditalien und die Normannen in England deutlich als zwei Ausläufer der Normandie-Normannen sieht, werden wir nicht gerecht, wenn wir darauf bestehen, dass die Anglo-Normannen in England eine ganz andere Entwicklung durchmachten als die Normannen in Sizilien und beide sich natürlich voneinander entfernten. Identität ist nicht nur vom Standpunkt des Beobachters abhängig, unterscheidet sich also von innen und außen, sondern hat in den einzelnen Individuen, die das Wir-Gefühl tragen, auch ganz unterschiedliche Facetten und Ausprägungen. Bei Ordericus Vitalis findet sich das Gefühl einer Normannitas deutlicher als bei Hugo Falcandus, der die Normannen als solche gar nicht mehr beschreibt, wenn er auch Roger II. noch eine Vorliebe für die Nordfranzosen zuschreibt. Bei Wilhelm von Malmesbury wird mehr Wert auf eine Verschmelzung von Normannen und Engländern gelegt. Bei Wilhelm von Apulien tritt ein deutliches soziales Verständnis einer Oberschicht zutage. Die Normannen in den walisischen Marken haben ein spezifisches Eigenbewusstsein bis ans Ende des 12. Jahrhundert gehabt und noch nach Irland mitgebracht, wie es sich in den Werken des Giraldus Cambrensis fassen lässt. Zeitgleich beäugte vielleicht mancher anglo-normannische Große die Aktivitäten seiner Könige auf dem Kontinent und im „Ausland" schon mit Misstrauen und hätte sich selber als „Engländer" bezeichnet. Mancher sizilische Adlige berief sich vielleicht aus Legitimationsgründen auf mütterliche langobardische Vorfahren. Wenn wir also die Normannen von den Anfängen der Überfälle bis zum Aufgehen im englischen Reich, bis zum Verwehen im sizilischen Reich verfolgt haben, sind wir nicht immer den ausgeprägten starken Strömungen der Identität gefolgt, sondern haben uns zum Teil an schwachen Traditionslinien entlang bewegt: Das Bewusstsein einer ursprünglichen skandinavischen Abkunft, das in der Normandie noch vorhanden ist, im englischen Reich und in Sizilien aber verblasst und abgelöst wird durch das zunächst starke vorhandene Bewusstsein einer Herkunft aus der Normandie, bis auch dieses schließlich nicht mehr zu fassen ist und nur noch als gelehrtes Wissen weiter getragen wird. Das eigentlich Erstaunliche ist dabei nicht die Tatsache, dass die normannische Identität im Laufe der Zeit einige große Wandlungen erfuhr, sondern dass sie sich gegenüber der englischen Identität geschlagen geben musste und in Süditalien ebenso wie in Irland versickerte und dies ohne dass es Zwänge gegeben hätte, die das Identitätsbewusstsein von außen in Gefahr gebracht hätten.

Das Bild der Wikinger und Normannen heute

Das Bild der Wikinger zeigt heute hauptsächlich zwei Facetten: Die Nachwirkung des von den frühmittelalterlichen Quellen gezeichneten Bildes der blutrünstigen Seeräuber und die Wikingerromantik, die sich aus den Vorstellungen über angebliche alte skandinavische Freiheiten und einer romantischen Sehnsucht nach ursprünglicher Naturverbundenheit speist. Es braucht kaum betont zu werden, dass beide Bilder in zu groben Strichen gezeichnet sind. Die wissenschaftliche Forschung hat sich immer wieder und zu großen Teilen erfolglos darum bemüht, gegen beide Bilder anzuschreiben. Die Wikinger haben in vielerlei Hinsicht gerade auf die Geschichte Englands, Deutschlands und Frankreichs gewirkt. Ihre Rolle kann man vielleicht am ehesten nachvollziehen, wenn man sie als „Sollbruchstelle" versteht, einen Punkt, an dem sich die ohnehin vorhandenen Verwerfungslinien, die unabhängig von ihnen schon da waren, manifestierten und Ereignisse ins Rollen brachten, die in ihrer Tragweite auch weit über das hinausgehen, was die Wikinger selbst unmittelbar bewirkten. In anderen Ländern wie Irland und Schottland haben sie sich stärker angepasst und nicht so große Wirkung gehabt.

Das Bild der Normannen hingegen ist recht deutlich mit dem verschmolzen, was an Vorstellungen über das Rittertum verbreitet ist. Im Guten wie im Bösen sind die Normannen Prototypen des mittelalterlichen Ritters geworden. Tapfer, wenn sie positiv dargestellt werden, brutal, wenn man die alltägliche Gewalt eines fernen Zeitalters anprangern möchte. In gewisser Weise ist hier zumindest eine Vorstellung der Normannen weitergetragen worden. Auch die Vereinnahmung des christlichen Ritterideals mitsamt seinen Schattenseiten in der Heiden- und Ketzerbekämpfung, die die Normannen im Zuge ihrer Integration im Westfrankenreich vollzogen, hat in dieser Vorstellung von den Normannen offenbar ferne Ausläufer.

Die Rolle der Normannen für heutige Identitäten

In vielen Reichen, in denen sie einst herrschten, sind die Normannen nicht mehr in der gelebten Erinnerung lebendig, sondern eher Teil eines gelehrten Geschichtsbewusstsein. In Irland nimmt man sie vor dem Hintergrund einer jahrhundertelangen englischen Dominanz als Auslöser einer unseligen Entwicklung wahr, in Südwales ist die Besonderheit der Marken in der frühen Neuzeit im *Act of Union* 1536 untergegangen, in Schottland ist man sich des indirekten normannischen Einflusses kaum bewusst und in der Normandie und in Süditalien sind sie Teil eines mit leichtem Bedauern als glorreichen und golden empfundenen Zeitalters. Lediglich in England ist das Bewusstsein über die normannische Vergangenheit etwas komplexer. Denn kaum ein Ereignis hat unsere Vorstellungen von den Normannen so sehr geprägt wie die Eroberung Englands im Jahr 1066 und die anschließende Inbesitznahme eines ganzen Reiches. Die bereits angesprochene Vorstellung einer Unterdrückung der Angelsachsen unter dem normannischen Joch hat auch in die Vorstellungswelt anderer Nationen, insbesondere natürlich in der anglophonen Welt Einzug gehalten. Über moderne Filme wie z.B. zahlreiche Robin-Hood-Adaptionen ist das Bild der brutalen Normannen fester Bestandteil von dem geworden, was sich an allgemeinem Wissen über das Mittelalter einer weiteren Verbreitung erfreut. Ein Beispiel mag dafür angeführt werden: In der Normandie gibt es viele Soldatenfriedhöfe der dort im Zweiten Weltkrieg gefallenen Engländer. Auf einem prächtigen antikisierenden Torbogen des Bayeux Memorial steht der folgende lateinische Spruch: *Nos a Guilelmo victi patriam victoris liberavimus*, übersetzt „Wir, die von Wilhelm Besiegten, haben das Vaterland des Siegers befreit".

So sehr es den Historiker bei dieser Simplifizierung schaudern mag, lässt sich doch kaum besser verdeutlichen, dass für die Sicht von innen die normannische Identität eben vollständig untergegangen ist und heutzutage nur noch durch den gelehrten Blick von außen normannische Spuren entdeckt werden können.

Zeittafel

793	Normannen überfallen das Kloster Lindisfarne
802	Ecgbert von Wessex kehrt aus dem fränkischen Exil zurück
810	Normannen überfallen die friesische Küste
814	Tod Karls des Großen
826	Taufe des Normannen Harald Klak
839	Waräger am Hof Ludwigs des Frommen
843	Normannen überwintern im Frankenreich
	Vertrag von Verdun
845	Normannen überfallen Hamburg
865	Das „Große Heer“ formiert sich in Kent
871	Herrschaftsantritt Alfreds des Großen
878	Alfred siegt in der Schlacht von Edington
882	Karl III. belehnt den Normannen Gottfried mit Friesland
885/6	Normannen belagern Paris
887/88	In den Nachfolgereichen des Frankenreiches werden nichtkarolingische Könige erhoben
899	Tod Alfreds des Großen
911	„Vertrag von St-Clair-sur-Epte“: Belehnung Rollos durch Karl den Einfältigen
927/32	Herrschaftsantritt Wilhelms I. Langschwert von Rouen
942	Ermordung Wilhelms I. Langschwert
945	Schlacht von Rouen und Gefangennahme Ludwigs IV.
954	Vertreibung von Erich Blutaxt aus York
971	Vertrag der Rus mit Byzanz: Garde der Warangen
973	Krönung König Edgars von England: Unterwerfung mehrerer Könige in Britannien
978	Herrschaftsantritt Ethelreds des Unberatenen

987 Hugo Capet wird zum König des Westfrankenreiches erhoben
990 Erster Angriff des Dänenkönigs Sven Gabelbart in England
991 Niederlage der Engländer in der Schlacht von Maldon
998 Herrschaftsantritt Richards II. von der Normandie
1002 Heirat Ethelreds von England mit Emma, Tochter Richards I. von der Normandie
1016 Tod Ethelreds des Unberatenen und Herrschaftsantritt Knuts des Großen
1018 Normannische Söldner werden in der Schlacht von Cannae von den Byzantinern in Süditalien geschlagen
1026 Tod Richards II. von der Normandie
1027 Herrschaftsantritt Roberts I. von der Normandie
1030 Belehnung des Normannen Rainulf Drengot mit der süditalienischen Grafschaft Aversa
1035 Wilhelm II. der Bastard erbt als Minderjähriger das Herzogtum Normandie
Wilhelm und Drogo von Hauteville kommen nach Süditalien
Tod Knuts des Großen
1042 Herrschaftsantritt Eduards des Bekenners in England
1047 Wilhelm der Bastard siegt in der Schlacht von Val-ès-Dunes
Drogo von Hauteville wird von Kaiser Heinrich III. anerkannt
1051 Exil des Grafen Godwin von Wessex
Wilhelm der Bastard besucht König Eduard und wird als Nachfolger designiert
1053 Papst Leo IX. wird in der Schlacht von Civitate von den Normannen geschlagen
1057 Robert Guiscard übernimmt die Führung der süditalienischen Normannen
1059 Papst Nikolaus II. belehnt Robert Guiscard mit Apulien, Kalabrien und Sizilien
1061 Robert Guiscard nimmt Messina ein
1063 Erfolgreicher Feldzug Harald Godwinsons in Wales
1066 Harold II. siegt in der Schlacht von Stamford Bridge
Wilhelm der Eroberer siegt in der Schlacht von Hastings

1069 Aufstand gegen Wilhelm den Eroberer in Northumbrien

1072 Mit Palermo fällt Sizilien in die Hand der Hauteville
Malcolm III. von Schottland unterwirft sich Wilhelm dem Eroberer

1076 Mit Graf Waltheof wird der letzte angelsächsische Adlige enteignet

1080 Robert Guiscard leistet Papst Gregor VII. den Vasalleneid

1082 Robert Guiscard nimmt Dyrrhachion ein

1084 Normannen überfallen Rom zur Befreiung Papst Gregors VII.

1085 Robert Guiscard stirbt auf dem Feldzug gegen den byzantinischen Kaiser

1086 Wilhelm der Eroberer läßt das Domesday Book zusammenstellen

1087 Tod des Eroberers und Herrschaftsantritt Wilhelms II. Rufus

1093 Nach langjähriger Vakanz wird Anselm Erzbischof von Canterbury

1096 Erster Kreuzzug

1098 Papst Urban II. macht Graf Roger von Sizilien weitreichende Zugeständnisse

1100 Nach dem plötzlichen Tod von Wilhelm II. Rufus folgt ihm Heinrich I. in England nach

1106 Heinrich I. gewinnt in der Schlacht von Tinchebrai die Normandie

1107 „Konkordat" von London

1111 Tod Bohemunds von Tarent

1112 Beginn der eigenständigen Regierung Rogers II. in Sizilien

1119 Heinrich I. gewinnt in der Schlacht von Bremule gegen seine französischen Gegner

1120 Wilhelm Aetheling ertrinkt beim Untergang des weißen Schiffes im englischen Kanal

1124 Herrschaftsantritt Davids I. von Schottland

1127 Roger II. kann seine Nachfolge in Apulien und Kalabrien durchsetzen
Heinrich I. von England lässt seine Großen die Nachfolge seiner Tochter Mathilde beschwören

1128 Papst Honorius II. belehnt Roger II. mit Apulien, Kalabrien und Sizilien

1130 Roger II. wird in Palermo zum König gekrönt

1135 Mit dem Tod Heinrichs I. von England beginnt die Auseinandersetzung um die Nachfolge zwischen Stephan von Blois und Mathilde

1139 Anerkennung Rogers II. durch Papst Innozenz II.

1140 Roger II. verabschiedet die Assisen von Ariano

1144 Gottfried V. von Anjou erobert die Normandie

1152 Heirat von Heinrich FitzEmpress von Anjou mit Eleonore von Aquitanien

1153 Tod des schottischen Königs Davids I. und Nachfolge Malcolms IV.

1154 Herrschaftsantritt Wilhelms I. von Sizilien
Herrschaftsantritt Heinrichs von Anjou in England

1155 Päpstliche Bulle „Laudabiliter"

1156 Vertrag von Benevent zwischen Papst Hadrian IV. und Wilhelm I.

1157 Walisische Fürsten und Malcolm IV. von Schottland erkennen die Suprematie der englischen Krone an

1162 Erhebung von Thomas Becket zum Erzbischof von Canterbury

1164 Heinrich II. von England verabschiedet die Konstitutionen von Clarendon

1166 Tod Wilhelms I. von Sizilien
Assisen von Clarendon
Exil Thomas Beckets

1170 Krönung Heinrichs des Jüngeren
Ermordung Thomas Beckets

1171 Selbständige Regierung Wilhelms II. von Sizilien
Richard de Clare Strongbow wird König von Leinster in Irland

1174 Öffentlicher Bußgang Heinrichs II. an das Grab Thomas Beckets und Sieg über die aufständischen Söhne

1177 Frieden von Venedig
Heirat von Wilhelm II. und Johanna, Tochter Heinrichs II. von England

1187 Richard Löwenherz erhebt sich gegen seinen Vater Heinrich II.

1189 Erbenloser Tod Wilhelms II. von Sizilien
Tod Heinrichs II.

1191 Eroberung Akkons durch die Kreuzfahrer unter der Führung Richards I. Löwenherz und Philipps II. von Frankreich

1192 Gefangennahme Richards I. Löwenherz

1194 Nach dem Tod Tankreds von Lecce wird der römisch-deutsche Heinrich VI. in Palermo zum König gekrönt

1199 Tod Richards I. und Nachfolge Johanns

1204 Verlust der Normandie

1208 Innozenz III. verhängt das Interdikt über England

1214 Johann erleidet eine Niederlage in der Schlacht von Bouvines
Baroniale Revolte in England

1215 Magna Carta

Anmerkungen

1 So etwa in vielen historischen Romanen und Erzählungen von Felix Dahn. 13
2 Vgl. dazu Fried, Gens und regnum. 15
3 Alkuin, Epistolae, ed. Dümmler, Nr. 16. 21
4 Gesetzeskodex des Edgar 962/63, ed. Liebermann, Bd. 1, S. 206–215. 35
5 Vgl. dazu Bailey, England's Earliest Sculptors. 39
6 Simon Keynes, England 700–900, in: New Cambridge Medieval History, Bd. II, S. 18–42. 44
7 Thietmar, Chronik, VII, 36. 47
8 Annalen von Ulster zum Jahr 873. 53
9 Annales Bertiniani zum Jahr 866. 59
10 Jeremiah 4,6: Denn Unheil bringe ich von Norden und großes Verderben. 61
11 Annales Bertiniani zum Jahr 839. 64
12 Peter Nitsche, Waräger. 64
13 Douglas, Rollo of Normandy. 71
14 Dudo von St-Quentin, De moribus et actis primorum Normanniae ducum, lib. II, cap. 28. 72
15 Dudo von St-Quentin, De moribus et actis primorum Normanniae ducum, lib.IV, cap. 68. 75
16 Zur Klosterpolitik Richards II. vgl. eingängig Potts, Monastic Revival. 80
17 Für Kontinuität sprechen sich etwa Karl-Ferdinand Werner und David Bates aus, für Innovation Eleanor Searle. 81
18 Dudo von St-Quentin, De moribus et actis primorum Normanniae ducum, lib. II, cap. 28. 83
19 Potts, Atque unum ex diversis gentibus. 84
20 Wilhelm von Jumièges, Gesta Normannorum Ducum, lib. VI, cap. 9 und 10. 86
21 Ordericus Vitalis, Historia Ecclesiastica, lib. IX, cap. 3. 92
22 Angelsächsische Chronik zum Jahr 1087. 94
23 Gottfried Malaterra, lib. I, cap. 23. 96

24 Lampert von Hersfeld, Annalen zum Jahr 1074. 97
25 Brief Lanfrancs, wahrscheinlich von 1081, vgl. Lanfranci Opera, ed. Giles, Nr. 11, Bd. I, S. 32f. 101
26 Amatus von Montecassino, lib. III; cap. 39. 110
27 Gottfried Malaterra, lib. I, cap. 23. 114
28 Gottfried Malaterra, lib. II, cap. 1. 114
29 Register Gregors Bd. II, lib. 8, Nr. 1b, S. 515f. 117
30 Anna Komnena, Alexias, lib. I, 12/2. 118
31 Alexander von Telese, lib. I, cap. 4–5. 130
32 Romuald von Salerno zum Jahr 1125. 130
33 Alexander von Telese, lib. IV, cap. 6–7. 131
34 Alexander von Telese, lib. II, cap. 1. 132
35 Otto von Freising, Chronik, lib. VII, cap. 23. 135 Hugo Falcandus, Vorrede. Hugo Falcandus ist wohl identisch mit Peter von Blois, wie Alexander Franke überzeugend nachweisen kann. Vgl. demnächst Franke, in: Deutsches Archiv.
36 Romuald von Salerno zum Jahr 1154. 136
37 Hugo Falcandus, cap. 25. 145
38 Hugo Falcandus, cap. 26. 146
39 So argumentieren Kölzer, Sizilien und das Reich und Schlichte, Der „gute" König. 148
40 Romuald von Salerno zum Jahr 1177, 149
41 Documenti inediti Nr. 89. 150
42 Hugo Falcandus, Vorrede. 155
43 Drell, Kinship and Conquest. 155
44 Etwa Bouchard, Those of my Blood; Dunbabin, Discovering a Past. 155
45 Vgl. Webber, Evolution of Norman Identity, S. 55–103. 159
46 Zur Forschungsgeschichte vgl. Chibnall, Debate on the Norman Conquest. 172
47 Dalton, Conquest, Anarchy and Lordship. 181
48 Angelsächsische Chronik zum Jahr 1085. 184
49 Brief Lanfrancs, wahrscheinlich von 1081, Lanfranci Opera, ed. Giles, Nr. 11, Bd. I, S. 32f. 188
50 Wilhelm von Malmesbury, Gesta regum Anglorum, lib. IV, cap. 306. 194
51 Ordericus Vitalis, Historia Ecclesiastica, lib. XI, cap. 23. 195
52 Eadmer, Historia Novorum, lib. I, S. 35–39. 198
53 Ordericus Vitalis, Historia Ecclesiastica, lib. XI, cap. 23. 203
54 Walter Map, De nugis curialium, dist. 5, cap. 5. 206
55 Geoffrey von Monmouth, Historia regum Britanniae, lib. VII, cap. 4. 206
56 Wilhelm von Malmesbury, Gesta regum Anglorum, lib. V, cap. 411. 209

Quellen- und Literaturverzeichnis

Allgemein zu den Normannen

The Normans in Europe, ins Englische übersetzt von Elisabeth VAN HOUTS, Manchester, New York 2000, (Manchester Medieval Sources Series).

I Normanni e la loro espansione in Europa nell´alto medioevo. 18–24 aprile 1968, Spoleto 1969, (Settimane di Studio del centro italiano di studi sull´alto medioevo 16).

ABELS, Richard Philip/BACHRACH, Bernard S./HOLLISTER, C. Warren (Hrsg.), The Normans and their adversaries at war. Essays in memory of C. Warren Hollister, Woodbridge, Suffolk u. a. 2001, (Warfare in history 12).

ALBU, Emily, The Normans and their myths, in: Haskins Society Journal 11 (2003) S. 123–135.

ALBU, Emily, The Normans in their histories: Propaganda, Myth and Subversion, Woodbridge 2001.

BARTLETT, Robert, The Making of Europe. Conquest, colonization and cultural change. 950–1350, London 1994.

BÖHM, Laetitia, Nomen gentis Normannorum. Der Aufstieg der Normannen im Spiegel der normannischen Historiographie, in: I Normanni e la loro espansione in Europa nell'alto medioevo. 18–24 aprile 1968, Spoleto 1969, (Settimane di Studio del centro italiano di studi sull'alto medioevo 16), S. 623–704.

BROWN, Reginald Allen, The Normans and the Norman Conquest, Woodbridge [2]1985.

CHIBNALL, Marjorie, The Normans, Oxford 2000, (Peoples of Europe).

D'ONOFRIO, Mario (Hrsg.), I Normanni. Popolo d'Europa 1030–1200, Venezia 1994.

DAVIS, Ralph Henry Charles, The Normans and their myth, London 1976.

DOUGLAS, David C., The Norman Fate. 1100–1154, Berkeley, Los Angeles 1976.
HARPER-BILL, Christopher/VAN HOUTS, Elisabeth (Hrsg.), A Companion to the Anglo-Norman World, Woodbridge 2003.
LOUD, Graham A., The "Gens Normannorum" – myth or reality? in: Anglo-Norman Studies 4 (1981) S. 104–116.
Proceedings of the Battle Conference on Anglo-Norman Studies, dann Anglo-Norman Studies, Ipswich 1978–1983, Woodbridge 1983ff.
ROWLEY, Trevor, The Normans, Stroud, Charleston 1999.
SHOPKOW, Leah, History and Community. Norman Historical Writing in the Eleventh and Twelfth Centuries, Washington, D.C. 1997.
WALKER, David, The Normans in Britain, Oxford 1995, (Historical Association Studies).
WARREN, Wilfried L., The Myth of Norman Administrative Efficiency, in: Transactions of the Royal Historical Society. Fifth Series 34 (1984) S. 113–132.
WEBBER, Nick, The Evolution of Norman Identity, 911–1154, Woodbridge 2005.

Die Wikinger vor dem Hintergrund der skandinavischen Kultur

CLARKE, H. B., The Vikings, in: KEEN, Maurice (Hrsg.), Medieval Warfare, Oxford 1999, S. 36–58.
HELLE, Knut (Hrsg.), The Cambridge History of Scandinavia. Volume I. Prehistory to 1520, Cambridge 2003.
KAUFHOLD, Martin, Europas Norden im Mittelalter. Die Integration Skandinaviens in das christliche Europa (9.–13. Jh.), Darmstadt 2001.
KONSTAM, Angus, Die Wikinger. Geschichte – Eroberungen – Kultur, Wien 2005.
ROESDAHL, Else/HÄNSEL, Alix (Hrsg.), Wikinger, Waräger, Normannen. die Skandinavier und Europa 800 – 1200, Mainz 1992, (Kunstausstellung des Europarates 22).
SAWYER, Peter (Hrsg.), Die Wikinger. Geschichte und Kultur des Seefahrervolkes, Stuttgart 2000.
SIMEK, Rudolf, Die Wikinger, München 2002, (Beck'sche Reihe Wissen).
VOGEL, Walther, Die Normannen und das fränkische Reich bis zur Gründung der Normandie (799–911), Heidelberg 1906, (Heidelberger Abhandlungen zur mittleren und neueren Geschichte 14).

ZETTEL, Horst, Das Bild der Normannen und der Normanneneinfälle in westfränkischen, ostfränkischen und angelsächsischen Quellen des 8. bis 11. Jahrhunderts, München 1977.

Normanneneinfälle im christlichen Europa: Die britischen Inseln

The Anglo-Saxon Chronicle. A Colloborative Edition, ed. David Dumville/Simon Keynes 3, Cambridge 1983 ff..

Annales Cambriae, ed. John Williams AB ITHEL, London 1860, (Rerum Britannicarum medii aevi Scriptores [Rolls Series] 20).

Annals of Ulster, ed. Sean MACAIRT, Dublin 1983.

Asser, Vita S. Alfredi, ed. William Henry STEVENSON, Oxford ²1959.

Encomium Emmae, ed. Alastair CAMPBELL, London 1949, (Camden 3, 72) [ND Cambridge 1998].

Die Gesetze der Angelsachsen, ed. Felix LIEBERMANN, 3 Bde., Halle 1903–1916.

Thietmar von Merseburg, Chronik, ed. Robert HOLTZMANN, Berlin ²1955, (MGH SS rer Germ NS 9).

Das Trinity-College in Cambridge stellt auf seinen Seiten die Urkunden der angelsächsischen Könige in einer durchsuchbaren Datenbank und mit weiteren Informationen zur Verfügung:
http://www.trin.cam. ac.uk/chartwww/charthome.html

ABELS, Richard, Alfred the Great. War, Kingship and Culture in Anglo-Saxon England, London, New York 1998, (The Medieval World).

BACKLUND, Jessie, War or peace? The relations between the Picts and the Norse in Orkney, in: Northern Studies: The Journal of the Scottish Society for Northern Studies 36 (2001) S. 33–47.

BAILEY, Richard, England's Earliest Sculptors, Toronto 1996, (Publications of the Dictionary of Old English 5).

BARRETT, James H. (Hrsg.), Contact, Continuity, and Collapse. The Norse Colonization of the North Atlantic, Turnhout 2003, (Studies in the Early Middle Ages 5).

BARROW, Julia S., Chester's earliest regatta? Edgar's Dee-rowing revisited, in: Early Medieval Europe 10 (2001) S. 81–93.

CAMPBELL, James (Hrsg.), Vikings and the Danelaw. Selected papers from the proceedings of the thirteenth Viking Congress, Nottingham and York, 21–30 August 1997, Oxford 2001.

CLARKE, Howard B./NÍ MHAONAIGH, Máire/Ó FLOINN, Raghnall (Hrsg.), Ireland and Scandinavia in the Early Viking Age, Dublin 1998.

DAVIES, Wendy, Wales in the Early Middle Ages, Leicester 1982, (Studies in the Early History of Britain).

DAVIES, Wendy (Hrsg.), From the Vikings to the Normans, Oxford 2003, (The Short Oxford History of the British Isles 3).

FORTE, Angelo/ORAM, Richard/PEDERSEN, Frederik (Hrsg.), Viking Empires, Cambridge u.a. 2005.

FUCHS, Rüdiger, Die Landnahme von Skandinaviern auf den Britischen Inseln aus historischer Sicht, in: MÜLLER-WILLE, Michael/SCHNEIDER, Reinhard (Hrsg.), Ausgewählte Probleme europäischer Landnahmen des Früh- und Hochmittelalters, II: Methodische Grundlagendiskussion im Grenzbereich zwischen Archäologie und Geschichte, Sigmaringen 1994, (Vorträge und Forschungen 41), S. 95–127.

GIFFORD, Edwin/GIFFORD, Joyce, Alfred's new longships, in: REUTER, Timothy (Hrsg.), Alfred the Great. Papers from the Eleventh-Centenary Conferences, Aldershot 2003, S. 281–289.

HADLEY, Dawn M./RICHARDS, Julian D. (Hrsg.), Cultures in Contact. Scandinavian Settlement in England in the Ninth and Tenth Centuries, Turnhout 2000, (Studies in the Early Middle Ages 2).

HADLEY, Dawn M., Viking and native. Re-thinking identity in the Danelaw, in: Early Medieval Europe 11 (2002) S. 45–70.

HART, Cyril, The Danelaw, London 1992.

HIGHAM, Nicholas J., Edward the Elder. 899–924, New York 2001.

HILL, David (Hrsg.), Ethelred the Unready. Papers from the Millenary Conference, Oxford 1978, (British archeological reports 59).

HOWARD, Ian, Swein Forkbeard's Invasions and the Danish Conquest of England 991–1017, Woodbridge 2003, (Warfare in History).

KEYNES, Simon, The Diplomas of King Aethelred "the Unready" 978–1016. A Study in their Use as Historical Evidence, Cambridge 1980.

KEYNES, Simon, A tale of two kings: Alfred the Great and Aethelred the Unready, in: Transactions of the Royal Historical Society. Fifth series 36 (1986) S. 195–217.

LARSEN, Anne-Christine (Hrsg.), The Vikings in Ireland, Roskilde 2001.

LAWSON, M. K., Cnut. The Danes in England in the Early Eleventh Century, London, New York 1993, (The Medieval World).

MCKITTERICK, Rosamond (Hrsg.), The New Cambridge Medieval History. Volume II. c. 700–900, Cambridge 1995, (The New Cambridge Medieval History 2).

NELSON, Janet L., Waiting for Alfred. Review article, in: Early Medieval Europe 7 (1998) S. 115–124.

NELSON, Janet, England and the Continent in the Ninth Century II: The Vikings and Others, in: Transactions of the Royal Historical Society, Sixth Series 13 (2003) S. 1–28.

Ó CRÓINÍN, Dáibhí, Early Medieval Ireland. 400–1200, London, New York 1995, (Longman History of Ireland).

REUTER, Timothy (Hrsg.), The New Cambridge Medieval History. Volume III. c. 900- c. 1024, Cambridge 1999, (The New Cambridge Medieval History 3).

REUTER, Timothy (Hrsg.), Alfred the Great. Papers from the Eleventh-Centenary Conference, Aldershot, Burlington 2003.

RODGER, N.A. M., Cnut's Geld and the Size of Danish Ships, in: English Historical Review 110 (1995) S. 392–403.

ROLLASON, David, Northumbria, 500–1100. Creation and Destruction of a Kingdom, Cambridge 2003.

RUMBLE, Alexander R. (Hrsg.), The Reign of Cnut. King of England, Denmark and Norway, London, New York 1994, (Studies in the early History of Britain).

SAWYER, Peter, The Last Scandinavian Kings of York, in: Northern History 31 (1995) S. 39–44.

SMITH, Brian, The Picts and the martyrs or Did Vikings kill the native population of Orkney and Shetland? in: Northern Studies: The Journal of the Scottish Society for Northern Studies 36 (2001) S. 7–32.

SMYTH, Alfred P., King Alfred the Great, Oxford 1995.

STAFFORD, Pauline, Queen Emma and Queen Edith. Queenship and Women's Power in Eleventh Century England, Oxford 1997.

THORNTON, David E., Edgar and the eight kings, AD 973. Textus et dramatis personae, in: Early Medieval Europe 10 (2001) S. 49–79.

WILLIAMS, Ann, Aethelred the Unready. The ill-counseled king, Kopenhagen 2003.

WILSON, David M., The Vikings in Britain, in: MÜLLER-WILLE, Michael/SCHNEIDER, Reinhard (Hrsg.), Ausgewählte Probleme europäischer Landnahmen des Früh- und Hochmittelalters, II: Methodische Grundlagendiskussion im Grenzbereich zwischen Archäologie und Geschichte, Sigmaringen 1994, (Vorträge und Forschungen 41), S. 81–94.

WORMALD, Patrick, The Making of English Law: King Alfred to the Twelfth Century. Vol 1: Legislation and its Limits, Oxford 2001.

Normanneneinfälle im christlichen Europa: Das Frankenreich

Alkuin, Epistolae, ed. Ernst DÜMMLER, in: Epistolae Karolini Aevi 2, Hannover 1895 (MGH Epistolae 4), S. 1–481.

Annales Bertiniani, ed. Félix GRAT, Paris 1964, (Publications de la Société de l'Histoire de France 470).

Annales Fuldenses sive Annales regni Francorum orientalis, ed. Friedrich KURZE, Hannover 1891, (MGH SS rer. Germ. [7]).

Annales regni Francorum inde ab a. 741 usque ad a. 829, qui dicuntur Annales Laurissenses maiores et Einhardi, ed. Friedrich KURZE, Hannover 1895, (MGH SS rer. Germ. [6]).

Annales Xantenses et Annales Vedastini, ed. Bernhard v. SIMSON, Hannover 1909, (MGH SS rer. Germ [12]).

Astronomus, Vita Hludowici imperatoris/Thegan, Vita Hludowici imperatoris, ed. Ernst TREMP, Hannover 1995, (MGH SS rer. Germ. 64).

Recueil des Actes de Charles II le Chauve, roi de France (840–877) 1–3, ed. Georges TESSIER, Paris 1943–1955, (Chartes et diplômes relatifs à l'histoire de France).

Recueil des Actes d'Eudes, roi de France (888–898), ed. Georges TESSIER und Robert-Henri BAUTIER, Paris 1968, (Chartes et diplômes relatifs à l'histoire de France).

Russian Primary Chronicle. The Laurentian Text, ins Englische übersetzt von Samuel Hazzard Cross/Olgerd P. Sherbowitz-Wetzor, Cambridge (Mass.) 1954.

Die Urkunden Karls III., ed. Paul Fridolin KEHR, Berlin 1934, (MGH DD regum Germaniae ex stirpe Karolinorum 2).

Die Urkunden Lothars I. und Lothars II., ed. Theodor SCHIEFFER, Berlin 1966, (MGH DD Karolinorum 3).

Die Urkunden Ludwigs des Deutschen, Karlmanns und Ludwigs des Jüngeren, ed. Paul Fridolin KEHR, Berlin 1934, (MGH DD regum Germaniae ex stirpe Karolinorum 1).

AMORY, Frederic, The Viking Hasting in Franco-Scandinavian legend, in: KING, Margot H./STEVENS WESLEY M. (Hrsg.), Saints, Scholars and Heroes. Studies in medieval culture in honour of Charles W. Jones, Collegeville 1979, S. 265–286.

BAUDUIN, Pierre (Hrsg.), Les fondations scandinaves en Occident et les débuts du duché de Normandie, Caen 2005.

COUPLAND, Simon, The fortified bridges of Charles the Bald, in: Journal of Medieval History 17 (1991) S. 1–12.

COUPLAND, Simon, The rod of God's wrath or the people of God's wrath? The Carolingian theory of the Viking invasions, in: Journal of Ecclesiastical History 42 (1991) S. 535–554.

COUPLAND, Simon, From poachers to gamekeepers. Scandinavian warlords and Carolingian kings, in: Early Medieval Europe 7 (1998) S. 85–114.

COUPLAND, Simon, The Carolingian Army and the Struggle Against the Vikings, in: Viator 35 (2004) S. 49–70.

FRANKLIN, Simon/SHEPARD, Jonathan, The Emergence of Rus 750–1200, London, New York 1996, (Longman History of Russia).

FRIED, Johannes, Der karolingische Herrschaftsverband im 9. Jahrhundert zwischen „Kirche" und „Königshaus", in: Historische Zeitschrift 235 (1982) S. 1–43.

FRIED, Johannes, *Gens* und *regnum*. Wahrnehmungs- und Deutungskategorien politischen Wandels im früheren Mittelalter. Bemerkungen zur doppelten Theoriebindung des Historikers, in: MIETHKE, Jürgen/SCHREINER, Klaus (Hrsg.), Sozialer Wandel im Mittelalter. Wahrnehmungsformen, Erklärungsmuster, Regelungsmechanismen, Sigmaringen 1994, S. 73–104.

FRIED, Johannes, Um 810. Weshalb die Normannenherrscher für die Franken unvorstellbar waren, in: JUSSEN, Bernd (Hrsg.), Die Macht des Königs, München 2005, S. 72–82.

GILLMOR, Carroll M., War on the rivers. Viking numbers and mobility on the Seine and Loire, 841–886, in: Viator 19 (1988) S. 79–109.

GOETZ, Hans-Werner, Zur Landnahmepolitik der Normannen im Fränkischen Reich, in: Annalen des Historischen Vereins für den Niederrhein 183 (1980) S. 9–17.

GOETZ, Hans-Werner, Regnum: Zum politischen Denken der Karolingerzeit, in: Zeitschrift der Savigny-Stiftung für Rechtsgeschichte. Germanistische Abteilung 104 (1987) S. 110–189.

HELLER, Klaus, Die Normannen in Osteuropa, Berlin 1993, (Osteuropastudien der Hochschulen des Landes Hessen, Reihe 1 195).

LEBEDEV, Gleb, A Reassessment of the Normanist Question, in: Russian History 31 (2005) S. 371–385.

LUND, Niels, Allies of God or Man? The Viking Expansion in a European Perspective, in: Viator 20 (1989) S. 45–59.

LUND, Niels, L'an 845 et les relations franco-danoises dans la première moitié du IXe siècle, in: BAUDUIN, Pierre (Hrsg.), Les fondations scandinaves en Occident et les débuts du duché de Normandie, Caen 2005, S. 25–36.

MCKITTERICK, Rosamond (Hrsg.), The New Cambridge Medieval History. Volume II. c. 700- c. 900, Cambridge 1995, (The New Cambridge Medieval History 2).

NELSON, Janet, England and the Continent in the Ninth Century II: The Vikings and Others, in: Transactions of the Royal Historical Society, Sixth Series 13 (2003) S. 1–28.

NISSEN JAUBERT, Anne, Some aspects of Viking research in France, in: Acta Archaelogica 71 (2000) S. 159–169.

NITSCHE, Peter, Die Waräger und die Gründung des ältesten ostslavischen Staates. Eine wissenschaftliche Kontroverse unter politischen Vorzeichen, in: Geschichte in Wissenschaft und Unterricht 52 (2001) S. 507–520.

Gründung und Etablierung der Normandie

Dudo von Saint Quentin, De moribus et actis primorum Normanniae Ducum, ed. Jules LAIR, Caen 1865, (Mémoires de la societé des antiquaires de Normandie 23. Série 3,2).

Dudo of St Quentin. History of the Normans, ins Englische übers. von Eric CHRISTIANSEN, Woodbridge 1998.

Flodoard von Reims, Annales, ed. Philippe LAUER, Paris 1906, (Collection de textes pour servir à l'étude et à l'enseignement de l'histoire 39).

Lampert von Hersfeld, Annalen, ed. Oswald HOLDER-EGGER, in: Lampert, Opera, ed. ders (Monumenta Germaniae Historica. Scriptores rerum Germanicarum [38]), S. 1–304.

Lanfranc, Epistolae, ed. John A. GILES, Oxford 1844 (Lanfranci Opera 1).

Der Planctus auf Wilhelm Langschwert, ed. Philipp August BECKER, in: Zeitschrift für französische Sprache und Literatur 63 (1940) S. 190–197.

Recueil des Actes de Ducs de Normandie de 911 à 1066, ed. Marie FAUROUX, Caen 1961, (Mémoires de la societé des antiquaires de Normandie 36).

Recueil des Actes de Charles III le Simple, roi de France (893–923), ed. Philippe LAUER, Paris 1949, (Chartes et diplômes relatifs à l'histoire de France).

Recueil des Actes de Louis IV, roi de France (936–954), ed. Philippe LAUER, Paris 1914, (Chartes et diplômes relatifs à l'histoire de France).

Recueil des Actes de Lothaire et de Louis V, rois de France (954–987), ed. Louis HALPHEN/ Ferdinand LOT, Paris 1908, (Chartes et diplômes relatifs à l'histoire de France).

Recueil des Actes de Robert Ier et de Raoul, rois de France (923–936), ed. Jean DUFOUR, Paris 1978, (Chartes et diplômes relatifs à l'histoire de France).

Richer von Saint-Remi, Historiae, ed. Hartmut HOFFMANN, Hannover 2000, (MGH SS 38).

Wilhelm von Jumièges, Ordericus Vitalis, Robert von Torigni, Gesta Normannorum Ducum, ed. Elisabeth M. C. VAN HOUTS, 2 Bde. Oxford 1992–1995, (Oxford Medieval Texts).

Wilhelm von Poitiers, Gesta Guilelmi, ed. Ralph H. C. DAVIS/ Marjorie CHIBNALL, Oxford 1998, (Oxford Medieval Texts).

BATES, David, Normandy before 1066, London, New York 1982.

BATES, David, William the Conqueror, Stroud 2004.

BAUDUIN, Pierre, La première Normandie. (Xe-XIe siècles). Sur les frontières de la haute Normandie : identité et construction d'une principauté, Caen 2004 (Bibliothèque du Pole universitaire normand).

BAUDUIN, Pierre (Hrsg.), Les fondations scandinaves en Occident et les débuts du duché de Normandie, Caen 2005.

BOUARD, Michel de, De la Neustrie carolingienne à la Normandie féodale. Continuité ou discontinuité, in: Bulletin of the Institute of historical Research 28 (1955) S. 1–14.

BOUET, Pierre (Hrsg.), La Normandie et l'Angleterre au Moyen Âge. colloque de Cérisy-la-Salle, (4–7 octobre 2001), Caen 2003.

CAROZZI, Claude, Des Daces aux Normands. Le mythe et l'identification d'un peuple chez Dudon de Saint-Quentin, in: CAROZZI, Claude/TAVIANI-CAROZZI, Huguette (Hrsg.), Peuples de Moyen âge. Problèmes d'identification, Aix-en-Provence 1996, S. 7–25.

DOUGLAS, David, Rollo of Normandy, in: English Historical Review 57 (1942) S. 417–436.

VAN EICKELS, Klaus, Vom inszenierten Konsens zum systematisierten Konflikt. Die englisch-französischen Beziehungen und ihre Wahrnehmung an der Wende vom Hoch- zum Spätmittelalter, Stuttgart 2002, (Mittelalter-Forschungen 10).

GATTI, Paolo/DEGL´INNOCENTI, Antonella (Hrsg.), Dudone di San Quintino, Trient 1995, (Labirinti 16).

GELTING, Michael A., Predatory kinship revisited, in: Anglo-Norman Studies 25 (2003) S. 107–119.

GILLINGHAM, John, "Holding to the rules of war (Bellica iura tenentes)". Right Conduct before, during and after Battle in North-Western Europe in the Eleventh Century, in: Anglo-Norman Studies 29 (2007) S. 1–15.

GUILLOT, Olivier, La Conversion des Normands à partir de 911, in: CHALINE, Nadine-Josette, Beaujard, Brigitte, BEE, Michel (Hrsg.), Histoire religieuse de la Normandie, Chambray 1981, S. 25–53.

GUILLOT, Olivier, La conversion des Normands peu après 911. Des reflets contemporains à l'historiographie ultérieure (Xe-XIe siècles), in: Cahiers de civilisation médiévale 24 (1981) S. 101–116, 181–219.

HANAWALT, Emily Albu, Dudo of Saint-Quentin: The Heroic Past imagined, in: The Haskins Society Journal 6 (1994) S. 111–118.

HATTENHAUER, Hans, Die Aufnahme der Normannen in das westfränkische Reich – Saint Clair-sur-Epte 911, Göttingen 1990, (Berichte aus den Sitzungen der Joachim-Jungius-Gesellschaft 8,2).

VAN HOUTS, Elisabeth M. C., Scandinavian Influence in Norman Literature of the eleventh Century, in: Anglo-Norman Studies 6 (1984) S. 109–121.

VAN HOUTS, Elisabeth, Normandy and Byzantium, in: Byzantion 55 (1985) S. 544–559.

KAMP, Hermann, Die Macht der Zeichen und Gesten. Öffentliches Verhalten bei Dudo von Saint-Quentin, in: ALTHOFF, Gerd (Hrsg.), Formen und Funktionen öffentlicher Kommunikation im Mittelalter, Stuttgart 2001, (Vorträge und Forschungen 51), S. 125–155.

KAUFHOLD, Martin, Die wilden Männer werden fromm. Probleme der Christianisierung in der Frühzeit der Normandie, in: Historisches Jahrbuch 120 (2000) S. 1–38.

LIFSHIZ, Felice, Dudo's Historical Narrative and the Norman Succession of 996, in: Journal of Medieval History 20 (1994) S. 101–120.

LIFSHIZ, Felice, The Norman Conquest of Pious Neustria. Historiographic Discourse and Saintly Relics 684–1090, Toronto 1995, (Studies and Texts 122).

MUSSET, Lucien, Nordica et Normannica. Recueil d´études sur la Scandinavie ancienne et médiévale, les expéditions des Vikings et la fondation de la Normandie, Paris 1997, (Studia nordica 1).

NEVEUX, Francois, La Normandie des ducs aux rois. Xe-XIIe siècles, Rennes 1998.

PLASSMANN, Alheydis, Der Wandel des normannischen Geschichtsbildes im 11. Jahrhundert. Eine Quellenstudie zu Dudo von St-Quentin und Wilhelm von Jumièges, in: Historisches Jahrbuch 115 (1995) S. 188–207.

PLASSMANN, Alheydis, Tellus Normannica und dux Dacorum bei Dudo von St-Quentin: Land und Herrscher als Integrationsfaktor für die Normandie, in: POHL, Walter (Hrsg.), Die Suche nach den Ursprüngen. Von der Bedeutung des frühen Mittelalters, Wien 2004, (Forschungen zur Geschichte des Mittelalters. Denkschriften 8), S. 233–251.

POTTS, Cassandra, *Atque unum ex diversis gentibus populum effecit*: Historical tradition and the Norman identity, in: Anglo-Norman Studies 18 (1995) S. 139–152.

POTTS, Cassandra, Monastic Revival and regional identity in early Normandy, Woodbridge 1997, (Studies in the History of Medieval Religion 11).

REUTER, Timothy (Hrsg.), The New Cambridge Medieval History. Volume III. c. 900-c.1024, Cambridge 1999, (The New Cambridge Medieval History 3).

SEARLE, Eleanor, Fact and Pattern in Heroic History: Dudo of Saint-Quentin, in: Viator 15 (1984) S. 119–137.

SEARLE, Eleanor, Frankish Rivalries and Norse Warriors, in: Anglo-Norman Studies 8 (1985) S. 198–213.

SEARLE, Eleanor, Predatory Kinship and the Creation of Norman Power, 840–1066, Berkeley, Los Angeles, London 1988.

Anfänge der Normannen in Süditalien

Amatus von Montecassino, Storia de'Normanni, ed. Vincenzo DE BARTHOLOMAEIS, Rom 1935, (Fonti per la Storia d'Italie 76).

Amatus of Montecassino, The History of the Normans, ins Englische übersetzt von Prescott N. DUNBAR, revised by Graham A. LOUD, Woodbridge 2004.

Anna Komnene, Alexiade. Règne de l'empereur Alexis I Comnène (1081–1118), ed. und ins Französische übersetzt von Bernhard LEIB, 2 Bde., Paris 1937/43.

Anna Komnene, Alexias, übers. von Dieter Roderich REINSCH, Berlin 2001.

Gaufred Malaterra, De rebus gestis Rogerii Calabriae et Siciliae Comitis et Roberti Guiscardi Ducis fratris eius, ed. Ernesto PONTIERI, Bologna 1966 [ND von 1928], (Rerum Italicarum Scriptors 5,1).

Gaufred Malaterra, The Deeds of Count Roger of Calabria and of his Brother Duke Robert Guiscard, ins Englische übersetzt von Kenneth Baxter WOLF, Ann Arbor 2005.

Das Papsttum und die süditalienischen Normannenstaaten 1053–1212, ed. Josef DEÉR, Göttingen 1969, (Historische Texte Mittelalter 12).

Recueil des Actes des Ducs normands d' Italie. I: Les premiers ducs (1046–1087), ed. Léon-Robert MÉNAGER, Bari 1980/81, (Società di Storia Patria per la Puglia, Documenti e Monografie. 65).

Das Register Gregors VII., ed. Erich CASPAR, München 1978 [ND von Berlin 1920–23], (MGH Epistolae selectae II, 1–2).

Wilhelm von Apulien, Gesta Roberti Wiscardi, ed. und ins Französische übersetzt von Marguerite MATHIEU, Palermo 1961, (Istituto Siciliano di Studi Bizantini e Neollenici, Testi 4).

BENEDIKZ, B. S., The Evolution of the Varangian Regiment in the Byzantine Army, in: Byzantinische Zeitschrift 62 (1969) S. 20–24.

BENNETT, Matthew, The Normans in the Mediterrenean, in: HARPER-BILL, Christopher/VAN HOUTS, Elisabeth (Hrsg.), A Companion to the Anglo-Norman World, Woodbridge 2003.

BROEKMANN, Theo, … *more normannorum et saracenorum*. Über die Aneignung fremder und Ausprägung eigener Rituale durch die normannischen Eroberer im Süden Italiens, in: Frühmittelalterliche Studien 38 (2004) S. 101–133.

BÜNEMANN, Richard, Robert Guiskard 1015–1085. Ein Normanne erobert Süditalien, Köln, Weimar, Wien 1997.

CAHEN, Claude, La Syrie du nord à l'époque des croisades et la principauté franque d'Antioche, Paris 1940, (Institut francais de Damas. Bibliothèque orientale 1).

CUOZZO, Errico/MARTIN, Jean-Marie (Hrsg.), Cavalieri alla conquista del Sud. Studi sull'Italia normanna in memoria di Léon-Robert Ménager, Bari 1997, (Collana di fonti e studi 4).

CUOZZO, Errico, La cavalleria nel regno normanno di Sicilia, Atripalda 2002.

CUTERI, Francesco A. (Hrsg.), I Normanni in finibus Calabriae, Rubbettino 2003.

FRANCE, John, The occasion of the coming of the Normans to Southern Italy, in: Journal of Medieval History 17 (1991) S. 185–205.

FRANCE, John, The Normans and Crusading, in: ABELS, Richard P./ BACHRACH, Bernard S. (Hrsg.), The Normans and their Adversaries at War. Essays in Memory of C. Warren Hollister, Woodbridge 2001, (Warfare in History), S. 87–101.

GOUMA-PETERSON, Thalia (Hrsg.), Anna Komnene and her times, New York u. a. 2000, (Garland medieval casebooks, Garland Reference library of the humanities 29).

HAMILTON, Louis I., Memory, symbol, and arson. Was Rome sacked in 1084? in: Speculum 78 (2003) S. 378–399.

HIESTAND, Rudolf, Boemondo I e la prima Crociata, in: MUSCA, Giosuè (Hrsg.), Il Mezzogiorno normanno-svevo e le Crociate. Atti delle quattordicesime giornate normanno-sveve, Bari, 17–20 ottobre 2000, Bari 2002, (Università degli studi di Bari. Centro di studi normanno-svevi. Atti 14), S. 65–94.

HOFFMANN, Hartmut, Die Anfänge der Normannen in Süditalien, in: Quellen und Forschungen aus italienischen Archiven und Bibliotheken 49 (1969) S. 95–144.

JAHN, Wolfgang, Untersuchungen zur normannischen Herrschaft in Süditalien (1040–1100), Frankfurt am Main u.a. 1989, (Europäische Hochschulschriften, Reihe 3, Geschichte und ihre Hilfswissenschaften 401).

JAMISON, Evelyn M., Studies on the History of Medieval Sicily and South Italy, hg. von Dione CLEMENTI und Theo KÖLZER, Aalen 1992.

JOHNSON, Ewan, The process of Norman exile into southern Italy, in: NAPRAN, Laura/VAN HOUTS, Elisabeth (Hrsg.), Exile in the Middle Ages: Selected Proceedings from the International Medieval Congress, University of Leeds, 8–11 July 2002, Turnhout 2004, S. 29–38.

LOUD, Graham A., Betrachtungen über die normannische Eroberung Siziliens, in: BORCHARDT, Karl/BÜNZ, Enno (Hrsg.), Forschungen zur Reichs-, Papst- und Landesgeschichte. Peter Herde zum 65. Geburtstag von Freunden, Schülern und Kollegen dargebracht, Stuttgart 1998, S. 115–131.

LOUD, Graham A., Coinage, Wealth and Plunder in the age of Robert Guiscard, in: English Historical Review 114 (1999) S. 815–843.

LOUD, Graham A., Conquerors and churchmen in Norman Italy, Aldershot 1999, (Variorum collected studies series 658).

LOUD, Graham A., The Age of Robert Guiscard. Southern Italy and the Norman Conquest, London, New York 2000, (The Medieval World).

LUSCOMBE, David/RILEY-SMITH, Jonathan (Hrsg.), The New Cambridge Medieval History. Volume IV c. 1024–1198, Cambridge 2004, (The New Cambridge Medieval History 4).

MATTHEW, Donald, The Norman Kingdom of Sicily, Cambridge 1992, (Cambridge Medieval Textbooks).

MURRAY, Alan V., How Norman was the principality of Antioch? Prolegomena to a study of the origins of the nobility of a crusader state, in: KEATS-ROHAN, Katheryne (Hrsg.), Family Trees and the Roots of Politics: The Prosopography of Britain and France from the Tenth to the Twelfth Century, Woodbridge, S. 349–359.

MUSCA, Giosuè (Hrsg.), Il Mezzogiorno normanno-svevo e le Crociate. Atti dell quattordicesime giornate normanno-sveve, Bari 17–20 ottobre 2000, Bari 2002, (Università degli studi di Bari. Centro di studi normanno-svevi. Atti 14).

NORWICH, John Julius, The Normans in the South (1016–1130), London 1967.

RILL, Bernd, Sizilien im Mittelalter. Das Reich der Araber, Normannen und Staufer, Stuttgart, Zürich [2]2000.

SMITH, R. Upsher, Jr., Nobilissimus and warleader: the opportunity and the necessity behind Robert Guiscard's Balkan expeditions, in: Byzantion 70 (2000) S. 507–526.

Etablierung des Königreiches Sizilien unter Roger II.

Alexander von Telese, Leben Rogers II., ed. Vito LO CURTO, Cassino 2003.

I documenti inediti dell'epoca normanna in Sicilia, ed. Carlo Aleberto GARUFI, Palermo 1899, (Documenti per servire alla storia di Sicilia, Ser I, XIII).

Hugo Falcandus, La Historia o Liber de Regno Sicilie e l'Epistola ad Petrum Panormitanae ecclesiae Thesauriarium, ed. Giovanni B. SIRAGUSA, Rom 1897, (Fonti per la Storia d'Italia 22).

Hugo Falcandus, The History of the Tyrants of Sicily 1154–1169, ins Englische übers. von Graham A. LOUD/Thomas WIEDEMANN, Manchester University Press 1998.

Rogerii II. regis Diplomata Latina, ed. Carlrichard BRÜHL, Köln, Wien 1987, (Codex Diplomaticus Regni Siciliae I, 2/1)

BROEKMANN, Theo, „Rigor iustitiae". Herrschaft, Recht und Terror im normannisch-staufischen Süden (1050–1250), Darmstadt 2005, (Symbolische Kommunikation in der Vormoderne).

BROWN, T. S., The Political Use of the Past in Norman Sicily, in: MAGDALINO, Paul (Hrsg.), The Perception of the Past in Twelfth-Century Europe, London, Rio Grande 1992, S. 191–210.

DEÉR, József, Papsttum und Normannen, Köln, Wien, Sigmaringen 1972, (Studien und Quellen zur Welt Kaiser Friedrichs II. 1).

DRELL, Joanna H., Cultural syncretism and ethnic identity. The Norman "conquest" of Southern Italy and Sicily, in: Journal of Medieval History 25 (1999) S. 187–202.

DRELL, Joanna H., Kinship and Conquest. Family Strategies in the Principality of Salerno During the Norman Period, 1077–1194, Ithaca, London 2002.

HOFFMANN, Hartmut, Langobarden, Normannen, Päpste. Zum Legitimationsproblem in Unteritalien, in: Quellen und Forschungen aus italienischen Archiven und Bibliotheken 58 (1978) S. 137–180.

HOUBEN, Hubert, Möglichkeiten und Grenzen religiöser Toleranz im normannisch-staufischen Königreich Sizilien, in: Deutsches Archiv 50 (1994) S. 159–198.

HOUBEN, Hubert, Mezzogiorno normanno-svevo. Monasteri e castelli, ebrei e musulmani, Neapel 1996, (Nuovo Medioevo 52).

HOUBEN, Hubert, Roger II. von Sizilien. Herrscher zwischen Orient und Okzident, Darmstadt 1997.

HOUBEN, Hubert, Politische Integration und regionale Identitäten im normannisch-staufischen Königreich Sizilien, in: MALECZEK, Werner (Hrsg.), Fragen der politischen Integration im mittelalterlichen Europa, Stuttgart 2005, S. 171–184.

JOHNS, Jeremy, Arabic Administration in Norman Sicily. The Royal Diwan, Cambridge 2002, (Cambridge Studies in Islamic Civilization).

JOHNSON, Ewan, Normandy and Norman Identity in Southern Italian Chronicles, in: Anglo-Norman Studies 27 (2005) S. 85–100.

KÖLZER, Theo, Der Königshof im normannisch-staufischen Königreich Sizilien, in: LAUDAGE, Johannes/LEIVERKUS, Yvonne (Hrsg.), Rittertum und höfische Kultur der Stauferzeit, Köln, Weimar, Wien 2006, (Europäische Geschichtsdarstellungen 12), S. 93–110.

KOLLER, Walter, Toleranz im Königreich Sizilien zur Zeit der Normannen, in: PATSCHOVSKY, Alexander/ZIMMERMANN, Harald (Hrsg.), Toleranz im Mittelalter, Stuttgart 1998, (Vorträge und Forschungen 45), S. 159–185.

LOUD, Graham A./METCALFE, A. (Hrsg.), The Society of Norman Italy, Leiden 2002, (The Medieval Mediterranean 38).

LUSCOMBE, David/RILEY-SMITH, Jonathan (Hrsg.), The New Cambridge Medieval History. Volume IV c. 1024–1198, Cambridge 2004, (The New Cambridge Medieval History 4).

MATTHEW, Donald, The Norman Kingdom of Sicily, Cambridge 1992, (Cambridge Medieval Textbooks).

NORWICH, John Julius, The Normans in the South (1016–1130), London 1967.

NORWICH, John Julius, The Kingdom in the Sun (1130–1194), London 1970.

RILL, Bernd, Sizilien im Mittelalter. Das Reich der Araber, Normannen und Staufer, Stuttgart, Zürich [2]2000.

TAKAYAMA, H., The Administration of the Norman Kingdom of Sicily, Leiden 1993.

TRAMONTANA, Salvatore, Il Mezzogiorno medievale. Normanni, svevi, angioni, aragonesi nei secoli XI-XV, Rom 2000, (Università = Le italie medievali 273).

WOLF, Kenneth Baxter, Making History. The Normans and Their Historians in Eleventh-Century Italy, Philadelphia 1995, (University of Pennsylvania Press. Middle Ages Series).

Sizilien unter den letzten normannischen Herrschern bis zu den Staufern

Constantiae imperatricis et reginae Siciliae Diplomata (1195–1198), ed. Theo KÖLZER, Köln, Wien 1983, (Codex Diplomaticus Regni Siciliae II, 1/2).

I documenti inediti dell'epoca normanna in Sicilia, ed. Carlo Alberto GARUFI, Palermo 1899, (Documenti per servire alla storia di Sicilia, Ser I, XIII).

Guillelmi I. regis Diplomata, ed. Horst ENZENSBERGER, Köln, Wien 1996, (Codex Diplomaticus Regni Siciliae I, 3).

Hugo Falcandus, La Historia o Liber de Regno Sicilie e l'Epistola ad Petrum Panormitanae ecclesiae Thesauriarium, ed. Giovanni B. SIRAGUSA, Rom 1897, (Fonti per la Storia d'Italia 22).

Hugo Falcandus, The History of the Tyrants of Sicily 1154–1169, ins Englische übers. von Graham A. LOUD/Thomas WIEDEMANN, Manchester University Press 1998.

Otto von Freising, Chronik, ed. Adolf HOFMEISTER, Hannover 1912, (MGH SS rer Germ 45).

Romuald von Salerno, Chronicon, ed. Carlo Alberto GARUFI, Città di Castello, Bologna 1935, (Rerum Italicarum Scriptores NS VII/1).

Petrus von Ebulo, Liber ad honorem Augusti sive de rebus Siculis. Codex 120 II der Burgerbibliothek Bern, hg. von Theo KÖLZER und Marlis STÄHLI, Sigmaringen 1994.

Tancredi et Wilhelmi III regum Diplomata, ed. Herbert ZIELINSKI, Köln, Wien 1982, (Codex Diplomaticus Regni Siciliae I, 5)

BAAKEN, Gerhard, Ius imperii ad regnum. Königreich Sizilien, Imperium Romanum und römisches Papsttum vom Tode Kaiser Heinrichs VI. bis zu den Verzichterklärungen Rudolfs von Habsburg, Köln, Weimar, Wien 1993, (Forschungen zur Kaiser- und Papstgeschichte des Mittelalters 11).

BOUCHARD, Constance B., „Those of my blood". Constructing Noble Families in Medieval France, Philadelphia 2001.

BROEKMANN, Theo, „Rigor iustitiae". Herrschaft, Recht und Terror im normannisch-staufischen Süden (1050–1250), Darmstadt 2005, (Symbolische Kommunikation in der Vormoderne).

DUNBABIN, Jean, Discovering a Past for the French Aristocracy, in: MAGDALINO, Paul (Hrsg.), The Perception of the Past in Twelfth Century Europe, London, Rio Grande (Ohio) 1992, S. 1–14.

ENZENSBERGER, Horst, Der „böse" und der „gute" Wilhelm. Zur Kirchenpolitik der normannischen Könige von Sizilien nach dem Vertrag von Benevent (1156), in: Deutsches Archiv 36 (1980) S. 385–432.

HOUBEN, Hubert, Barbarossa und die Normannen. Traditionelle Züge und neue Perspektiven imperialer Süditalienpolitik, in: HAVERKAMP, Alfred (Hrsg.), Friedrich Barbarossa: Handlungsspielräume und Wirkungsweisen des staufischen Kaisers, Stuttgart 1992, (Vorträge und Forschungen 40), S. 109–128.

KÖLZER, Theo, Die normannisch-staufische Kanzlei (1130–1198), in: Archiv für Diplomatik, Schriftgeschichte, Siegel- und Wappenkunde 41 (1995) S. 273–289.

KÖLZER, Theo, Sizilien und das Reich im ausgehenden 12. Jahrhundert, in: Historisches Jahrbuch 110 (1990) S. 3–22.

LUSCOMBE, David/RILEY-SMITH, Jonathan (Hrsg.), The New Cambridge Medieval History. Volume IV c. 1024–1198, Cambridge 2004, (The New Cambridge Medieval History 4).

REISINGER, Christoph, Tankred von Lecce. Normannischer König von Sizilien 1190–1194, Köln, Weimar, Wien 1992, (Kölner Historische Abhandlungen 38).

SCHLICHTE, Annkristin, Der „gute" König. Wilhelm II. von Sizilien (1166–1189), Tübingen 2005, (Bibliothek des deutschen historischen Instituts in Rom 110).

REUTER, Timothy, Vom Parvenü zum Bündnispartner. Das Königreich Sizilien in der abendländischen Politik des 12. Jahrhunderts, in: KÖLZER, Theo (Hrsg.), Die Staufer im Süden. Sizilien und das Reich, Sigmaringen 1996, S. 43–56.

RILL, Bernd, Sizilien im Mittelalter. Das Reich der Araber, Normannen und Staufer, Stuttgart, Zürich [2]2000.

TRAMONTANA, Salvatore, Il Mezzogiorno medievale. Normanni, svevi, angioini, aragonesi nei secoli XI–XV, Rom 2000, (Università = Le italie medievali 273).

Die Normannische Eroberung Englands

The Battle of Hastings. Sources and Interpretations, ed. Stephen MORILLO, Woodbridge 1998, (Warfare in History).

Carmen de Haestingio Proelio (by Guy bishop of Amiens), ed. Frank BARLOW, Oxford 1999, (Oxford Medieval Texts).

Vita Edwardi, ed. Frank BARLOW, Oxford [2]1992, (Oxford Medieval Texts).

Wilhelm von Poitiers, Gesta Guilelmi, ed. Ralph H. C. DAVIS, Marjorie CHIBNALL, Oxford 1998, (Oxford Medieval Texts).

BARLOW, Frank, Edward the Confessor, New Haven, London [3]1997, (Yale English Monarchs).

BATES, David, William the Conqueror, Stroud 2004.

BATES, David, 1066. Does the date still matter? in: Historical Research 78 (2005) S. 443–464.

BEECH, George, Was the Bayeux Tapestry made in France? The Case for St. Florent of Saumur, New York 2005, (The New Middle Ages).

CHIBNALL, Marjorie, The Debate on the Norman Conquest, Manchester, New York 1999, (Issues in Historiography).

GAMESON, Richard (Hrsg.), The Study of the Bayeux Tapestry, Woodbridge 1997.

GILLINGHAM, John, 1066 and the Introduction of Chivalry into England, in: GARNETT, George/HUDSON, John (Hrsg.), Law and Government in Medieval England and Normandy. Essays in Honour of Sir James Holt, Cambridge 1994, S. 31–55.

GRAPE, Wolfgang (Hrsg.), Der Teppich von Bayeux. Triumphdenkmal der Normannen, München 1994.

VAN HOUTS, Elisabeth, The Norman Conquest through European Eyes, in: English Historical Review 110 (1995) S. 832–853.

STAFFORD, Pauline, Women and the Norman Conquest, in: Transactions of the Royal Historical Society, Sixth Series 4 (1994) S. 221–249.

WILLIAMS, Ann, The English and the Norman Conquest, Woodbridge 1995.

England und die Normandie unter den normannischen Königen von Wilhelm dem Eroberer bis zu Stephan von Blois

The Anglo-Saxon Chronicle, a Revised Translation, ed. Dorothy WHITELOCK, David C. DOUGLAS, S. I. TUCKER, London 1961.

Chronicles of the Reigns of Stephen, Henry II and Richard I, ed. Richard HOWLETT, 4 Bde., London 1884–1889, (Rerum Britannicarum medii aevi Scriptores [Rolls Series] 82).

Councils and Synods with Other Documents Relating to the English Church, ed. Dorothy WHITELOCK u.a., Oxford 1981.

Eadmer, Historia Novorum in Anglia, ed. Martin RULE, London 1884, (Rerum Britannicarum medii aevi Scriptores [Rolls Series] 81).

Eadmer, Vita S. Anselmi archiepiscopi Cantuariensis, ed. Richard W. SOUTHERN, London 1962, (Nelson Medieval Texts).

Gaimar, L'estoire des Engleis, ed. Alexander BELL, Oxford 1969, (Anglo-Norman Texts).
Gervasius von Canterbury, Chronik, ed. William STUBBS, London 1879 (Rerum Britannicarum medii aevi Scriptores [Rolls Series] 73).
Gesta Stephani, ed. Kenneth R. POTTER, Oxford 1955, (Oxford Medieval Texts).
Heinrich von Huntingdon, Historia Anglorum, ed. Diane GREENAWAY, Oxford 1996, (Oxford Medieval Texts).
John of Worcester, Annalen, ed. Reginald R. DARLINGTON/Patrick MCGURK, Oxford 1995, (Oxford Medieval Texts).
Lanfranc, Epistolae, ed. John A. GILES, Oxford 1844 (Lanfranci Opera 1).
Leges Heinrici Primi, ed. Leslie J. DOWNER, Oxford 1972.
Ordericus Vitalis, Historia ecclesiastica, ed. Marjorie CHIBNALL, 6 Bde., Oxford 1969–1980, (Oxford Medieval Texts).
Pipe Roll 31 Henry I, ed. Joseph HUNTER, London 1833.
Regesta Regum Anglo-Normannorum. The acta of William I (1066–1087). ed. David BATES, Oxford u.a. 1998.
Wilhelm von Jumièges, Ordericus Vitalis, Robert von Torigni, Gesta Normannorum Ducum, ed. Elisabeth M. C. VAN HOUTS, 2 Bde. Oxford 1992–1995, (Oxford Medieval Texts).
Wilhelm von Malmesbury, Gesta regum Anglorum, ed. und ins Englische übersetzt von Roger A. B. MYNORS/ Rodney THOMSON/ Michael WINTERBOTTOM, 2 Bde., Oxford 1998/99, (Oxford Medieval Texts).
Wilhelm von Malmesbury, Gesta Pontificum, ed. Nicholas E. HAMILTON, London 1870, (Rerum Britannicarum medii aevi Scriptores [Rolls Series] 52)
Wilhelm von Malmesbury, Gesta Pontificum, ins Englische übersetzt von David PREEST, Woodbridge 2002.
Wilhelm von Malmesbury, Historia Novella, ed. Edmund KING, übers. Kenneth R. POTTER, Oxford 1998.
Wilhelm von Poitiers, Gesta Guilelmi, ed. Ralph H. C. DAVIS und Marjorie CHIBNALL, Oxford 1998, (Oxford Medieval Texts).

BARLOW, Frank, The Feudal Kingdom of England. 1042–1216, London, New York [5]1999.
BARLOW, Frank, William Rufus, New Haven, London 2000, (Yale English Monarchs).
BARTLETT, Robert, England under the Norman and Angevin Kings. 1075–1225, Oxford 2000, (The New Oxford History of England).
BATES, David, A Bibliograhpy of Domesday Book, Aldershot 1986.
BATES, David (Hrsg.), England and Normandy in the Middle Ages, London u.a. 1994.

BOUET, Pierre (Hrsg.), La Normandie et l'Angleterre au Moyen Âge. Colloque de Cérisy-la-Salle, (4–7 octobre 2001), Caen 2003.

BROWN, Stephen D.B., Leavetaking. Lordship and Mobility in England and Normandy in the Twelfth Century, in: History 79 (1994) S. 199–215.

CHIBNALL, Marjorie, Anglo-Norman England. 1066–1166, Oxford 1986.

CHIBNALL, Marjorie, The Empress Mathilda. Queen Consort, Queen Mother and Lady of the English, Oxford 1991.

COWDREY, Herbert E.J., Lanfranc. Scholar, Monk, and Archbishop, Oxford 2003.

COWNIE, Emma, Religious Patronage in Anglo-Norman England 1066–1135, Woodbridge 1998, (Studies in History N.S).

CROUCH, David, The Reign of King Stephen, 1135–1154, London, New York 2000.

DALTON, Paul, Conquest, Anarchy and Lordship. Yorkshire 1066–1154, Cambridge 1994, (Cambridge Studies in Medieval Life and Thought. Fourth Series 27).

DOUGLAS, David C., William the Conqueror. The Norman Impact upon England, London 1964.

VAN EICKELS, Klaus, Vom inszenierten Konsens zum systematisierten Konflikt. Die englisch-französischen Beziehungen und ihre Wahrnehmung an der Wende vom Hoch- zum Spätmittelalter, Stuttgart 2002, (Mittelalter-Forschungen 10).

VAN EICKELS, Klaus, Hingerichtet, geblendet, entmannt. Die anglo-normannischen Könige und ihre Gegner, in: BRAUN, Manuel/HERBERICHS, Cornelia (Hrsg.), Gewalt im Mittelalter – Realitäten – Imaginationen, München 2005, S. 81–103.

FUCHS, Rüdiger, Das Domesday Book und sein Umfeld. Zur ethnischen und sozialen Aussagekraft einer Landesbeschreibung im England des 11. Jahrhunderts, Stuttgart 1987, (Historische Forschungen 13).

GALBRAITH, Vivian Hunter, The Making of Domesday Book, Oxford 1961.

GARNETT, George/HUDSON, John (Hrsg.), Law and Government in Medieval England and Normandy. Essays in Honour of Sir James Holt, Cambridge 1994.

GREEN, Judith, The Government of England under Henry I, Cambridge 1986, (Cambridge Studies in Medieval Life and Thought. 4th series 3).

GREEN, Judith, The Aristocracy of Norman England, Cambridge 1997.

GREEN, Judith, Henry I. King of England and Duke of Normandy, Cambridge 2006.

HARPER-BILL, Christopher/VAN HOUTS, Elisabeth (Hrsg.), A Companion to the Anglo-Norman World, Woodbridge 2003.

HOLLISTER, C. Warren (Hrsg.), Anglo-Norman Political Culture and the Twelfth-Century Renaissance. Proceedings of the Borchard Conference on Anglo-Norman History 1995, Woodbridge 1997.

HOLLISTER, C. Warren, Henry I. edited and completed by Amanda Clark Frost, New Haven 2001, (Yale English Monarchs).

KEATS-ROHAN, Katharine S. B., Domesday People. A Prosopography of Persons Occuring in English Documents 1066–1166. 1: Domesday Book, Woodbridge 1999.

KEATS-ROHAN, Katharine S.B., Domesday Descendants. A Prosopography of Persons Occurring in English Documents 1066–1166. 2: Pipe Rolls to Cartae Baronum, Woodbridge 2002.

KING, Edmund (Hrsg.), The Anarchy of King Stephen's Reign, Oxford 1994.

LUSCOMBE, David E./EVANS, Craig R. (Hrsg.), Anselm. Aosta, Bec and Canterbury. Papers in Commemoration of the Nine-Hundredth Anniversary of Anselm's Enthronement as Archbishop, 25 September 1093, Sheffield 1996.

LUSCOMBE, David E./RILEY-SMITH, Jonathan (Hrsg.), The New Cambridge Medieval History. Volume IV c. 1024–1198, Cambridge 2004, (The New Cambridge Medieval History 4).

MORILLO, Stephan, Warfare under the Anglo-Norman Kings 1066–1135, Woodbridge 1994.

PRESTWICH, John O., The Place of War in English History. 1066–1214, hg. von Michael Prestwich, Woodbridge u.a. 2004, (Warfare in History).

REUTER, Timothy, „Domesday Book and beyond". Neue Literatur anläßlich der 900-Jahres-Feier, in: Deutsches Archiv 48 (1992) S. 113–135.

ROFFE, David, Domesday. The Inquest and the Book, Oxford 2000.

THOMAS, Hugh M., The English and the Normans. Ethnic Hostility, Assimilation, and Identity 1066-c.1220, Oxford 2003.

THOMAS, Hugh M., The Significance and Fate of the Native English Landholders of 1086, in: English Historical Review 118 (2003) S. 303–333.

England und die Normandie unter den frühen Anjou-Plantagenets bis zum Verlust der Normandie

The Correspondence of Thomas Becket, archbishop of Canterbury, ed. und übers. von Anne J. DUGGAN, 2 Bde., Oxford 2000, (Oxford Medieval Texts).

English Episcopal Acta, ed. David H. SMITH u.a., Oxford 1980ff.

Geoffrey von Monmouth, Historia Regum Britanniae, ed. Jacob HAMMER, Cambridge (Massachusetts) 1951, (The Medieval Academy of America 57).

Gervasius von Tilbury, Otia imperialia, ed. S. E. BANKS/ James W. BINNS, Oxford 2002, (Oxford Medieval Texts).

Giraldus Cambrensis, De principis instructione, ed. George F. WARNER, in: Giraldi Cambrensis Opera 8, ed. James F. DIMMOCK, London 1891, (Rerum Britannicarum medii aevi Scriptores [Rolls Series] 21,8).

Heinrich von Huntingdon, Historia Anglorum, ed. Diane GREENAWAY, Oxford 1996, (Oxford Medieval Texts).

L'Histoire de Guillaume le Marechal, ed. Paul MEYER, Paris 1891–1901, (Société de l'histoire de France 255, 268 und 304).

John of Worcester, Annalen, ed. Reginald R. DARLINGTON/Patrick MCGURK, Oxford 1995, (Oxford Medieval Texts).

The Letters and Charters of Gilbert Foliot, ed. Adrian MOREY/Christopher N.L. BROOKE, Cambridge 1967.

Materials for the History of Thomas Becket, Archbishop of Canterbury, ed. James C. ROBERTSON, 7 Bde., London 1875–1885, (Rerum Britannicarum medii aevi Scriptores [Rolls Series] 67).

Matthew Paris, Chronica Majora, ed. Henry R. LUARD, 7 Bde., London 1872–1883, (Rerum Britannicarum medii aevi Scriptores [Rolls Series] 57).

Matthew Paris, Historia Anglorum, ed. Frederik MADDEN, 3 Bde., London 1866–1869, (Rerum Britannicarum medii aevi Scriptores [Rolls Series] 44).

Pipe Rolls: The Great Rolls of the Pipe for the 2nd, 3rd and 4th year of the Reign of Henry II, London 1844; The Great Rolls of the Pipe for the Reign of King Henry II, London 1884–1925); for the Reign of King Richard I, London 1925–1932; for the Reign of King John, London 1934–1964, (The Publications of the Pipe Roll Society).

Radulf von Diceto, Opera Historica, ed. William STUBBS, 2 Bde., London 1876, (Rerum Britannicarum medii aevi Scriptores [Rolls Series] 68).

Richard FitzNigel, Dialogus de Scaccario, ed. und ins Englische übersetzt von Charles JOHNSON, Oxford 1983, (Oxford Medieval Texts).

Roger von Howden, Chronik, ed. William STUBBS, 4 Bde., London 1868–1871, (Rerum Britannicarum medii aevi Scriptores [Rolls Series] 51).

Roger von Wendover, Flores Historiarium, ed. Henry G. HEWLETT, 3 Bde., London 1886–1889, (Rerum Britannicarum medii aevi Scriptores [Rolls Series] 84).

Wace, Roman de Rou, ed. Anthon J. HOLDEN, Paris 1970–3, (Société des anciens textes francais), englische Übersetzung, ed. Glyn S. BURGESS, Woodbridge 2004.

Walter Map, De nugis curialium, ed. Montague R. JAMES, Oxford 1983, (Oxford Medieval Texts).

Wilhelm von Newburgh, Historia rerum Anglicarum, ed. Richard HOWLETT, London 1884, (Chronicles of the Reign of Stephen, Henry II and Richard I (Rerum Britannicarum medii aevi Scriptores [Rolls Series] 82) 1).

AURELL, Martin (Hrsg.), La cour Plantagenêt (1154–1204). Actes du colloque tenu à Thouars de 30 avril au 2 mai 1999, Poitiers 2000, (Civilisation médiévale 8).

BARLOW, Frank, The Feudal Kingdom of England. 1042–1216, London, New York [5]1999.

BARRATT, Nick, The English Revenue of Richard I, in: English Historical Review 116 (2001) S. 635–656.

BARTLETT, Robert, England under the Norman and Angevin Kings. 1075–1225, Oxford 2000, (The New Oxford History of England).

BERG, Dieter, Die Anjou-Plantagenets. Die englischen Könige im Europa des Mittelalters, Stuttgart 2003.

CHURCH, S. D. (Hrsg.), King John. New Interpretations, Woodbridge 1999.

CROUCH, David, William Marshall. Court, Career and Chivalry in the Angevin Empire 1147–1219, London u.a. 1994, (The Medieval World).

GILLINGHAM, John, Richard Coeur de Lion. Kingship, Chivalry and War in the Twelfth Century, London 1994.

JANSEN, Stefanie, Wo ist Thomas Becket? Der ermordete Heilige zwischen Erinnerung und Erzählung, Husum 2002, (Historische Studien 465).

MORTIMER, Richard, Angevin England 1154–1258, Oxford 1994.

PELTZER, Jörg, Henry II and the Norman bishops, in: English Historical Review 119 (2004) S. 1202–1229.

PRESTWICH, John O., The Place of War in English History. 1066–1214, hg. von Michael Prestwich, Woodbridge u.a. 2004, (Warfare in History).

SCHRÖDER, Sybille, Macht und Gabe. Materielle Kultur am Hof Heinrichs II. von England, Husum 2004, (Historische Studien 481).

TURNER, Ralph V., King John, London, New York 1994, (The Medieval World).

TURNER, Ralph V./HEISER, Richard A. (Hrsg.), The Reign of Richard Lionheart. Ruler of the Angevin Empire, 1189–1199, London, New York 2000, (The Medieval World).

VAN EICKELS, Klaus, Vom inszenierten Konsens zum systematisierten Konflikt. Die englisch-französischen Beziehungen und ihre Wahrnehmung an der Wende vom Hoch- zum Spätmittelalter, Stuttgart 2002, (Mittelalter-Forschungen 10).

VINCENT, Nicholas, Peter des Roches. An Alien in English Politics, 1205–1238, Cambridge 1996, (Cambridge Studies in Medieval Life and Thought. Fourth Series 31).

VOLLRATH, Hanna, Thomas Becket. Höfling und Heiliger, Göttingen, Zürich 2004, (Persönlichkeit und Geschichte 164).

WARREN, Wilfred L., Henry II, London 1973.

WHEELER, Bonnie/PARSONS, John Carmi (Hrsg.), Eleanor of Aquitaine. Lord and Lady, New York 2003, (The New Middle Ages).

Ausgreifen der Anglo-Normannen auf Wales, Schottland und Irland

Brut y Tywysogion or Chronicle of the Princes. Red Book of Hergest Version, ed. und ins Englische übersetzt von Thomas JONES, Cardiff 1955.

The charters of King David I., The written acts of David King of Scots, 1124–53, and of his son Henry Earl of Northumberland, 1139–1152, ed. Geoffrey W.S. BARROW, Woodbridge u.a. 1999.

Giraldus Cambrensis, Itinerarium Kambriae, Descriptio Kambriae, ed. James F. DIMMOCK, in: Giraldi Cambrensis Opera 6, ed. idem, London 1868, (Rerum Britannicarum medii aevi Scriptores [Rolls Series] 21,6)

Giraldus Cambrensis, Expugnatio Hibernica, ed. und ins Englische übersetzt von Alexander B. SCOTT, Francis X. MARTIN, Dublin 1978.

Hector Boethius, Chronicles of Scotland, 2 Bde., ed. Raymond W. CHAMBERS, Edinburgh 1938–1941, (The Scottish Text Society 3,10 und 15).

The acts of Malcom IV King of Scots, ed. Geoffrey W. S. BARROW, Edinburgh 1971, (Regesta regum Scottorum 1).
The acts of William I King of Scots, ed. Geoffrey W. S. BARROW, Edinburgh 1971, (Regesta regum Scottorum 2).

BARRELL, Andrew D. M., Medieval Scotland, Cambridge 2000, (Cambridge Medieval Textbooks).
BARROW, Geoffrey W. S., The Anglo-Norman Era in Scottish history, Oxford 1980, (The Ford lectures 1977).
BARROW, Geoffrey W. S., Kingship and Unity. Scotland 1000–1306, London 1981, (The New History of Scotland 2).
BARTLETT, Robert, Gerald of Wales. 1146–1223, Oxford 1982, (Oxford Historical Monographs).
DAVIES, Rees R., Conquest, Coexistence and Change. Wales 1063–1415, Oxford 1987, (The History of Wales 2).
DAVIES, Rees R., Domination and Conquest. The Experience of Ireland, Scotland and Wales 1100–1300, Cambridge u.a. 1990, (The Wiles lectures given at the Queen's University of Belfast 1988).
DAVIES, Rees R., The Age of Conquest. Wales 1063–1415, Oxford 1991.
GILLINGHAM, John, The English in the Twelfth Century. Imperialism, National Identity and Political Values, Woodbridge 2000.
GILLINGHAM, John, Normanizing the English Invaders of Ireland, in: PRYCE, HUW/WATTS, John (Hrsg.), Power and Identity in the Middle Ages. Essays in memory of Rees Davies, Oxford 2007, S. 85–97.
Ó CRÓINÍN, Dáibhí, Early Medieval Ireland. 400–1200, London, New York 1995, (Longman History of Ireland).
ORAM, Richard Duncan, David I. The King who made Scotland, Stroud 2004.
TURVEY, Roger, The Welsh Princes. The Native Rulers of Wales. 1063–1283, London u.a. 2002, (The Medieval World).

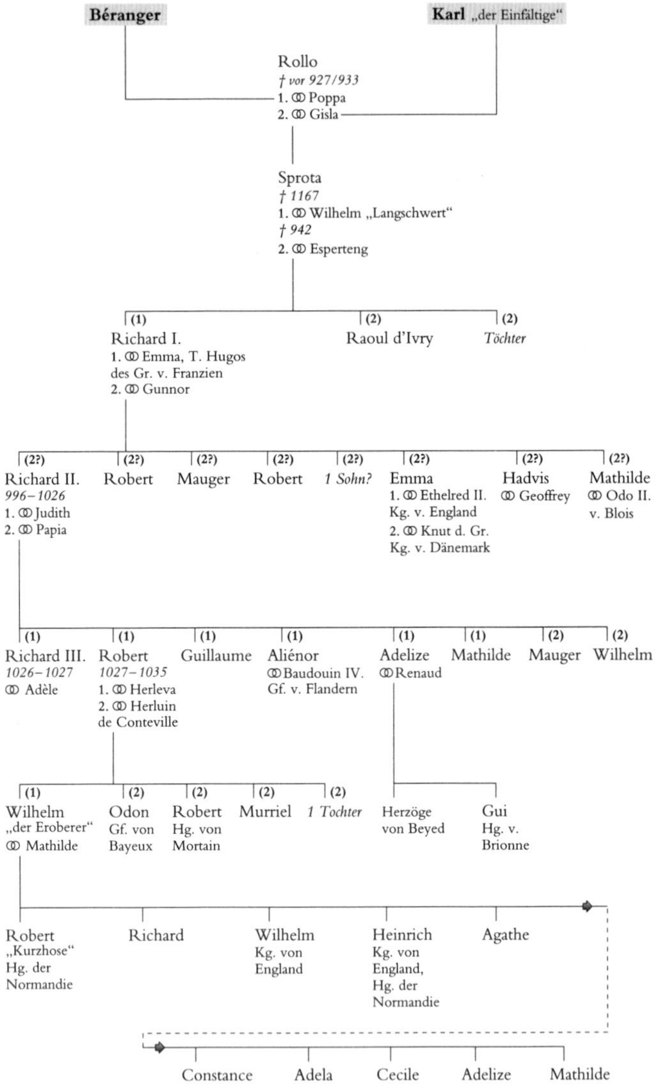

Tafel 1: Die Normannenherzöge

- **Wilhelm I.** „der Eroberer“ *1066–1087* ⚭ Mathilde v. Flandern *† 1083*
  - Robert II. „Kurzhose“ Hg. d. Normandie *† 1134* ⚭ Sybille v. Conversano
    - Wilhelm Clito Gf. v. Flandern *† 1128*
  - Richard *† ca. 1081*
  - Wilhelm II. „Rufus“ *1087–1100*
  - Heinrich I. „Beauclerc“ *1100–1135* 1. ⚭ Mathilde v. Schottland *† 1118* 2. ⚭ Adela v. Löwen *† nach 1157*
    - Wilhelm Aetheling d. Normandie *† 1120*
    - Mathilde *† 1167* 1. ⚭ Ks. Heinrich V. *† 1125* 2. ⚭ Gottfried V. Plantagenet, Gf. v. Anjou *† 1151*
      - Heinrich II. *1154–1189* ⚭ Eleonore v. Aquitanien *† 1204*
        - Wilhelm *† 1156*
        - Heinrich Mitkönig *1170–1183* ⚭ Margarete v. Frankreich *† 1197*
        - Richard I. „Löwenherz“ *1189–1199* ⚭ Berengaria v. Navarra *† nach 1230*
        - Geoffrey Hg. d. Bretagne *† 1186* ⚭ Konstanze v. Bretagne *† 1201*
          - Arthur I. Hg. d. Bretagne *† ca. 1203*
        - Johann „Ohneland“ *1199–1216* 1. ⚭ Isabella v. Gloucester *† 1217* 2. ⚭ Isabella v. Angoulême *† 1246*
        - Mathilde *† 1189* ⚭ Heinrich „der Löwe“, Hg. v. Sachsen und Bayern *† 1195*
        - Eleonore *† 1214* ⚭ Alfons VIII. Kg. v. Kastilien *† 1214*
        - Johanna *† 1199* 1. ⚭ Wilhelm II. Kg. v. Sizilien *† 1189* 2. ⚭ Raimund VI. Gf. v. Toulouse *† 1222*
      - Geoffrey VI. Gf. v. Anjou *† 1158*
      - Wilhelm Gf. v. Poitou *† 1164*
  - Adela *† 1137* ⚭ Stephan III., Gf. v.Blois *† 1102*
    - Stephan *1135–1154* ⚭ Mathilde v. Bouillon *† 1151*
      - Eustachius IV. Gf. v. Bouillon *† 1154*
  - Gundred *† 1085* ⚭ Wilhelm I. Warenne *† 1088*
  - Konstanze *† 1090* ⚭ Alan IV., Hg. d. Bretagne *† 1119*

Tafel 2: Die Anjou-Plantagenets

Hauteville (Altavilla)

Tankred v. Hauteville
1. ⚭ Muriella
2. ⚭ Fredesende

- (1) Wilhelm „Eisenarm“, Gf. v. Apulien, *† 1046*, ⚭ Guida, Nichte v. Fs. Waimar IV. v. Salerno
- (1) Drogo, Hg. v. Apulien und Kalabrien, *† 1051*, ⚭ NN, T. v. Fs. Waimar IV. v. Salerno
- (1) Humfred, Gf. v. Apulien, *† 1057*
- (1) Gottfried
- (1) Serlo
- (2) Robert Guisc[…], Hg. v. Apulien […] Kalabrien, *† 1085*, 1. ⚭ Alberada v[…] Buonalbergo, 2. ⚭ Sichelgaita T. v. Fs. Waima[…] v. Salerno
  - (1) Bohemund I. v. Tarent, Fs. v. Antiochia, *† 1111*, ⚭ Konstanze, T. v. Kg. Philipp I. v. Frankreich
    - Bohemund II., Fs. v. Antiochia, *† 1131*, ⚭ Alice, T. v. Kg. Balduin II. v. Jerusalem
      - Konstanze, Fsn. v. Antiochia, 1. ⚭ Raimund v. Poitiers, 2. ⚭ Rainald v. Châtillon
        - (1) Bohemund III., Fs. v. Antiochia, *† 1201*
        - (1) Maria, *† 1182/83*, ⚭ Ks. Manuel I. Kommenos
  - (2) Roger Borsa, Hg. v. Apulien, *† 1111*, ⚭ Ala (Adela), T. v. Gf. Robert I. v. Flandern
    - Wilhelm, Hg. v. Apulien, *† 1127*, ⚭ Gaitelgrima, T. v. Gf. Robert v. Airola
  - (2) Emma, ⚭ Odo Marchisus
    - Tankred v. Tarent, *† 1112*, ⚭ Cecilia, T. v. Kg. Philipp I. v. Frankreich

Tafel 3: Das Haus Hauteville

wenigstens 3 Töchter in zweiter Ehe

) ;erius
er
:anata

(2) Wilhelm
Gf. im
Prinzipat

(2) Alfred

(2) Tankred

(2) Humbert

(2) Roger I.
Großgf. v. Sizilien,
Gf. v. Kalabrien
† 1101
1. ⚭ Judith, T. v.
Wilhelm v. Evreux
2. ⚭ Eremburga, T. v.
Wilhelm v. Mortain
3. ⚭ Adelheid, T. v.
Mgf. Manfred del Vasto

oder 2) :imilla
g. Konrad

(1 oder 2) *NN*
⚭ Kg. Koloman
v. Ungarn

(3) Simon
Gf. v. Sizilien
† 1105

(3) Roger II.
Kg. v. Sizilien
† 1154
1. ⚭ Elvira, T. v. Kg.
Alfons VI. v. Kastilien
2. ⚭ Sibylle, T. v.
Hugo II. v. Burgund
3. ⚭ Beatrix, T. v.
Gf. Günther v. Rethel

) :er
·. Apulien
49
:sabeth, T. v.
'heobald II.
Champagne
V, T.v. Gf.
:d II. v. Lecce

(1) Tankred
Fs. v. Tarent
und v. Bari
† ca. 1140

(1) Alfons
Fs. v. Capua,
Hg. v. Neapel
† 1144

(1) Wilhelm I.
Kg. v. Sizilien
† 1166
⚭ Margarete, T. v.
Kg. García IV.
v. Navarra

(3) Konstanze
Kgn. v. Sizilien
† 1198
⚭ Ks. Heinrich VI.

'ankred v. Lecce
Sizilien
4
ylle, T. v. Gf.
ld I. v. Aquino

Roger
Hg. v.
Apulien
† 1161

Robert
Fs. v. Capua
† ca. 1166

Wilhelm II.
Kg. v. Sizilien
† 1189
⚭ Johanna, T. v.
Kg. Heinrich II.
v. England

Heinrich
Fs. v. Capua
† 1172

Friedrich II.
Kaiser
† 1250

·r III.
Sizilien
3
ıe, T. v. Ks.
'I. Angelos

Wilhelm III.
Kg. v. Sizilien

Ortsregister

Personenregister